The Junks and Sampans of the Yangtze

中国长江帆船通鉴

[英] 夏士德——著　王予和——编译

贰

同济大学出版社 · 上海

目录

CONTENTS

— 第 12 章 —

芜湖江口

盐　城　船

盐城船不是以航行速度或者优雅线条而著名，但是它和江苏商船有着血缘关系，可以名正言顺地称自己具有卓越的古代血统。盐城船的始发港为浏河。

该型帆船在设计和建造方面相当巧妙，因为它们能以最小吃水和最大载运量在浅水区航行，同时具有较高的远航能力。

如图 12－1 所示，盐城船船体使用杉木，舱壁和肋骨使用樟木，帆船全长 104 英尺，宽 22 英尺，深 7 英尺。主甲板从船艏直通船艉，方形陡峭船艉在装有隔缆栓的导缆器的大横梁(1)处终止。

主甲板上设 32 英尺的甲板室(2)，装有带滑动舱口(3)。甲板室很低，这里可以看到装饰品，涂漆和雕饰木门。甲板室被分为两个部分。最前端包括船员居住舱室和船老大与助手箱形固定铺位舱室箱形固定铺位舱室；而后端，包括驾驶员座舱，让给了厨房。这后面，通过一道“月亮门”，船艉的空间可以用于堆放炊事用具和洗涤盆等(4)。

盐城船横向铺设木板到舷边，形成 16 道横舱壁(5)。完整肋骨(6)的数量多于半肋骨，制成每道舱壁。

盐城船使用 5 根桅杆，每根都不是垂直安放，只有两根将桅座设在中线。该型船使用不同的方头斜桁四角帆，只是与江苏商船所用的帆在尺寸上有些很小的区别。

两个四爪锚放在前面。纤维绳索放在甲板上面，有些绕在舷墙上的横杆上面。装有双橹，用于所有河口船只常见的支撑位置。

固定前桅是机灵的杰作(见图 12－2)。前桅安装在左舷内侧，背靠舷墙(1)一侧，另一侧是桅座(2)连接甲板横梁(3)。它连接(4)类似设计和建在左舷舷墙(1)外的另一个桅座(5)翼板。挽绳拴插座没有可用空间，全新设计的活动羊角(6)通过顶部和底部带环销钉(8)来系紧桅杆。帆卷起时，存放在桅杆与桅座之间的空隙处(9)。桅座的舷内翼板紧靠右舷舷墙(10)和形成系缆柱(11)。

如图 12－2 所示，帆船采用炮塔式结构，上面安装宽甲板(8)，纵向强度主要靠两根贯通船艏到船艉并搁在横舱壁(5)上的粗壮纵梁(9)，以及四根榭木(10)。船体完全是平底(11)。船壳板都是纵向铺设的，除了船艏板横向铺设到水线以下很深处，在那里再和船底板(13)连接。

甲板铺板固定在鲸背甲板的方法可以从图 12－1 中看到。

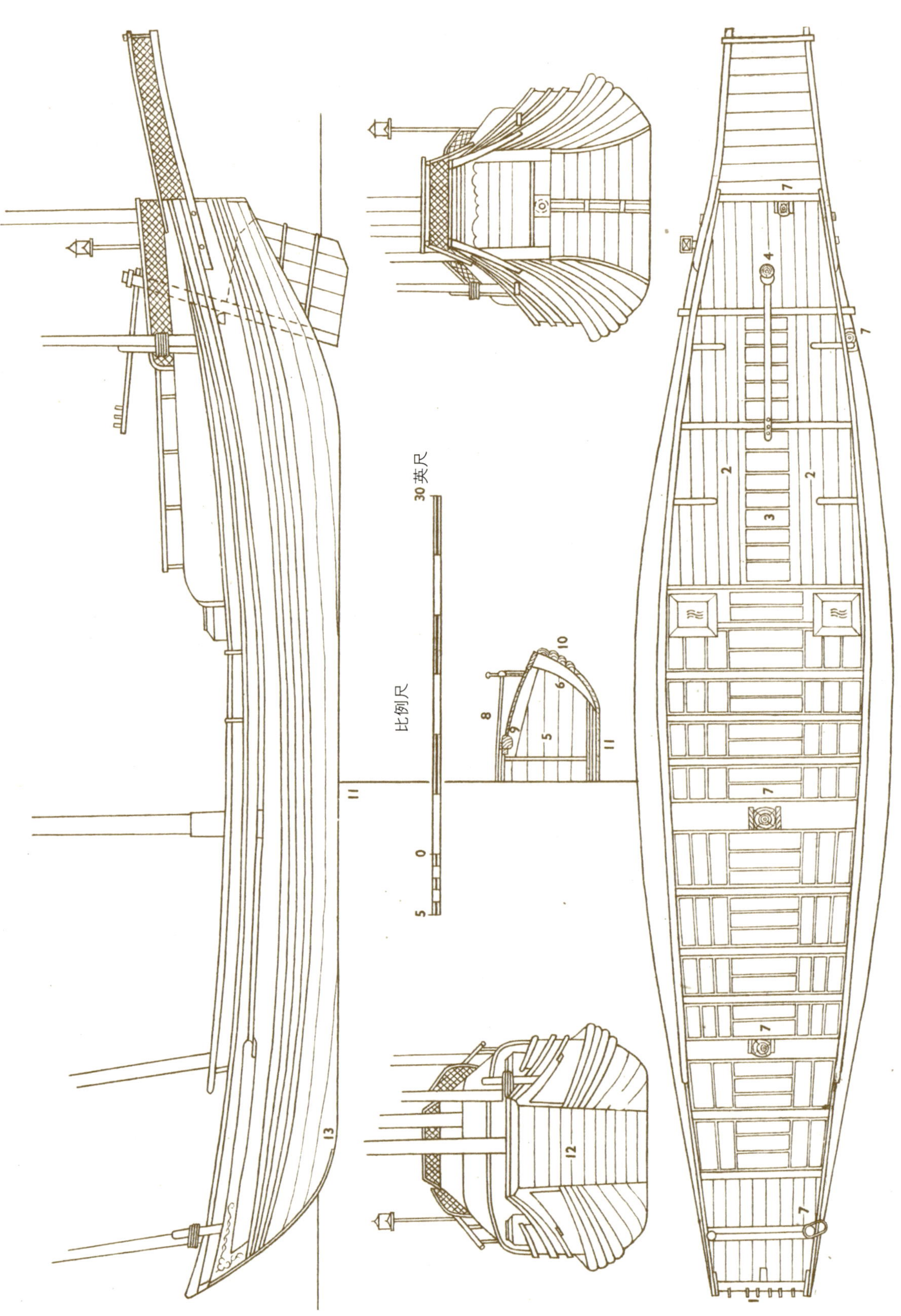

图12-1 盐城船

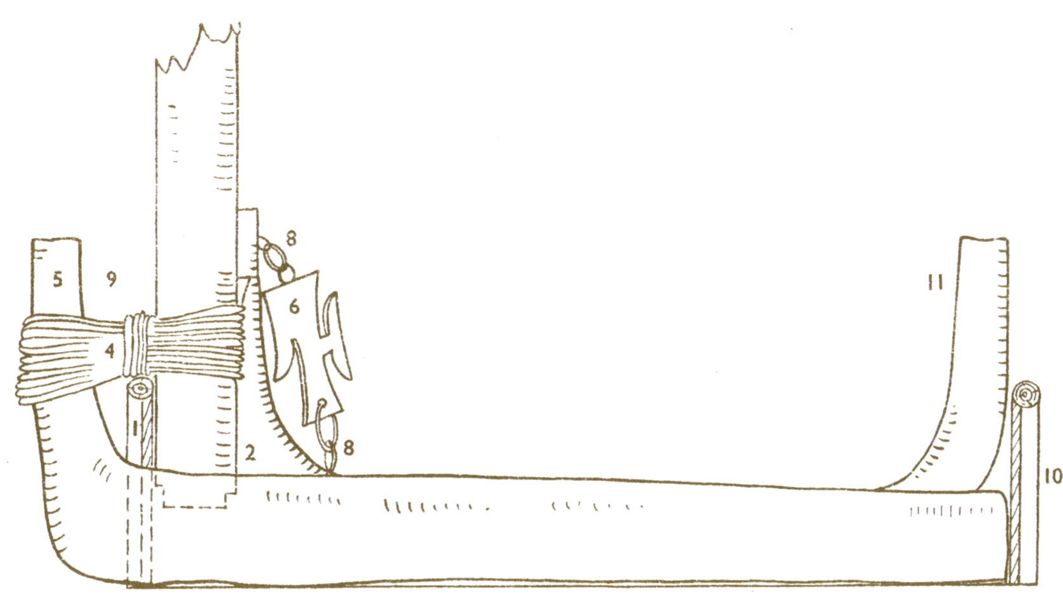

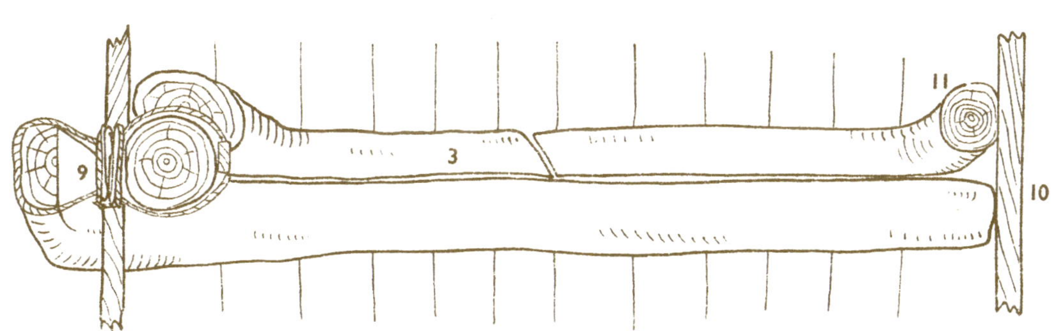

图 12－2 固定前桅的方法

长江下游的“重型起重”货船

这些船只，绝大部分都在上海建造，具有很大的活动半径，因为它们服务于从汉口到上海的整个长江下游。它们既航行到鄱阳湖，也航行到内地河网。该型船只规模没有多大变化。如图 12－3 所示，样船长 83 英尺，宽 15 英尺，深 7.5 英尺，载运量 100 吨。

这些船只船体使用杉木建造，肋骨使用硬木材，主要特征是具有很好的强度，由大块木材制成 15 根完整肋骨和 8 道舱壁，后者形成船体的形状。船体铺板 1 英尺宽，2～3 英尺厚，纵向排列至船艏和船艉，即分别到最前和最后舱壁。船底板横向排放，连续向上形成逐渐弯曲的船艏和船艉。附加强度来自 4 根粗壮的槲木。舱口围板高约 1 英尺，从舱室扩展到前桅。船东生活在甲板室，比多数帆船上的甲板室都宽敞，台阶一直伸到船底板高度。临时风雨棚由木架天篷提供。该型船只配备 8 名船员，生活在通过活盖小舱口进出的前舱室。

吊锚杆固定在甲板上，伸出船艏。这些船只使用双桅和方头斜桁四角帆，但是通常由一艘小拖轮来拖动。两块披水板延伸到船底 4.5 英尺。船舵向半平衡舵的方向作了一点初步的改变，开一个槽，把舵柄紧压在上面。

这些坚固的载重船能够运输重量和尺寸非常大的货物。

这些载重船的载运量可以根据下列实例判断。这些船只两只并列连接一起，通过系住船艏和船艉的圆材保持均等距离。轨道和枕木横向安放，超过帆船中部。这些轨道上面跑动水柜机车，重 76 吨。临时连接的两艘类似船只安放 3 套轨道、2 辆 8 吨火车和 30 英尺的 20 吨客车。这 4 艘货船载运的全部滚装货物都由一艘小拖轮拖带，从南京逆流而上，通过鄱阳湖的浅水区到达南昌。机车烟囱上一根竹竿挂一面红旗，表示典型的中国情感。

江苏盐船

盐在民众日常生活中很重要，所以中国多种帆船最初都是为运载大量食盐而设计的。

江苏是产盐大省，省内实际产盐区有三个，即淮北、淮南和松江。淮北和淮南属两淮盐运司管辖，松江属两浙盐运司管辖。这三个产盐区共有 19 个盐场，离上海最近的是崇明岛上的崇明产盐区。

江苏盐船，当地称为长安船，得名于杭州附近的长安镇。运盐船是典型的长江河口短途运盐船，通常航行于长江右岸的浏河与上海之间。图 12－4 是这种船只的典型样船。

这种船只采用杉木建造，船舱内使用10道硬木舱壁和1道半舱壁。此外，它使用7根肋骨增加附加强度。这种船只比普通三角洲船长，船长 78 英尺，宽 13 英尺，深 5.5 英尺。尽管它较长，但却不是深吃水船。

江苏盐船像多数运盐船一样，在设计、装饰和舱室布置等各个方面优于普通货船。例如，船员占用一个 8.5 英尺×12 英尺的舱室，净空高度 5 英尺。从小甲板室后面到船艉安装的精制活动板架必要时可以作为舷墙。从船艏铺到船艉的大舷缘板，船艉安装比普通船更精心和更深的悬伸格栅平台。船艏线条优美，安装普通水平铺板，但是被两边另一块类似的垂直加固木材连接的垂直加固木材均分。这样做的一个奇怪特点是嵌入船艏两边的填补木块，向后延伸到第一舱壁。它包括新刮削的杉木段，精细地刷上了桐油。这好像就是为了装饰。

前甲板因为无法辨别的原因稍微下沉，在这个位置有橹担供摇动两个船艏橹。船艉右舷摇动第三

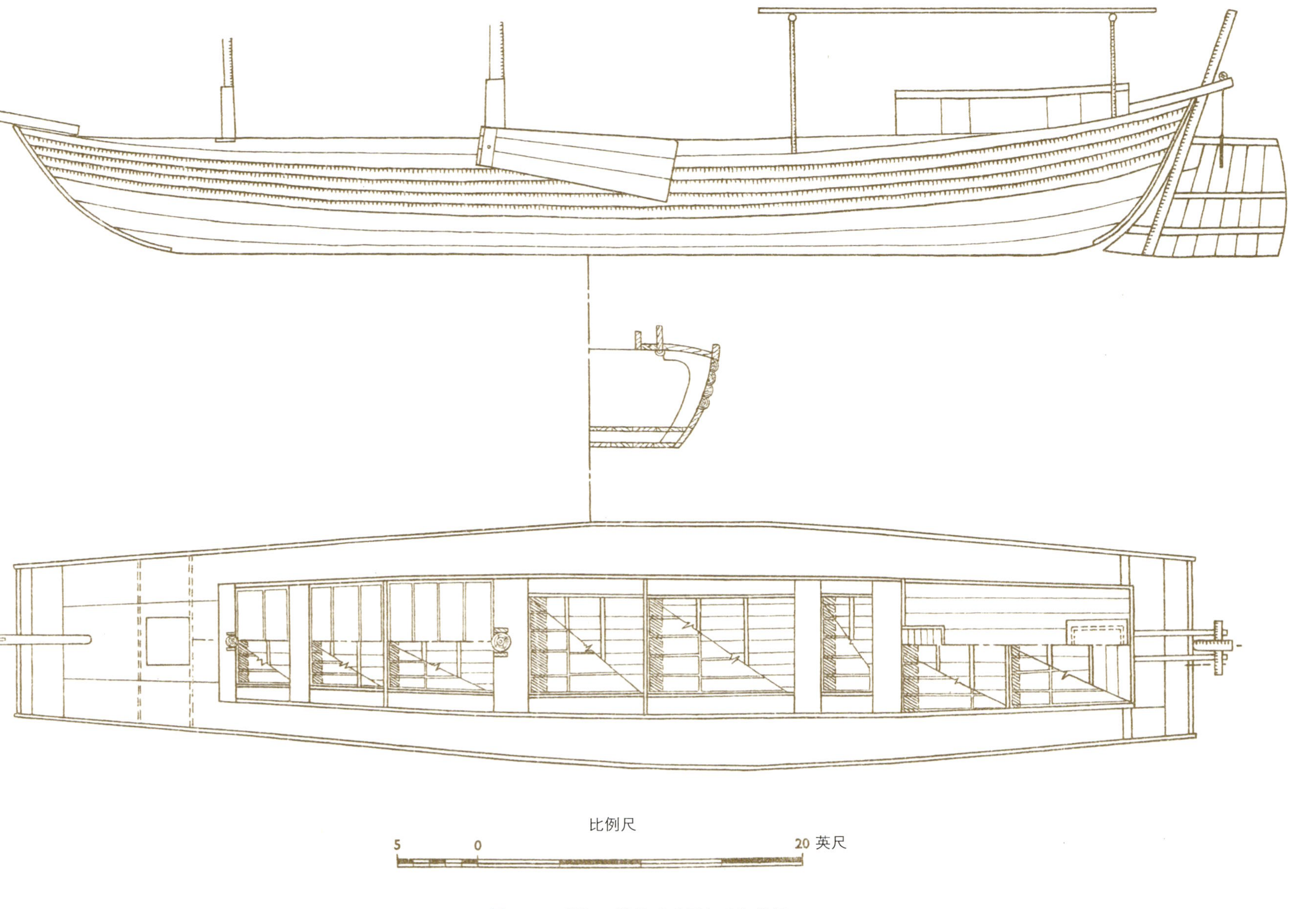

图12–3 长江下游的“重型起重”货船

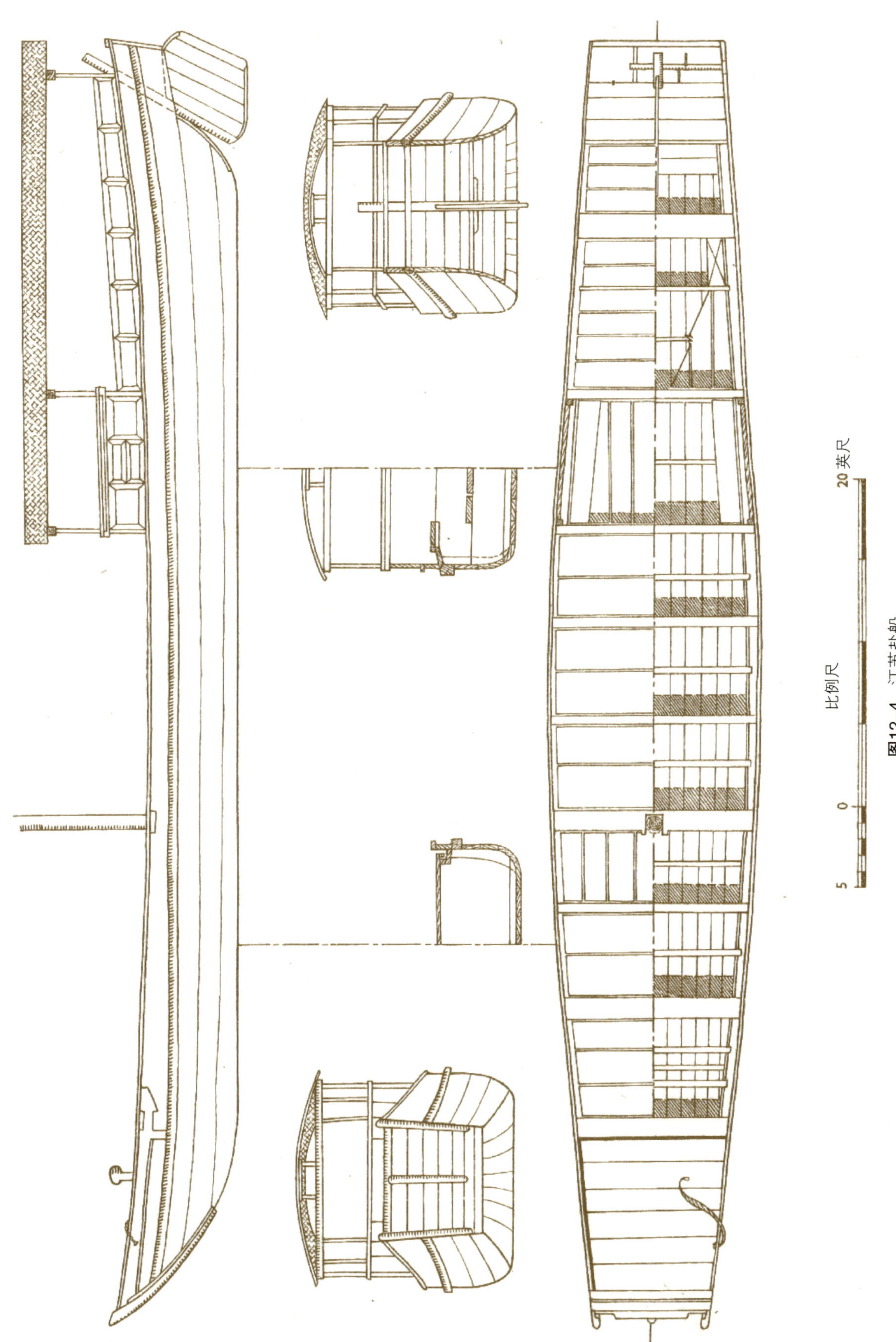

图12-4　江苏盐船

支橹。船艉左边装有一台起锚机，进入浅水河段时或者无须使用时把舵升高。该型船具有上海地区船所特有的假尾，安装倾斜舵。

武梁舟子

武梁舟子或武梁船，是纯粹的芜湖船，属于单调乏味但是有用的货船系列，主要用于在芜湖内地小河和水路航行。

图 12－5 显示了这种帆船的特征，该型船长 48 英尺，宽 10 英尺 10 英寸，深 4 英尺 9 英寸，载运量约为 200 担。

武梁舟子结构坚固，装有 4 道横舱壁和 10 根肋骨。平甲板的舱口围板较低。船艉外形较宽，翘起较高，并附有一个小平台。甲板舱室很小。

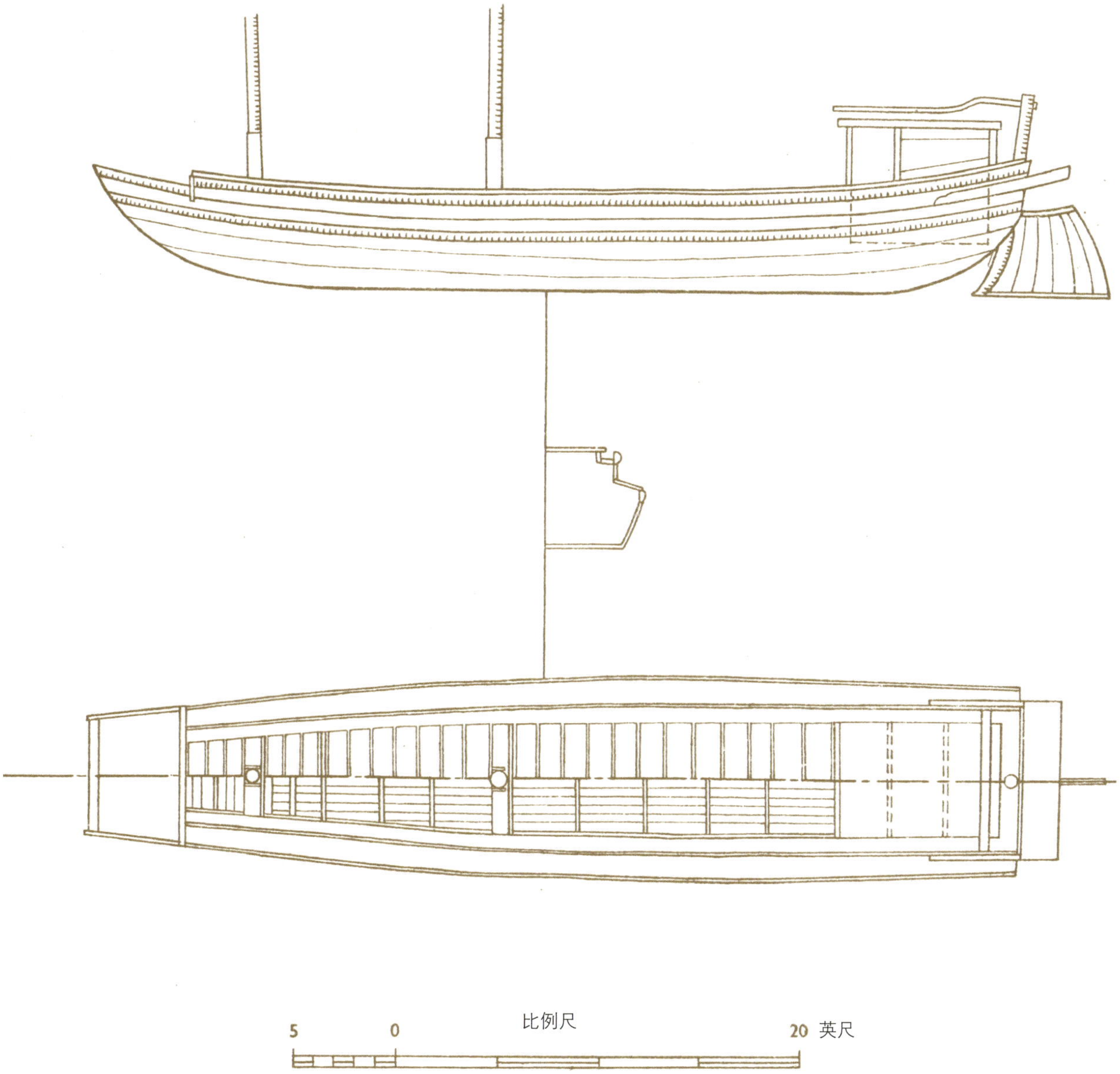

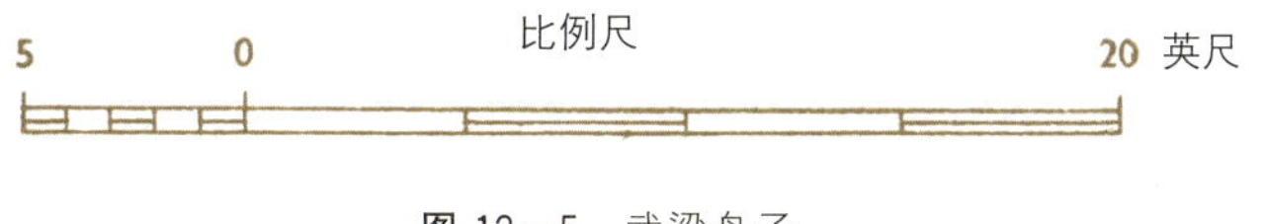

图 12－5 武梁舟子

太湖捕蟹船

很早很早以前，螃蟹就是中国文人墨客的一道美食。

图 12-6 是给上海运螃蟹的捕蟹船。它是一种很单调乏味的小船，船长 31.5 英尺，宽 6.75 英尺，深 2.2 英尺。

捕蟹船使用多达 6 道舱壁、4 根肋骨和 1 道半舱壁的加固。从船艏到桅杆处，甲板与舷缘齐平，桅杆到船艉之间有一个养蟹舱。

捕蟹船的推进方法包括在浅水区使用 3 支桨划动和使用船帆航行。

直梢子或直艉船

图 12-7 显示，直梢子或直艉船。

这种船只为在河口至芜湖之间的开阔江面上航行而设计，通常长 54 英尺，宽 12.5 英尺，深 5.5 英尺。它结构宽阔、坚固，主要特性是特别的方形船艏与倾斜船艉(它很难被称为直船)和箱形船体。

这种船只使用杉木建造，结构简单，设有 7 根肋骨和 7 道舱壁，最后面装有一个滑动木门。

江　北　船

如图 12-8 所示，江北船是一种多用途船，由长江北岸的泰州城建造，有时可以在京杭大运河上见到。

江北船船体使用杉木建造，肋骨使用硬木材，一般长 59 英尺，宽 12 英尺，深 5 英尺 9 英寸——也就是说，这是一种狭窄船体深吃水型多用途船，载运量 40 吨。该型船建造所需的附加强度来自 7 道完整舱壁、5 道半舱壁和 4 根肋骨。凸起的舱口围板直通全船。肥型箱形船艏到水线逐渐变窄。船艉采用上海型格栅平台船艉，上翘变圆以便适用平衡舵。巨大的船舵本身必须减小面积和重量，特别明显地牺牲了舵前面的面积，因为这个面积的相当大部分在这种情况下都在转轴后面。尽管不美观，但是达到了目的。舵是非提升型，所用捆吊方法是江北型。它吊在前后桅孔加固结构之间，插到横梁后面。悬伸于船艉格栅平台，突出大约 4.5 英尺，地板使用竹板铺成，用作便利的木柴和木材堆场。

江北船甲板室较低，可以从前后两个门进出，长 20 英尺，分为船长及其家人起居室和船艉左边的船上厨房，厨房装有烟筒。构成甲板室顶的列板装有防止进水的活动缘板，完全像帆船上的每块甲板铺板，甚至紧靠船艏和船艉的那些。

该船共有 5 名船员，生活在船艏甲板下面 9 英尺×10 英尺的舱室。

江北船靠摇动弯曲变化的双橹推进，使用时从安装在船艏伸出的橹担上操作。

这些帆船看上去制造得那样笨拙和粗糙，而正是因为它们的粗糙，说明了它们是其他三角洲船只的祖先。

南　京　花　船

很多世纪以来，中国的赋闲绅士们都有一个习俗，喜欢在温暖的夏季傍晚租一艘船和朋友一起划到

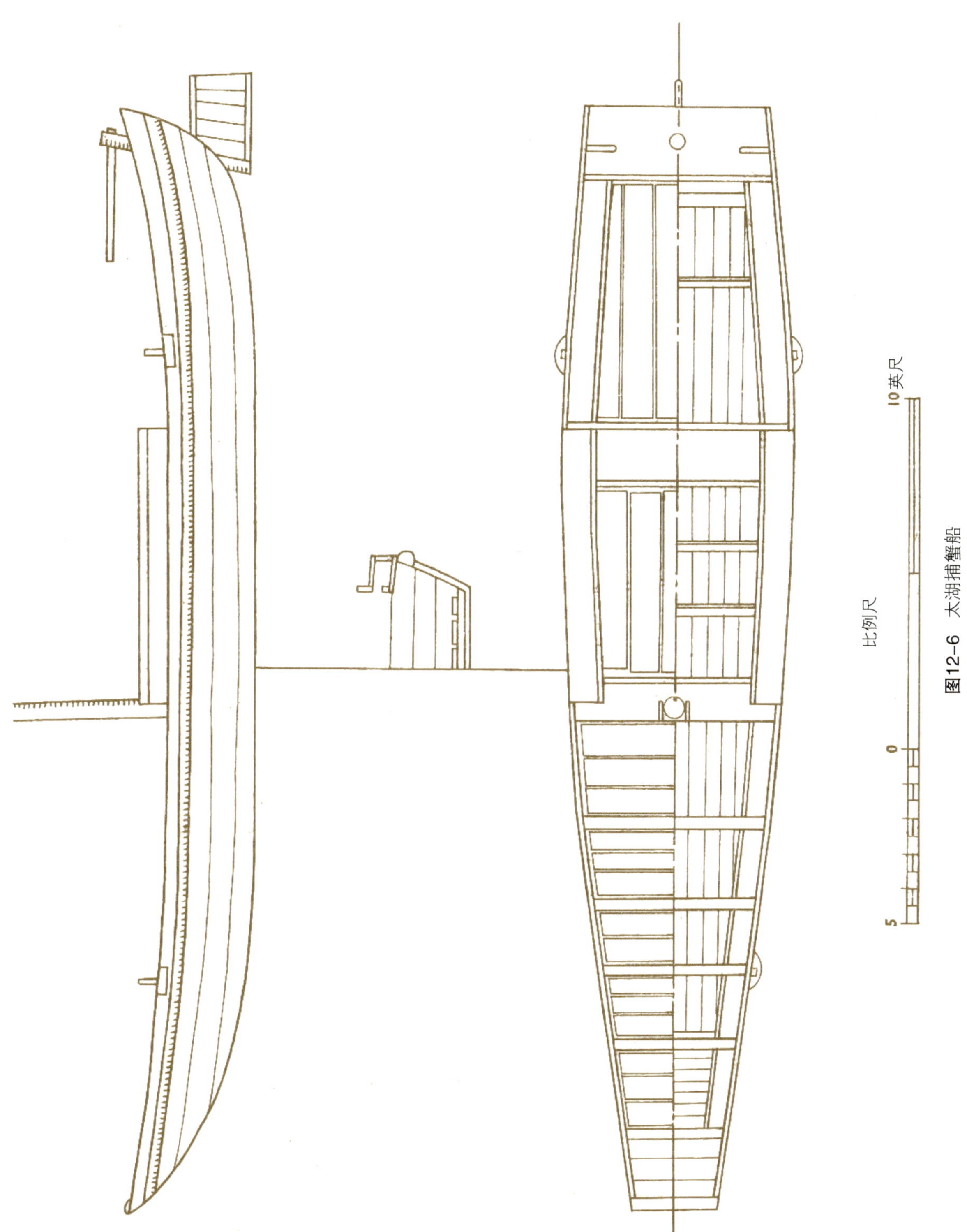

图12-6　太湖捕蟹船

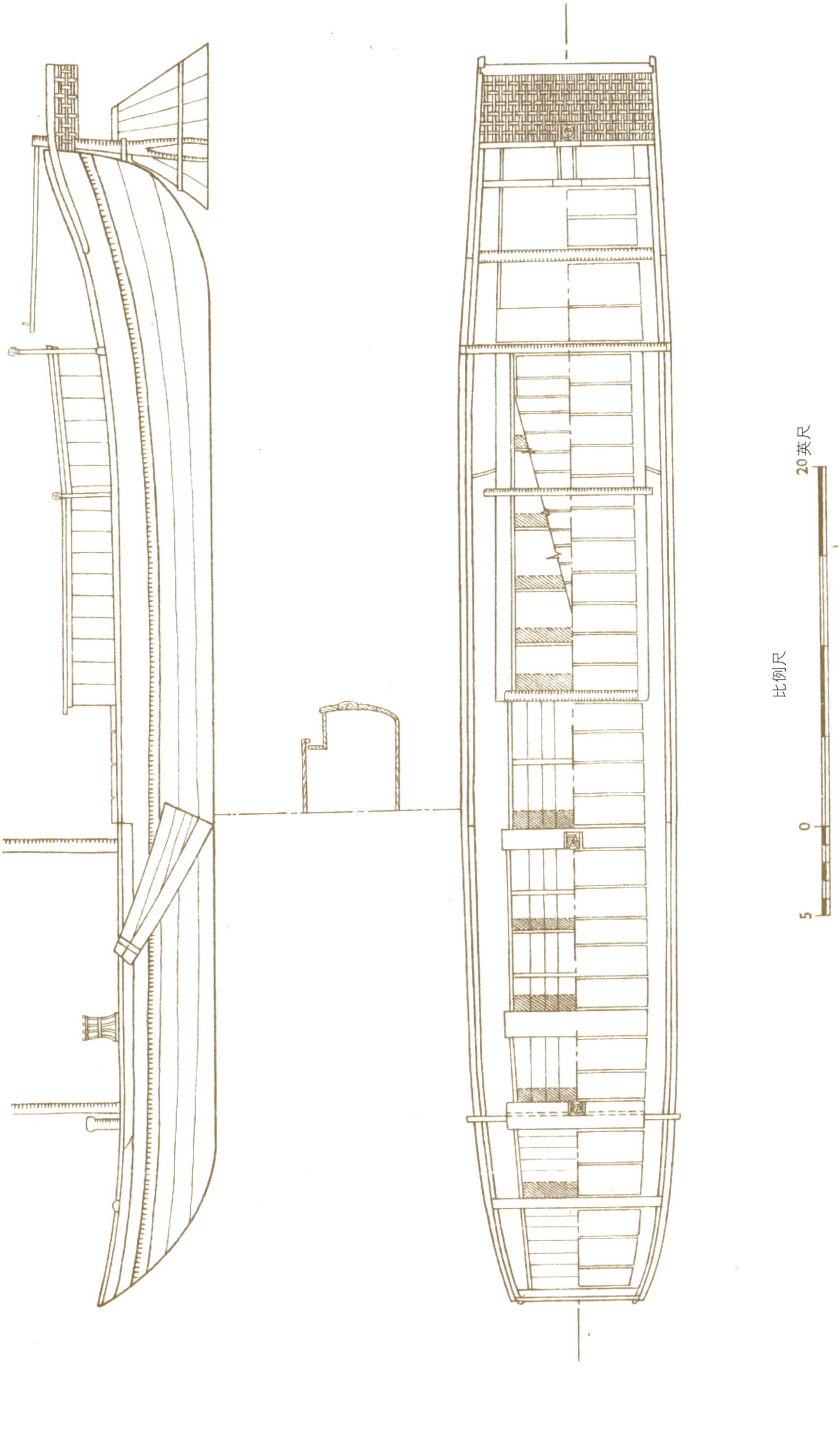

比例尺

5 0 20英尺

图12-8 江北船

平静的湖面或者江面，在歌女们的唱歌弹曲伴奏下取乐，他们唱歌、吟诵、弹琴、饮酒和作诗。

据说，这种习俗始于六朝时期，即公元222—589年，一个文学和诗篇的多产时期，文人和诗人们以这种方式寻求灵感，美酒、俏妇和声乐的刺激增加悠闲漂浮在月光照耀的江面上的古老浪漫。

渐渐地，雇用船只和歌女的习俗变得更普遍，桨手们都称这种船只为“花船”。

这些船只定期来往于秦淮河，该河在南京汇入长江。夫子庙乃贸易中心，在这里可以看到大量花船。然而，这条水路最后淤泥充塞，船只移到玄武湖，现在成为了公园和风景区。这是一个大湖，方圆数英里，位于南京正北方向。随着时间的推移，房屋围湖而建，湖水受到污染。

图12－9显示的这种35英尺长的大型花船称为“楼子”，楼子很大，足以容纳三桌宾客。这些船只饰有优雅的格子侧面，窗户涂成各种艳丽的颜色，桌椅布置得富丽堂皇。楼子内设一张大木床，或者称为“炕”，炕上设一矮桌摆在中间，以便宾客坐或者躺在两边，用作陈设的组成部分。

更小的船只长18英尺，空间只容一桌，围坐八人。这些船只被称为“小七板”。歌女也上长约10英尺的更小花船，但这只不过是在船中央有着高拱天篷的舢板。席顶之下所挂纸灯的灯光里坐着歌女，她们穿着鲜亮的绸服。多名歌女在一名老人演奏二胡的伴奏下尖声尖气地轮流唱歌，而坐在船艏的第二人左手持一副竹制响板，右手握一支鼓槌，敲击膝上小鼓。有时是一个女孩弹吉他。

这种娱乐的最适度花费为一次100钱，也可从纸扇上所写曲目中一次挑选3首歌曲。雇用整条花船的价格为每天4美元，因为天气炎热或者因为歌女的多才多艺而引起激烈竞争时除外。

南京货船

南京货船（南京驳船）在其得名的南京建造，主要用于南京港，进行船到船、船到岸或者岸到船的货物运输。

南京货船建造得比多数货船都轻巧，它们是轻型短途运输的典型船只，完全可以描述为大型舢板。确实，把它们与长江下游舢板进行比较很有趣，二者之间具有许多共同之处，特别是双翼船艉。

图12－10的船长57英尺，宽12英尺，深5英尺。船体使用杉木制造，分为5道硬木舱壁和5根完整肋骨。船体型线没有明显特别之处，从低宽方形船艏逐渐加宽，到第6舱壁船达到最宽，至船艉也很少变窄。船艏使用粗壮的船艏横梁加固。船艏和船艉都铺满甲板。粗壮的槲木从船艏铺至船艉。舵使用变形的真平衡舵。主桅挂方头斜桁四角帆。南京驳船配备4名船员，生活在甲板下的后舱室。活动席顶天篷从桅杆向后铺至船艉。

作为一个兴趣点，可以看出这里描述的南京货船“符合”重庆船的标准。面对日军沿江而上，南京货船装载机械货物离开南京，向长江上游行驶1100英里，成功地通过长江上游全部急流，这对于轻型货船来说一定是个史诗般的旅程。

横梢子船

横梢子船或者弯曲船艉帆船是一种典型的货船，与后面将描述的芜湖货船具有许多共同之处。

图12－11的这种船只外观明显为箱形，船长53英尺，宽12.5英尺，深7英尺。

横梢子船的弯曲舵柱使用常规方法固定在船艉。

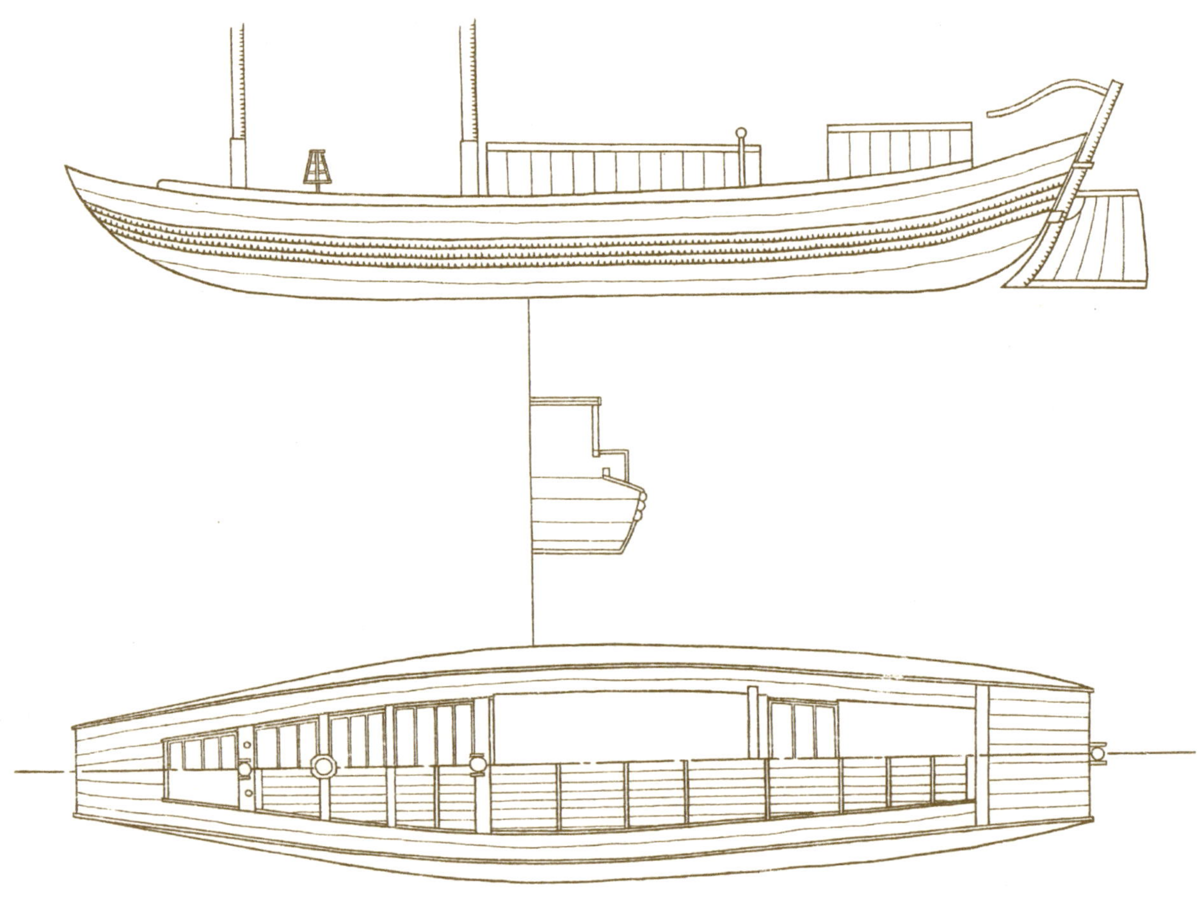

比例尺

图 12－7 直梢子或者直尾船

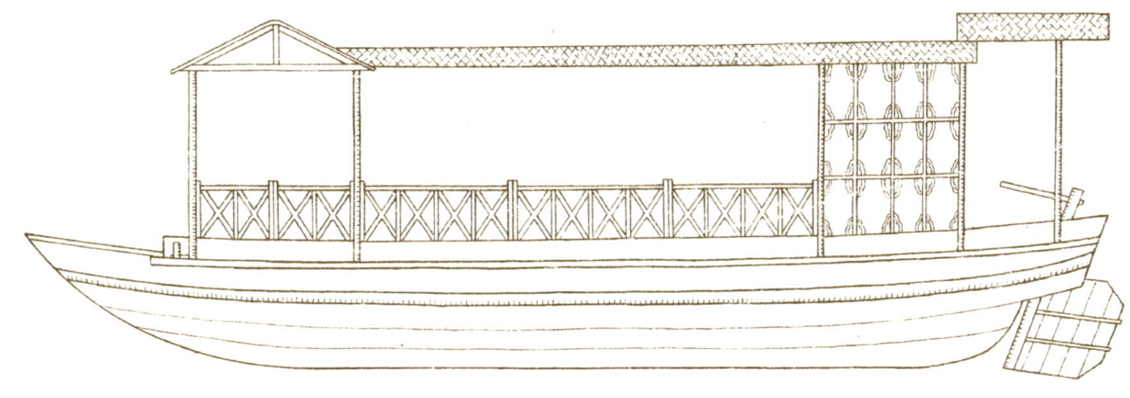

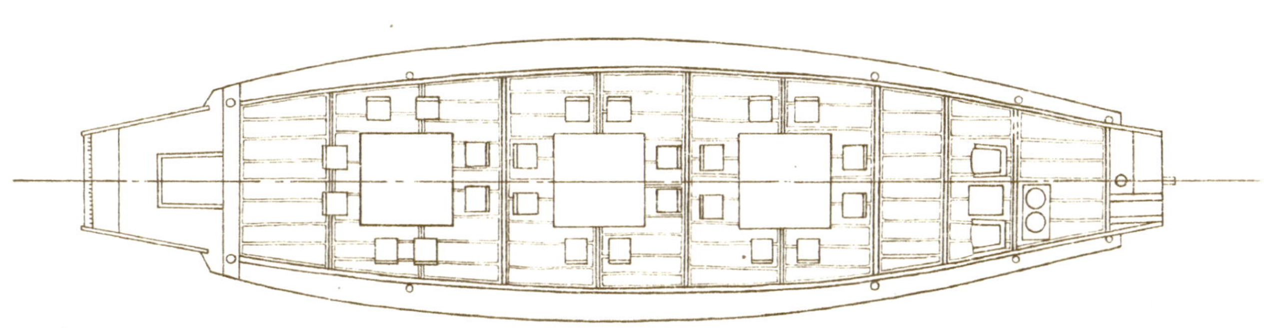

比例尺

图 12－9　南京花船

图12-10 南京货船

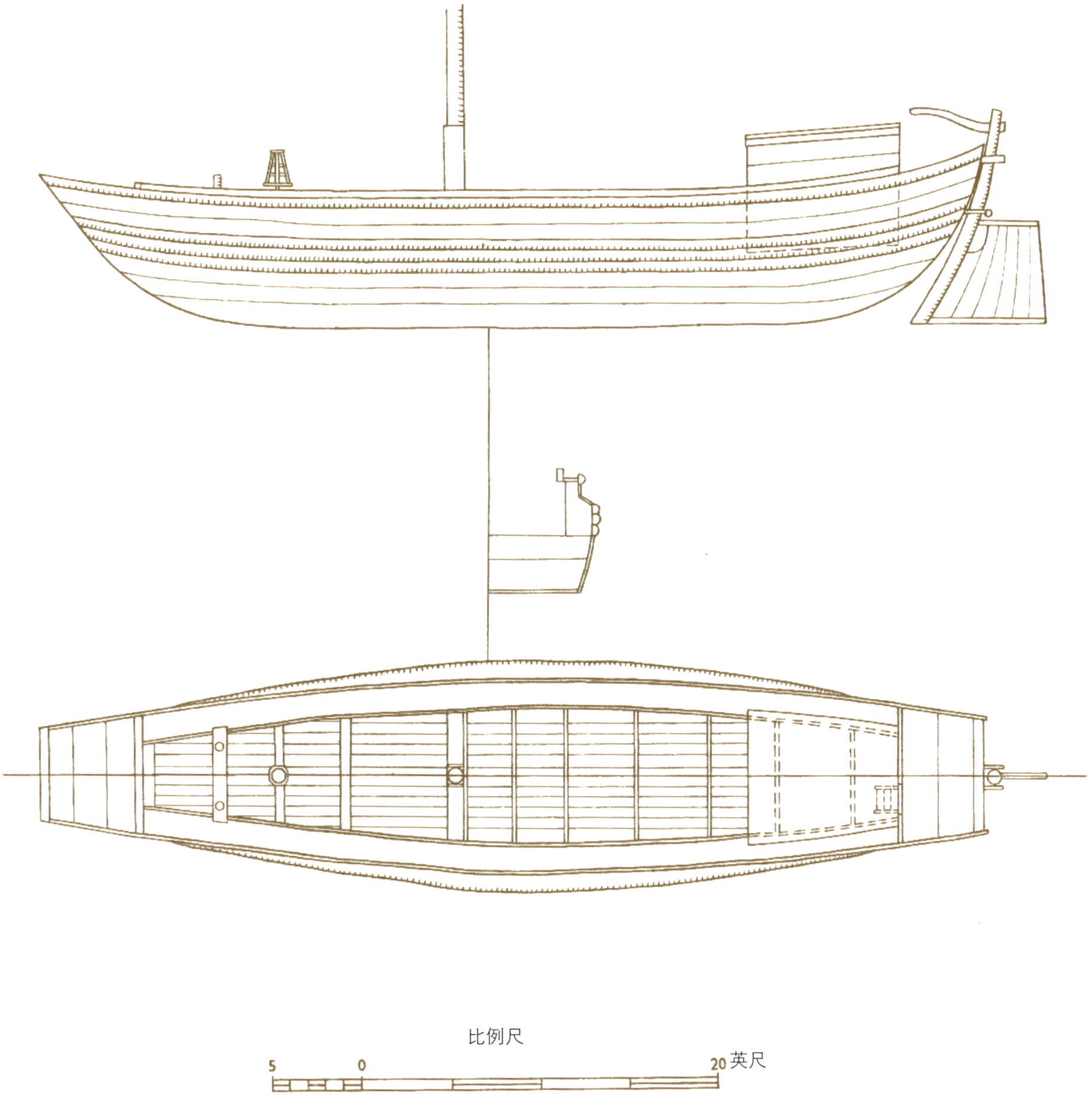

比例尺

图 12－11 横梢子船

南京鸭船

南京鸭船这种船型不属于任何别的航海船型。南京鸭船像它们为外国人所知的那样，具有本地的明显特点，以至任何记载南京段长江帆船的书籍不描述它们就不完整。

养鸭在哪里都需要利用小河、运河和池塘，特别是在长江三角洲地区。从春末开始，可以看到数千只雏鸭沿着运河两岸在戏水。

最好的饲养场都在附近的许多湖泊周围，芜湖成为公认的鸭子饲养业中心，分为许多分场。有些分场专门孵鸭蛋出售雏鸭，有些分场专门催肥嫩鸭出售，有些分场则专门处理鸭绒。来自大通和江北的鸭子很受南京和上海的美食家们欢迎。

尽管其中有些鸭子是在芜湖当地处理加工的，但是多数都运往南京；尽管它们的原产地在芜湖，但是运到南京便成为南京鸭子。

它们通常被集合2000～3000只结队游到南京，偶尔甚至能够看到上万只鸭子成群结队。它们由3条舢板引导，聚集和催促往下游。鸭队两边一边一条舢板护卫，后面是一条更大的舢板(图12－2)，头桨手手握一根长竹竿单调地不停击水，催赶落在后面的游荡者。

图12－12　南京鸭船

从饲养场到南京的距离在 50～100 英里之间不等。鸭队顺河下游的正常速度最快为 1 节，但是在长江下游这个河段大有帮助，特别是在夏季和秋季，有时游速可以达到达 4 节，当然这需要碰到好运气和好天气。鸭子从养鸭场进入市场大概要用两天时间，这期间会因受到过度驱赶而变瘦。

夜间，鸭队被赶上河岸。在此过程中，鸭子沿途在田地里啄食掉落的稻谷而在后面留下粪便，来作为啄食农民遗漏稻谷的交换。

然而，若起微风，开阔河段波浪起伏，很多家养鸭子习惯于有保护的池塘和小湖，都是“毫无航海经验的水手”。在这种情况下必须停止调用，有时长达一个星期；驱赶者或者放鸭者在江边搭建临时草棚作为掩蔽处，以防它们走失。

到达南京时，它们的水上生活结束，“预期寿命”实际上已不存在。

如果鸭子活过一年，就被认为不好吃了，这种短暂寿命从饲养的角度来看被分为四个特殊时期。第一个时期，它们被喂食粗米饭，可以挑食活蚯蚓和浮萍。第二个时期，它们被喂食煮熟的甲壳类水生动物与糠麸混合物，辅以能在湖水中找到的小鱼小虾。第三个时期，大约收获后第七天，它们被赶到田地里捡食落穗，可以看到放鸭者手持两根长竹竿看管田地里多达一百只以上的鸭群。随着慢慢长大，它们越来越多地从水中找食吃而不是吃桶里的食物。最后一个时期，更集中地一天喂食一次稻米与米糠，10 天后喂食南京市场上现成的催肥饲料。

饲养“百日”的小鸭可被制作成美食，但是饲养 8 个月或者 1 年的鸭子更讨人喜爱。在南京，饲养 8 个月的鸭子称为“桂花鸭”。饲养 1 年的鸭子称为“板鸭”——也就是说，它们被风干，直到它们差不多“干如木板”。“桂花鸭”和“板鸭”在长江流域最为有名。

两个最著名的商铺是“恒源”和“韩复兴”，其精心制作的鸭子符合中国美食的四个要求，即品相丰腴、色泽鲜美、闻之喷香、食之爽口。

鸭子被退毛和洗净之后，制作桂花鸭就撒上 2 盎司食盐，制作板鸭就撒上 4 盎司食盐，浸泡在称为老卤的盐水溶液之中，老卤可以连续使用。

更为细嫩的桂花鸭首先要浸泡 4 个小时，在烧制之前风干，然后准备烹制。板鸭要在盐水中浸泡过夜，然后挂起来风干至少 3 个月。

桂花鸭和板鸭都使用下列方法烹制。取一盆清水烧开，从灶上端开。把鸭子浸入水中，放入生姜、鲜葱、冰糖、八角(大茴香)。接着，加入凉开水，以便降低鸭子的表层温度，同时保持鸭子内部高温。过一个小时，取出鸭子，将水再次烧开，再从灶上端开，将鸭子再次浸入开水中，再加入凉开水[1]。再过一个小时，还是用原水把鸭子放在灶上煮开直至软嫩。鸭子煮熟时涂上麻油，使其变成棕红色，也用于防止蚊虫。板鸭的味道比桂花鸭咸一些。

鸳鸯是中国婚姻幸福的象征。南京鸭船在长江流域也发挥着重要作用，因为它代表了餐桌上最好的美味佳肴。

芜湖摆江划子

芜湖摆江划子是一种很普通的小船，长 34 英尺，宽 7 英尺 10 英寸，深 4 英尺(见图 12 - 13)。尽管它不太好看，材料和外表粗糙，但是它有最高贵的、著名的芜湖救生会的血统。

〔1〕 就板鸭而言，需要再烧开一次。

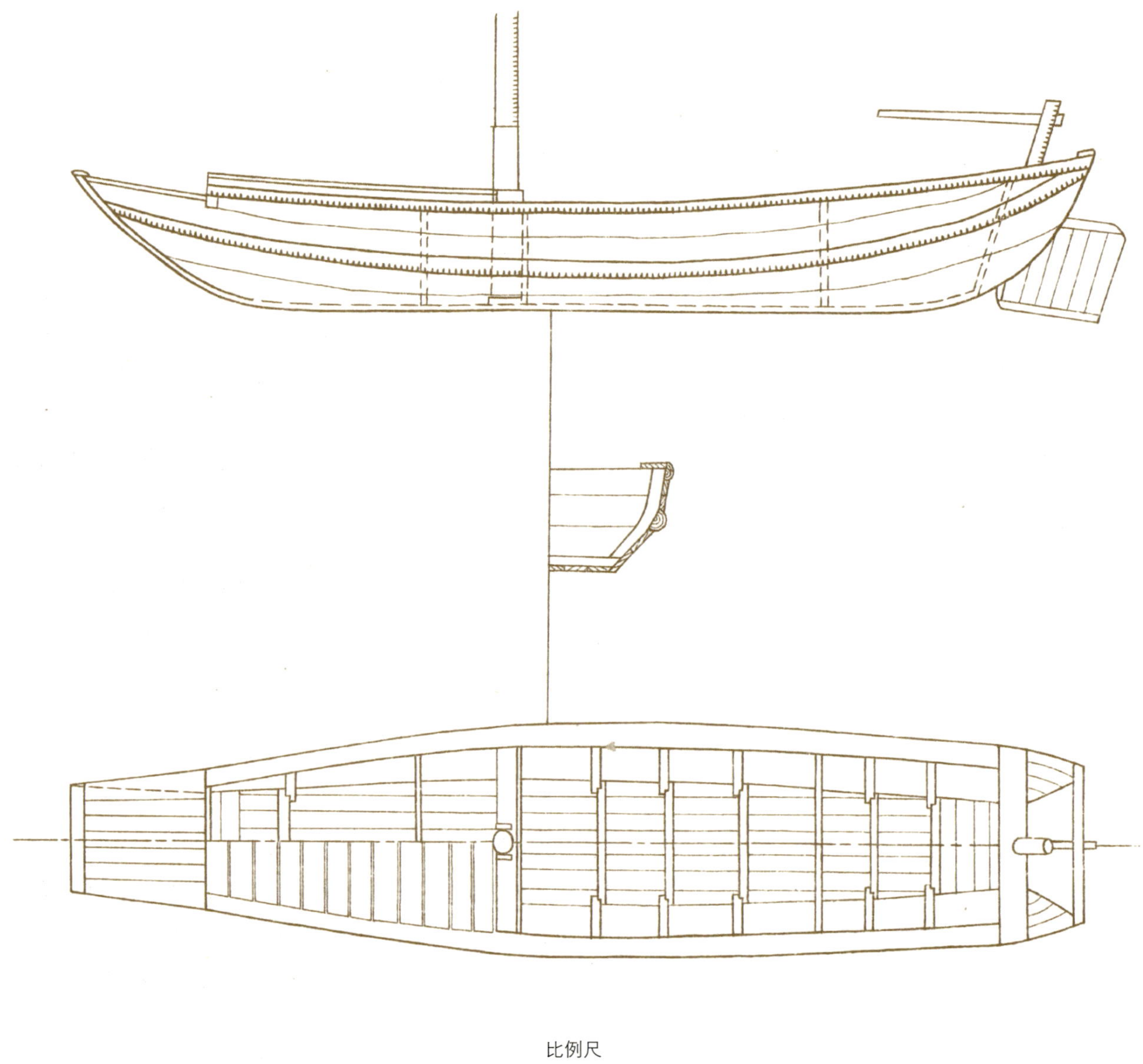

图 12－13　芜湖摆江划子

摆江划子由慈善机构的慈善人士建造。芜湖摆江划子,是由得到自愿捐款支持的芜湖救生会管理的。它的名声远播,已经超过始发港。

芜湖摆江划子有其规章制度,要求它的船员必须"身强体壮,沉着冷静和熟悉河情"。规章制度规定:"搭乘摆江划子的人员应该买票,不等买票后误船的乘客""严禁喝酒和争吵"。它最后规定,摆江划子无须用作渡船时,应该"用于救助危难船只和打捞漂浮尸首"。而且,在接送参加葬礼者、新娘花轿和参与急诊的医生时,持有特许证的船员必须"不制造麻烦地"立即出航。

账目每年审计一次,一份报表将被供到土地爷面前。[1] 在宗教仪式上,救生会全体工作人员都必须到场,出具下列联合声明:

> 我们救生会的工作人员,冒险来到神的面前,谦恭地表示:由于芜湖江河的广大水域和滔天巨浪,突然狂风大作,击毁过往的船只,杀死无知的船员。虽然我们知道船员的生命已由天定,天意不可违,但是看到时还是悲伤不已。因此,我们寻求救生方法,聚到一起组成完全由自愿捐款支持的救生会。前提已经确定,船只使用提供安全远离危险和确保船只能在暴风雨天气中安全通过的木材建造。公墓可以埋葬死人,棺材保持随时可用。因此,水上和岸上做的都是善事。现金收支表已经备好,我们诚信守诺做好救人工作。祈求神灵,监督我们的行为,为我们伸张正义。如果我们为了私利牺牲公众的利益,如果我们的工作不值工钱,如果我们盗用公款,或者如果我们散布错误报告导致捐款减少,愿意受到惩罚。但是,我们如果不怕麻烦和疲劳地恪尽职守,惟愿得到报酬。因此祈祷善事持久。我们恭顺地呈报去年的对账单。

这种优质服务[2]像中国的许多其他善举一样已经成为历史,旅行者现在过河必须付费。

芜湖木盆船

在长江流域的某些地方,洪水、干旱、饥荒、内战和其他灾难带来的是贫穷和痛苦。

可以看到成群的坐在木盆里的乞丐围在快速驶向系在浮筒上的船只周围,偶尔还冒险地相隔一段距离停泊在那里(见图12-14)。

长江客轮一停稳,就有几个长轴线3～5英尺的椭圆形洗澡盆(有时大到8英尺×6英尺)突然出现在客轮外侧,小到乘坐者双手划水的"单座"洗澡盆,大到使用自制短桨划水推进的全家乘坐的大洗澡盆。

"船员"通常包括一名妇女,必然背后背着一个小孩,担当领航员和舵手,船上有几个适合划短桨的小孩。船上还可以有一名身背婴儿的押运员。这些小孩被训练伸出双手哀怨地乞讨。

芜湖木盆随着轮船忽前忽后,忽左忽右,捞起被扔下船的任何东西。它们成为从高甲板上随便扔东西的小目标。

轮船通过废物溜槽往河里倾倒垃圾时,可以看到芜湖木盆抢占有利位置。轮船投放的物品都值得检查,很少会被再次扔掉。

[1] 报表使用易燃烧纸书写;焚烧报表青烟升天,带去祝词。
[2] 对该话题感兴趣的读者请查阅《中国救生艇》等,中国海关出版物特别系列第2卷第18号。

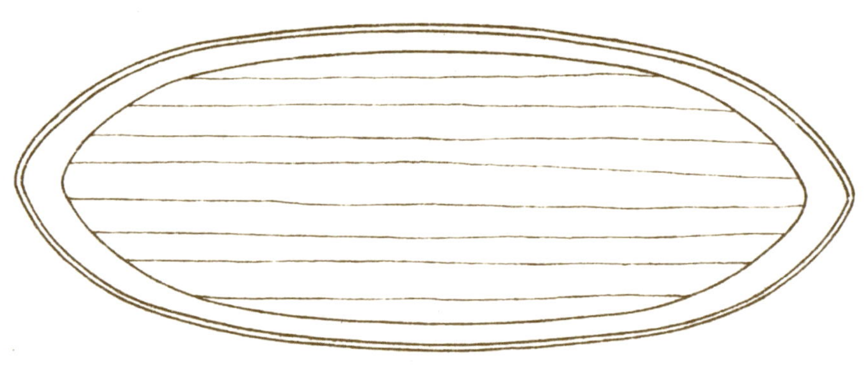

比例尺

图 12－14 芜湖木盆船

由于这种船只的独创性，它们似乎会遭遇风险，而人们所同情的这些大家庭的小孩，从表面上看似乎很困苦，但其实这是较为赚钱的职业。

在港口快速流动的水流里驾驶这些过度拥挤和笨拙的木盆需要十分机敏，必须了解当地河水涨潮和漩涡的知识。驾驶也特别重要，因为必须避开许多障碍，例如趸船系泊和抢到漂浮垃圾或者抢在竞争对手之前得到其他类似想要东西的能力。

由于对技能的持续好奇感和太殷勤，芜湖水上乞丐在离干舷几寸高的地方可能发生更严重事故甚至丧失生命。

海关灯船

海关灯船在长江安全航行中发挥了很重要的作用，以至叙述任何江船都必须描述这种很异常的轻型船只（见图 12－15）。这种船只现已过时，因为几年前已经决定使用钢制船替换这些木制船，以便减少费用昂贵的经常大修。

海关灯船由中国木匠在江边建造，设计保持可接受的帆船建造形式，只是它们是尖船艏和船艉，使它们能在各种天气中锚泊。当然，海关灯船的主要特点是大比例宽度。这是使用于长江的一些开阔支流导致的危险海域。

海关灯船的主要职能，顾名思义，在夜间发出导航灯光，但是它们也作为昼间辅助航行设备。因为灯船没有安装自行推进装置，被拖入标志重要转向点的锚泊位置。通常灯船位于狭窄、曲折和不能绕避的航道，很有可能受到碰撞，这就是灯船应该建造坚固的原因。通常，这些灯船长 56 英尺，宽 18 英尺，船艏和船艉两头尖，除 4 根肋骨和 15 道水密舱壁使用樟木以外，船体全部使用杉木建造。缆柱、桅座、吊艇柱等都以与类似大小船只相同的方式制造和装配，总是载有一只小舢板。

灯船被涂成亮红色，甲板室被涂成白色，挂着六层或者一两种无类属灯笼。这些灯笼点亮一两只灯，显示红色或者白色，或者任意组合，在横桁上垂直或者水平升起。单杆桅上悬挂涂成黑色的竹编球形昼间航标。

当灯船被大风掀翻或者刮离位置时，这样显示信号：第二天在一根桅桁端挂一面红旗，在另一根桅桁端挂一面国际信号旗“PC”，意味着“本船已经不在正确位置”。到夜间，使用一套信号灯。

海关灯船必须面对的最大危险是木筏。这些巨大的“浮动岛屿”，有时长达 280 英尺，顺江而下，时有失控，经常强力扫过它们前面的全部浮动导航设备。在这种情况下，海关灯船在理论上可能被其剐断电线，带走浮标，漂离原位，事实上，木筏几乎总是缠住锚定浮标，昂贵的电缆被拉断。

江河航行会发生许多意外情况：例如，从上海至汉口的 600 英里河段，大部分都是错综复杂的航道，有时水很浅，有时则特别深，甚至两岸被洪水淹没。此外，江河上起雾、下雪和结冰造成的危险比海上发生的危险要多得多；一年四季，偶尔还要面对沙尘暴造成的更大危险。

长江航线非常重要，因而当局广泛地设置了灯光和其他标志系统。正常情况下，长江下游有中国海关巡江事务局控制的 47 艘灯船和 104 个灯标。这些导航设备，主要设计用来帮助轮船航行，使船只按照吨位纳税，对帆船也有巨大好处，特别是在冬季，当它们的吃水同蒸汽船一样，甚至更深的时候。

众所周知，长江中游的木制灯船或者标志船从来没有成功，最先被钢制船所替代。它们是方形船艏和典型的帆船船艉，而且，使用双桅和斜桁四角帆，比长江下游的灯船大得多。

这一节应该提到枯水季昼间航行主要航道的竹制浮标。这些浮标，因为用于长江下游航道，使用平

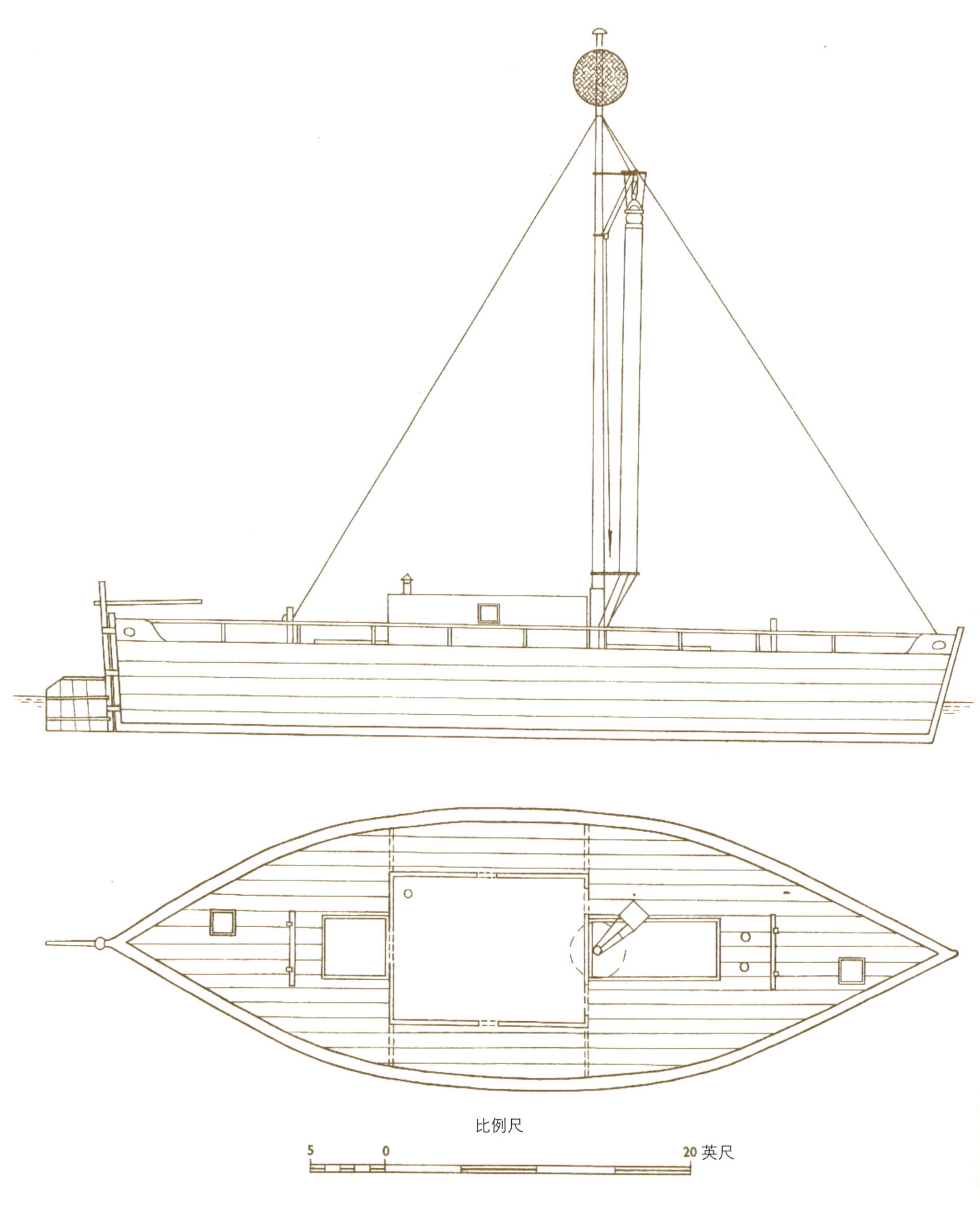

图 12－15　海关灯船

均直径6英尺的大竹竿制造，非常坚固。它们包括三角形竹筏。每条竹筏都为10英尺等边形，使用另外一根竹竿横在中心，延伸1英尺通到顶点。结束后，三个位置有竹竿横过，每根竹竿被截去一半，以便做一个榫卯接合。在前面或者顶点结束，边竹被削尖，整齐地插入主要中心竹竿，大竹钉通过三个地方，增强硬度。

主要竹竿中部表面靠前一点开一个孔，取一根直径约1.5英寸和高5～6英尺的竹竿（见图12－16）。三角形竹筏的三个角用铁丝绑紧，这三个角还用三根油麻绳支索固定桅杆。放置的航道边，桅顶挂一面18平方英寸的红旗或者一个黑色的煤油罐或者一个黑色的编织球。前者标志船只沿河上行的右航道，后者标志左航道。

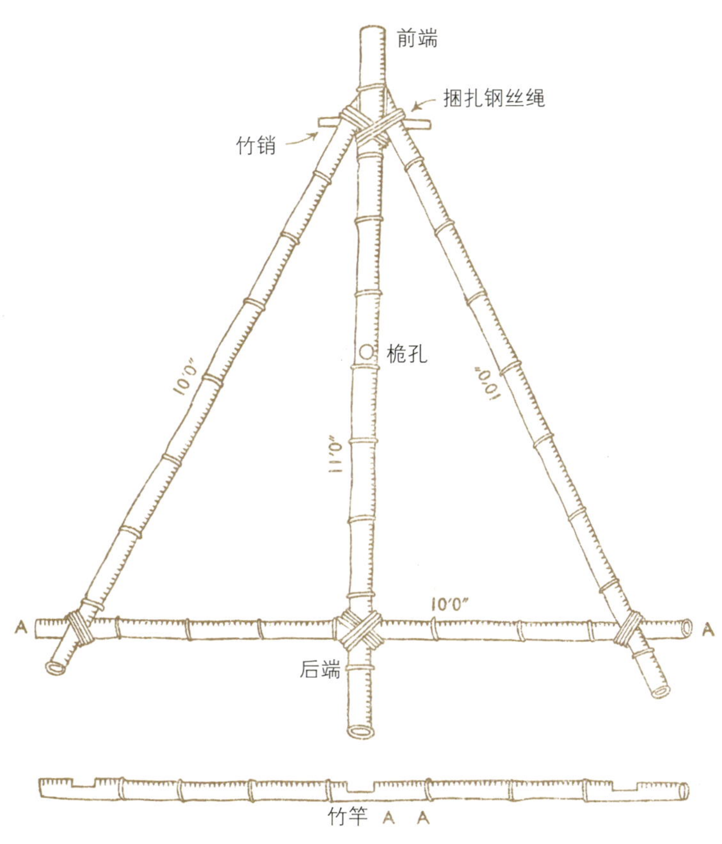

图12－16 竹竿浮标捆绑图

这种坚固三角形浮标的锚具通常包括一个船用铁锚和1.25英寸钢丝绳，铁锚为四爪，重约30斤，钢丝绳通常15寻长。经验表明，最佳效果是用这种钢丝绳绑丁香结，捆紧中心竹竿，桅杆前面一半后面一半，端部系住另一部分，以防丁香结松动。绑丁香结这个很小细节实际上很重要，就像桅孔应该就在中间标志前面，因为浮标就固定在冬季狭窄航道经常能看到的强大水流中间。布置不经心，可能导致浮标顶部朝下，最后翻覆，水流冲断桅杆，顶标或者别的东西，从而造成浮标从一边偏到另一边，拉起铁锚，随波逐流，冲到下游很远的危险地方，也许触发和生成错误标志。

这些浮标多数都由巡江事务局的工作艇安放，平面放置，桅杆和顶标直到放置浮标前才安装，同时安装系泊设备。工作艇艇员对这项工作很专业，有人站在旁边放浮标和锚泊钢丝绳卷，随着钢丝绳被拉紧,铁锚和一连串浮标被放置于航道的两边,就像工作艇逆流而行一样快。

长江下游的每艘灯船都安排有三名中国灯船看守人轮流持续看守;无论夏季酷暑,冬季大风,哪怕内战、强盗、持械抢劫、政治动荡、洪水和饥荒的干扰。

中国灯船看守人留下了政府部门引为骄傲的服务传统。如果将来要撰写中国海关巡江事务局的历史,中国灯船看守人如何保持航标灯长亮不熄的故事将是英雄主义和奉公尽职的范例。

麻油壶子船

麻油壶子船因其形而得名,是正常航行于长江内河水域的工作船只中的一个另类。

图 12-17 所示的这种船在巢湖边的三河镇建造,可以在安徽和河南的小河和运河上看到。这种特殊船只配备 3 名船员,船长 41 英尺,宽 9 英尺,深 4 英尺。

这种帆船设计用来大批运载粮食,需要制造坚固,以便容纳该型船所载的 160 担重量的货物。船体使用 8 道完整舱壁和 2 根肋骨(1)加固。而且,使用两根楲木(2),船艏和船艉都使用加固板(3)。

粮食装入 7 个舱室运输。

皇船

关于皇船,找不到任何图纸或者照片,在这种情况下研究皇船必须依靠《考工记》中的中国木版画(图 12-18)、外国书籍中的描述和庙里发现的船模。

然而,根据当代作家的描述,可以很清楚地得知,这种帆船供中国旧时的皇帝、官吏和其他富人们享用,它们具有其他同类型船只所没有的舒适性。

据一名作家描述,似乎有三种大小不同的皇船或者船屋,定期来往于京杭大运河。第一种"大小相当于三级军舰,内外绘画,图中有龙"。需求量最大的似乎一直是长 64 英尺、宽 16 英尺、深约 9 英尺,"方正平整"的中型船只。除三桅帆船船长及其家属舱室、厨房和两个大舱室外,船艏似乎还有一个会客接待室或者官员大会客室,船艉也有两三个其他舱室。舷窗使用蚌壳或者蜡纸,而不用玻璃。甲板两侧装有突出的走道,以供船员们在船通过浅水区时撑篙,也供佣人和卫兵们从船艏走到船艉,而不妨碍同住者。厨师在悬空船艉进行烹饪工作,有一些船员也住在那里,另外一些则住在前面。

官员们和不太尊贵的乘客乘坐"普雅图"(音)船,这种船只以镇江附近紧邻京杭大运河的小镇命名,它们就在那里建造,并在那一带使用。它们只被富人们雇用,正如外国记者早在 1873 年指出的那样,雇用这种船只的费用高达每天 2~3 美元,所以"只有贵族们或者重要官员雇用它们"。

这些船只平均长 70 英尺,宽 18 英尺,吃水 3 英尺。

居住舱室根据船只大小而有多有少,但是通常都包含一间会客室或者一个餐室,供重要乘客使用。上面有一个四周用玻璃围住的小甲板室,供其高级随员居住,而那些下级随员的卧室在它的两边和前面。乘客的行李放在船底护板下面,小甲板室后面的地方供全体船员使用,设有共用厨房。船偶尔也靠帆推进,但通常靠划桨摇橹推进。每天航行 30 英里已算很快了。

它们的外形和建造主要考虑舒适性和安全性,在最佳情况下这种船也航行极慢;确实,除蛇船或者走私船以外,可以说中国人在利用水上时间方面真不会精打细算。

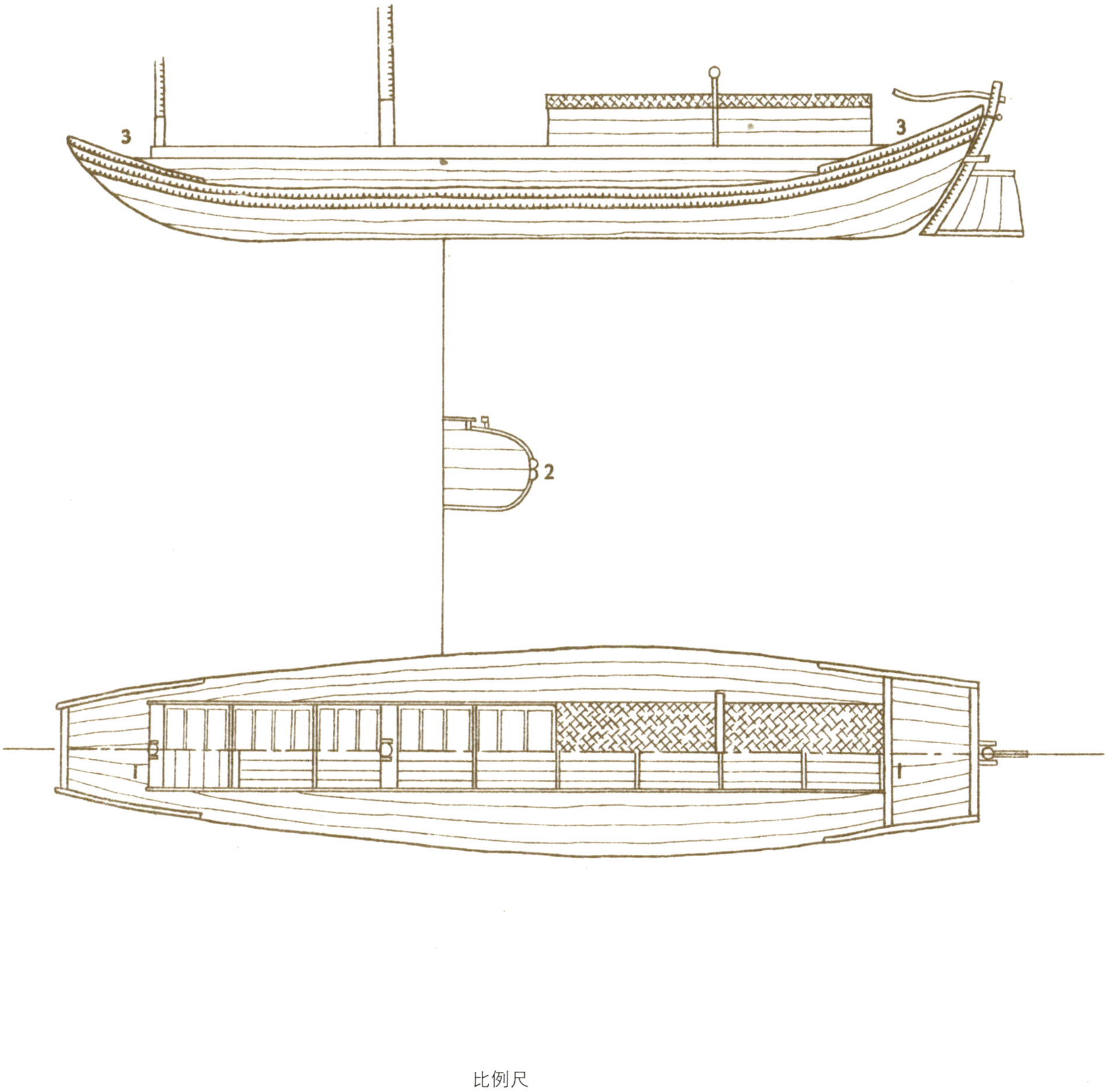

比例尺

图 12－17 “麻油壶子”船

图 12－18 皇船［选自木版画《考工记》］

为了船员的利益，庙里也布置船模，这些类型官船的船模被吊在房顶椽子下面或者放在架子上面。[1] 并在祭坛上摆放几碟食物，供奉神灵，这些帆船船模挂在庙里。

船模通常是船只失事幸存者贡献的，他们希望借此表达对于神灵保佑的感激之情。有时，附近的庙里挂着一个穿着被救者衣服的模具人。

许多船模都是官船船型的船模，带有夸张的官衔牌，悬挂在房顶椽子下，一年到头都不取下来。

尽管没有什么迹象表明该船具有任何超自然因素，但是该船难以置信地很快抵达上海。无论是由于疏忽还是穷困，总之这个年轻人没给船钱。当他下船时，那名桨手要求他付船钱，他便留下自己很看重的雨伞当船钱。

他这么快回家带来很多惊喜欢乐，因为他母亲才发出信件不久，没有指望这么快见到自己的儿子。

听说儿子的奇异旅途时，这位母亲立即意识到那名船员并非凡人，催促儿子赶快去船员庙为超自然的奇异旅途表示感谢。

传说的精华是高潮部分。当这个年轻人在祭坛前忠诚地鞠躬时，他碰巧向上看，惊奇地看到他那把粗陋的雨伞就在官船船模上面，吊在天房顶椽子下面。祭司在询问时否认了那是他的雨伞的各种可能性，因为帆船已经摆放在那个位置多年，没有被碰过。年轻人祈求进一步调查，事实是雨伞把上刻有他

〔1〕 在苏州龙街的观音庙中发现了符合这一描述的非常好的船模。这一船模大约 17 英尺长，上有 30 多名身着当时服装的船员。其中两个船员正在提升“A”型跟踪桅杆的舷侧腿。这一船模配有充足的椅子、桌子、提灯、烹调火炉，等等，几乎是按比例制作的。

的名字，这证明了他的故事，还证明仁慈的神祇已经使用帆船船模进行仁慈行为，把这位孝子带回生病母亲的床前。这个传说的场面在谢旭（音）庙，它是上海最后的真实船员庙之一，位于苏州河北岸。这里，怀疑者可以看到房顶椽子之间高高地挂着两个美观的大型官船船模，老船员们都保证最神奇的降临雨伞的真实性。

黄化子船或者黄船

黄化子船或者黄船是中型短途商船，常见于长江下游。这些船只在芜湖与南京之间的江河上经常能够看到。

图 12－19 所示的船只长 49 英尺，宽 9 英尺，深 4 英尺，载运量 250 担。

这些帆船建造坚固，通常设有 9 道舱壁和 3 根肋骨。

这种帆船配备 4 名船员，生活在相当舒适的前甲板室的住舱区。指挥位置紧前面的尾甲板室用作厨房。船艉横梁可变化，使用非平衡型舵。

黄化子船是长江下游一流、高大的方头斜桁四角帆帆船，通常使用双桅，一对铁木架支撑落下的船帆。

隔开一段距离，该船很容易同摆江子相混淆，这在后面再具体描述。

斗　　船

安徽的船员们很尊敬神界的四位神化人物。按照先后顺序，他们分别是道教创始人张天师、徐珍君、萧公和严公。严公生活在大约公元 25 年，生前是一名操船特别细心的船员，从未发生过任何事故。因此，严公拥有许多渴望同他做生意的老顾客。后来，他退出江河，上岸当官，变得富有，最后成为皇帝的好朋友。然而，严公更喜欢住在乡村，专心于捕鱼和农耕。斗船船员们认为是他设计了这种帆船，将他视为自己的特殊主顾。

斗船因为形状像斗而得名。这些帆船通常被用作运粮船，大小规模几乎都一样。如图 12－20 所示的船只长 54 英尺，宽 12.5 英尺，深 5.5 英尺，载运量 500 担。这些帆船的始发港是长江北岸的铜城，通常航行在大通与安庆之间。

它们都建得很坚固，安装 7 道舱壁、3 根肋骨和 4 道半舱壁。

这些帆船的主要特性是船艉明显呈方形、有宽大的厚船底板及大横梁。

如上所述，严公肯定有“好眼力”，所以能带来高效性。

盐　　船

如图 12－21 所示的船只是真正长江下游盐船的一个不理想的例证。但不幸的是，它是唯一能够得到的盐船。

宏大的盐船，使用高桅大帆，可惜已经成为过去的船只，因为现在运盐都用蒸汽船。

这种船只是典型的小河盐船，设计为箱形，长 50 英尺，宽 11.5 英尺，深 5 英尺，载运量 400 担。船员包括 1 名船老大和 5 名船员。

芜湖货船

芜湖是货船之乡。图 12－22 显示了货船设计的两个例证，两者都按相同比例尺绘制。

图 12－22A 所示的小型货船通常用于内河水域，常见于芜湖内地的无数小河和运河。这种船只长 41 英尺，宽 10.5 英尺，深 3.5 英尺，载运量 120 担，即大约 5 吨。因为这些船只设计主要用于浅水运输，所以建造得不是很坚固，安装有 14 根肋骨和 3 道舱壁。

图 12－22B 所示的是建造结构简单的深吃水货船，船长 56 英尺，宽 15 英尺，深 6 英尺。货舱的最深处大约 6 英尺，载运量约 50 吨。

建造牢固的船体使用杉木，安装 6 根肋骨、5 道舱壁和 4 道半舱壁，全用椿木。两个硬木大系缆柱固定在第一舱壁上。

平甲板安装低舱口栏板。船艉外形宽阔，稍微上翘，小部分铺了甲板形成舱室，供船老大及其家人使用。前甲板下面有个舱室，通过人孔进出；活动舱口通向船员的住舱。

舷缘外倾的宽阔船艏、方形船艉和船艉后面吊着非平衡舵是这些和多数货船的特性。从艺术家的角度看，这些船只没有什么可推荐之处，但在简单、经济、功效和建造速度方面，它们超过其他货船。

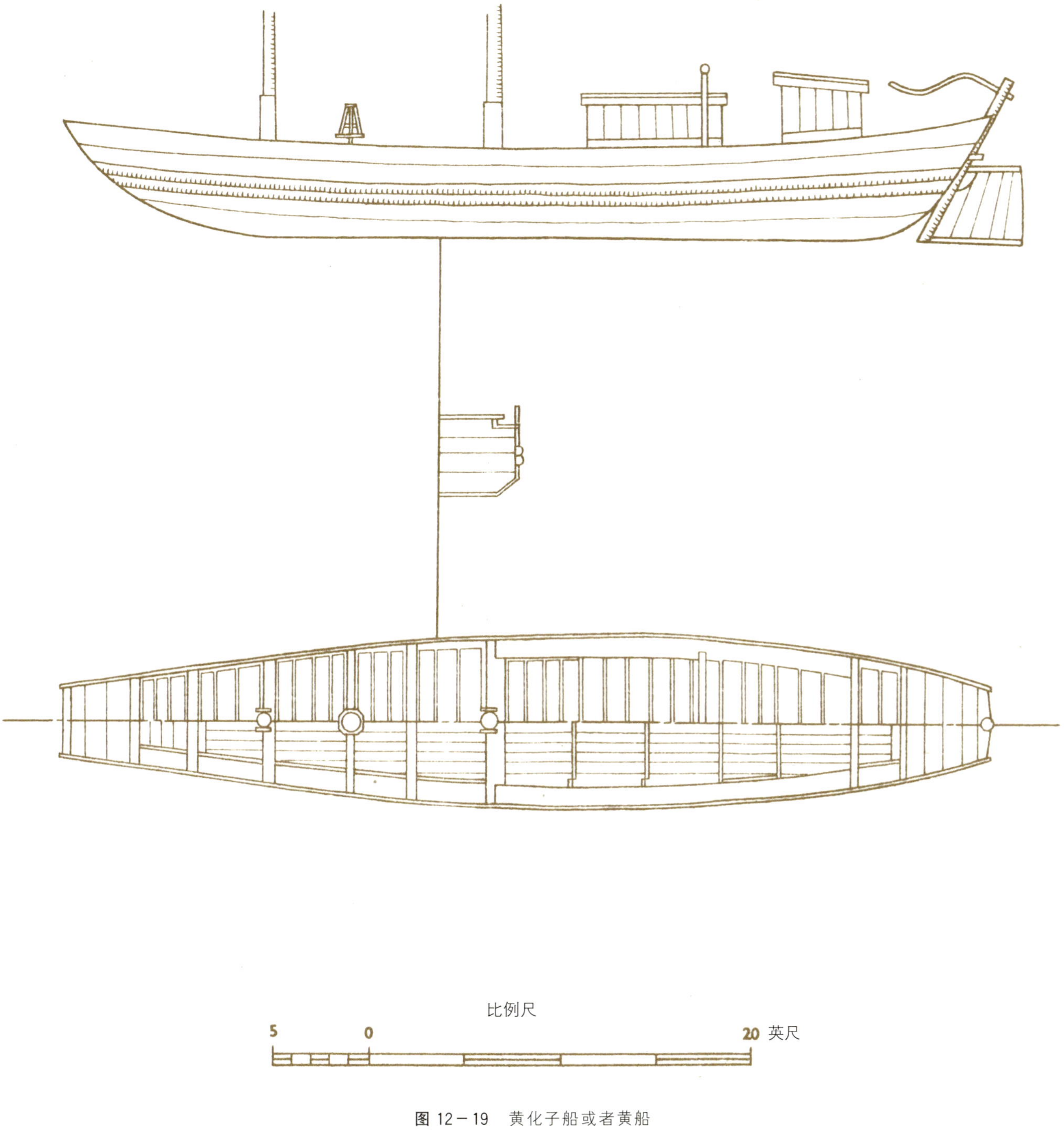

图 12－19 黄化子船或者黄船

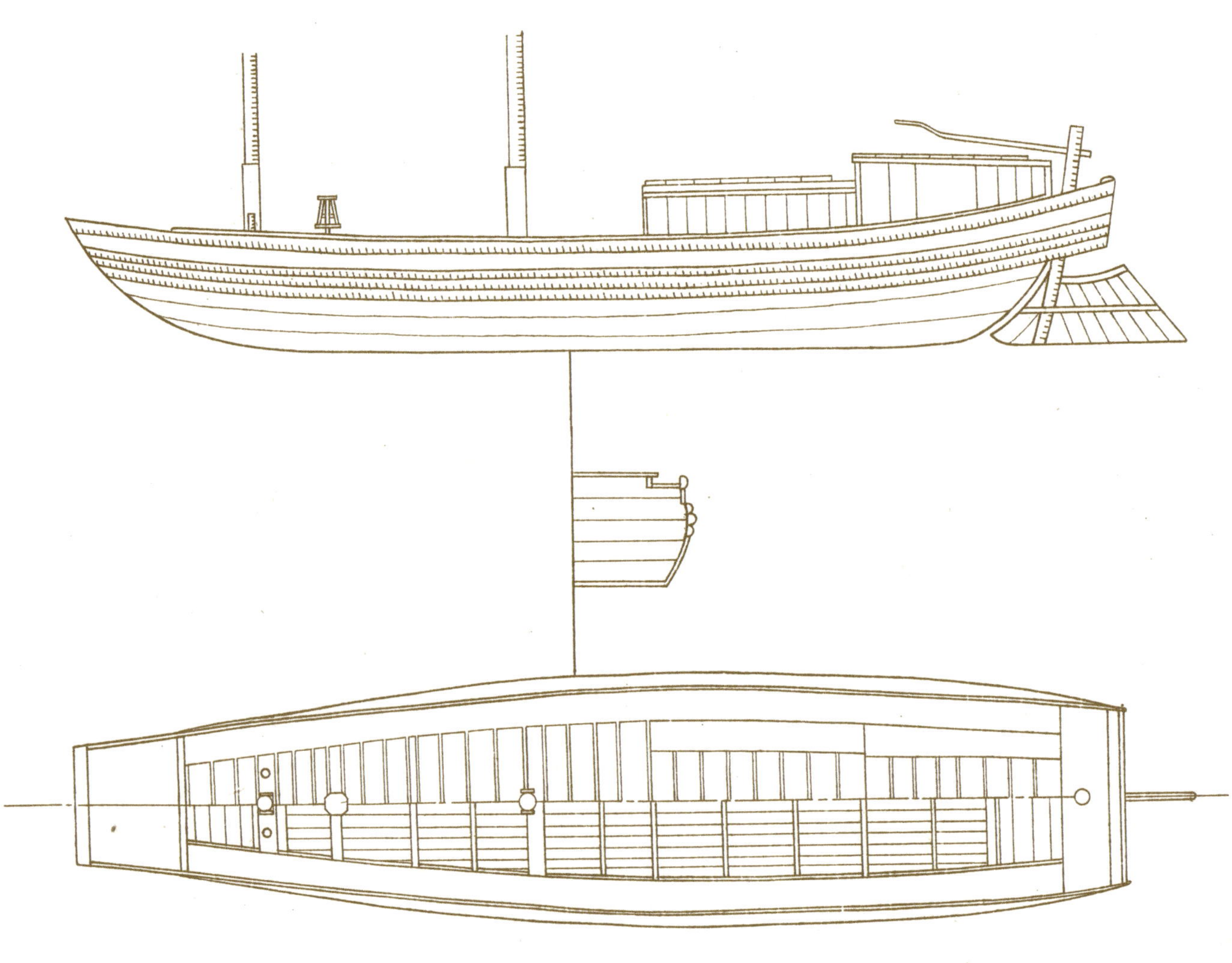

比例尺

5 0 20 英尺

图 12－20 斗船

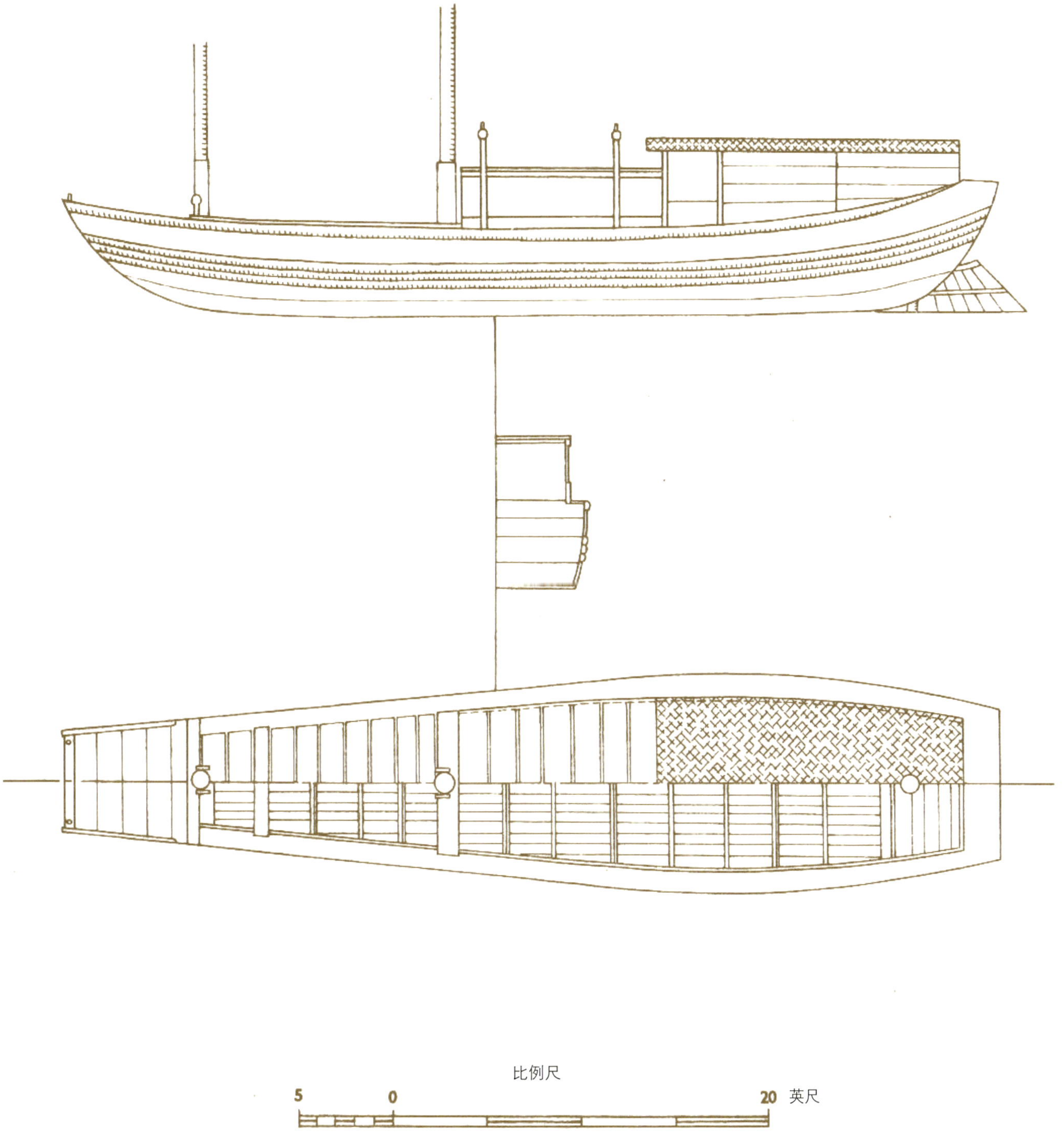

比例尺

图 12－21 长江下游盐船

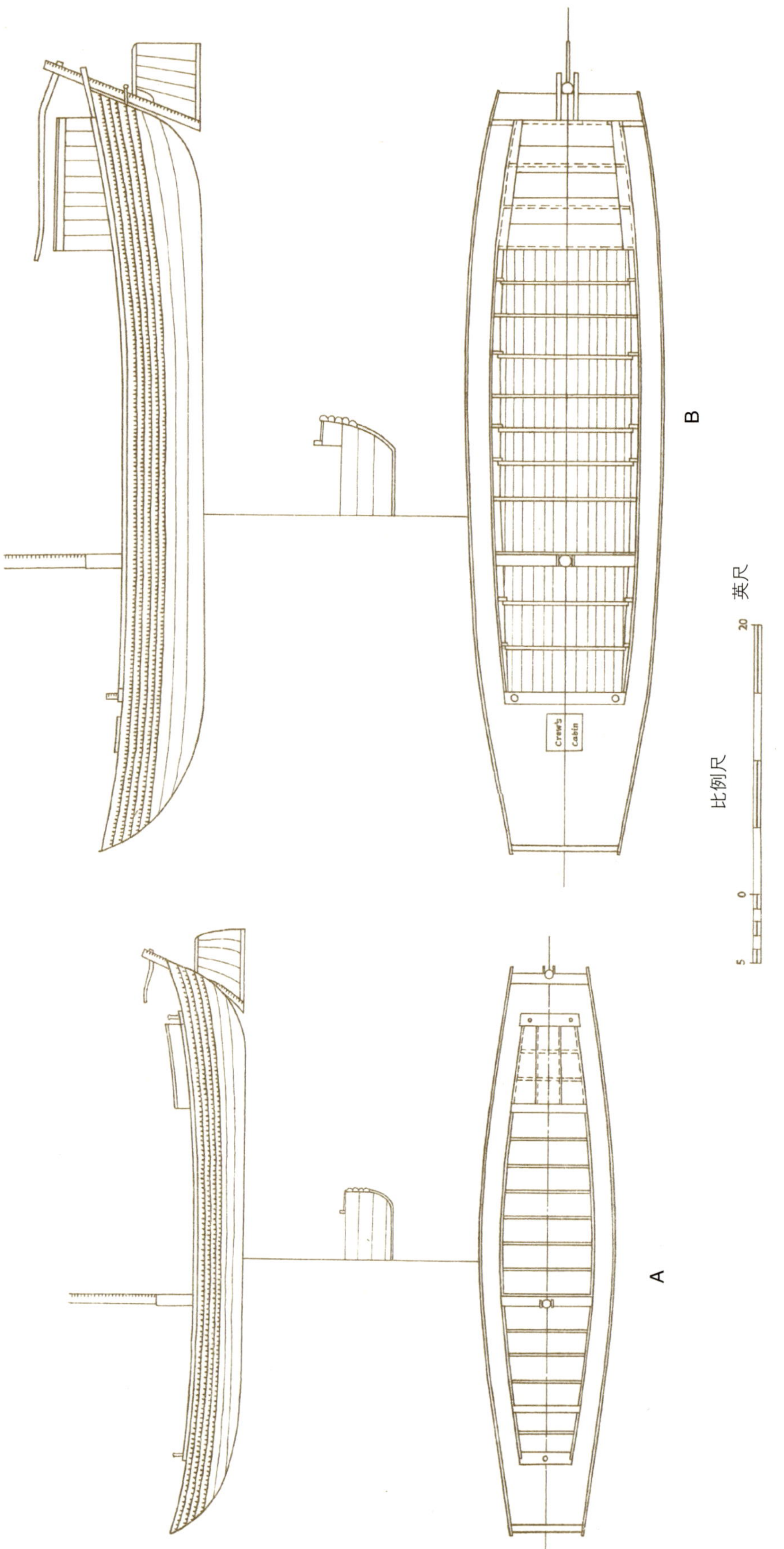

图12-22 芜湖货船

— 第13章 —

米　　船

三角洲地区绝大部分剩余稻谷的主要交易市场是上海，其次依次是无锡、镇江、江宁和武进。上海吸收的数量非常大，不仅因为它比其他省份的出口贸易量大，而且因为存在着本市数百万人的需求。1930年，上海人口超过400万，虽说大米消费有各种计算方法，但是粗算下来上海每年大米消费接近400万担，以“普通”大米为主。然而，进口总量700多万担，剩余部分用于再次出口。从印度和安南进口外国稻米正在增多，特别是在近年。由于战乱，农民经常必须放弃出口（口粮），甚至不再播种他们的“生活必需品”。

通常，到年底时市场上会涌现出更多的稻米，这时其他省份新的“普通”稻米都会涌到这里。进口外国稻米主要在夏季，此前出现在市场上的都是新的国产稻米。

上海的稻米贸易商分为两类。北方集团包括来自吴兴、昆山、常熟、江阴、无锡宜兴、溧阳和金坛的商人，他们的帆船通常聚集在新闸路桥。南方集团的商人来自松江、闵行、同里、平望、芦塘、泗泾、青浦、张堰和八坼，他们的帆船都聚集在南市王家码头。

因为大米是非常重要的日用品，有一种大型帆船专门用于运米。所有这些河船都被保护得特别完好，因为稻米几乎总是散装运输，要求严密防漏。同许多特殊用途帆船一样，米船几乎总是空船返回。无疑，这是因为不能载运可能会污染木板的任何货物，因而影响稻米的香味。

芦墟米船

这种运粮船因淀山湖边的芦墟镇得名，该镇位于江苏省的南部省界上。芦墟米船通常都在这个镇建造，往返航行在芦墟与上海之间，中间航经青浦。

芦墟米船使用杉木建造，长41英尺，宽7英尺，深3.5英尺（见图13－1）。它们结构坚固，使用5道硬木舱壁和7根肋骨，载运量90担。

芦墟米船型线赏心悦目，船艏又长又低又窄，船艉呈锥形，开翼型，具有上海格栅平台风格。典型的米船船腹，强度系数比普通米船小一些。甲板铺板横向铺设。桅杆为小桅，悬挂方头斜桁四角帆，使用弯曲的琵琶橹。

尽管芦墟米船很小巧，但是它安装有披水板，是因为它需要通行几个广阔的湖泊和黄浦江的开阔河段。

芦墟米船有3名船员，他们生活在船中部的小甲板室内。第四与第五舱壁之间的大舱室被用作“坚

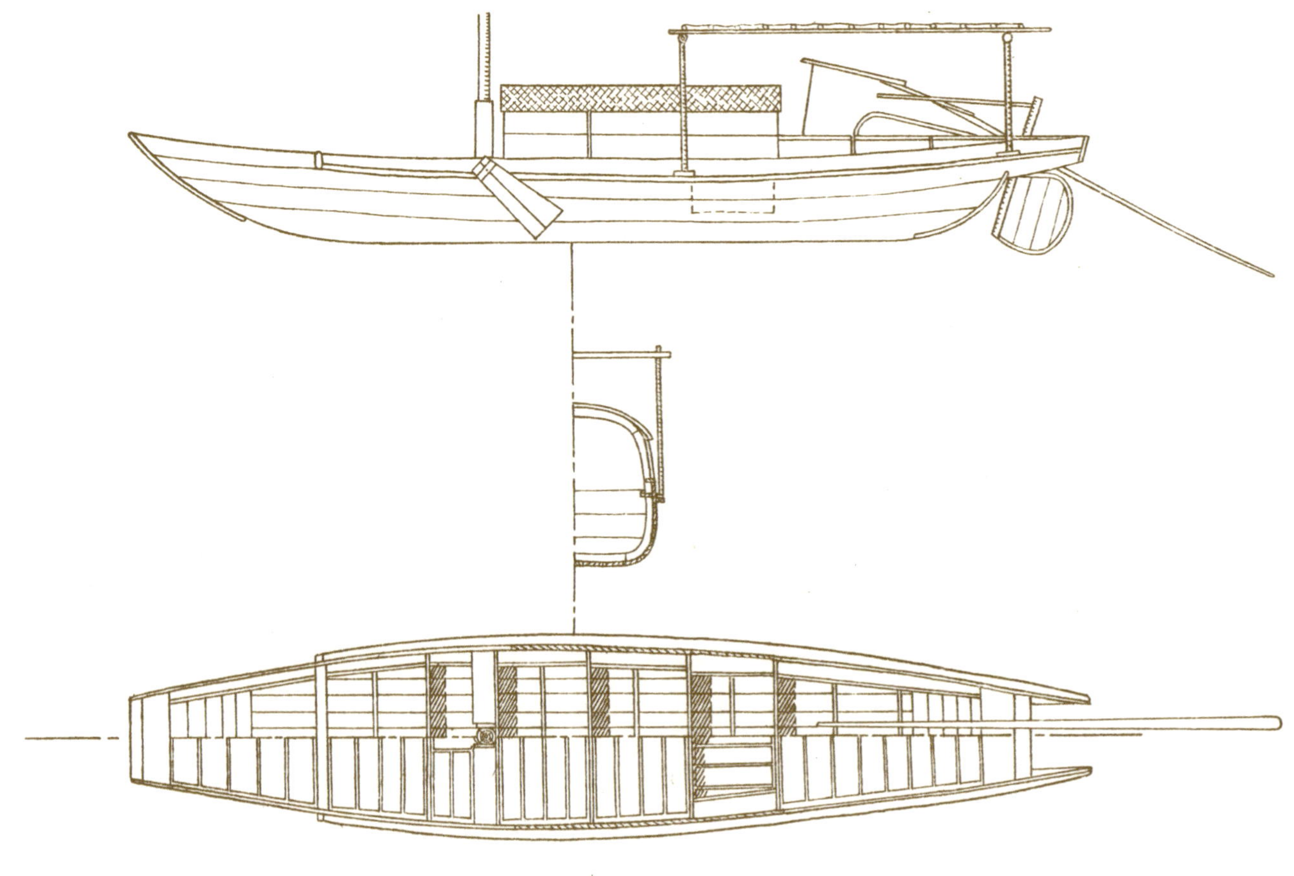

比例尺

5 0 20 英尺

图 13－1 芦墟米船

固舱室”,用来放置随行的稻米商人可能携带的金钱和贵重物品。该舱室的甲板列板纵向铺设,甲板下面设有原始简单的内置保险箱,用横穿甲板的木板条来加固,保险箱上挂一把中式挂锁。这一异常于其他船的特点有利于进行稻米贸易。

菱 湖 船

菱湖船是往来航行在黄浦江和相邻内河的一种更大型的米船,该型船在黄浦江上游的湖州附近的菱湖村建造,所以取名菱湖船。这种船只,载运量为200担散装大米,牢固程度中等,船体使用杉木建造,有6道硬木舱壁、2道半舱壁和7根肋骨;船长71英尺,宽13英尺,深5英尺,型线优美悦目,艄艉稍尖。方形窄船艏显示,横向横梁下面至船深约2英尺处榫接安装双层列版。圆形外飘随着上升加宽,是船体的一个异常特点,同样,第一舱壁非常靠后(见图13-2)。

船舵采用提升变化型,吊在上海式横梁后面,装有滑车组。该型船使用独桅,悬挂方头斜桁四角帆。

该型船的4英尺高活动甲板室作为船东及其家属的住舱。至于附加保护,可以安装活动防浪板,从两个缆柱正前方延伸到甲板室。习惯使用的常设天篷覆盖帆船的尾部。

菱湖船配备2名船员,生活在桅杆前的后部7英尺×7.5英尺的住处。在这种船只中,它们总是挂着布帘,第四与第五舱壁之间挂着私人物品和被褥。厨房位于船艉右侧和占据船宽,灶上坐着两个平底锅。

菱湖船靠扬帆或者摇橹推进,一名船员在船艏,一名船员在船艉右舷。

常 熟 船

常熟船是一种小型米船,也是以建造地取名,常熟是苏州河支流边的一个城镇,别名是“米包子”。常熟船顺苏州河航行,直接到上海,距离约为100里。

常熟船使用杉木建造,外形赏心悦目,长54英尺,宽10.5英尺,深4.5英尺,载运量为180担散装稻米。这些帆船大小不同,最大型的载运量达到500担(见图13-3)。

常熟船设9道舱壁和3根肋骨。第六和第七舱壁装有滑动门。船艏和船艉变窄到3英尺,该船型船体中部的体型侧面和垂直都不同,因为典型米船的膨胀很明显,以至提供近乎改进的炮塔形船体。

防浪板以上的甲板室都是活动的,并被桅杆一分为二。遇到多雨天气时,甲板室前后部分之间的缺口会用防水油布覆盖。船东生活在第六与第七舱壁之间甲板室的后部,那里的甲板比其他甲板要低大约1英尺。

常熟船的另外2名船员生活在甲板室的前面部分,面积10英尺×8英尺。厨房搭在第九道舱壁后的船艉。

出 门 船

这种米船又叫“出门船”。出门船在上海浦东用杉木建造,使用5道硬木舱壁和7根肋骨,这些帆船差不多都按标准建造。图13-4显示的是样船船型,船长58英尺,宽12英尺,深3.5英尺。

建造结构中的一个不寻常之处是两头都安装硬木顶梁,不像平常那样搭在舱壁上面。不平常的是,全部甲板梁都用嵌入船体结构中的榫眼,如图中所示。这大概是为了给船体增加额外强度,因为虽然足以运载300担稻米,但还不是特别牢固。

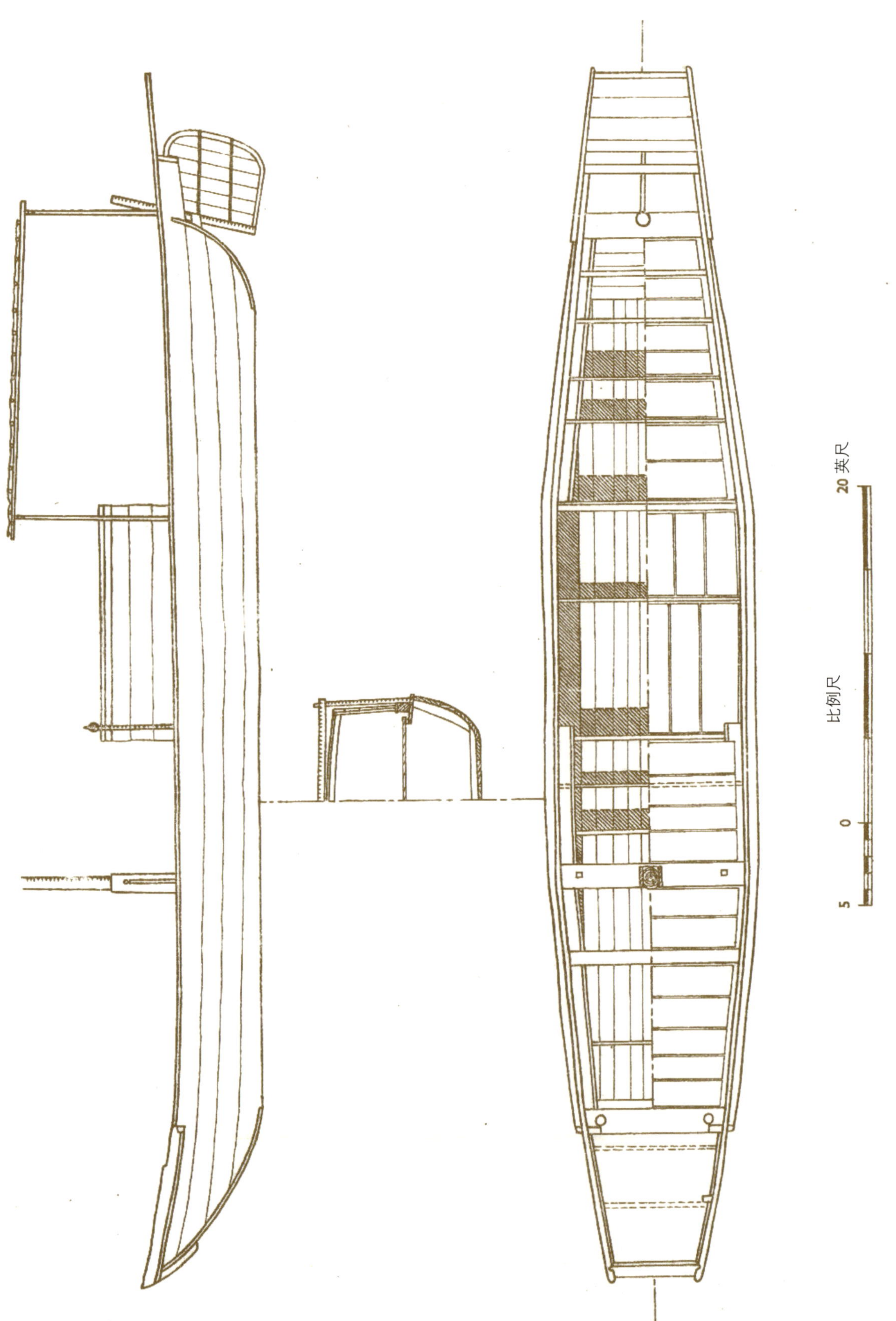

图13-2　菱湖船

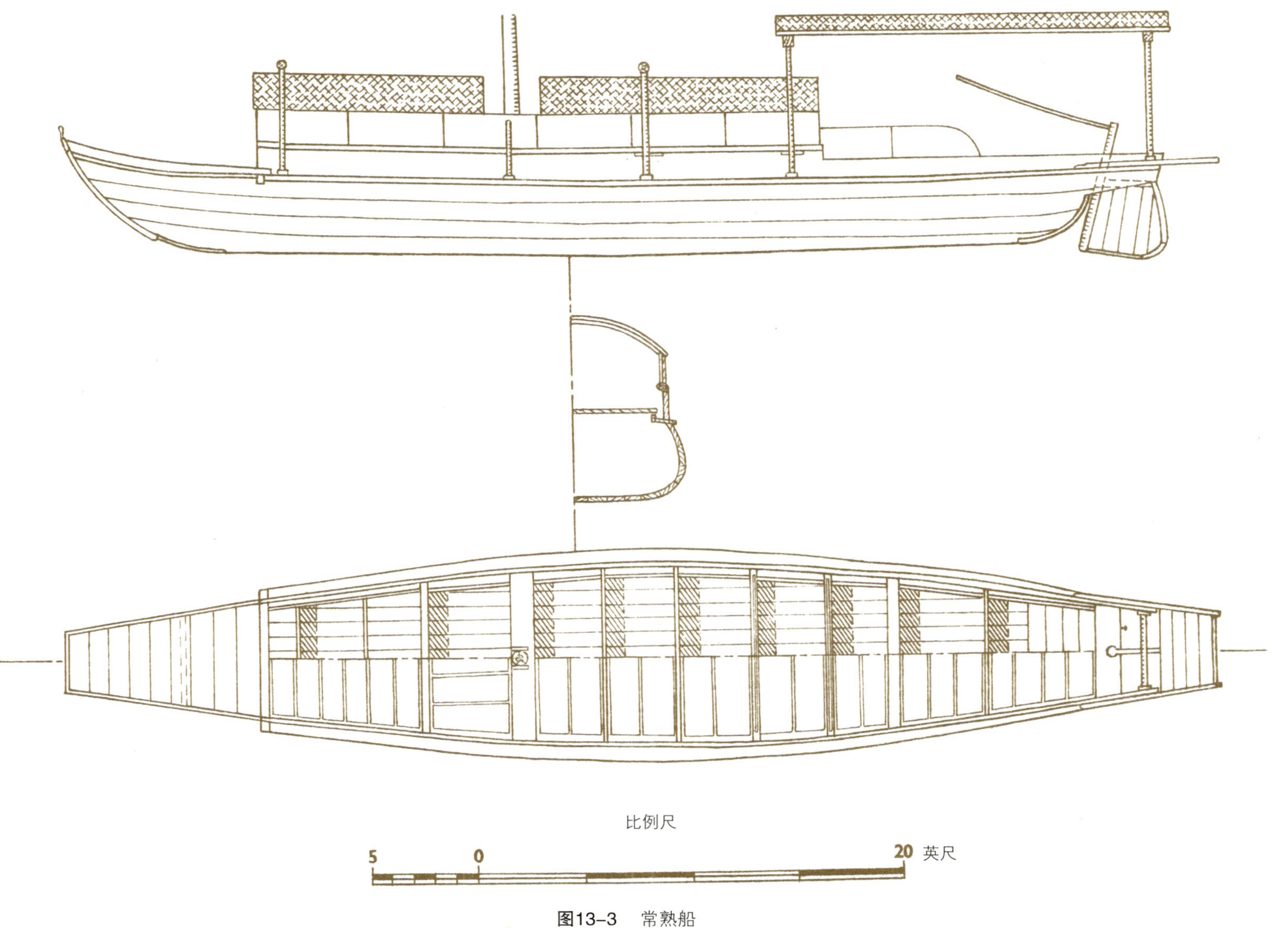

图13-3 常熟船

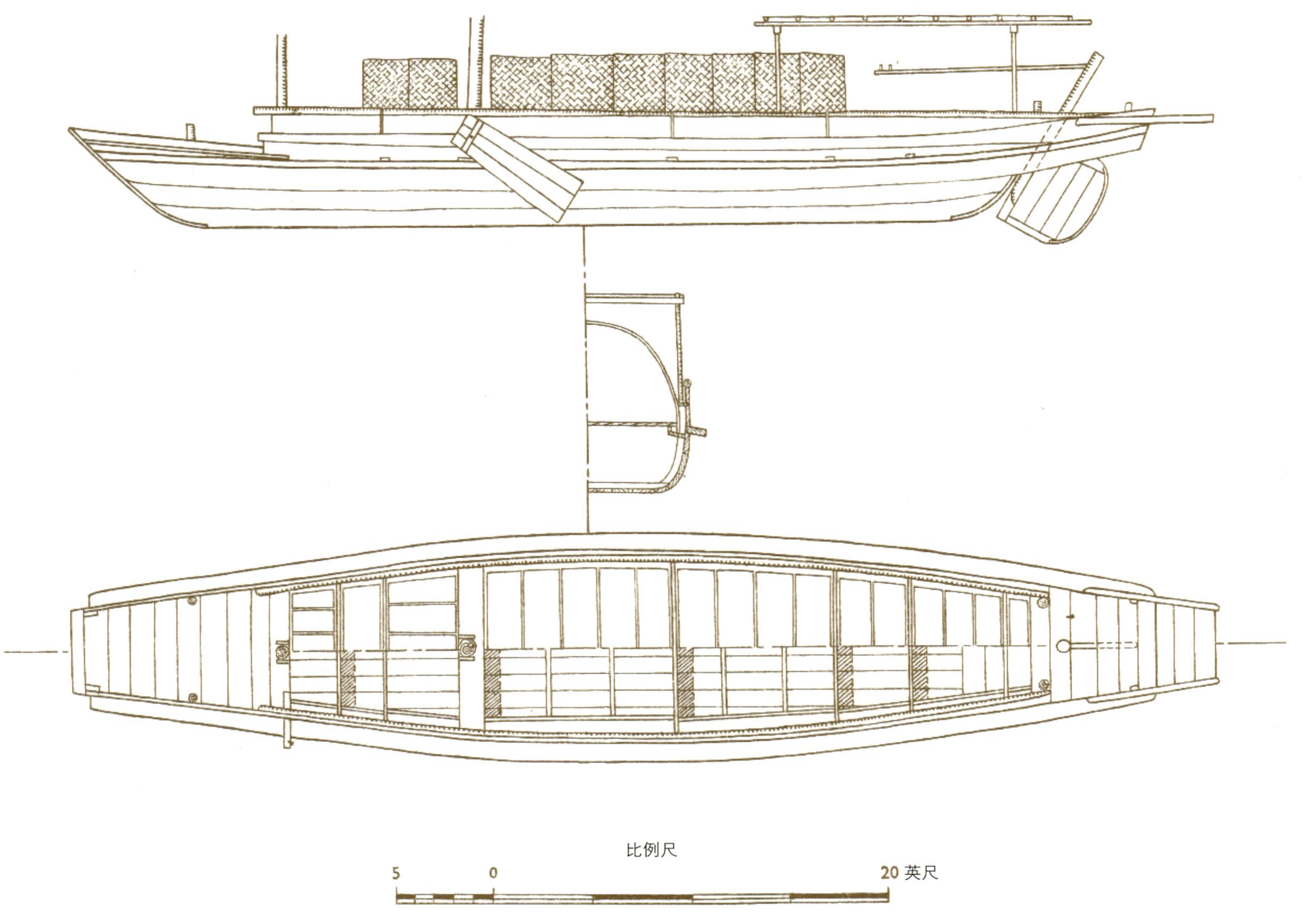

图13-4 出门船

这种帆船从浦东内地载运稻米到上海，也从江河港口载运粮食下黄浦江。

可拆装的高防浪板从前桅延伸到船艉结构，以防通过船只的尾流溅湿易腐货物。

出门船使用的是不平衡的升降舵，其倾斜程度超过一般船，而且装有长长的直舵柄。这些船只安装双桅，位置尽量靠前，紧挨着，安装两块披水板。出门船航行靠驶帆推进，辅以摇橹或者只靠摇动三支橹推进，两支安排在船艏部位，安放在短橹担上摇动，第三支橹安放在船艉。出门船采用临时甲板室，它可以根据所需规模用一系列可拆装拱形竹席搭建，剩余部分不用时可以存放在其他部分上面。竹席两端搭在防浪板内，雨水从光滑的防水席面往下流，流到防浪板上规则间隔凿出的出口。

出口船船主和 4 名船员都生活在宽敞的甲板室里，而厨房在第五舱壁与船艉之间。

像各种米船一样，这些船很常见，干净且维护得很好，全体船员都以自己的米船为骄傲。

太湖西湖船

太湖西湖船或太湖船，像抚船一样，也在常州建造，主要用于太湖航运，有时也远达上海。

太湖西湖船使用杉木建造，安装 6 道硬木舱壁和 5 根肋骨，船长 64.5 英尺，宽 13.5 英尺，深 5.5 英尺（见图 13－5）。除了尺寸和隔舱壁稍有不同，以及强度和货物装载量随之相应减少以外，这种船型与抚船之间确实没有什么区别，只是船艏和船艉钝一些，用来运载稻米而非石料。

这种船体构造、撑篙过道、船员数量和安排、桅杆和船帆的异常特点都如出一辙。不过，之所以一定要在这里把它作为独立船型列出来，是想说明船员们坚持认为它作为一种完全不同的船型不但容易识别，而且决不应该把它和抚船混淆。

五舱子船或五舱船

五舱子船或五舱船提供参加内河稻米贸易帆船的一个典型例证。这个船名很是名不副实，因为它们总是设置 6 个舱室。

图 13－6 显示的这种船只长 45 英尺，宽 10.5 英尺，深 4 英尺，载运量为 60 担。五舱子为轻型船，使用 5 道舱壁和 4 根肋骨。两舷和船底成尖角，尤其是船中段呈箱型，向两端均匀地收窄，直到缓慢弯曲的船艏和相当宽的船艉。

这些帆船主要航行于巢湖和稻米盛产区内的密集河网。

巢湖划子或巢船

巢湖位于中国最好产稻区之一的核心，所以，在这里能看到大量很有趣、很有特色的巢湖—芜湖稻米贸易帆船类型也就不足为奇了。

图 13－7 显示的巢湖划子为线条丰满的炮塔形构造，安装 1 根肋骨、7 道舱壁和 5 道半舱壁，载运量约为 150 担。

这种帆船尽管主要设计用于运输稻米到芜湖，但是回程载运杂货。

巢湖划子或巢船使用双桅，主桅安装紧靠第五舱壁，悬挂通常的平头斜桁四角帆；小桅杆紧靠第二舱壁安装。

这种帆船上雇佣 4 名船员。

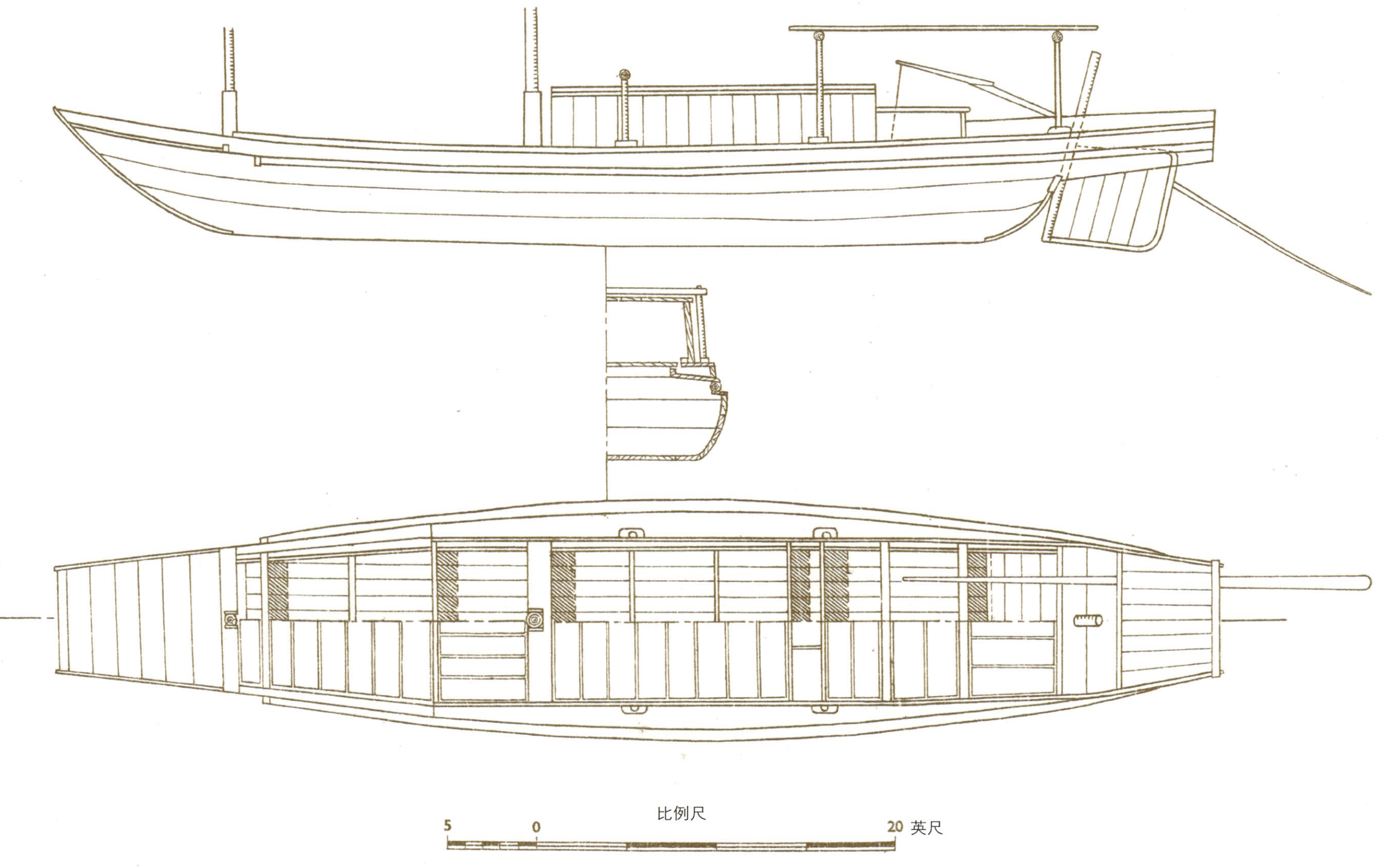

图13-5 太湖西湖船

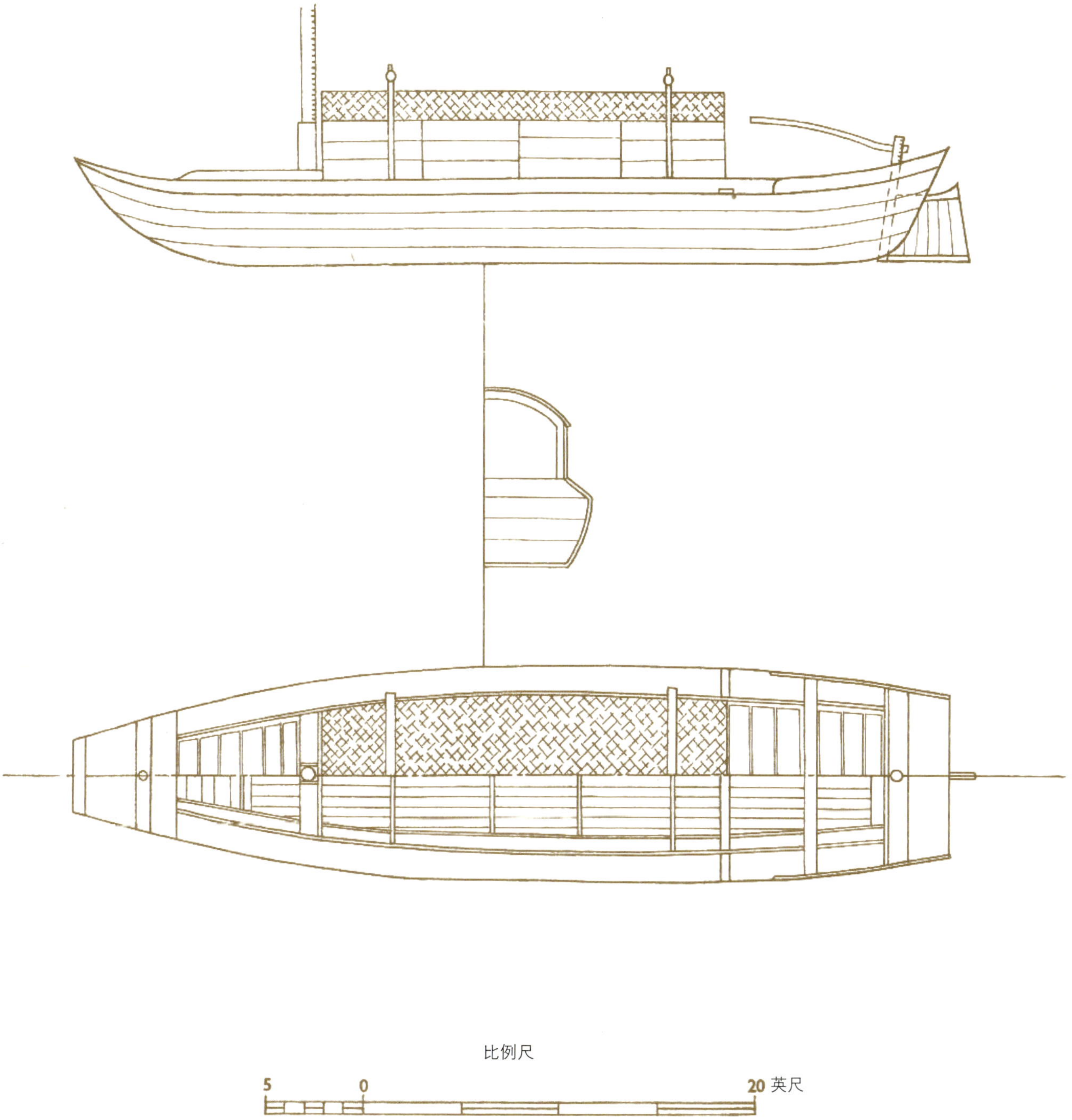

比例尺

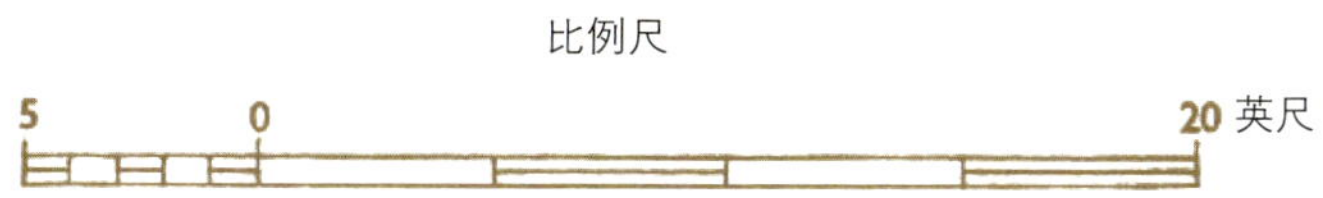

图 13－6 五舱子船或五舱船

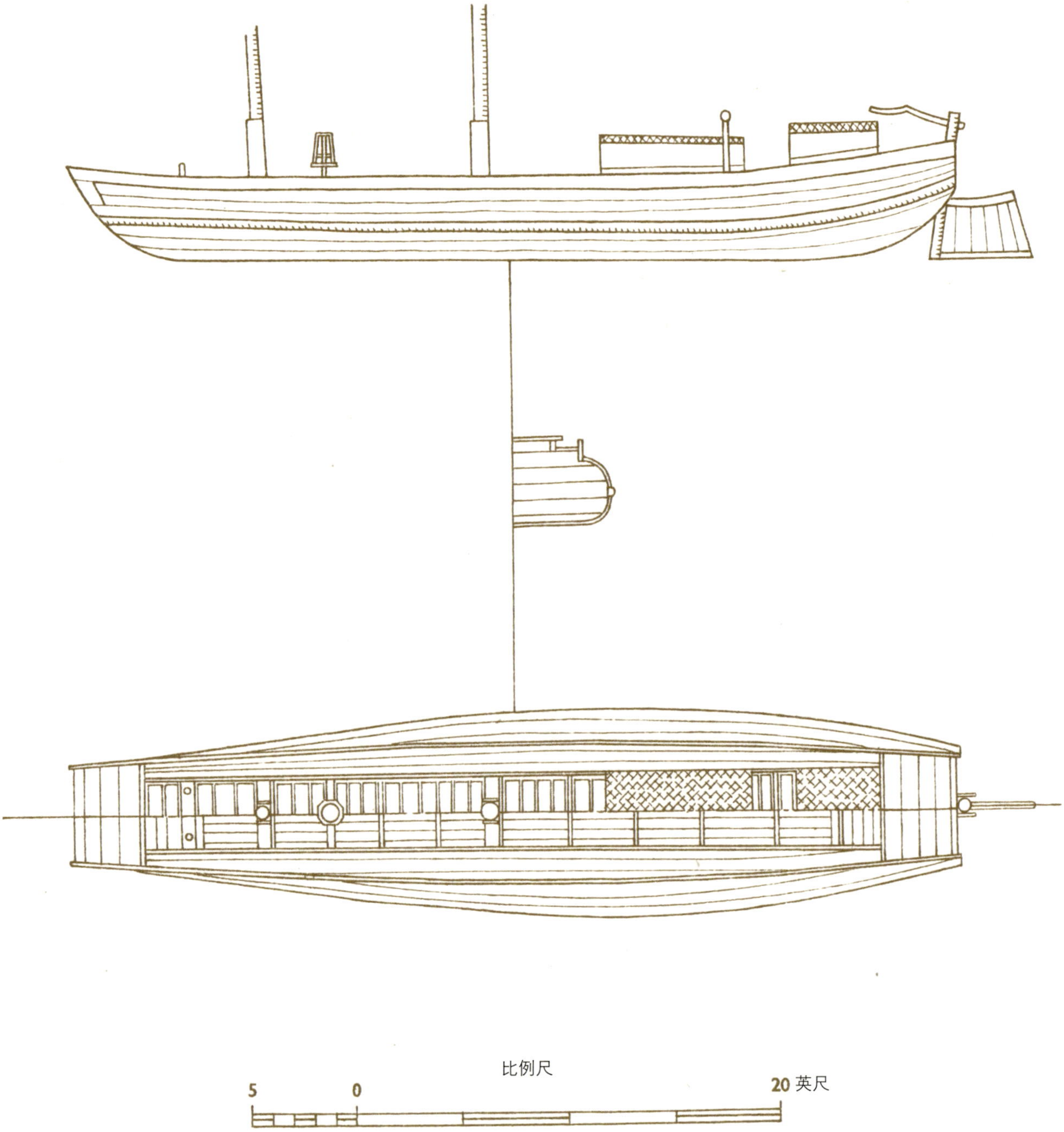

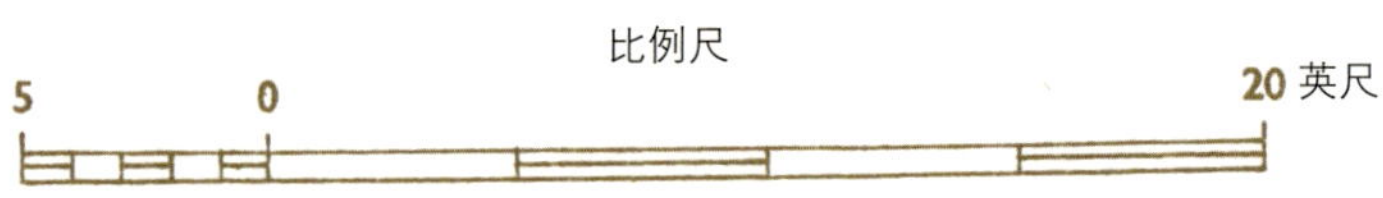

图 13－7 巢湖划子或巢船

挑驳子或竹竿船

挑驳子的意思是竹竿，是另一种米船，用于芜湖与巢湖之间小河航行，通过运漕和裕溪口。

这些奇妙的船只在芜湖附近很常见，设计很相似，船长44英尺，宽9英尺，深3.5英尺，载运量约为130担散装稻米，见图13-8。

它们的主要特点是宽阔和牢固，明显的方形船艏和尖船艉，使它们在帆船中显得很独特。

据船员们说，这些船只的船艉构造受到生活在公元前506年的木匠祖师鲁班的深刻影响（译者注：关于鲁班的生卒年月，说法不一，有的说法要晚几百年。）。

这些帆船在当地有时被称为“舒船”，因巢湖西侧小河旁小城镇舒城的名字得名。

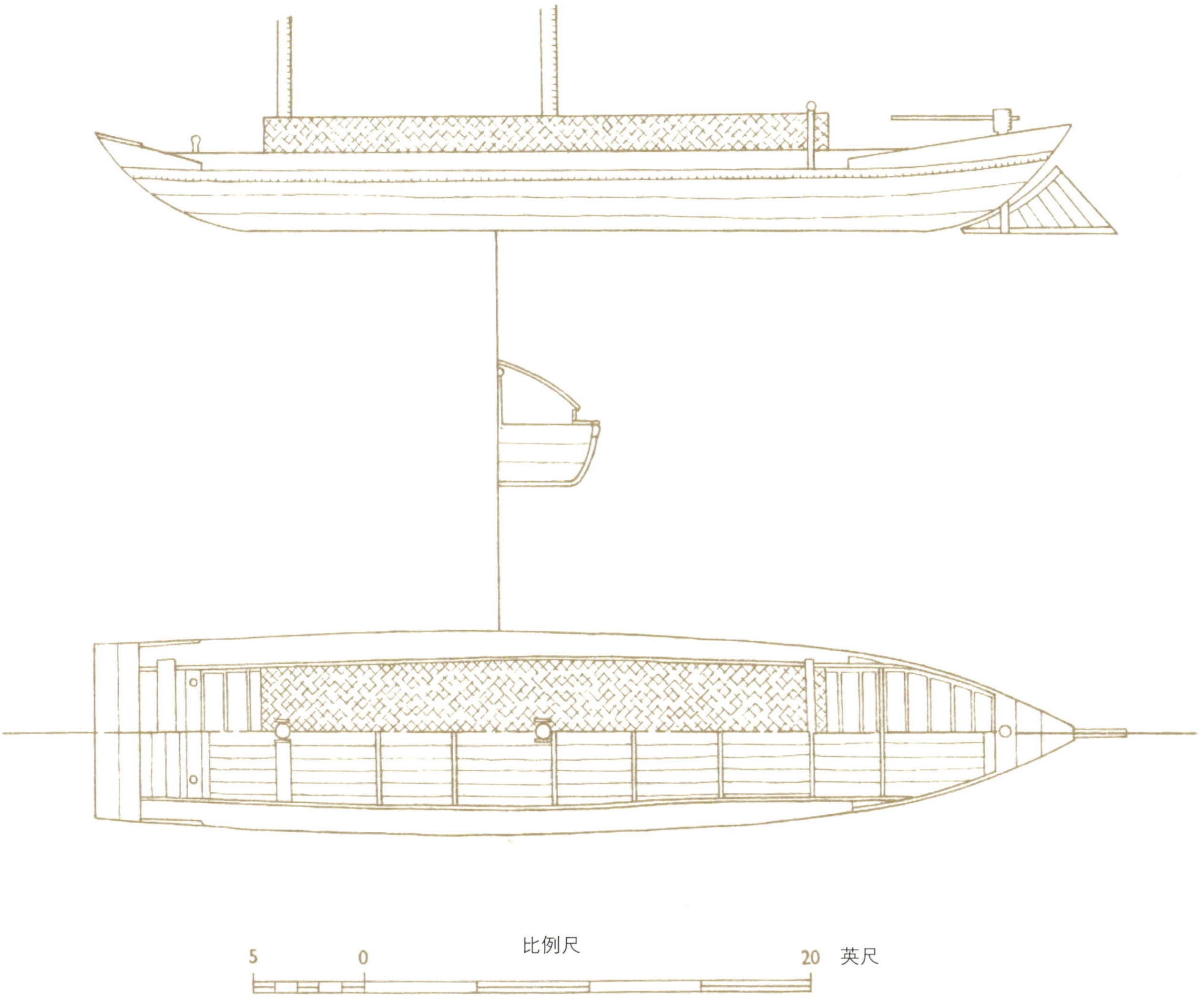

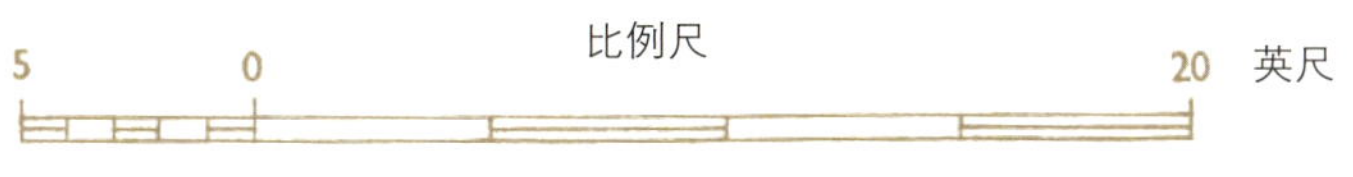

图13－8 挑驳子或竹竿船

— 第 14 章 —

京杭大运河

中国人称京杭大运河为御河、运河或者闸河，也称漕河。这些名称高度概括了人造大运河的简要历史、存在的主要原因以及主要地理特点。

京杭大运河，像中国的多数运河一样，具有两种用途，主要功能是提供便捷的水运航路，同时也用于排涝和灌溉。

从位于浙江省会杭州南边的终点起，京杭大运河流经的距离约为 1000 英里，从南到北与海岸线平行穿过江苏全省，通过山东和河北到北方至天津结束。从北河向北航行至北京。

这项伟大的人工水道工程不是周密计划的产物，而是经过许多世纪无数次试验、多次失败后终于获得的结果，运河是中国的最早的公共建设工程之一，而江苏在很早就有了相当广泛的运河系统。早在公元前 6 世纪，吴国就已连接长江和淮河，继而连接北方更远的运河，以便能够出入现在称为“山东”的南部和中部。杭州至镇江河段早在公元 7 世纪就已挖成。从古黄河到天津的北方河段由忽必烈汗在 3 年内即公元 1280—1283 年完成。通过这条运河运输贡米至首都，确保驻扎在北方省份贫瘠土地上的部队食用。

运河挖通以前的贡米运输既慢又不保证安全，但是，随着运河开通和使用，贡米运达目的地越来越有规律。

北方因为运河挖凿效率低和黄河淤泥充塞，总是存在航行困难，因为沿途各地普遍的忽视而进一步复杂化，所以减少了京杭大运河的效用。

京杭大运河横穿中国的两条最大江河：一条是北方的黄河，另一条是长江。京杭大运河与黄河交叉具有奇异和显著的特点，因为黄河夹在很高的堤岸之间，实际上，河床比运河的水面高 16 英尺，当然高于周围乡村。这种情势是因为中国的水路被淤泥快速充塞造成的，中国人没有挖深河床，而是选择加高运河的河堤。[1] 黄河土堤承受着巨大压力，所以它们经常发生坍塌和造成可怕洪灾也就不足为怪了，这使黄河背负了“中国之痛”之称。黄河河床与运河河床之间的高度落差使两河交叉处的航行较为困难，因为，如果水位太低，帆船便不能通过浅滩；如果水位太高，水流便太急。

京杭大运河的中心段即最古老段位于镇江与清江浦之间。淮河水和多个相邻湖湖水流入运河，通过长江以北与运河以东人口密集和土地肥沃的冲积平原，绝大部分在海平面高度或者略高于海平面。在这个地区，运河西边的乡村位于运河河床水平面以上，但是东边的乡村低于运河河床水平面，所以大

〔1〕 这种惯例的一个例外是成都平原上的灌县(今都江堰)。这里，自公元前 3 世纪以来每年都为江河修堤清淤。

量的运河水可能比附近平原高7～22英尺。

运河的这个河段上航行的大多数船只都是改进型盐船、南湾子或者客船。

运河水平面差别有许多例证，通过它或者改道其他河流航道利用一种被称为“闸”的水闸控制。它包括一段人造的狭窄颈部和横跨它的水坝，而一组横梁依次滑入石槽内，这些叠放安装的横梁就成为水闸的可移动中心部件。

横梁被移开时，提供一个22英尺宽的开口。水闸上下的差别经常相当大，高达2英尺。向上的船只必须通过绞盘和缆索减轻重量，需要几百名苦力齐心协力“绞船过闸”。更不用说，这些水闸对贡米船航行是一个巨大障碍。京杭大运河上有许多这样的障碍，江苏就有四个：第一个在清江浦，其他三个在前面几英里的地方。越往北方障碍越多，但是并没有那么可怕。

长江是京杭大运河江南段的起点。这里是南岸镇江，运河的原航线从城市南墙下面穿过，入口在前英租界附近。然而，航道在冬季完全被淤泥充塞，航船必须沿长江南行大约10英里，到镇江南边的丹徒拐入另一个航道，沿着弯曲的小河航线可以抵达京杭大运河，离开镇江后，转到长江东北方。航行到其他河段，因为水浅而变得艰难，特别是丹徒以南约20英里处的丹阳。避开有些沙洲需改走支运河。河深通常适航吃水4.5英尺的船只，大多数地方都深得多。运河从这里变成长而直的河段，河宽齐整约为40码。从镇江到杭州的距离全长200英里，前135英里在江苏省境内。长江南边大约40英里的太湖段运河经过名城苏州。运河从苏州再往前通过湖泊网络进入浙江，直到终点杭州。

京杭大运河河水与杭州钱塘江江水由于水位差而互不相连。这对船只航行形成很大障碍，货物或者乘客必须转船，甚至在某些情况下帆船运输还要转走陆路。

在江苏南部和浙江交界，有一个由无数的江河、湖泊、小河、运河甚至可航行沟渠组成的巨大水运网。通过京杭大运河，这个内河水域系统不仅连接由杭州向西延伸的钱塘江流域，而且连接巨大的长江流域、黄河流域、淮河流域，甚至更远的像白河(海河)这样的北方诸河流域。

可以连接安徽、江西和福建以至更西边的相互交通，通过洞庭湖、湘江、桂江、西江借重运河，安徽、江西、福建这些省份可以实现内部交互，甚至，在边远的西部，通过洞庭湖、湘江、桂江、珠江西江，在一年中的某些季节还能提供北京到广州的不间断水路交通。

“粮划”或“粮船”

图14-1所示为粮划或粮船，没有什么特别引人注目或者特别重要之处。顾名思义，它们就是粮食运输船，通常航行于芜湖至京杭大运河之间。

粮划或者粮船全长58英尺，宽12英尺，深4英尺。

该型船建造使用7道舱壁和7根肋骨，高大的杉木桅杆以普通方式安装，悬挂很高和很窄的帆，表明很适合内地水域航行。紧接着主桅后面是中心甲板室，木板室顶，相当平整，侧板为活动式，以便采光和通风。该型船配备6名船员，都生活在尾甲板室，船艏用作厨房。

该型船使用肥型船艏，使用小横梁，后面有可拆卸横梁。该型船采用大平衡舵，弯曲的长舵柄直通紧靠甲板室前面的指挥部位。

虽然局部有些细微差别，但是它作为一种轻型货船几乎没有变化。

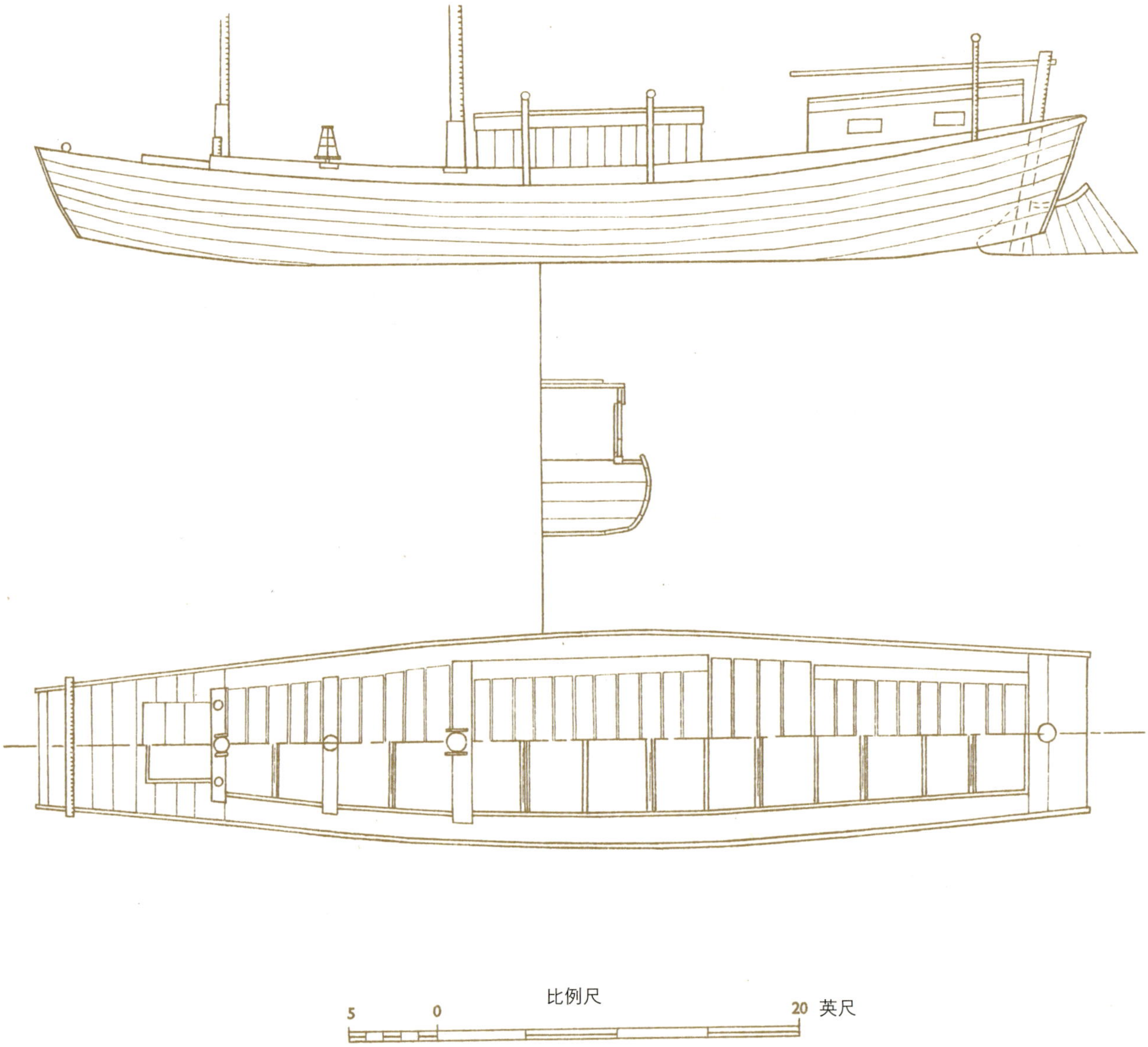

图 14－1 粮划或粮船

两节头船

“两节头”船，确切地说，尽管是北方船，但是它们定期南下京杭大运河进行贸易，因此经常在镇江跨越长江或者定期进入港口，等待有利的水位。

到每年6月份，京杭大运河的河水很浅，只适合小型帆船或者特制船只航行。黄河河水暴涨时，会快速流入运河，到7月份时运河水深便足够大型运输船航行。

“两节头”船也可以通过京杭大运河和苏州河远航到上海，有时在上海拥挤的水边也能看到脱开的两节。该型船主要载运粮食、豆类或者新鲜蔬菜。

造成这种奇怪帆船的独特构造特性的因素可以追溯到京杭大运河主航道在某些河段和某些季节期间所形成的浅水区。针对许多急剧拐弯狭窄航道这些情况，富有创造性的中国船匠发展了一种非常狭长的船型，中间可以脱开，前后两半可以分开来操作。通过这种方法，可以确保帆船在正常水域的足够有效载荷，同时保持分开布置，一个优势是分为两只可移动小船只，以便通过笨拙帆船必须等待高水位才能通过的航道。另一个明显优势是帆船分为两节堆集起来时占用更少空间。

据说，这些船只可以达到150英尺长，而苏州河上经常看到的帆船长约110英尺，宽14.5英尺，深5英尺。最大型帆船都是双层结构，具有宽敞的甲板室。

普通规模船只如图14-2所示，即长约90英尺，宽11.5英尺。像所有这类船只一样，也是与船长成比例变窄，船体总长约为船宽的8倍，而船宽则约为深度的3倍。

两节头船的构造为9道舱壁和14根肋骨，具有很大附加强度，如剖面图所示，这些船只的构造特点证明它们适合在内河浅水区航行。船底稍微横向弯曲，完全弯曲的很少，几乎都看不出来。

船底纵向也是通体弯曲，这在船艏和船艉更加明显，深长弯曲，分别和船艏以及船艉的横梁连接。船艏和船艉都是水平铺板。没有舱口盖，但是货物都用搭在可拆撑架上面的一系列席子(1)盖住，从桅杆延伸至艉甲板室。席子的底边伸到高舱口围板(2)上面，盖住近全船长舷内2英尺。

顺风航行时，帆船靠驶帆行进，逆风航行时，靠一两名纤夫拉纤行驶，桅杆和帆降低以便落座在铁木架(3)上面。桅杆由紧紧地撑在两道隔舱壁之间的一块纵向木板定位，以便分散重量。它靠矮桅座支撑，甲板高度使用一个大型木钉，增加强度。桅杆(4)这样安放可以更加方便，提高帆船速度，以便使帆船能够从桥下穿过。为此，安装一套人字起重架(5)，桅杆根部使用绳结系紧甲板上的带环销钉。桅杆使用一根顶索，能在极短时间内放倒桅杆。通过桥梁后桅杆能够迅速竖立起来，升起船帆。放倒或者竖起桅杆之前，必须移开绞盘(6)后面甲板室上的席子。披水板(7)异常靠前，适合小型帆船，例如，110英尺长的帆船使用7.5英尺长的披水板。它们系紧锚链制动器，使用吊钩，钩住甲板上的带环销钉。

平衡舵提供了浅水区最真实变化的例证。舵柱通过与船艉横材平行的横梁固定在船艉。帆船通过难以航行的河道急弯时使用粗糙的船艏桨(头梢)提供帮助，当然，当帆船被分为两节独立航行时也使用船艏桨。船艏桨为直桨，使用两根木杆捆绑而成，桨叶是短尖形椭圆木板，用铁丝绑紧木杆端部。船艏桨全长45英尺，或者正好是帆船一节的长度。开槽插入加强板，装在船艏横梁上轴承销上面转动。

舵桨(尾梢)大得多，长约62英尺，由两节组成，使用一根很长的不规则树干作为直桨柄，桨叶为波状形。舵上部颊板大而笨拙，中心开一孔套入横梁上的厚铁轴承销；舵和艉甲板室撑架(8)在使用舵桨时必须移开。轴承销必须有足够高度，以便给舵桨与艉甲板室(9)之间留出大1英寸的空隙。舵桨要在船中部临时船桥上操纵，通常包括在高舱口围板上搭接铺板。舵桨桨柄上吊一块大石头，以便随时调整

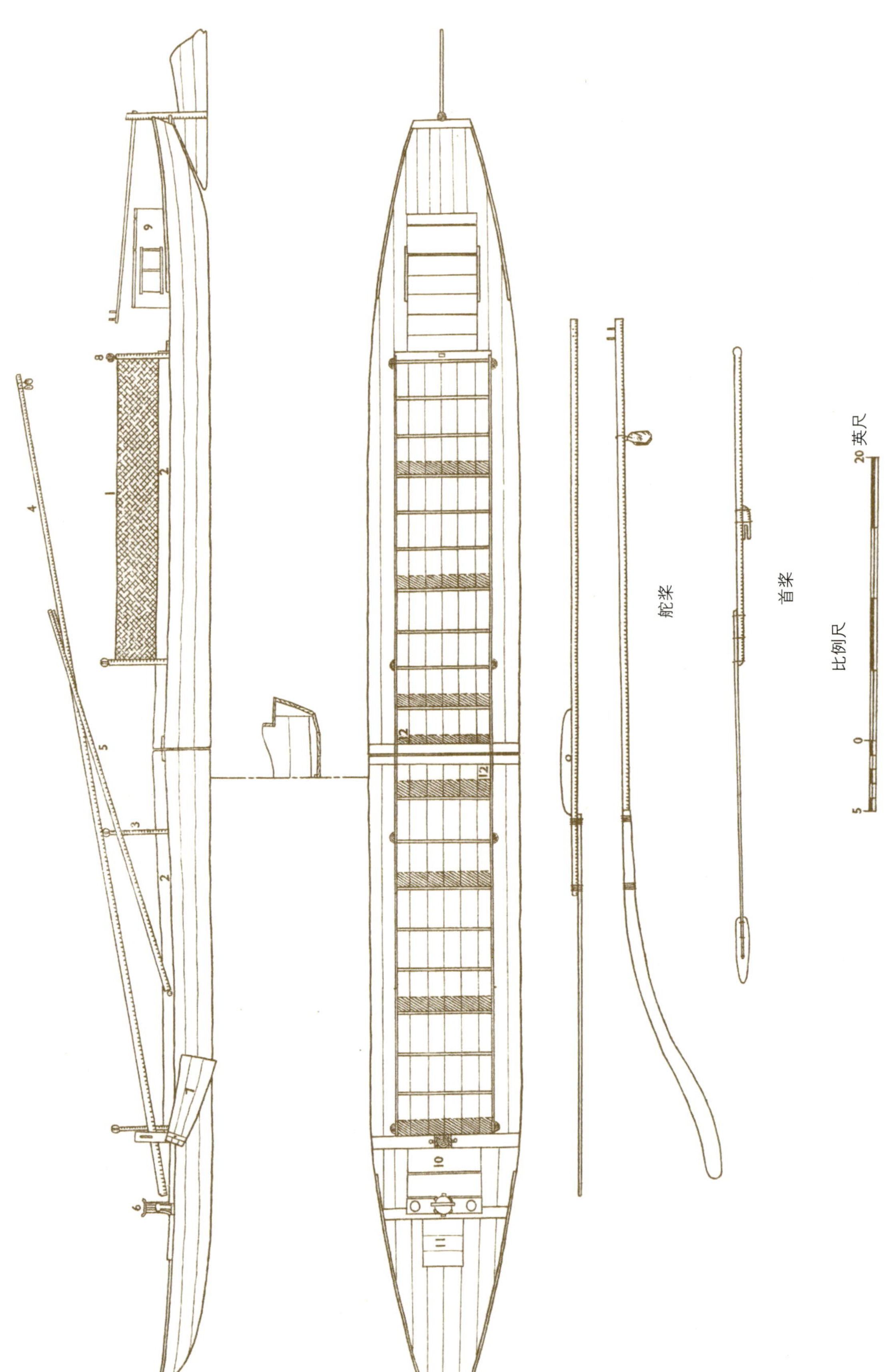

图14-2 两节头船

平衡。

"两节头"船雇用北方人当船员，人数根据帆船大小确定，大船多达 10 名，他们都生活在前甲板下面，通过较大的矮门活动盖舱口(11)进入住处。它后面有一个大舱口(10)通向绳索和船帆储藏室。其他船员也睡在船艉右边非常小的木甲板室。两边船体设有小舷窗提供通风和采光。尽管没有锁栓或者任何类似装置系紧这些滑动木板架，但是有时挂有一个小警钟，在窗口滑回时自动碰响警铃，这样提供即便不是很有效也算是个有趣的防盗自动警铃。

船员上船总是携妻带子。这样安排对船东——通常叫做"船老大"——具有很多好处，因为他可以通过这种方法较好地解决人手不足问题，而不用增加支付工资及加班费。就是小孩也能在航行中搭把手。

两节头船的厨房在后半节的最前面甲板下面。这种帆船的两节连接与断开都很容易操作，因为它们使用极为简单的装置连接，包括铁环，把两节船上两根短推杆插入绳扣。每根推杆的一端都按在舷缘板(12)下面，另一端系紧绳头。两节头船需要断开时，只需松开绳结，于是推杆脱落，松开铁环，帆船两节分开。为了保证增加连接的刚性，使用圆形木楔插入帆船两节之间的结合面，选择密封垫块作为防擦垫。帆船通过重复(译者注：与本段前面所叙述操作)相反的过程将两节连为一体。帆船两节的平衡很不一样，所以船员插入推杆，将两节连为一体时必须压低高的那一节，直到两节完全相等平滑。这样的设置既简单又方便，整个过程只需几分钟就能完成。

装载量不到 37 吨并使用披水板时，这些奇怪但有效的帆船吃水达到大约 3 英尺，但空载时可能只有几寸。它们也许是远东最便利和最不同寻常的货船船型。

泗网子船或泗商船

泗网子船是在京杭大运河上经常可以看到的一种商船，也称"河网船"或者"泗商船"，如图 14－3 所示，船长 59 英尺，宽 11 英尺，吃水 5 英尺。

这种帆船的构造采用很匀称的型线，船艏和船艉收窄，设有 9 道舱壁、1 道半舱壁和 3 根肋骨。这些舱壁之间装有 3 根甲板梁，承放桅杆和绞盘。

甲板室的前部用于堆放货物，后部用作居住舱室。甲板室使用两根室顶大横梁支撑。舵手站在艉甲板室内操舵，头可以伸出装有滑动门的舱口注意观察。

当然，尽管泗网子船装有桅杆和帆，但是它们主要依靠摇动船头两侧橹担上的橹推进。前桅前面装有两个系船柱。

舵是可升降的不平衡舵的变种，垂直安放列板，只有顶缘和底缘板纵向安放。锚泊时使用一个多爪铁锚，代替更常见的泥滩锚。

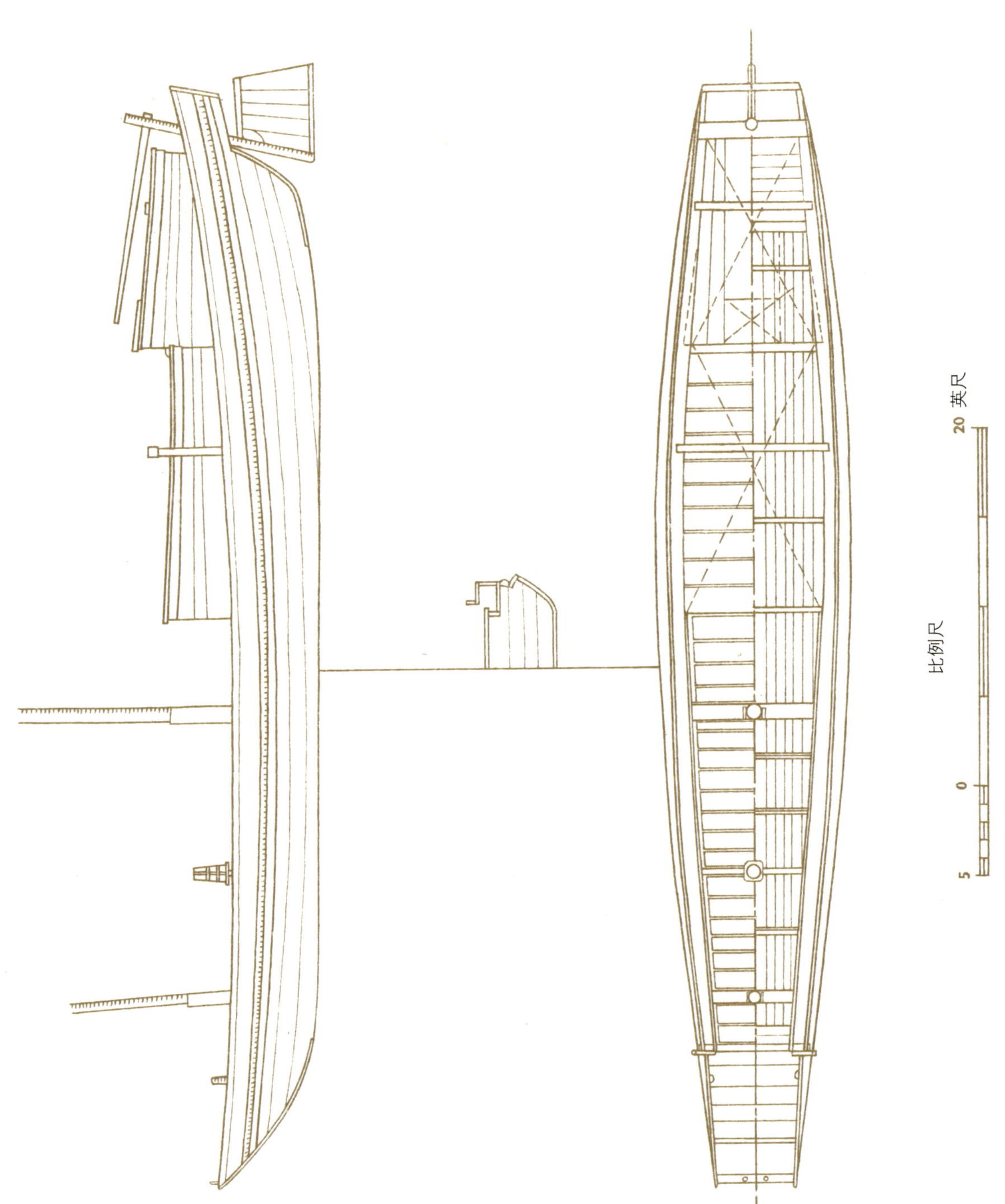

图14-3 泗网子船或泗商船

— 第 15 章 —
战　　船

大兵船或航海战船

大兵船，如图 15－1 所示，像 19 世纪初的典型航海战船那样十分重要。该图纸也许只是大兵船中的一种，由帕里斯在 1842 年任上尉时绘制，帕里斯后来升任海军上将，也是著名的法国海军作家。该图显示，大兵船长 120 英尺，宽 25.6 英尺，深 12 英尺。

目击者在其《中国丛书》里写道，当时的战船"规模庞大，笨拙不灵，吃水较浅，排水量多达 250～350 吨。它们还有其他一些显著特点，例如方形垂直船艏和明显弯曲舷弧船体，使用木锚、藤索和席帆。战船是平甲板船，船艉有大尾廊，甲板上设瞭望台。全船涂成黑色和红色，船艏画有大眼睛。它们通常安装 2～14 门火炮，其中一些为外国制造，使用木炮架。火炮口径有较大不同。

伯纳德在 1842 年也用"笨拙不灵"这个词描述大型战船，估计排水量约为 800 吨。他提到直径 2～3 英尺的藤编盾牌，编制密实，具有弹性，不仅剑不能刺穿，而且能够挡住远射步枪子弹。

就士气而言，船员也形成不可小觑的战斗力，他们装备有剑戟和火枪，经常在舷墙上安装抬枪。

这种战船的矮旗杆上悬挂一面阴阳旗和用大红字写有指挥官姓氏的三角旗。

毫无疑问，最近时期的战船与 16 世纪的战船完全相同，连武器装备都与过去几个世纪流行的战船没有区别。

快渡船或小型战船[1]

前面描述的航海战船并非帝国海军的主体。它还包括更小型战船，由于它们吃水浅，所以能够航行到小江小河。

图 15－2 的船型称为"快渡"或者"急跳"，船长 72 英尺，宽 15 英尺，深 6 英尺，涂成绿色和黄色。

这种战船核载 40～60 名人员不等，外国观察员描述他们非常勇敢，虽然不很专业，但也是战士。都认为他们驾驶战船非常熟练。

当代作家描述这些小型战船"少数形状不美"，事实上型线优美。它们两侧都有 10～20 名桨手同时

〔1〕 伦敦国家海事博物馆里藏有快渡或者小型战船的精美船模。

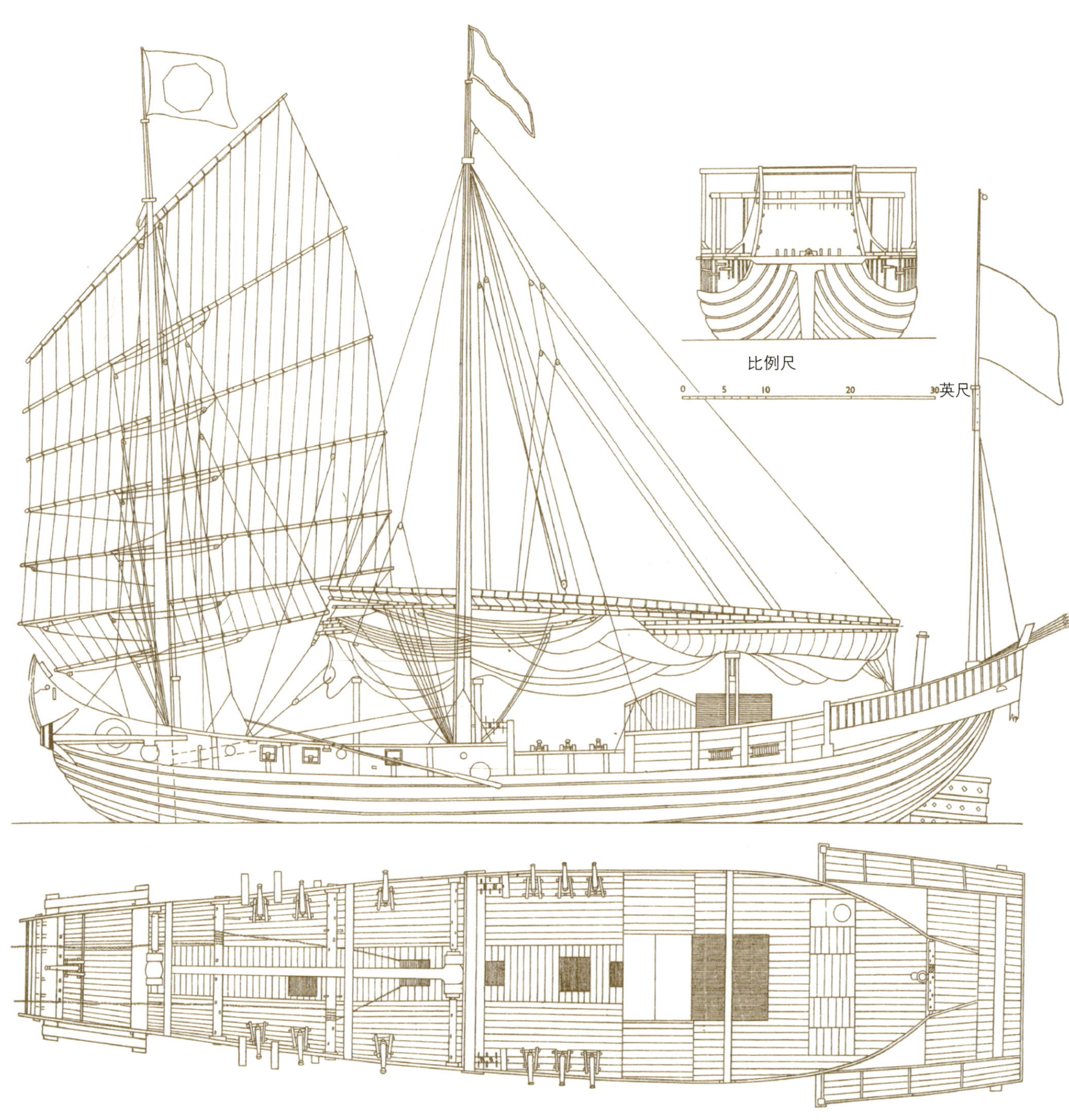

图 15－1　大兵船

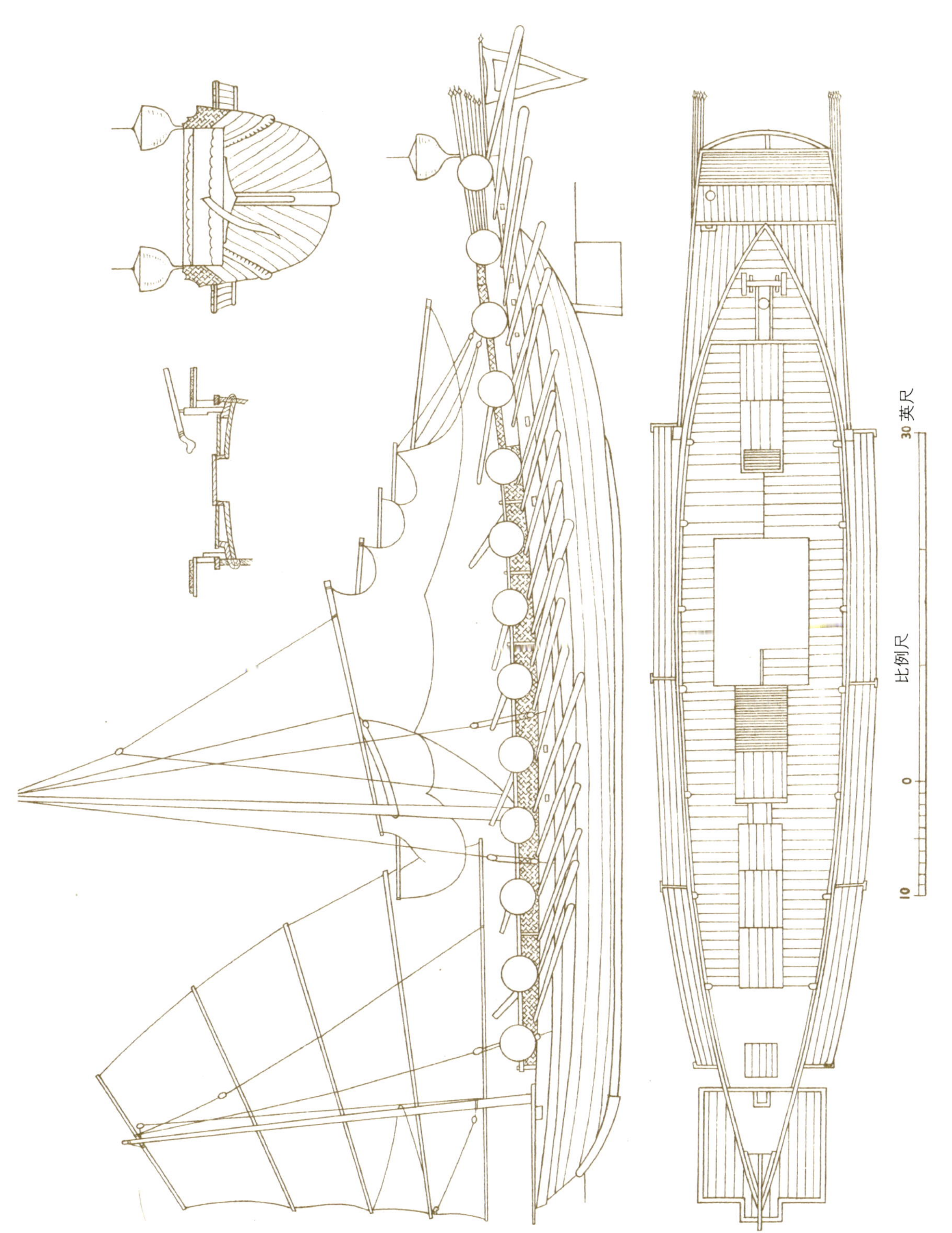

图15-2 快渡船

划桨，航速很快。它们中有的在船艄装备一两门火炮(发射 2 磅、3 磅或者 4 磅炮弹)，在腰部安装 5 杆或者 6 杆抬枪，[1]而在船舷悬挂藤编盾牌，画有虎头，阻止和击退攻击。

太平天国运动后，中国改组了新的海军来保卫内河和海洋的航行，由长江水师提督领导和指挥，保卫江河和航行活动，长江水师提督的权限扩展到江苏、安徽、江西、湖北和湖南五省。这种船队能力更强，组织更有序，运行更有效，拥有严格的荣誉准则和应急条例。[2]

软木材战船的修理安排非常合理，3 年后进行“小修”，6 年后进行“大修”，最后在 9 年后“宣告不宜服役”。

这些战船的有些中国名称仍然有案可查，例如“追船”“沙船”“享元船”和“快马”。

水 警 船

我们现在知道，在(译者注：19 世纪)60 年代中国海关成立之前，政府利用风帆炮船执行缉私行动。

每个海关关口上下都驻守一艘水警船，随时准备追赶任何企图逃税的帆船，见图 15 - 3。实际上，尽管它们被用于缉私，但是也被用于督查朝廷官吏的违法贸易。

这些水警船以“飞蟹”而知名。它们被按照一定数量分配给汉地 18 省，当然是根据各省的大小和需求进行不等量分配。据记载，总共有 161 艘现役水警船，分为三部分：第一部分中每艘水警船的总成本为 4378 镑，第二部分中每艘总成本为 3620 镑，第三部分中每艘总成本为 2677 镑。水警船船员包括 1 名负责指挥的舵手和 46 名船员。在无风水面航行时，水警船靠划桨推进。

水警，在中国被称为“水保甲”，1892 年恢复和重组。除打击水上犯罪行为之外，水警还需记录船只每日运动情况，说明原属锚地的船只当夜不在位情况，以及其他临时锚泊船只的存在和目的地。水警也需与慈善团体合作开展救援工作。

这些炮船都装有一种船艄炮。炮船前行时，它们升起蓝白色条状棉布斜桁四角帆；锚泊时，在船中部搭起一个相同材料和颜色的帐篷，使炮船看上去明亮欢快。

这种令人关注和独特的水警部队现在已不存在，也没有什么将其取而代之。

[1] 抬枪是一种 6～14 英尺长的细长枪，战船起航后安放在三脚架上面，更多的是搭在舷墙上面。据认为，这种武器不像加农炮那样容易爆裂，因此是中国最有效的火枪。确实，据称这种枪由满族人发明，遍布中国，使用“黑色火药”，子弹重量为 62.2～77.8 克。

[2] 想进一步了解这一历史和这支有趣的军队的读者可以参考《中国丛报》第 20 期第 379 页。

图 15－3 水警船

— 第 16 章 —

芜湖—汉口

大通进香船

大通进香船是长江流域较为时兴的一种渡船，编入本书是由于按常规而非专业分类的缘故，用来代表用于渡运香客的各式各样船只。如图 16－1 所示为渡运香客的最常用舢板。

摆江子或货运渡船

摆江子或者货运渡船与黄划子型帆船有许多共同之处，但实际上，它们之间相去甚远。

摆江子是一种平底的中等吃水深度货船，用于在芜湖和附近水域运输货物过江。

摆江子这种船型建造牢固，一般长约 43 英尺，宽 8 英尺，型深 4 英尺 10 英寸。图 16－2 中的横断面说明了保证浅吃水品质并增加载货仓位的相关方法。这靠陡然增大横梁与水线下面急剧内倾来做到。

甲板室和厨房都是平顶。船舵采用非平衡变化型。配备 3 名船员，其中包括 1 名船老大，船老大通常都是船东。

枪 划 子

长江是中国两大生物学地区之间的自然分界线，长江以北地区地势平坦，气候干冷；而长江以南地区气候温暖湿润，流速快慢各异的内河纵横交错，特别适合大批不同类型的动物群栖息与生活。

每年十二月初，成群结队的天鹅和大雁从黑龙江南归。光是野鸭就是本土狩猎者的猎物。野鸭在长江中、下游地区以及上游部分地区均随处可见，它们成群地聚集在河流上游的僻静秘境，或河流中游岛屿伸出的沙洲嘴。

每到夏季期间，野禽狩猎者们变成渔夫，搭乘长 14.5 英尺、宽 3 英尺、深不到 3 英尺的平常小舢板下河捕鱼，图 16－3 就是这种船型的图示。

“枪划子”是一种平底船，设置 2 道舱壁，满载时干舷只有几英寸高。船艏伸出一杆原始的长枪，架在最前舱壁上面，船艏摆枪的木件有开槽，以便瞄准。这种令人生畏的长枪，中国人称之为抬枪，长 6 英尺，包括一节 1.5 英寸长的枪管，上面装有一个较短的木制手枪式握把枪托。

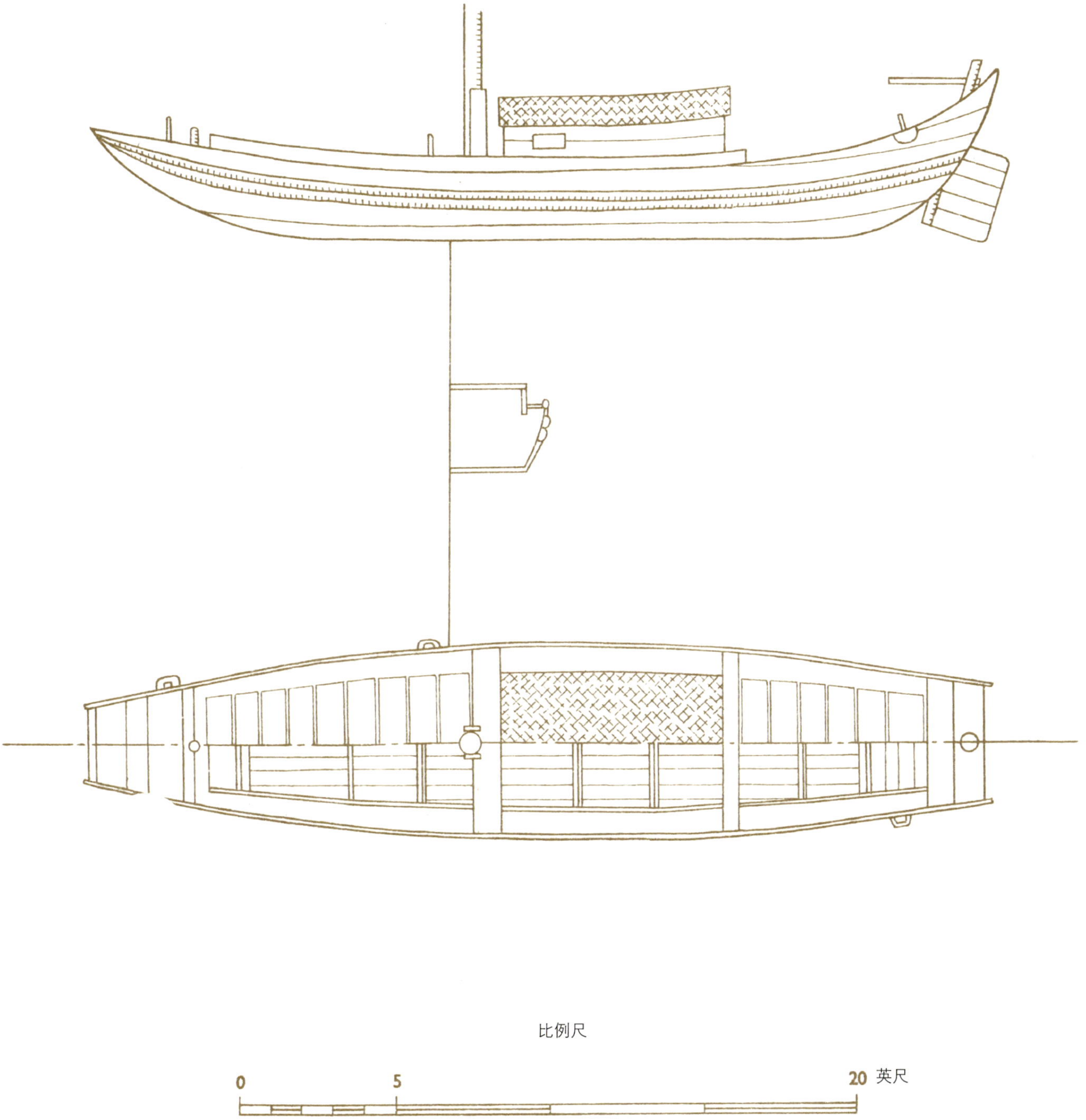

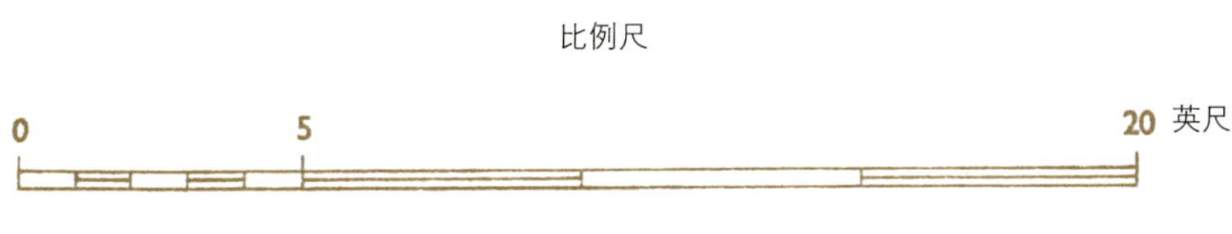

图 16－1　大通进香船

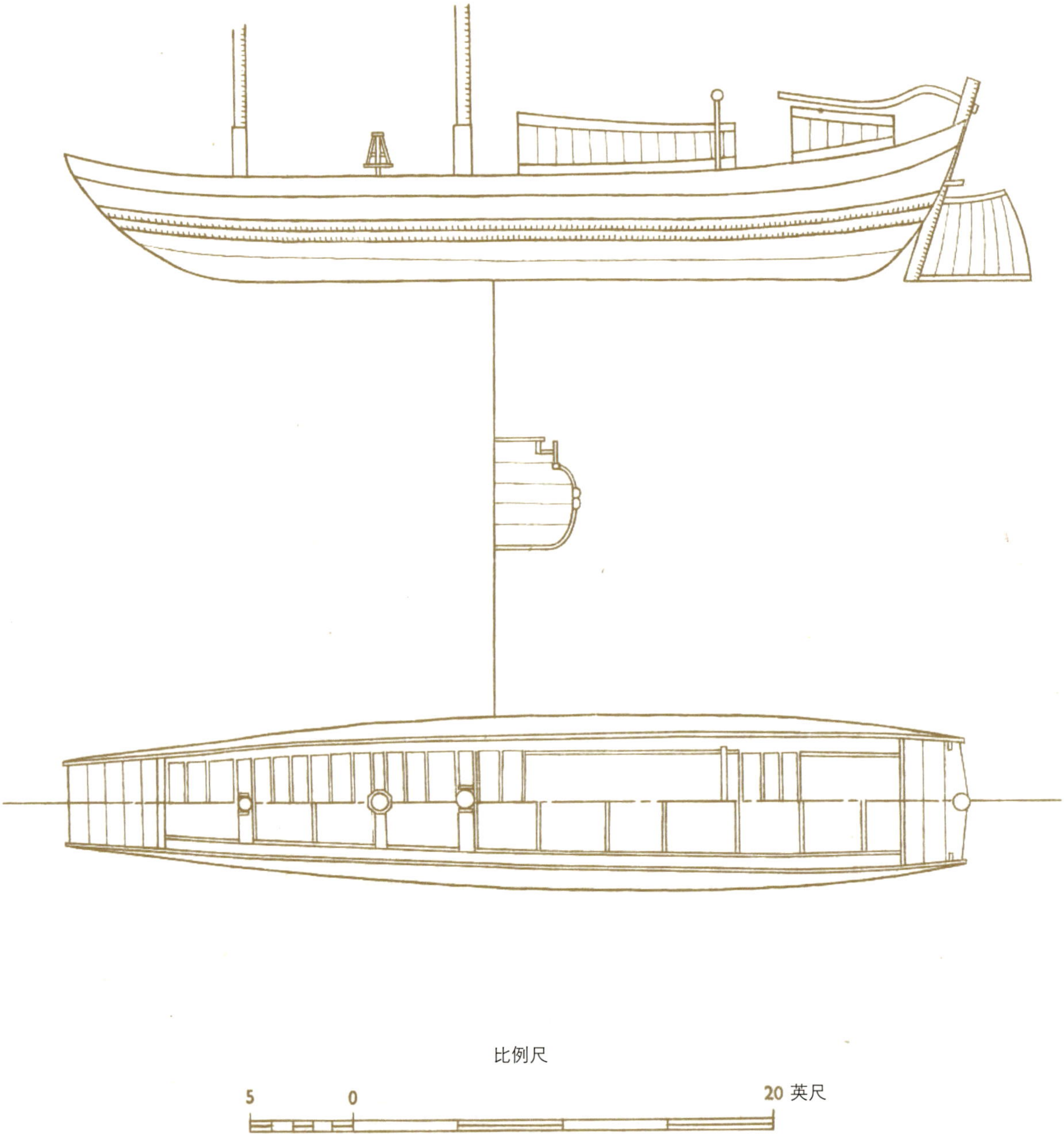

图 16－2　摆江子

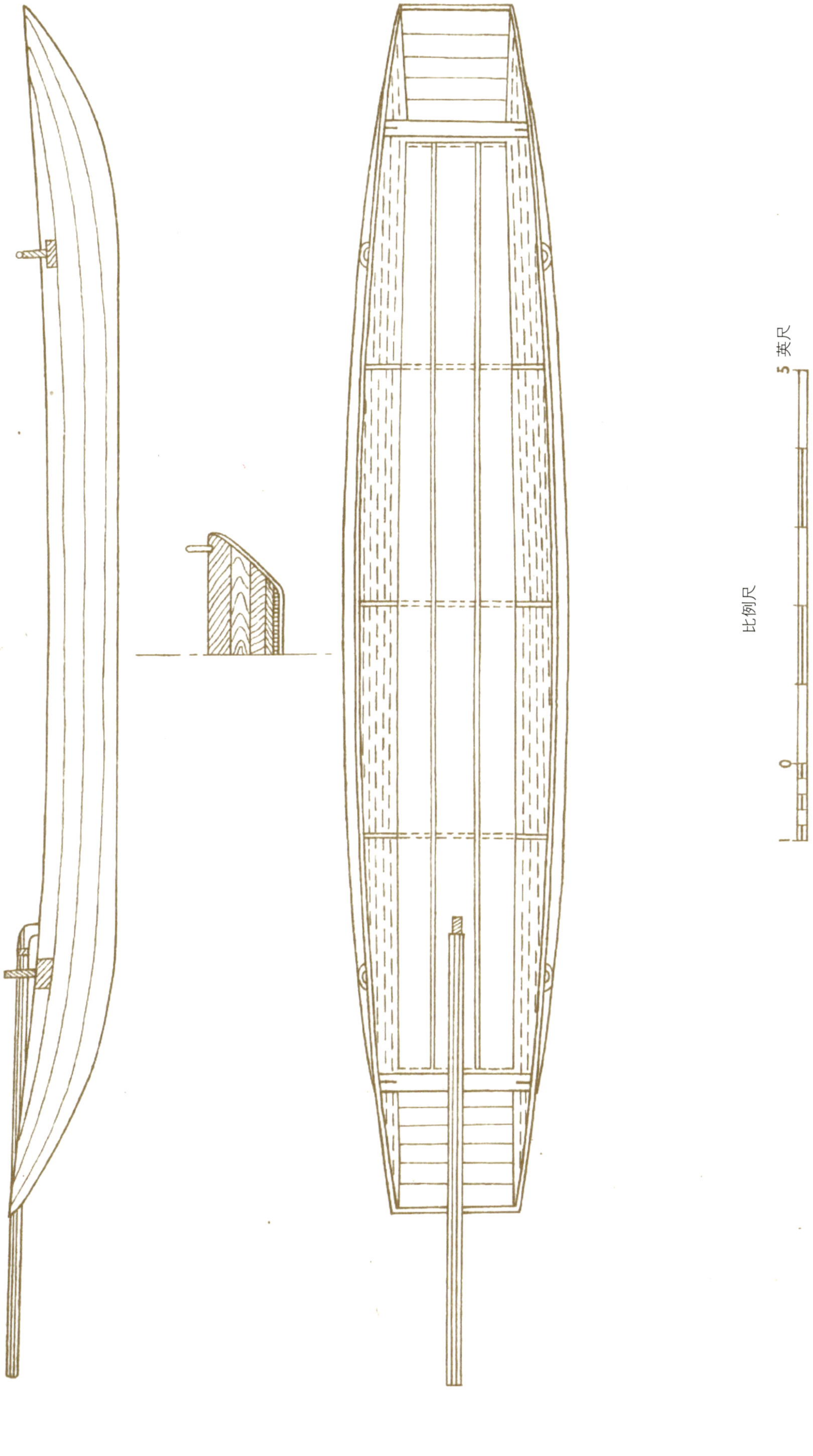

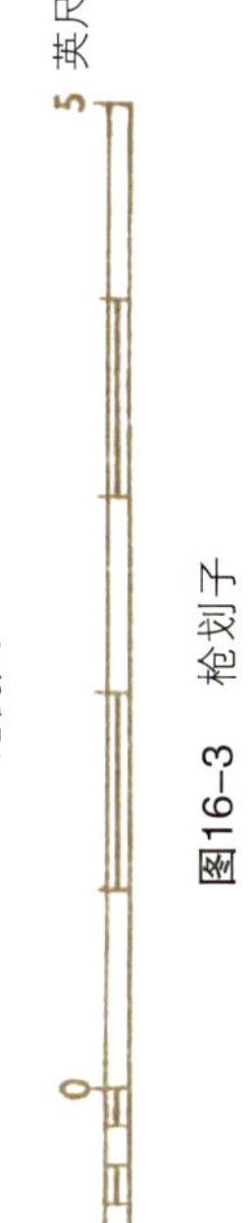

图16-3 枪划子

长江第一艘海关木制灯塔供应船

要详尽描述长江船只，必须提到中国海关巡江事务局航运处所做的工作，其灯标导航设备用于保护比不停地通过该水域的蒸汽船更多的帆船。

巡江事务局组建之前，长江导航设备都由各港口港务长管理，他们选派海关监察员检查航行供应船的灯标，给工作人员支付工资和发放物品。

图 16－4 所示为第一艘长江灯塔供应船“庐山”号，该船多年来做出了卓越贡献。它由中国木匠按照半外国风格建造，但是完全使用典型的中式帆装，即带有板条的各种平衡斜桁四角帆。这些中式帆总长 54 英尺，最大宽度 13 英尺，该船貌似是牢固和舒适的大型快船。

该船的 1893 年值班日志现在还存放在海关档案馆，这些值班日志共 572 页，使用简洁的措辞记述了过去的岁月，使用斜体笔迹记录了当时单调乏味的日常灯标管理工作。这些平淡无奇的航行通常要用长达六周的时间来完成。航道探测工作都由独立于海关的外国引航员协会去做，他们常常派一名会员到各条主要航道为过往船只导航。

这种令人不满的情况也许无法继续下去，因此于 1903 年制造了“江兴”号特制引航艇，并于 1906 年任命了一名巡江事务长和一名引航官员。巡江事务长没有执行权，但是偶尔可以作为顾问探测航道和检查灯标。

1911 年 5 月，中国政府改组巡江事务局，巡江事务长实际控制九江和汉口地区。在此后的几年里，巡江事务局以从未超过五名的外国官员适度地履行职责。第一次世界大战期间，巡江事务局航运处有三名外国官员离职回国，巡江事务局开始招收一些本国官员。到 1920 年末，巡江事务局任命一名地区巡江事务长控制长江下游的芜湖地区，并且任命另一名官员协助巡江事务长。可以说，巡江事务局航运处直到此时才正式开展工作。

中国海关巡江事务局是一个高效运行的机构。该机构在两次世界大战之间的短期内发生过多次变迁，但还是在兴旺发展。

巡江事务局是中国海关的最新机构，尽管发展不完善——也许确因成立时间短和缺少历练，但显示出了精力充沛与恪尽职守，更表现出官员对机构和机构对公众的传统忠诚。这种忠诚毫无例外地重视变化无常的江河，这种心绪和热忱都是研究情况和利用的难得资源。

回顾过去 21 年间，发生过一次又一次事件，每次都值得称赞和新奇兴奋，巡江事务局航运处官员和工作人员在冬季探测航道可能要忍受令人难以置信的艰难困苦，有时必须先把测深绳浸入热水以免它们结冰，测深员的双手经常皲裂流血。相反，到了夏季必须忍受长江流域闷热难耐的高温。进行长时间的三角测量时，阳光投在水面耀眼刺目，以致看不清六分仪上的光标，测绘工作必须不顾疲劳地从白天干到天黑以后。除坚持长时间的工作以外，还要经常应付子弹、炸弹、水雷、盗匪带来的危险和突遇暴风雨雪造成的自然危险。所有这些，中国人都同外国职员一样欢乐愉快和毫无怨言地逆来顺受。

长江下游舢板

长江下游舢板，如图 16－5 所示，载运量 20～50 担，即 1～2.5 吨。船体结构通常使用软木材，肋骨使用硬木材建造。单用 1 根桅杆，安放在船中部，帆为普通棉布斜桁帆。船体中部经常架有席棚，以便

图 16－4　长江第一艘海关木制灯塔供应船

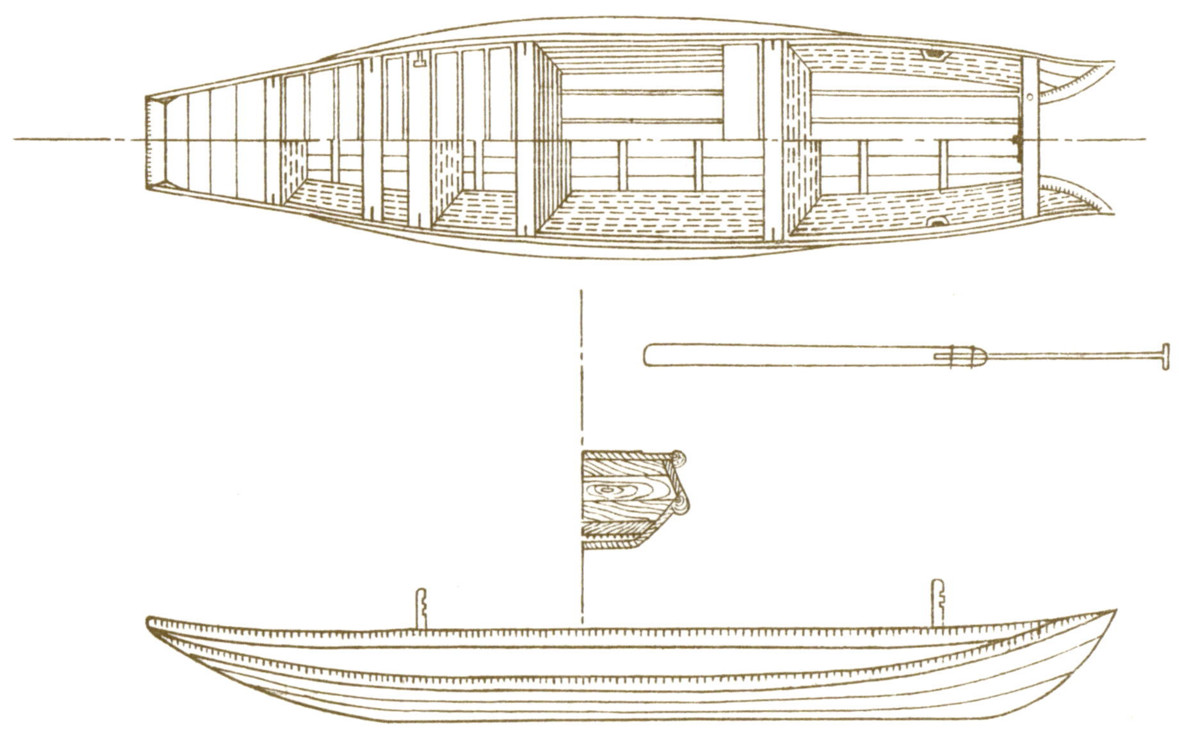

图 16－5 长江下游舢板

给乘客遮阳避雨。该型船只，尽管是典型的汉口舢板，但在整条长江都能大量看到，船长21英尺，宽5英尺，深2英尺。船体结构很牢固，设置3道舱壁和6根肋骨。尽管这种舢板经常用于从内地运输禽畜和易腐货物，但是更多地用于载运乘客。它们绝大多数为家庭所有，由父子驾驶。这种舢板通常在船艉使用双桨并在船艏使用单桨来推进。更小型湖北舢板主要用于港口运输，偶或用于武汉近郊。虽然备有桅杆，但是很少竖立使用。这种小舢板称为划子，只需一人划动，主要业务是从汉口载运乘客到武昌或者从武昌到汉口。

长江流域的主要交通是通过江河和运河运输，长江本身就是大动脉。帆船不仅定期来往航行于大江上下游，而且几乎所有相邻省份运河和小江小河纵横交错，都可以通过舢板载运乘客。

船只运输比驴驮马运、手推车或者现代公共汽车[1]便宜得多。通货膨胀来到中国之前的往昔时光好，利用小舢板出行，单程航行每人才花费120钱，1水程等于100里或者33英里。大舢板被称为三舱船，乘客搭乘大舢板出行，每人每程只需大约185钱。舢板在这种航线上与小汽艇展开竞争，搭乘舢板远程旅行，每人每程花费减少到133钱。除旅行费用外，乘客还需支付舢板手的酒钱和祈神保佑好天气的香火钱。船上食物既特别又昂贵，那时节，每人每餐花费35钱。

图16-6显示的是一种典型粪船，用于安徽省内河水域转运粪便，前面已经详细介绍过，[2]所以这里不再赘述。该型船只长35.5英尺，宽5英尺8英寸，深1.5英尺，分为五个货舱，全部用于装运货物。

汉口通过水路向北、向南、向东南和向西南航行，分别通往山西、河南、山东、贵州、广西和广东。因此，无处不在的舢板不仅是常见运输方式，而且是连接五省的水上纽带。

汉口货船或“平头驳子”

汉口货船，也称“平头驳子”，主要用于接续蒸汽船运输各种货物，从船到岸或者从岸到船。它们有时也按租约航行到江河上的各个港口。

这些货船在港口工作时，需要根据载运货物大小和距离远近，按照价目表收费。

汉口货船数量较少，通常都在汉江口运营。这种货船长74英尺，宽18英尺，深6英尺，载运量为120吨，如图16-7所示。

中国的造船木匠，很熟悉货船建造工艺。这些船只都是按照大比例建造的，需要使用大量横梁。它们的结构和型线有些像其他货船，特别是芜湖货船，也用4根全长横梁。船艏和结构布局几乎完全相同。

“劳 恰”船

Lorcha或者Lorch（译者注：劳恰船，或称“老闸船”“鸭屁股船”或者“白鳌壳”），这个术语源自葡萄牙语，但是词意有些晦涩。牛津词典解释为“中国根据欧洲船型建造的快速帆船，但是使用中式帆装，通常装有火炮”（见图16-8）。

船艏楼的舷墙高度同船艉楼一样为1.5英尺，但是主甲板增加到2.5英尺。船空载时，方形悬伸船

[1] 乘客乘船长途旅行还有另一个优势，即乘客可以放心睡觉，而搭乘其他运输工具旅行必须寻找住处过夜。
[2] 见第一册，第165页、167页，粪船。

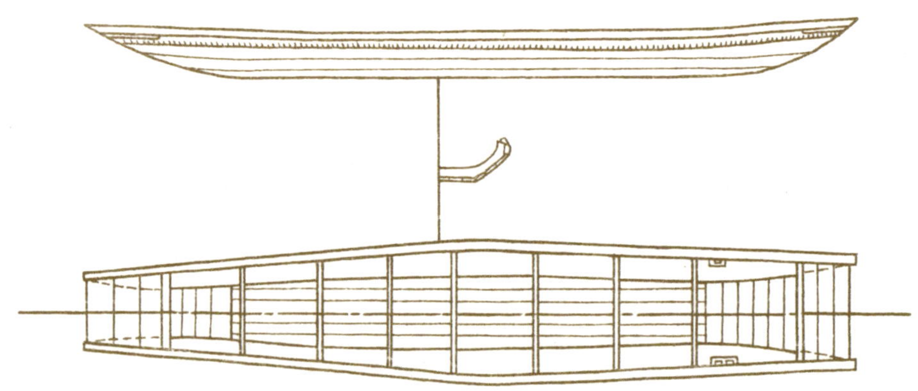

芜湖粪船

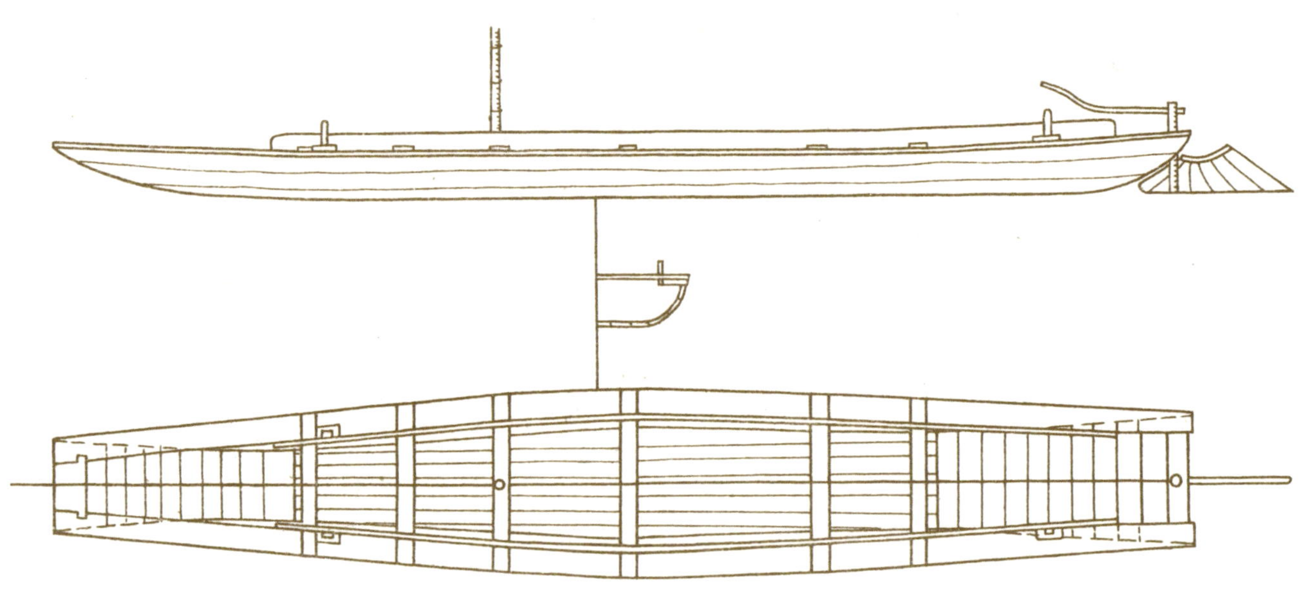

图 16－6 芜湖小木船

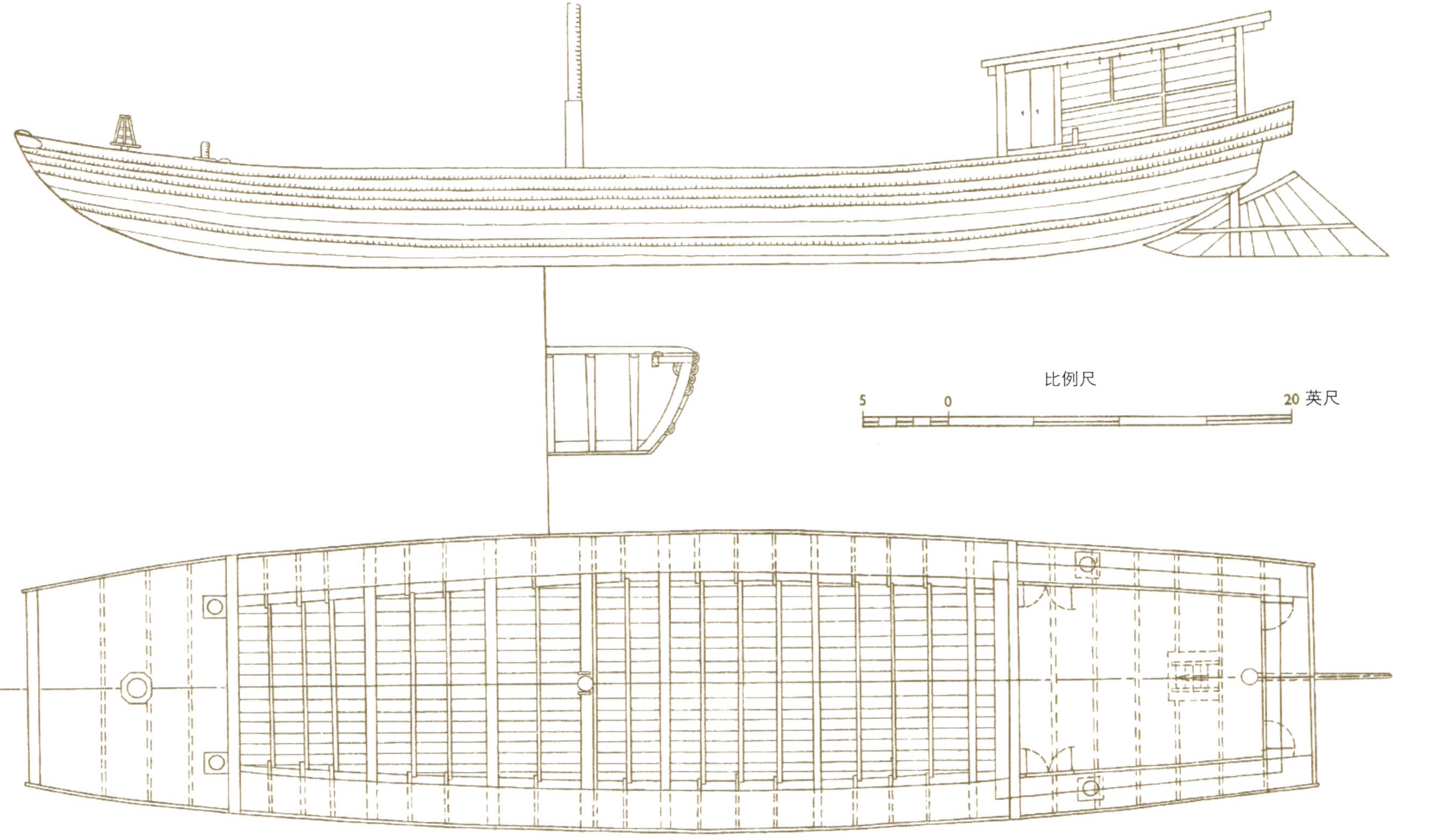

图16-7　汉口货船

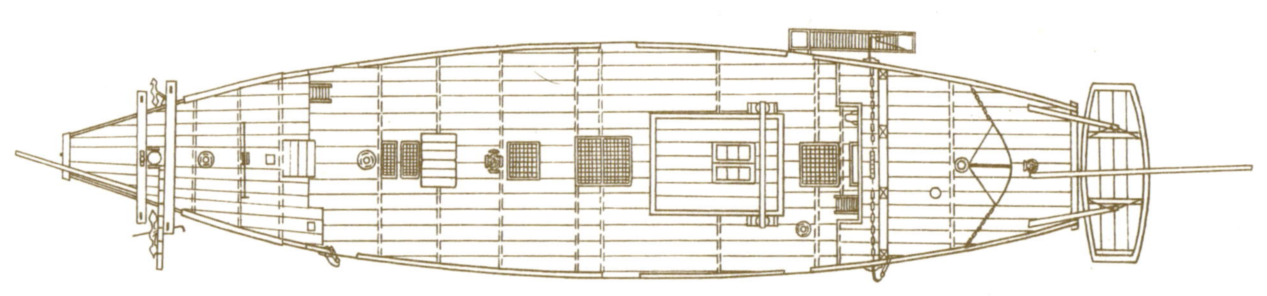

比例尺

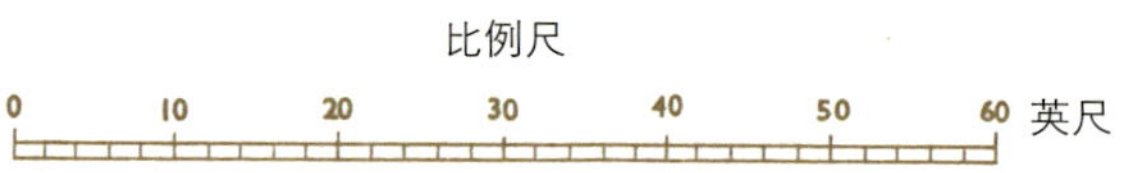

图 16－8　劳恰船

艉高度从船艉楼至水面为 16 英尺。从侧面看，是平直带尖角的突出体；从船艉看，则为半圆形，而船底外板的曲线逐渐增大。

中国式样的小型舵面积为 8 英尺 2 英寸×5 英尺。舵柄，包括 3 节长 5 英尺 8 英寸的木杆，位于舵柱后面。当然，这个位置在各型帆船上都不一样。掌舵，通过操舵轮和操舵链完成，操舵链的定端系紧船舷，而绳扣首先穿过系住舵柄杆末端的滑车，返回船舷，通过更多滑车组绕上舵轮的卷绳筒。

劳恰船使用 3 根桅杆，按照中国常用方式安装，使用斜纹棉帆布制作普通平衡斜桁四角帆。支索帆，如果能够这样叫，因为它们完全不用支索连接，有时挂在前桅与主桅之间。这种帆的现代变化是船艏三角帆型，即三角形。因此，它们似乎具有历史重要性，因为劳恰船所用支索帆就像西方古代帆船通用的长方形帆。

劳恰船的艏楼上安装有一个西式绞盘，艉楼端也安装有一个绞盘用于提升船帆。艏楼下面是一个最原始型起锚机（见图 16－9），用于拉起铁锚。锚索直接卷在起锚机卷筒上面，圆周为 4.5 英尺。该装置通过操纵位于首楼的泵式手柄转动。横贯船艏楼的吊锚柱横梁吊着两只带木锚杆的海军锚。

传统的劳恰船上漆方式很独特，船体漆成暗棕红色，甲板室漆成白色，艉楼和艏楼漆成亮黄色。

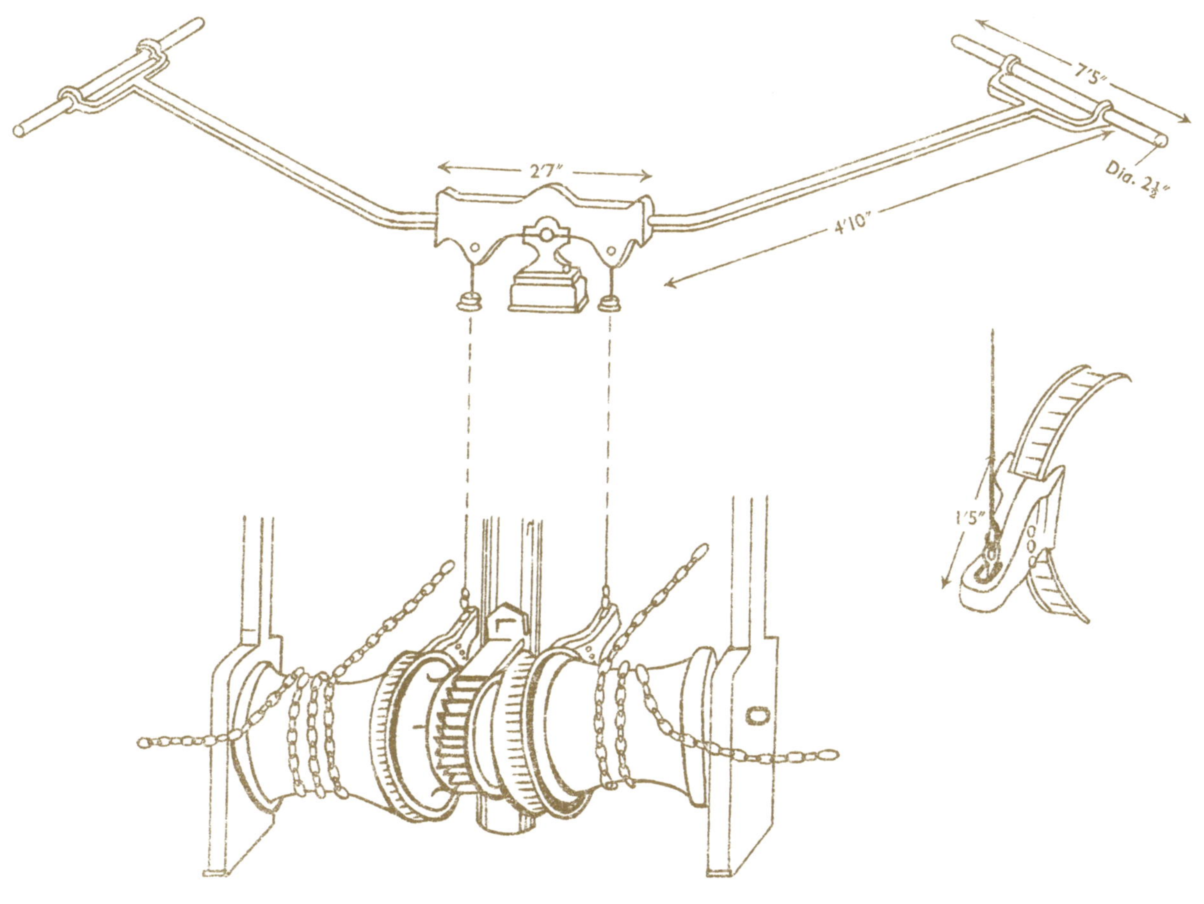

图 16－9 起锚机草图

鸭　　梢

湖北最常见的帆船类型大概是“鸭梢”或者“鸭尾”，因其外形真有些像鸭尾。这个通用的名称还要用一个母港名称来描述，因为它们来自黄陂、孝感、武穴、蕲春、阳新、系马口、鄂城、蔡甸、新隄、汉阳和黄州。这11个地方的不同船型的差异没有引起外国人注意，尽管很容易被每个船员认可。

这些帆船的尺寸变化相当大。图16－10所示为最大型鸭梢，船长64英尺，宽12英尺，深6英尺；而图16－11所示为最小型鸭梢，船长52英尺，宽9英尺，深4英尺。一般情况下，前者的建造结构使用9道舱壁和5根肋骨，而后者为14道舱壁和2根肋骨。有些鸭梢船上装有一个小露台，突出船艉2～3英尺。

船体通常使用湖南软木材建造，而肋骨、横梁、龙骨和榔木都使用樟木或者椿木等硬木材。

这些帆船几乎总是双桅帆船。前桅和主桅使用杉木，按照习惯方式通过甲板孔安装在两块桅孔加固板之间。帆使用平常的平衡斜桁四角帆型，带直纵帆前缘，使用竹板条延伸和加固。甲板通体平整。甲板室通常建在船中部，使用竹席或者木屋顶，侧边使用软木板。后甲板几乎以同一方式搭建，但是为舵手留出驾驶员舱，也作为厨房台。该型船使用铸铁四爪锚，锚泊索具通常包括6英尺长的铁链和18～24英尺长的绳索。鸭梢船使用大型低吊锚柱，安装在粗糙的船艏副肋材之间，经常用来系缚缆绳。缆柱通常与前桅和绞盘成直线，用于提升帆和收起锚，便于放在桅杆之间。船员包括船老大和6～7名船员。

这些船只的载运量差别很大，为50～800担不等，主要运输土特产品到汉口，返回时运输从外国进口的新产品等。黄陂和孝感鸭梢船载运量为80～800担，往汉口市场运送的土特产品通常为豆类、稻米和原棉。武穴鸭梢船载运苎麻、大麻、芝麻油、根菜作物和稻米。蕲春鸭梢船载运软木板、根菜作物、木柴、植物油、栗子和甘蔗。阳新鸭梢船运输茶叶、玉米、高粱和纸张，通常通过富池口、长江小港，大约用3天时间到汉口。沙口鸭梢船运输棉布、原棉、菜子饼和牛皮到汉口，也运输日杂品到湖北内地的仓子埠。鄂城鸭梢船运输丝绸、牛皮和其他土特产品，而葛店和新洲鸭梢船运输原棉、棉布、花生、根菜作物、木炭和烟叶。

蒲圻鸭梢船型很奇异，在船籍港都很难看到，但在黄石港与汉口之间倒很常见。蒲圻鸭梢船运送石灰和原煤，仙桃和蔡甸鸭梢船主要运输原棉。

总体来说，青山和马口鸭梢船是这种帆船中最大的鸭梢船，前者的载运量为400～800担，而后者为300～700担，以前同外省港口进行交易。该型船以其航行速度而知名，顺江而行时每天能够航行40英里，顺风航行时每天能够航行70～80英里。

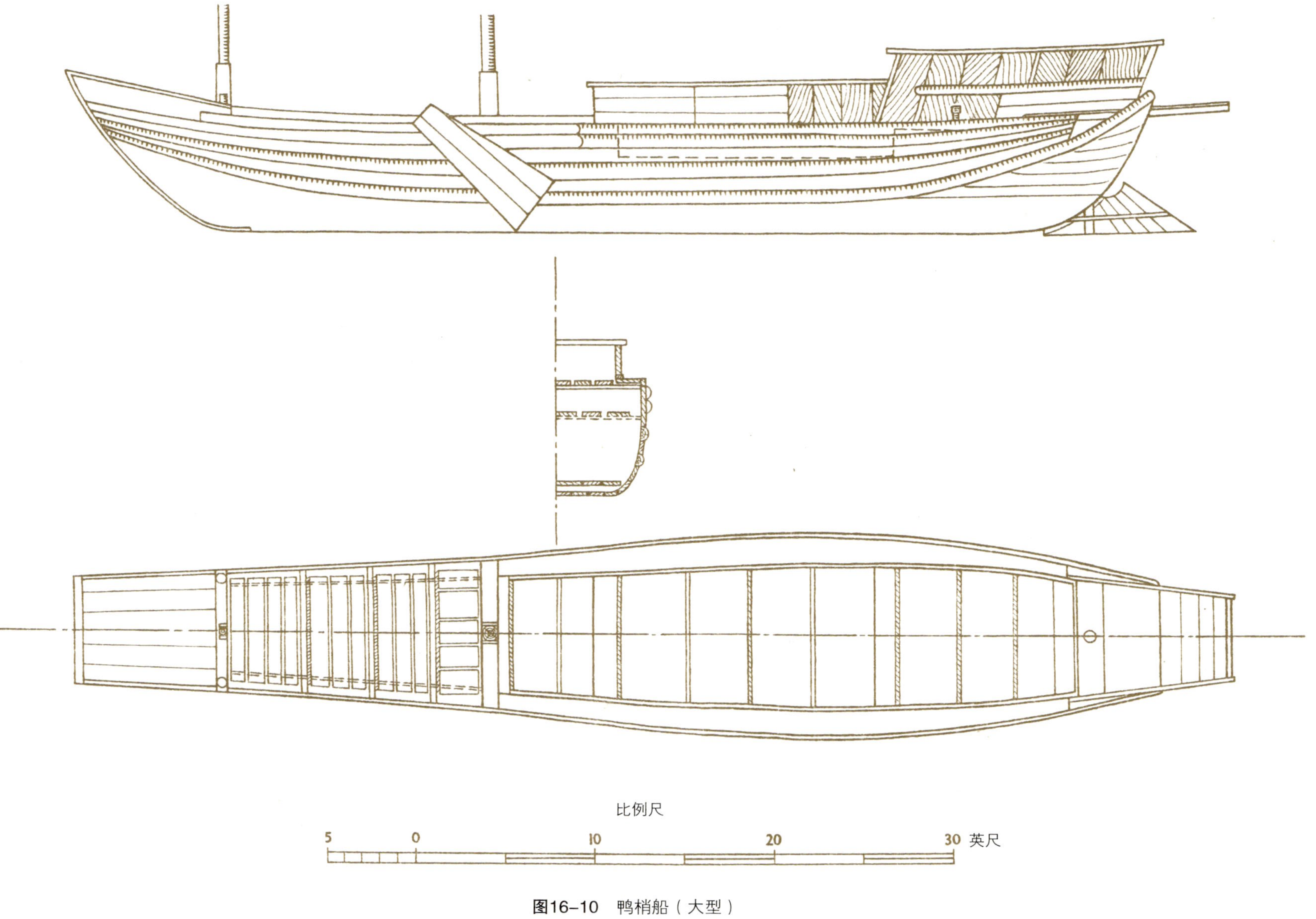

图16-10 鸭梢船（大型）

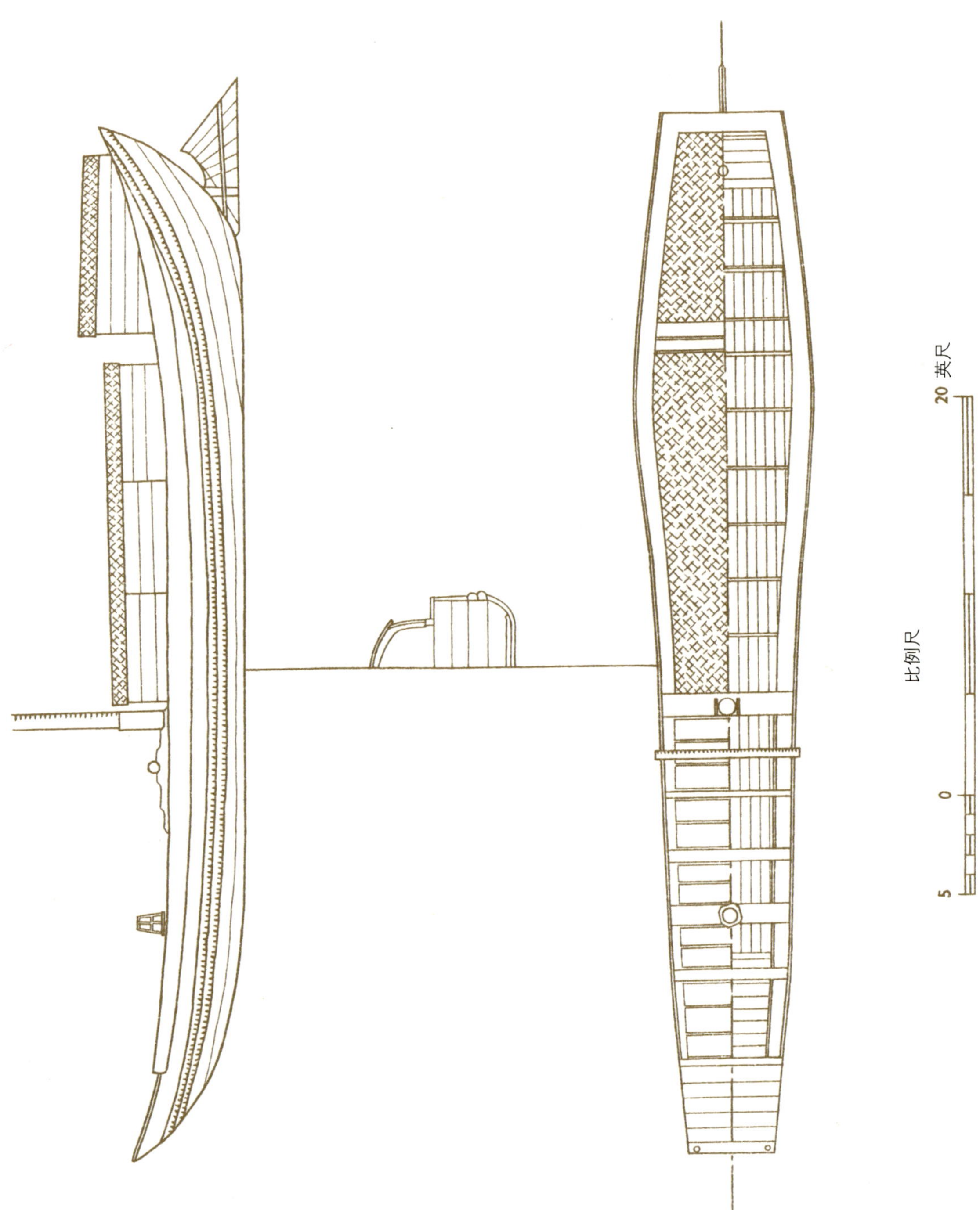

图16-11 鸭梢船（小型）

— 第 17 章 —

鄱 阳 湖

鄱阳湖长约 90 英里，宽近 20 英里，但是它的情况和洞庭湖一样，面积一年四季变化很大。鄱阳湖湖水比长江江水清澈得多。

鄱阳湖有许多重要地方，其中之一是壮丽的庐山山脉南麓的南康，那里是文人墨客们的著名圣地。德化县大姑塘镇距离湖口 14 英里，是到达九江之前抵达鄱阳湖的最后一个优良锚地，可以看到大量帆船锚泊在那里，装满内地生产的茶叶、稻米、棉花和丝绸，当然还有长江边景德镇烧制的瓷器。

通往鄱阳湖的主要水路是赣江。赣江从南到北将江西省分为两半。赣江及其支流上可以看到帆船来往，下行帆船从江西省土地肥沃地区运载苎麻、芝麻、葡萄渣、橘柑、甘蔗和棉花。赣江从赣州以上为上游，赣州至新干为中游，新干以下为下游。赣江支流众多，主要有章江、袁水、修水和瑞江等，从那里运送烟叶、煤炭和纸张。赣江的另一条支流是抚水。乐安江和章江在饶州下面汇合，后者因为同著名的景德镇瓷器[1]和不太著名的祁门红茶有关而知名。

除上述大支流之外，赣江还有许多小支流、小河和运河，它们说明了江西人民为什么到如今从不担心陆路交通不畅的问题。庞大河网使江西全省四通八达，十分便利。确实，这些水上运输不只限于本省。这些小河和运河很广泛，服务乡民，帆船运输来往于赣东北和邻省安徽之间，而陆地障碍将浙江、福建和广东省水上航路与江西水上航路分隔开来，这段陆路步行也只需几个小时。

鄱阳湖的全部航运贸易都受制于帆船。本水域还有几种适合通过浅滩和急流的帆船，其中有一种叫“富梢子”，定期往返于景德镇与浮梁之间，是一种较长的轻型船，遇到坏天气时不能在鄱阳湖航行。都昌帆船，往来航行于都昌与景德镇之间，主要运输食品和瓷器。西康船总是载运煤炭和木柴到景德镇磁窑。[2] 来自饶州的梢鸭子船只在洪水季节访问景德镇。角划子船是一种吃水较深的帆船，在高安与景德镇之间载运货物和乘客。

鄱阳湖是具有优雅曲线船艉的船只之家。这些帆船在尺寸和类型方面都有很大不同，它们的变化主要决定于将通过水路的水深和特性。每一种都有适合某些特殊需要的特点。

鄱阳湖 1896 年对蒸汽机船开放。开始，少数蒸汽机船进行客运和货运，同时也有些帆船继续进行货运。可是，西式木船从 1911 年开始在中国迅速发展，后来出现十几艘钢体驳船，从 1901 年的 11 艘迅速发展到 1917 年的 49 艘。大量内燃机船和油罐驳船的出现达到高潮。

〔1〕 读者有兴趣可了解蒋介石及其夫人曾在景德镇设晚宴招待英国伊丽莎白公主，将景德镇瓷器作为送给她的结婚礼物。

〔2〕 瓷器厂每年需用 400 多万担木柴和 150 万担杂柴。

此外，铁路加入竞争和道奇先生的产品（译者注：汽车），据信，也与各种帆船绝迹、轮船大量出现十分相关。

罗笼子船或瓷器船

中国瓷器和陶器及其历史渊源和相关信息大概是值得大书特书的最热门话题之一。但是要说清楚运输瓷器的重要性，必须说明位于江西的"瓷都"景德镇瓷窑生产的方式，最关键的还要说明如何处理这种易碎货物。

全世界都应感谢中国发明了瓷器。瓷器首次出现于何时好像无从查考；但是根据中国传统说法，陶器产生于黄帝（约公元前2800年）时期。有证据证明瓷器从唐朝（公元618—907年）开始烧制。

古代景德镇瓷器厂可以追溯到宋朝，景德镇历史悠久，宋真宗景德元年，即1004年，因为该镇产青白瓷质地优良，遂以皇帝年号为名设景德镇。该镇最好的工作是使用"御窑"烧制"贡瓷"，与之对应的是"外窑"或者"民窑"。只有烧制完美无瑕的瓷器，才能呈送宋朝首都开封。

画匠和技师被轻贱，几乎同劳力一样，因此瓷器绘画和装饰的发展后继乏力。有些人在瓷坯上画花，另一些人画周围衬托物，这样就扼杀了个性。

这种行业的主要困难之一是水上运输问题，在某种程度上表现为涉及运进必需的瓷土原料，但主要还是与通过九江港向外部世界输出成品不畅。这段航程的瓶颈是景德镇下游约60英里的洪江。这一段有许多急流，而其他部分的河床已被几百年来扔进江中的破碎瓷器抬高，人们原来错误地以为它们会在洪水季节被冲走。有些地方水深只有几英寸，帆船不断搁浅。遇到这种情况，船员们跳入水中抬起船只通过浅水区。常常是，如果这种方法行不通，就要把货物从船上卸下来，使船只减少吃水，再把船拉过去。河底碎瓷片刮擦船底产生的声音相当大。这段河流虽然只有60里长，但是帆船要用两天才能通过。每到枯水季节这些河段只能使用小船运输。

进行这种贸易的货运代理商有20～30个。发货人把发货单交给其中一个代理商，后者租船装货。如果发生事故或者盗窃，完全由船老大负责。运费按担计算，每担可能有6件、4件甚至只有2件瓷器，这要看它们的尺寸大小和价值高低。

图17-1图解了航行在鄱阳湖的一艘典型的浅吃水瓷器船。这种船通过很不规则的翼形船艉（1）很容易识别。

甲板通到船艏大首柱（2），向船艉有一个升高平台（3），便于船艏桨手撑篙。前甲板包括特别宽的樟木列板。该型船使用三根杉木桅杆（4）和一个木绞盘（5），安装在坚固的横梁上面（6），用于升起涨船帆和操纵缆索。

甲板室（7）也位于船艉部，作为船员起居室，甲板室的后面部分装有一个舱室（8），设置两个铺位（9）。后货舱（10）通过人孔进出。

船老大站在抬高铺板上面（11），铺板用于接入后桅（12）。指挥位置装有席篷，用于遮阳避雨。外延过道（13）从前桅延伸到掌舵位置，以便在浅水区撑船。

府凋子船或红绣鞋船

鄱阳湖的府凋子船被更普遍地称为红绣鞋船，通常都是大型帆船。它们的建造结构不一般，船中部很宽，船艏和船艉很尖细。这使它们看上去有些笨拙。

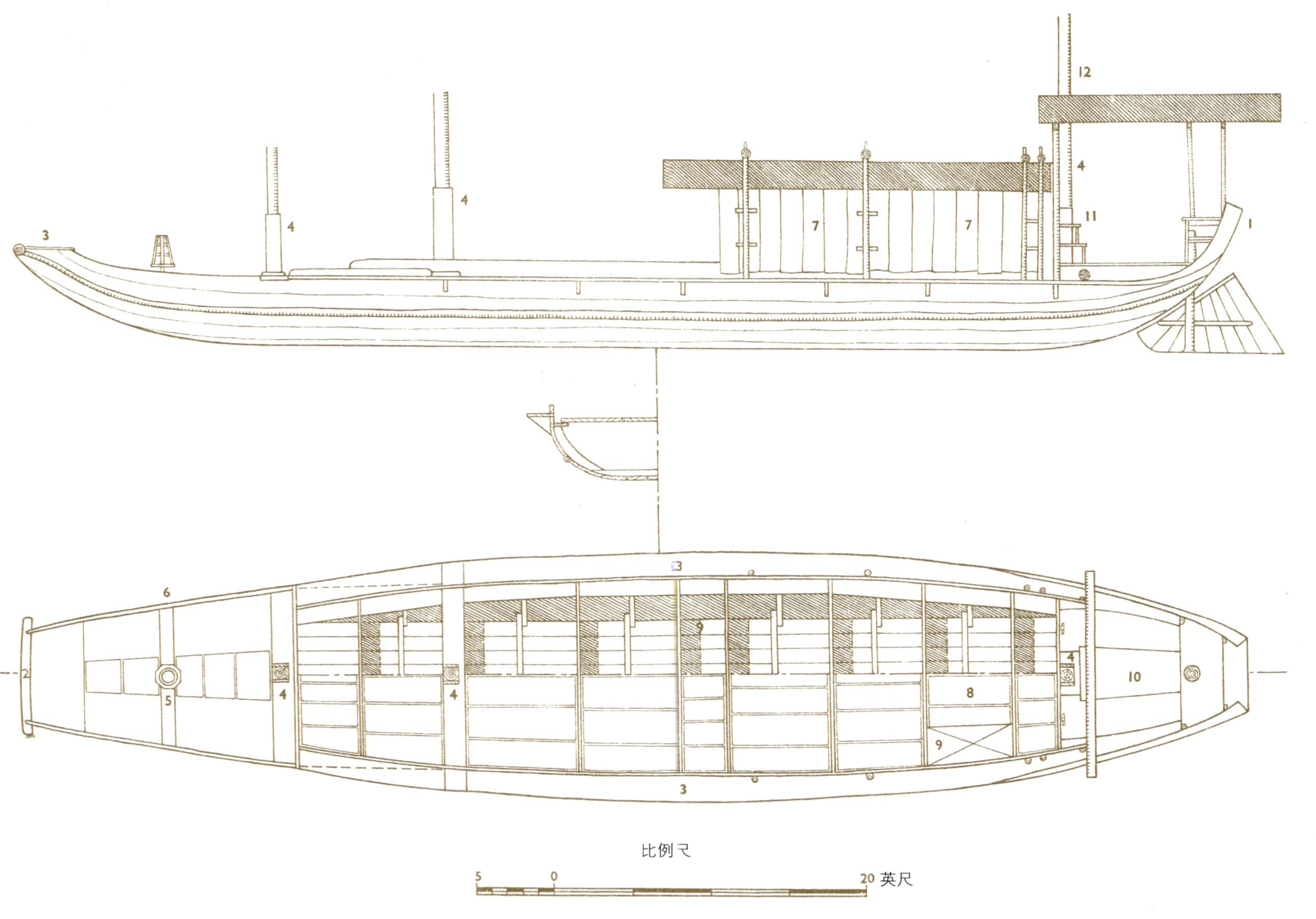

图17-1 罗笼子船

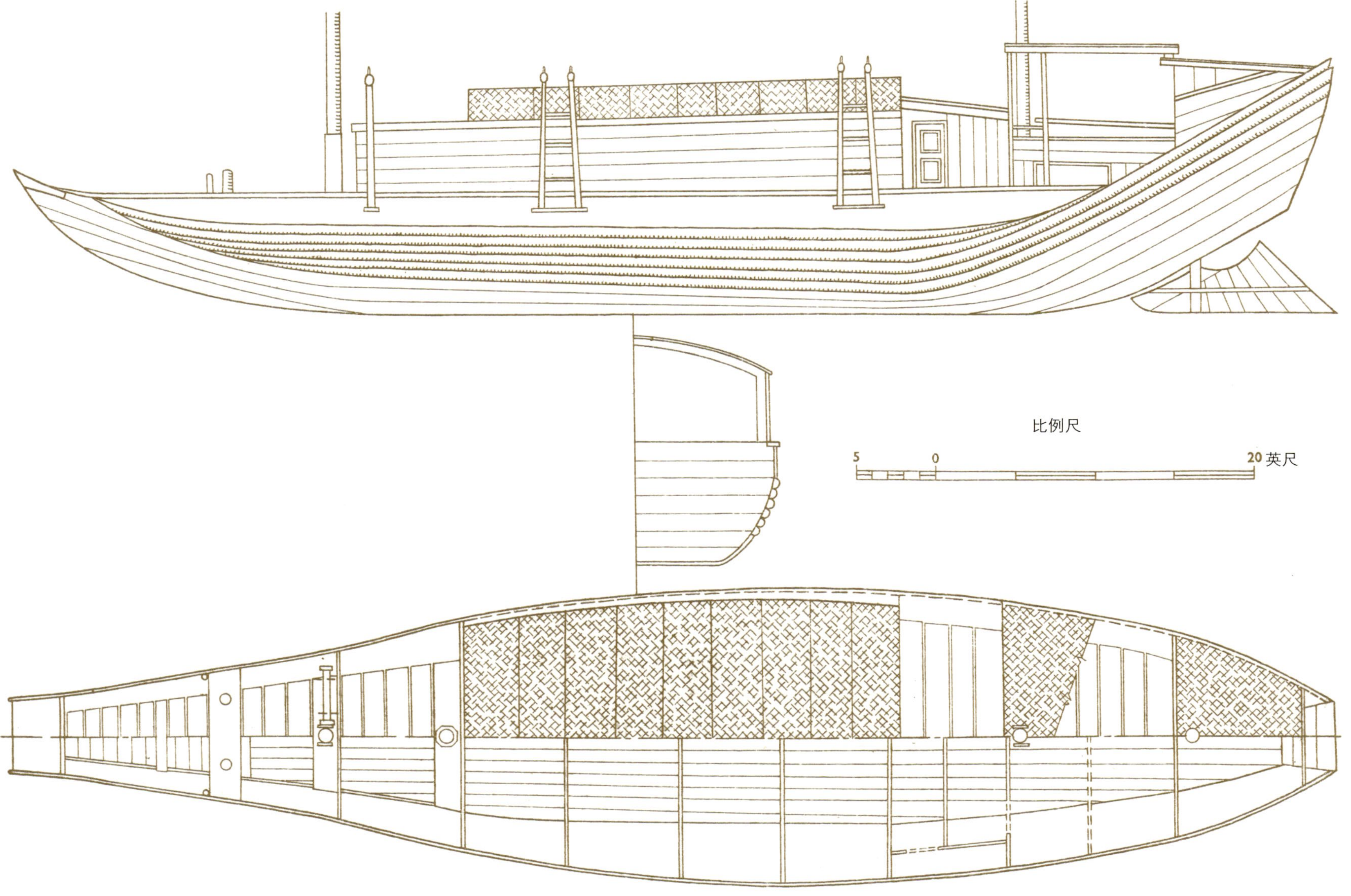

图17-2 府凋子船

府凋子船是江西省特有的帆船，在赣州和南昌建造，用于在长江下游及其支流和鄱阳湖航行。府凋子船分大、中、小型，船体从头到尾都用樟木。小型府凋子船长 60 英尺，宽 14 英尺，深 3 英尺；最大型的府凋子船长 100 英尺，宽 28 英尺，深 9 英尺。

图 17－2 显示的是中型府凋子船，船长 84.5 英尺，宽 19 英尺，深 7.5 英尺。

府凋子船的桅杆数量根据船型大小而有所不同。最小型的船有时只用 1 根桅杆，而最大型的船可能多达 4 根。使用 3 桅杆时，前桅安装在绞车之间，主桅在中央甲板室前，而后桅在甲板室后面。

府凋子船的载运量为 100～200 吨不等，载运货物通常包括食盐、稻米、纸张、粮食和水果。小型府凋子船定期来往于江西、湖北、安徽和湖南等省份之间，而大型府凋子船航运区间是十二圩到岳州。

府凋子船都使用平衡斜桁四角帆，只是纵帆后缘的弯曲程度稍微有些不同。前帆使用 32 根撑条，而主帆为 24 根撑条。这是一个不寻常的数字。帆不用时放在铁木架上面。帆船的前桅高度为 75 英尺，而主桅为 50 英尺。前桅装有一个滚柱导缆器。

船员根据船只规模不同配备 16～24 名不等，都生活在装有木门的艉甲板室，掌舵位置就在主桅后面。舵柄较低，使用纤维绳控制，如图 17－3 所示。绞盘位于甲板室内，用于升帆和起锚。

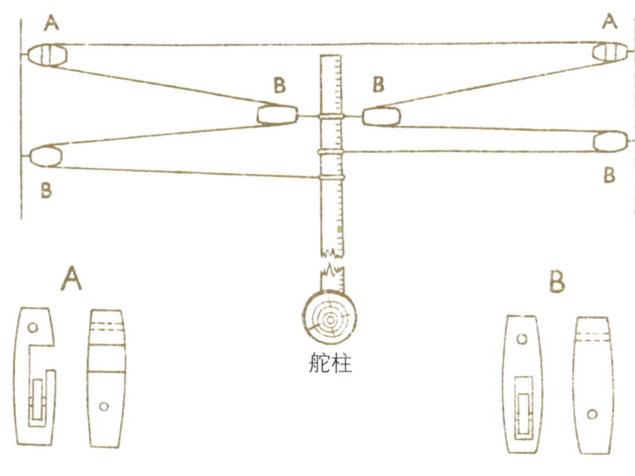

图 17－3 操舵滑车组

鄱阳湖拖钩子船或浅吃水商船

“拖钩子”船是一种平底船，吃水浅，泥滩拾破烂型，最长横梁为 5.5 英尺。图 17－4 所示的船只长 66 英尺，宽 12 英尺，深 3 英尺，载运量为 120 担，约等于 7 吨。

尽管拖钩子船是一种轻型船，但是结构牢固，设置 12 道舱壁和 3 根肋骨。第九至第十一道舱壁之间划分为两个舱室，前舱室用作厨房；后舱室设有铺位，是船东的舱室。

第一舱壁设有“泥滩锚”，第二舱壁设有一对小系船柱。铁木架保护着甲板室，用来存放降下的船帆。

茶　船

鄱阳湖上还有一种帆船被称为“茶船”，如图 17－5 所示，用途特别广泛。该型帆船长约 79 英尺，宽 12 英尺。虽然被称为“茶船”，但是它们经常载运各种货物。

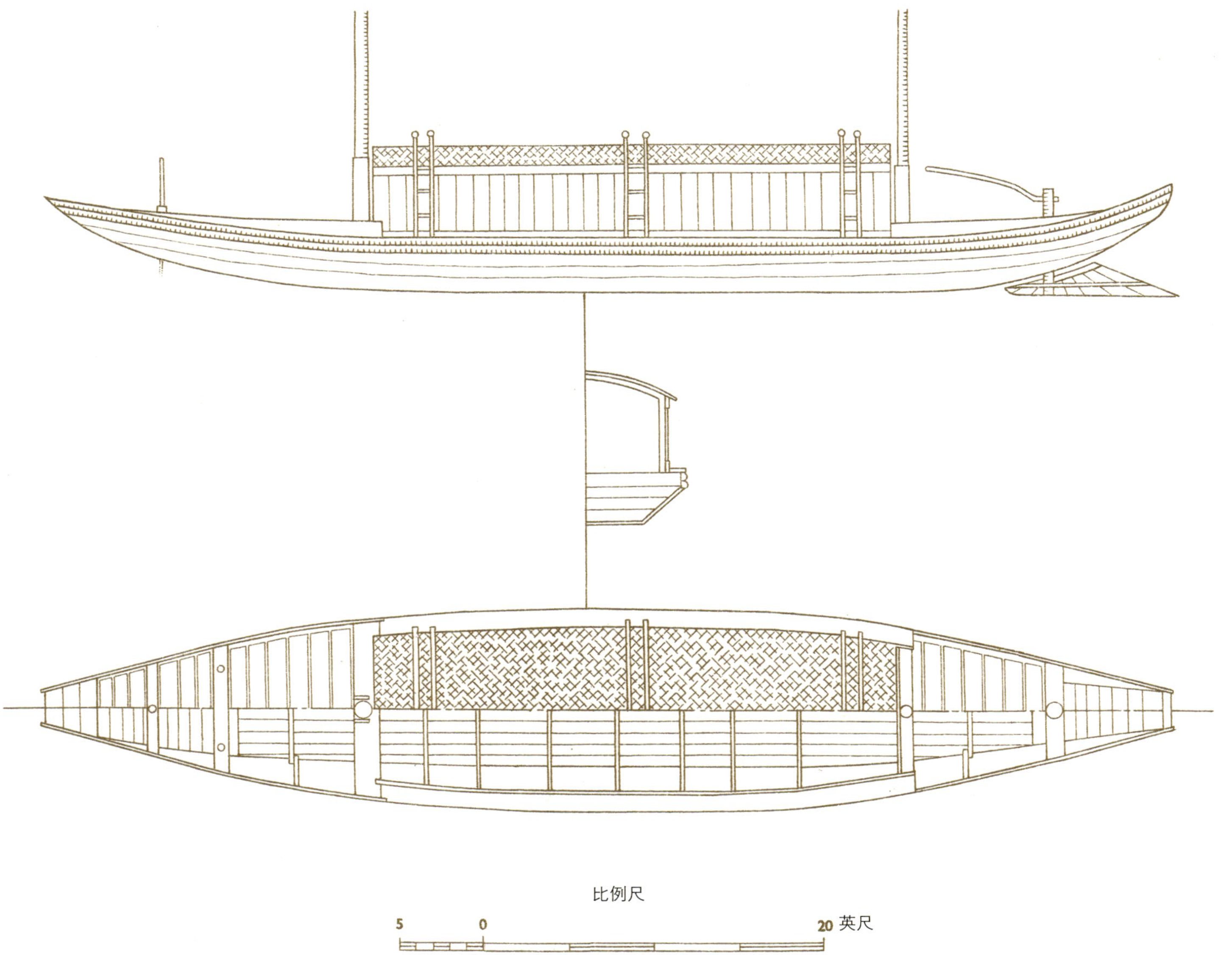

图17-4 拖钓子船或者浅吃水商船

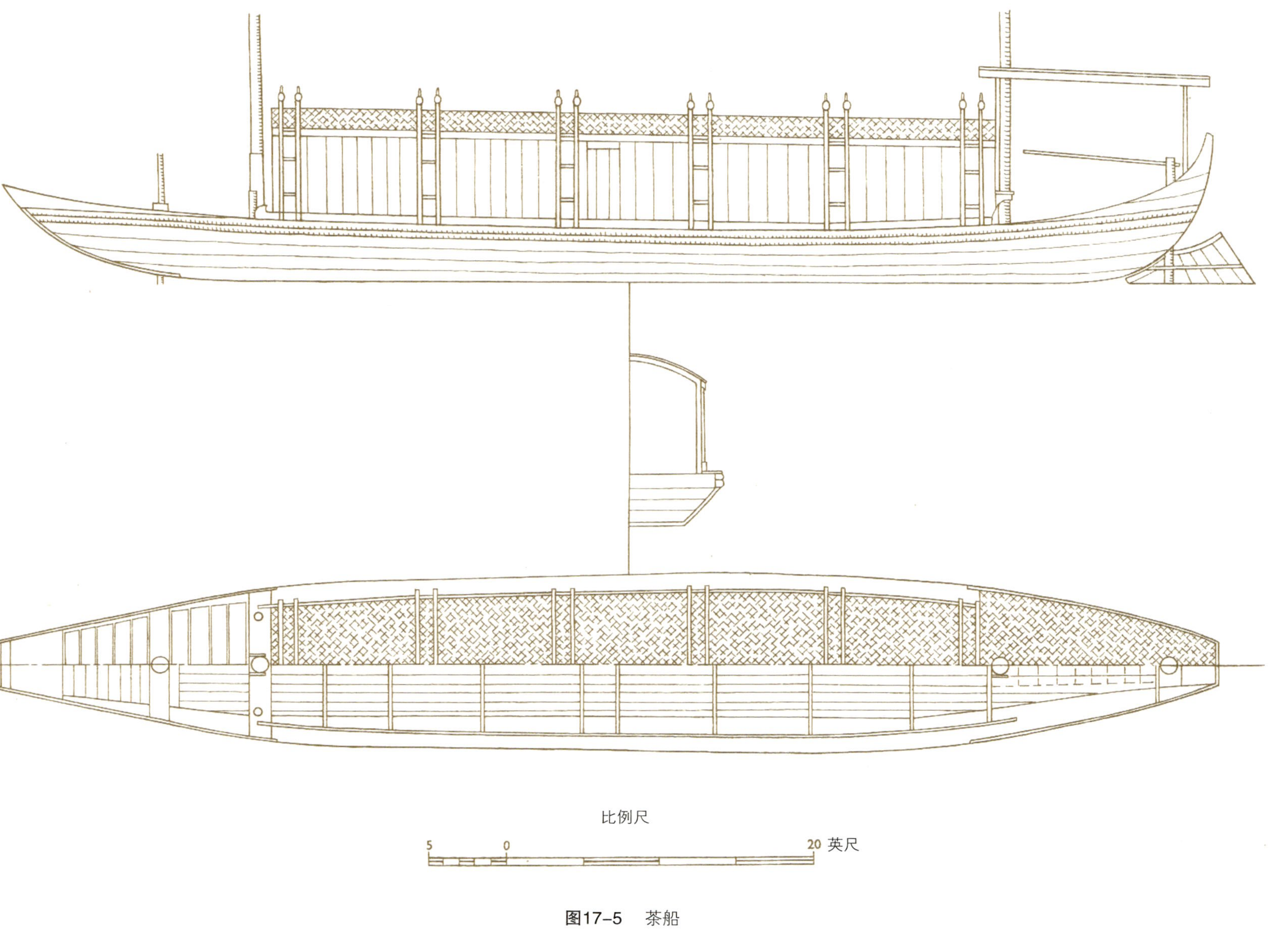

图17-5 茶船

需求最多的茶船是沙扒船，这种船型很美观，一般长 79 英尺，宽 12 英尺，深 3.5 英尺。

沙扒船的甲板室比多数帆船的甲板室都大都高，该型船运输的易腐茶叶多数都放在盖有席顶的甲板室。前后短甲板由两边的撑篙通道连接。

沙扒船使用典型的平衡帆，主帆特别大，不用时放在六个铁木架上面。

拖笼抚船或两头尖平底船

鄱阳湖地区烟叶产量很大，内河航线提供足够便利的运输条件。进行烟叶贸易使用的最常见船只是驰名的两头尖平底船，船头很像威尼斯的“贡多拉”船。

来自鄱阳湖的这种两头尖型帆船是长江下游最易被识别的一种，其特点是船艏和船艉两头尖，首艉之间的舷弧很低，非常优美，使人联想到地中海风格。前伸上翘的尖锐船艏也是非常典型的。

虽然缺少证据，但是船员们声称这种船型属于“罗笼子”船系列，也是纯粹的鄱阳湖船系。根据“拖笼抚船”这个混合名称就知道，当地称为“罗圆”或者“圆篮”，这个名称名副其实。

这种帆船是鄱阳湖上可以看到的一种最奇异和最有趣的船型。最前舱室挖有非水密“泥滩锚”锚孔(1)，还有两个窗口(2)，船艏两边一边一个。后面那个孔用于提升竹竿，在船艏经过浅水大卵石，需用人力抬起船艏时插入船艏。当然，船员们这样做时，要站到水里，借助竹竿，利用肩膀抬升船艏。

船艏形状无助于放松工作缆，因此安装吊锚杆，永久固定在船艏右舷。图 17－6 所示为简单而有效的吊锚杆上安装的释放装置。

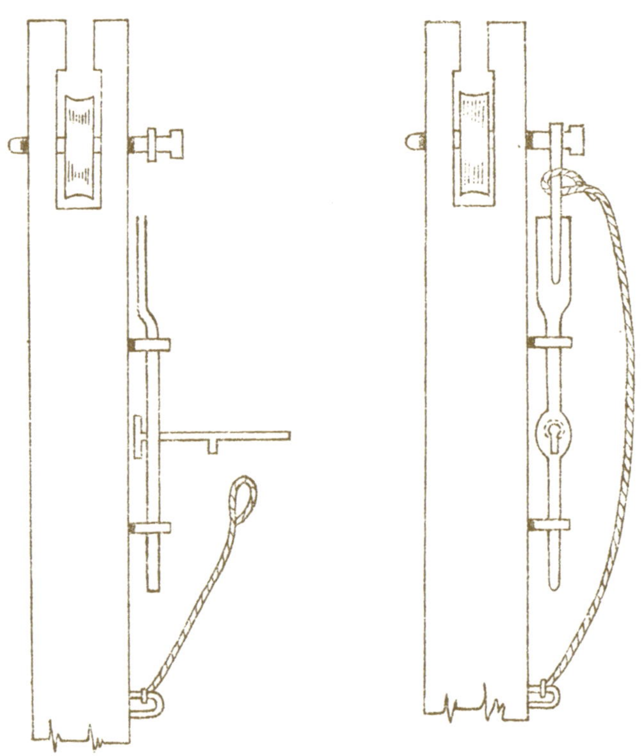

图 17－6 吊锚杆上安装的释放装置

图 17－7 说明的船只长 63.5 英尺，宽 15.5 英尺，深 5 英尺。令人惊异的是这些船只的尺寸和型式完全一样。

该型船设置 9 道舱壁和 7 道半舱壁，增强横向强度。从截面图还能看出，使用两根固定船艉的竖向木材(4)增强半肋骨强度。它使用非提升平衡舵，装有叉形舵柱。

对鄱阳湖的船员们来说，没有太大风险。有时，干舷不到 1 英寸高。图 17－7 中的 AB 线为总载重线。

拖笼抚船船艏高翘华丽，主要来往于九江龙开河，船体美观，颇有特色。

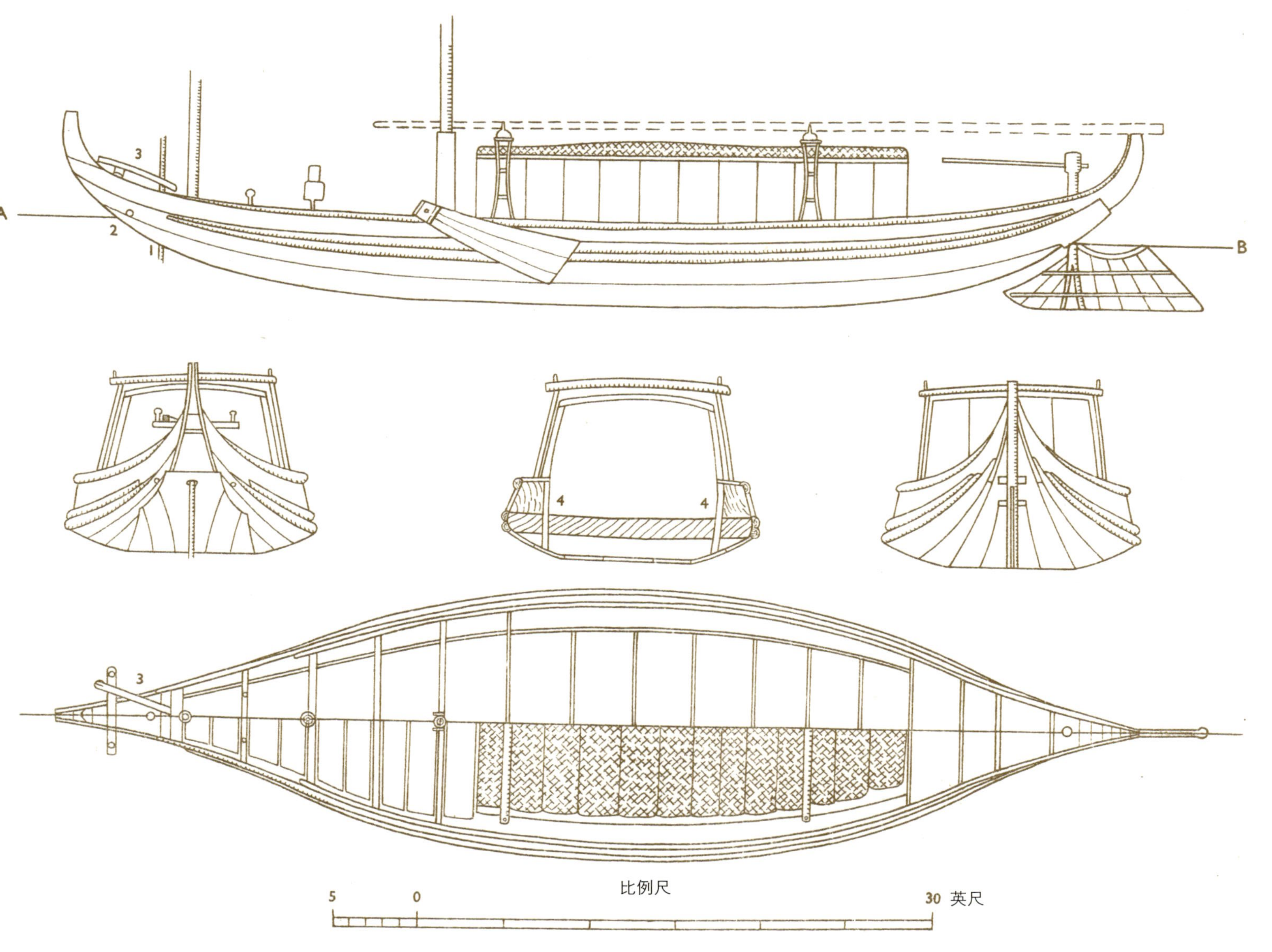

图17-7 拖笼抚船

第 18 章

汉　江

汉江在中国次等级航道中具有可观的价值，汉江发源于位于北纬 33°至 34°、东经 106°至 107°区域的陕西山区。汉江的源头部分离川陕边界不远，平行于川陕边界向东流。在这一河段，汉江流经崎岖的峡谷，在陕西境内的河道经常有岩石和急流。进入湖北到了樊城后，河道转向南，最后再次转向东。

就在到达老河口[1]前，汉江为石质河床，河道南向，再折向东到达襄阳。从襄阳开始，河道转向南，流经湖北省南半部，湖北省南部为巨大的冲积平原，史前时期，这里是内陆海，即使是现在，这里也主要是湖泊、沼泽及其相联的水道。到了沙洋，河道再次折向东，最后在汉口汇入长江。

汉江向上至襄阳大约 30 英里的距离可以通航大型船舶、小型蒸汽船和汽艇，在丰水季节，再向上至陕西汉中大约 600 英里的距离可以通航小型船舶，这一溯流而上的行程需要两三个月甚至更长的时间，但顺流而下只要两个星期就可以了。

汉江一个奇怪的特点是，河流下游的河床高于周围的平原，如果不是人工建筑的河岸，周围地区每年都会发生洪灾。这种修筑堤坝而不是挖掘或是疏浚河道的做法带来无法避免的后果是，河床会越来越高。平原的高度只比汉江的低水位线高出 1 英尺，但夏季水位上升导致时刻存在洪涝危险，洪涝灾害发生的频率也很高。作为一种保护措施，汉江两岸的堤坝已经抬升到了离地面大约 50 到 100 英尺。这样水流冲刷仅限于两岸堤坝之间的区域，每年沉淀下来的泥沙还可以加固已有的土方工程。过去几年，由于忽视了这种预防措施，导致灾害性的洪水不时发生，最严重的是在 1931 年。汉江不同寻常的另一特点是其河口处突然变窄到只有 200 英尺。

根据已经公布的 1891 年海关档案，每年经过汉江或汉江口的船只数量估计大约 23000 艘，总吨位大约 100 万吨，进一步推算，运载的旅客人数约 165000 人。

经过汉江的船只大小不一，有的船宽 7 英尺，载重为 150 担，船员人数 3 人；有的船宽 15.5 英尺，载重 1100 担，船员人数达到 12 人。在汉江上航行的船只大约有 14 种，其中 4 种来自长江的其他支流。后者有来自湖南常德的麻阳船，运载油料、纸张、煤炭和夏布；有现在已经很少见到的麻雀尾；有来自四川的柏木船；还有来自德安的天门船，主要运载动物油脂、石膏和麻油。

汉江下游的船靠桨驱动，风力适当时也用船帆，而在汉江上游更常用的驱动方式是拉纤。

汉江上游的通航条件全年都很艰难，这是因为这里多急流漩涡、流动的沙坝、狭长弯曲的峡谷，且四月到八月间河水猛涨。需要有足够的勇气才能胜任汉江上船老大的工作。

〔1〕 老河口是货物转送到汉江上游船只时常用的运输港口。这里的河道宽约 85 码。从老河口往上多急流，航行经常出现险情。

汉江有两条很重要的支流：一条是发源于陕西东部的丹江，在老河口以上汇入汉江；还有一条是白河，白河又有唐河汇入，这两条支流都在襄阳汇入汉江。这三条河流都具有通航条件，只不过丹江只有在高水位时才能通航。

在汉江河谷丰饶的土地上，农民一年可收获两季。这里的土地不仅可以用来种庄稼，而且还可以用来养牛。这里生长的农作物有棉花、水稻、大豆、小麦、大麦、小米、芝麻、花生、茶叶、烟草和桐油。

以前，所有的物资都是通过船只运送到汉口，形成了非常繁盛的贸易；但是自从湖北的公路将老河口和汉口联接起来以后，商业竞争使得汉江上船只交通每况愈下。

襄窝子船

襄窝子船，得名于襄阳城，是汉江下游航行的最大型船只。

襄窝子线条流畅，船艏和船艉微微翘起。如图 18－1 所示的“襄窝子”长 76 英尺，宽 14.5 英尺，船深 5 英尺。从平面示意图中可以看出，“襄窝子”有 10 个全舱壁和 4 根肋骨。船底板为杉木材质，而船壳和舱壁为樟木材质。

襄窝子有几个不同寻常的特点。首先，从船艏到船艉的榭木是用 9 英尺的木板拼接起来的，船底板很狭窄，陡然上翘。住舱的前面部分有方形的屋顶，似乎是留待装饰之用，而后面部分则是圆形的。前桅杆的位置很靠前，船帆不用时就存放在铁木架上。

第一舱壁处有两个小的前部系船柱，横梁处也有两个大小和样子都差不多的系船柱，只是要比通常的更加靠后。

比普通船只更宽一些的船舷上缘为住舱外的撑篙人提供了方便的通道。船艏和船艉微微翘起的甲板上有木踏板，以防撑篙人滑倒。

高船艏是急流航行时理想的选择，“襄窝子”的高船艏延伸至船舷上缘下的横梁处。

歪邱子船

这种讨人喜欢且有趣的小船在规格上稍有差异。图 18－2 中给出了这种船型的典型样式，长 73 英尺，宽 12 英尺，船深 4 英尺。当然，歪邱子设计用于汉江上游的浅水急流航行，建造于汉江上游支流丹江上的一个名叫淅川的小镇。

作为一种通行的做法，中国的造船者在建造用于在深水急流中航行的船只时倾向于多少有些圆形的水下曲线，这有助于在涌浪中保持船体的稳定，而建造在浅水和狭长急流中航行的船只时，几乎无一例外地会选择平底、方舱的船型，船宽最多在 5.5 至 6 英尺之间。歪邱子的设计遵循了通行的做法，但之所以自成一体是因为其船艏和船艉的设计，船艏有些回弯，而船艉则有些倾斜、弯曲，且高出甲板面。

正如我们在图 18－2 中所看到的，歪邱子船有 10 道舱壁、1 道半舱壁，但没有肋骨，有 2 个甲板梁。前面的甲板梁用于拉起陷在淤泥中的船锚，舯部的甲板梁用于联接支撑桅杆的底座。第二舱壁向船艉方向是一个沉箱。第一舱壁处有两个小的前部系船柱。

用席子搭成的住舱从第五舱壁一直延伸到第七舱壁。住舱里的条件根本谈不上舒适。7 个船员生活在不被货物占据的任何方便的地方。

所有的舱室都铺设了横向的甲板。船壳和船底为杉木材质，而舱壁为柏木材质。

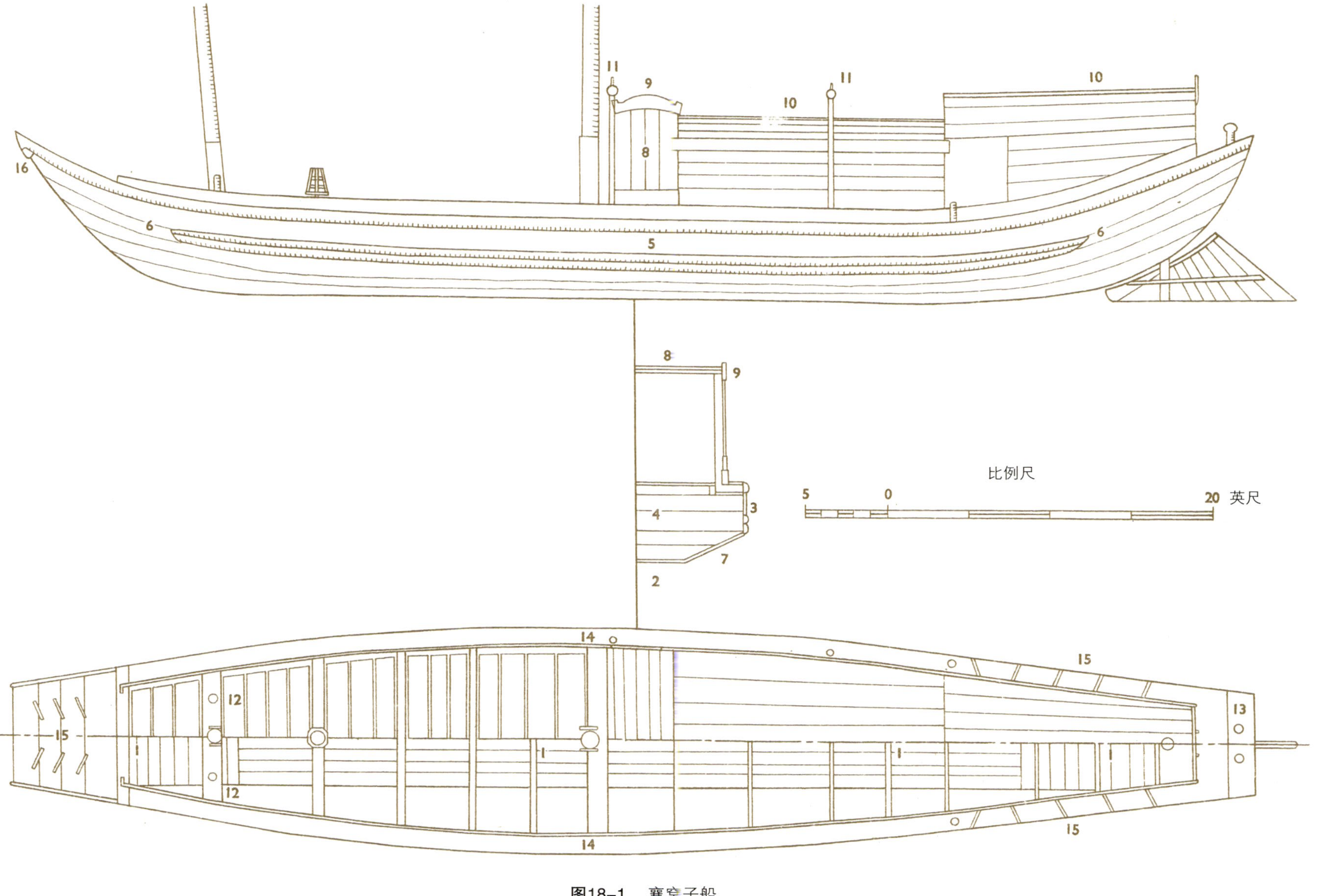

图18-1　襄突子船

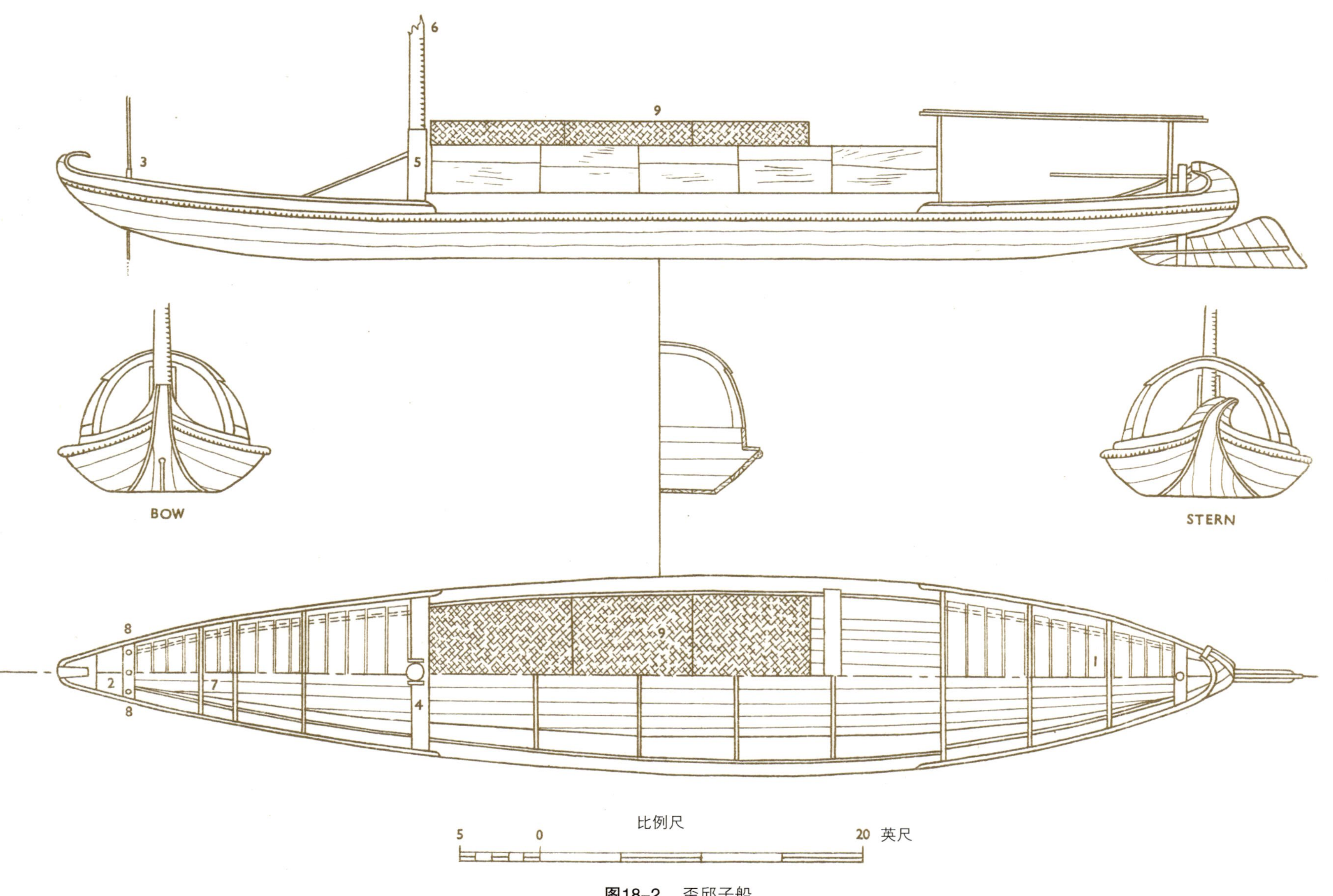

图18-2 歪邱子船

如果对东方航海建筑进行认真的研究，那肯定会将歪邱子船与大宁河上的“神驳子”和盐井河上的歪头船进行比较。

歪邱子因其独特的外形，肯定会在汉江甚至是长江的奇异船只中占据一席之地。

襄阳邱子船

襄阳邱子船(简称襄阳邱子)来自襄阳，一座距离汉江口283英里的城镇，”襄阳邱子“作为一种深吃水货船航行于老河口至汉口之间的河段。

如图18－3所示为一艘典型的两头船，长64英尺，宽14英尺，深4.5英尺，载重为30吨，最大吃水3英尺。

船艉几乎是椭圆形的，船壳为杉木材质，由硬木舱壁分隔成10舱室。

襄阳邱子全年驶往汉口进行贸易，主要运送麻油、花生油、西瓜籽、牛皮、动物骨头、猪鬃及其他土特产品，返回老河口或襄阳时运载普通的货物。

襄阳邱子有两根桅杆，带典型的略斜的平顶斜桁四角帆，使用铁锚，起锚机位于前桅杆的后面。

襄阳邱子经常航行于狭长多急弯的支流。在某些河段，航道十分拥挤，为了保护船头不受损害，在船头安装有“保险装置”。这种原创的发明还可以保护船头免受前面船只包铁竹篙的损害。

住舱顶是用木板搭接铺设成的。货物存放于前部，后面则用作厨房。其他的地方用作船员及其老婆孩子的住处。住舱外的铁木架用来存放不用时的船帆。

和普通的船只一样，襄阳邱子的船艉倾斜度很大，高出水线，这种弯肘形的船艉尽管很好用，但看上去还是很奇怪，这也使得其在长江及其支流浅水河道航行的船只中独树一帜。

箍　子　船

除了奇特的艉部外，箍子船其他很多方面与我们刚刚提及的另一种来自老河口的船——襄阳邱子很类似。

箍子船，中等吃水，可航行于汉江下游和上游的部分河段。

这种船型的结构异常坚固，特别是船艄部分。箍子有两组双股槲木，上面的那组槲木其实就是船舷上缘，比另外那组槲木更为坚固耐用。箍子的前部抬升很高，两组槲木在船艄处通过突出横梁下方大约3英尺处的固定条连接起来。

如图18－4所示的箍子长64英尺，宽12英尺，深4英尺，有10道舱壁和1根肋骨。

宽敞的住舱从主桅杆一直延伸到船艉部。第一与第二木架间的房顶用木板搭接铺设，由此向后为平顶，可以用作甲板。住舱后部也是平的。前部是存放货物的地方，第十舱壁往后是厨房，后面的操舵间用作船员及其家人的住处。在住舱内外都可以操作平衡舵。

表面平坦的高船艉比较开阔，高出水面部分为缓慢弯曲的后板。船艉板是水平安装的。船艉部上面的护板上开有一个方形带有滑窗的孔，可用于观察船后面的情况。

箍子船最显著的特点是位于第八舱壁处的奇怪凹口(平面示意图中用虚线标出的部分)。这一奇特之处被严格遵循着。这种船型在汉江上很常见，都有同样奇怪的特征。尽管进行了大量艰苦的研究，也未能找出其原因；船家们给出的唯一解释是“这种船就是这样钉的”，意思是说“这种船从来都是这样建造的”。

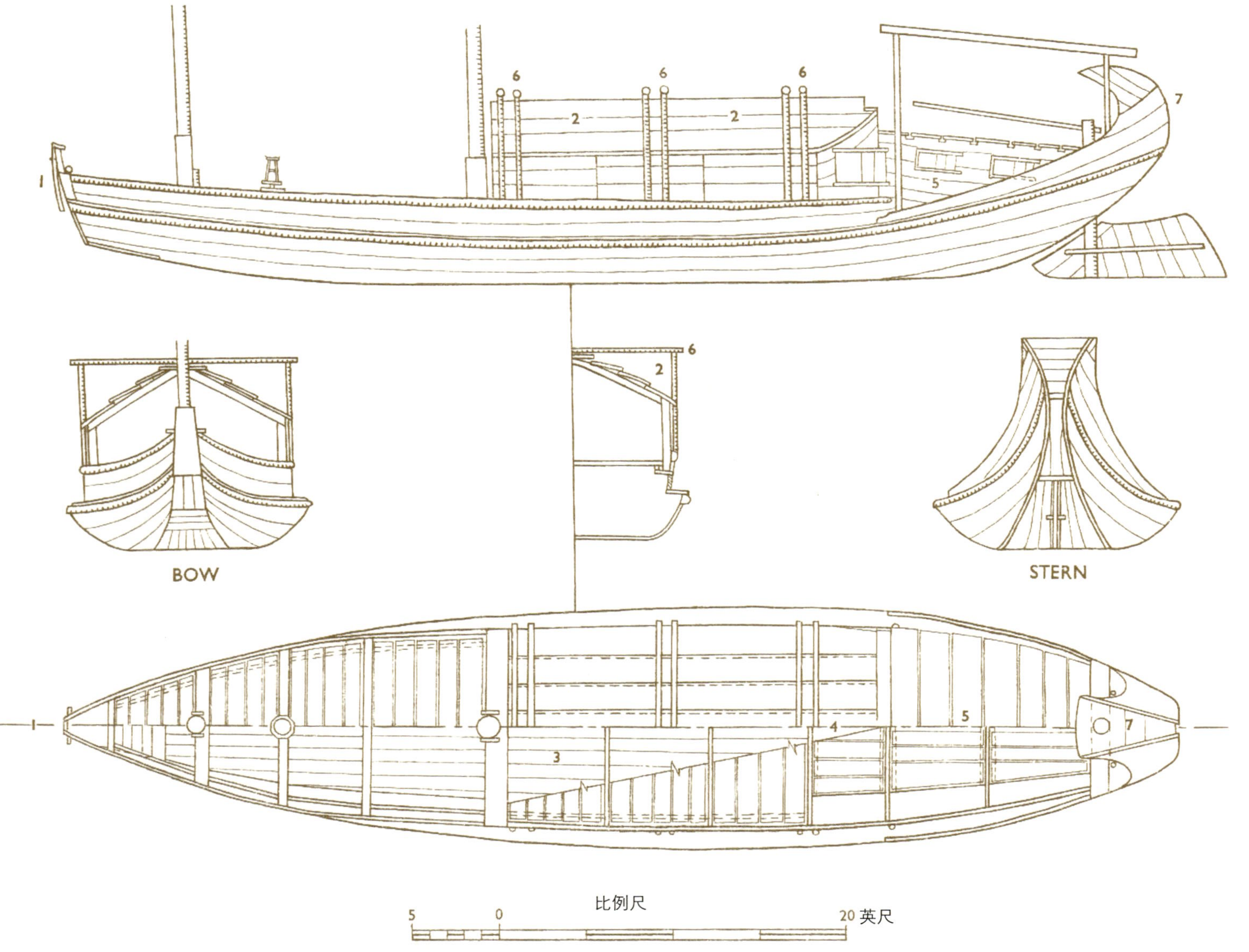

图18-3 襄阳邱子船

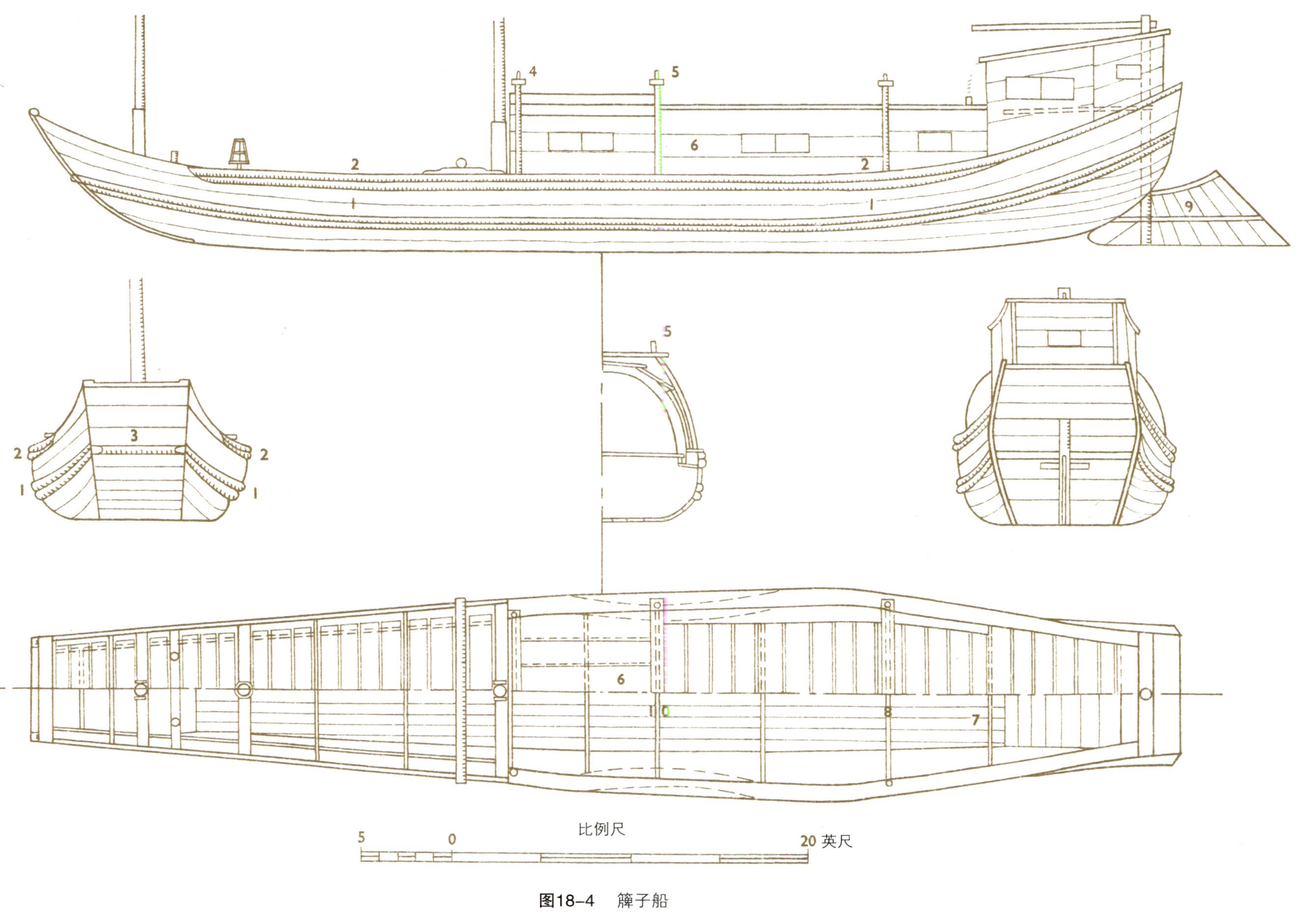

图18-4 簰子船

滩 河 船

为适应这里河道的航行，河南的造船者成功地开发出一种十分坚固的船型，其吃水和规格都考虑到了汉江上游的浅水急流和很狭窄的水道给行船带来的限制。

如图 18－5 所示的船型长 65 英尺，宽 10.5 英尺，深 3.5 英尺。这种船安装有 10 个樟木舱壁，1 道半舱壁，这道半舱壁用来支撑桅杆，并用作舱壁的额外加固措施。

当地人称这种船为“滩河船”，但也有将其叫作“南阳船”的，南阳为汉江一条支流上的城镇，该支流在樊城汇入汉江。

滩河船整体是水平的，舯部为低矮的席棚住舱，船艉部为厨房。所有的席棚都是可以移除的。货物存放在甲板下面，也有存放在住舱前部的。住舱后部用作三名船员及其妻子和家人的生活居所。

船上唯一的平衡斜桁四角帆不需要多提及，因为只有在风力风向适宜时才用作辅助的驱动工具。不用时，船帆存放在住舱边的木架上。

滩河船的船艏、船艉、船舵及线型都显示，这种船主要设计用于在急流中航行，我们可以将其与“舵笼子”进行比较，“舵笼子”是长江上游一种更坚固的急流船。[1]

〔1〕 见《长江上游的帆船与舢板》，海关出版物，第Ⅲ卷，No. 51。

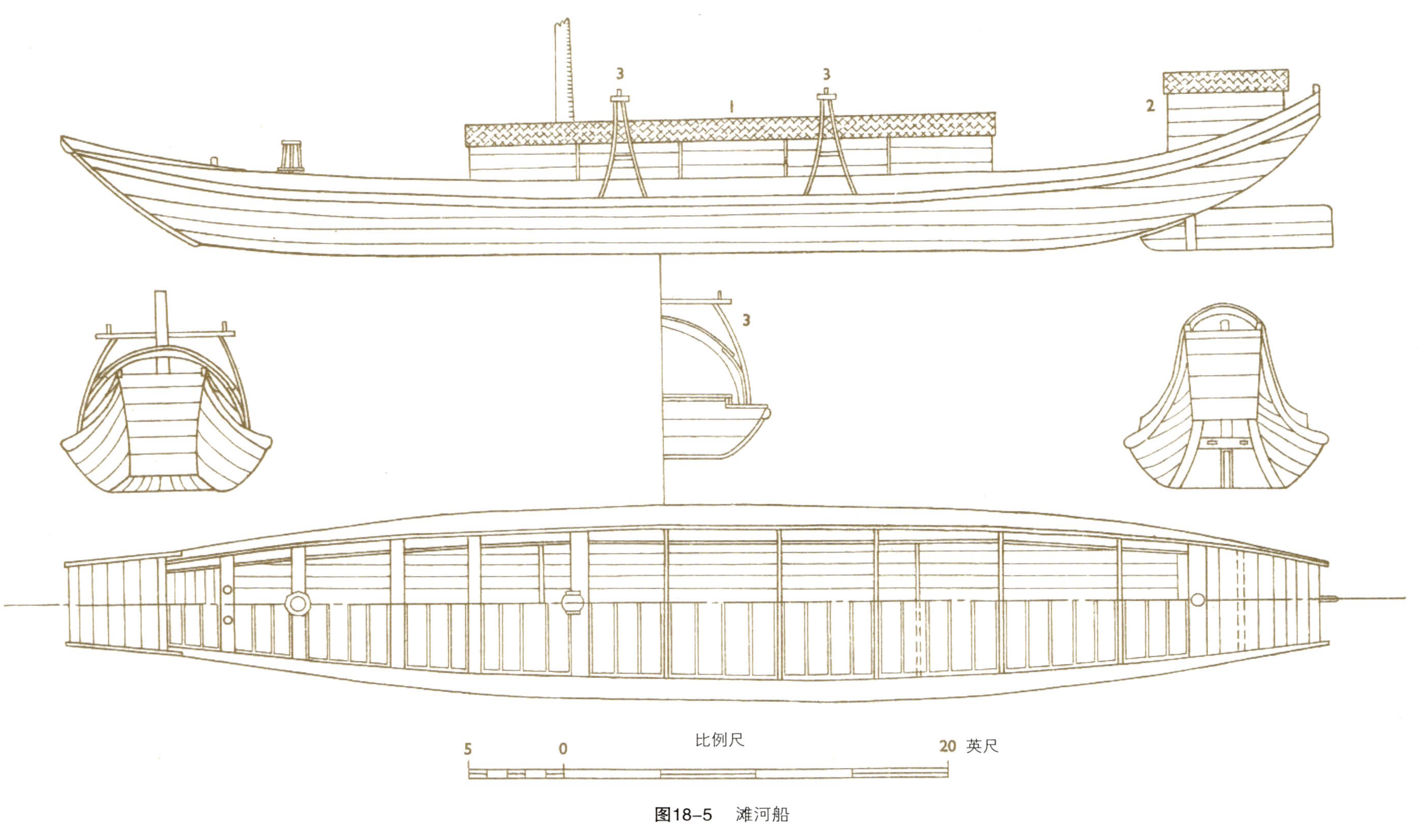

图18-5 滩河船

– 第 19 章 –

洞庭湖和湘江

湖南省境内的 4 条河流——湘江、沅江、资江、澧水，向北注入被称作洞庭湖的巨大洼地。

洞庭湖长约 75 英里，宽约 60 英里，是中国最大的湖泊之一。洞庭湖的面积在夏天还会有很大的延展，但冬天湖水干涸到只剩比一块沼泽地大不了多少，几条河流和运河交叉流经这里，这里是数不清的野禽的栖身之所。

作为湖南省水系中的水库，洞庭湖发挥着特别重要的作用。夏天，洞庭湖通过沙市上下以及湖南境内的运河和河流吸纳长江洪水，其水位有时会比冬天枯水期同比高出 40 英尺。

船只可能会在湖边停留几个星期的时间，只为等待适宜的风力风向，因为穿过洞庭湖需要一整天的时间，在此期间，如果突然遇上暴风和巨浪，船只没有合适的锚泊地可以躲避，而暴风和巨浪在每年特定季节里经常在洞庭湖出现。因此，除非天气适宜，否则从来不要尝试过湖，尽管所需的时间更长，但船家们还是会选择经由洞庭湖以南和以西三角洲地区那些更安全的运河和河流。

自康熙年间（1662—1723 年）以来，这里的居民就一直在开垦洞庭湖，将湖岸边肥沃的土地变成良田，导致洞庭湖的面积逐渐减小。洞庭湖通过岳州一条不长的水道以及很多其他的运河河流与长江相连，也成为船舶交通特别活跃的中心。岳州城就坐落于洞庭湖入口处的高地上。

过了岳州城和洞庭湖口的瞭望台后就是扁山岛。在当地人的说法里，控制洞庭湖天气的神就在岛上最高处的寺庙里。这个寺庙房顶上悬挂有很多船只模型，说明当地人很相信神的法力。每年到了寺庙化缘的季节，寺庙的僧侣为了尽可能不给来往的船只添麻烦，就用在长竹竿上挂上渔网的方式从船家们那里化缘。

湘江是汇入洞庭湖的四条河流中最大的。湘江发源于广西兴安城附近的南岭，这里有一条运河将湘江和桂江联接起来，因此可以乘船从广州到达梧州，这样就可以从桂江溯流而上到达这条运河，再沿湘江北上到达长江。

湘江至湖南省最南端的河段适合小船通航。不过，在枯水期，大船只能到达湘潭，而吃水在 1 英尺左右的小船全年可以到达永兴。

这里是中国内陆贸易最繁忙的地方。在长江、洞庭湖和湘江的各个港口之间，繁忙的贸易活动役使着数以千计的小船。这里的船只是中国最精巧最干净的，这条黄金水道可以算是中国帆船爱好者们的乐园。

扁子船

扁子船的字面意思是“扁平的船”，这种船要比湘江上常见的船大一些。扁子相对较狭长、吃水浅，船弧平缓，也许就是因为这一原因，这种船得名“扁担”。如图19－1所示，典型的浅吃水扁子，长65英尺，宽11英尺，船深4.5英尺。

扁子的建造材质与我们介绍过的“鸭梢船”完全一样；扁子差不多都是两根桅杆，前桅杆稍向前倾。

船体通常被分隔成13个水密舱；与鸭梢船一样，舯部和后甲板上建有席顶的住舱。扁子的载重大约为150担，船员数量为6人，包括船老大在内。

以机动性闻名的这种船通常来自黄陂、孝感、阳新、新洲、崇阳、湘河和府河，来自上述七个地方的扁子相应地在船型上也稍有差异。

运往汉口的货物通常包括：黄陂、孝感的大豆、稻米和皮棉；阳新的茶叶、高粱、玉米、苎麻、大麻和纸张；新洲的皮棉、土布、菝葜根、木炭和烟叶。船只返回时装什么的都有。

小驳船

小驳船是一种小型驳船，也是湘江和洞庭湖最常见的船型之一。小驳船很容易辨认，因为小驳船的船艏很有特点，特别细，船艏尖部在垂直方向上有加长，有时会高出甲板达2英尺。这种难以解释的木质结构并非真正意义上的船艏，船工们称之为“灵牌”，是为了表示对船神的尊敬，这里的船神为“洞庭王爷”。因此如果遇到翻船事故，特别重要的就是要不遗余力地抢救这一象征物，这样可以将其安装在新船的合适位置。

小驳船的船艉也很有特点，水线以上为椭圆形，稍有抬升，最末端为狭长叉状，似鱼尾。船主人的住舱、操舵室和厨房就位于这里，安装有扁平的窗户，用于通风和采光。夏天就将厨房的炉子放在甲板上。

小驳船尺寸大小有别，[1]小者长60英尺，吃水2英尺，载重20吨；大者长100英尺，宽18英尺，吃水3英尺。据说，最大的小驳船载重可达30吨。如图19－2所示，小驳船长68英尺，宽10英尺，深4.5英尺。小驳船的干舷通常在5英寸或以下。

这种宽敞的货船通常都有深吃水的船舵，顶部为露出水面的三角形，样子与鲨鱼鳍差不多。船壳几乎无一例外是由硬木建造的，大多数为柏木，而船底为杉木材质，有17道舱壁。

通常情况下，小驳船有两根桅杆，主桅杆只比船本身短几英尺。不过，大一些的小驳船有三根桅杆，全部安装于前部，从前桅杆处拾级而上，前桅杆特别短，后桅杆最长。特殊情况下，也有四桅杆的小驳船。

在浅滩用篙航行时，靠近船舷的上甲板从船艏至船艉没有任何的障碍物。小驳的超载现象通常十分严重，常常是整个吃水线都在水面以下。例如，他们在运载石头时，1英寸的干舷都被认为很安全。小驳通常安装有防浪板。

那些来自湘江和洞庭湖的小驳船，其母港可能是常宁、耒阳、衡山、全县、衡阳、攸县和浏阳。这些地

〔1〕 虽然并不常见，但有些小驳船整个船体只有30英尺。

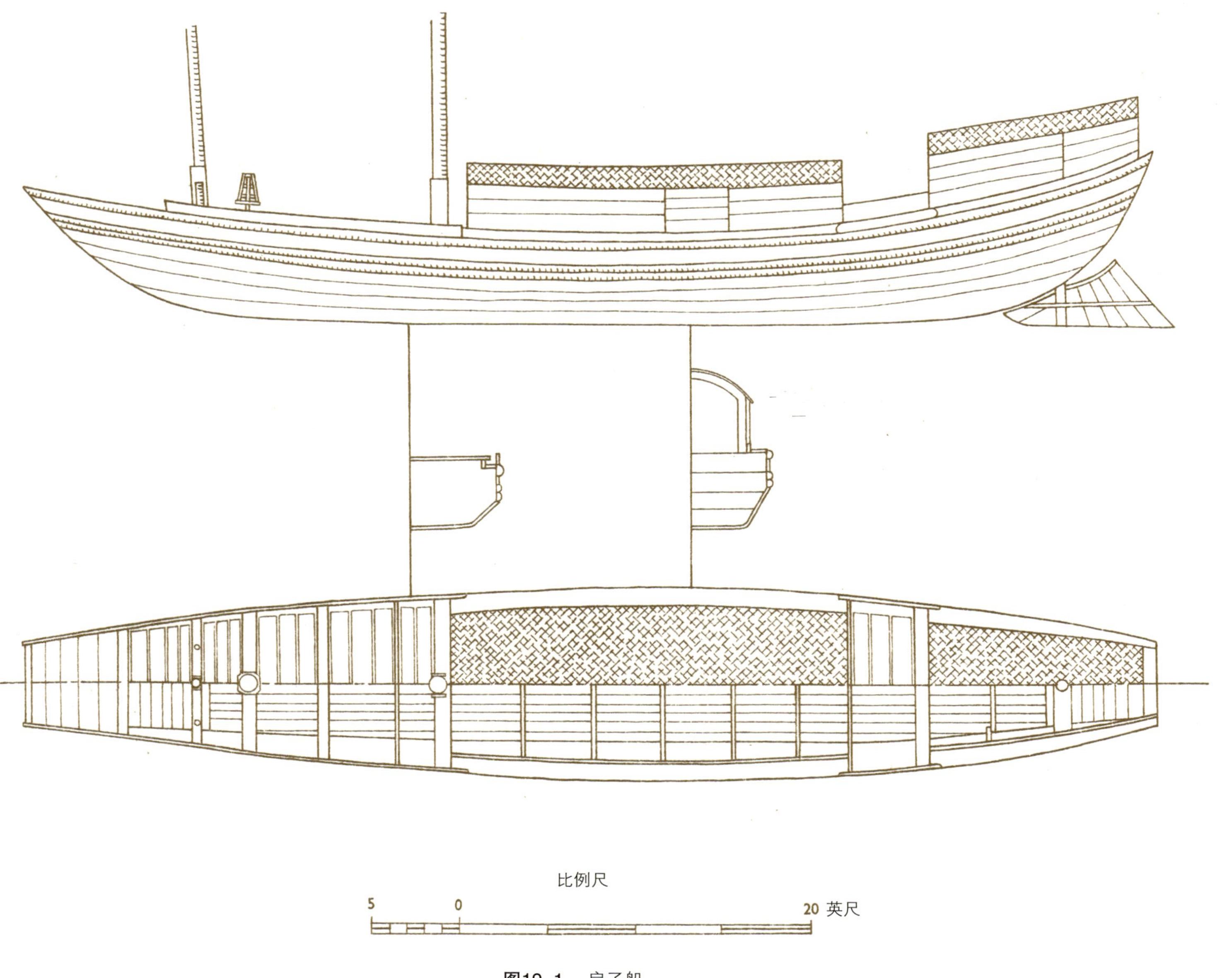

图19-1 扁子船

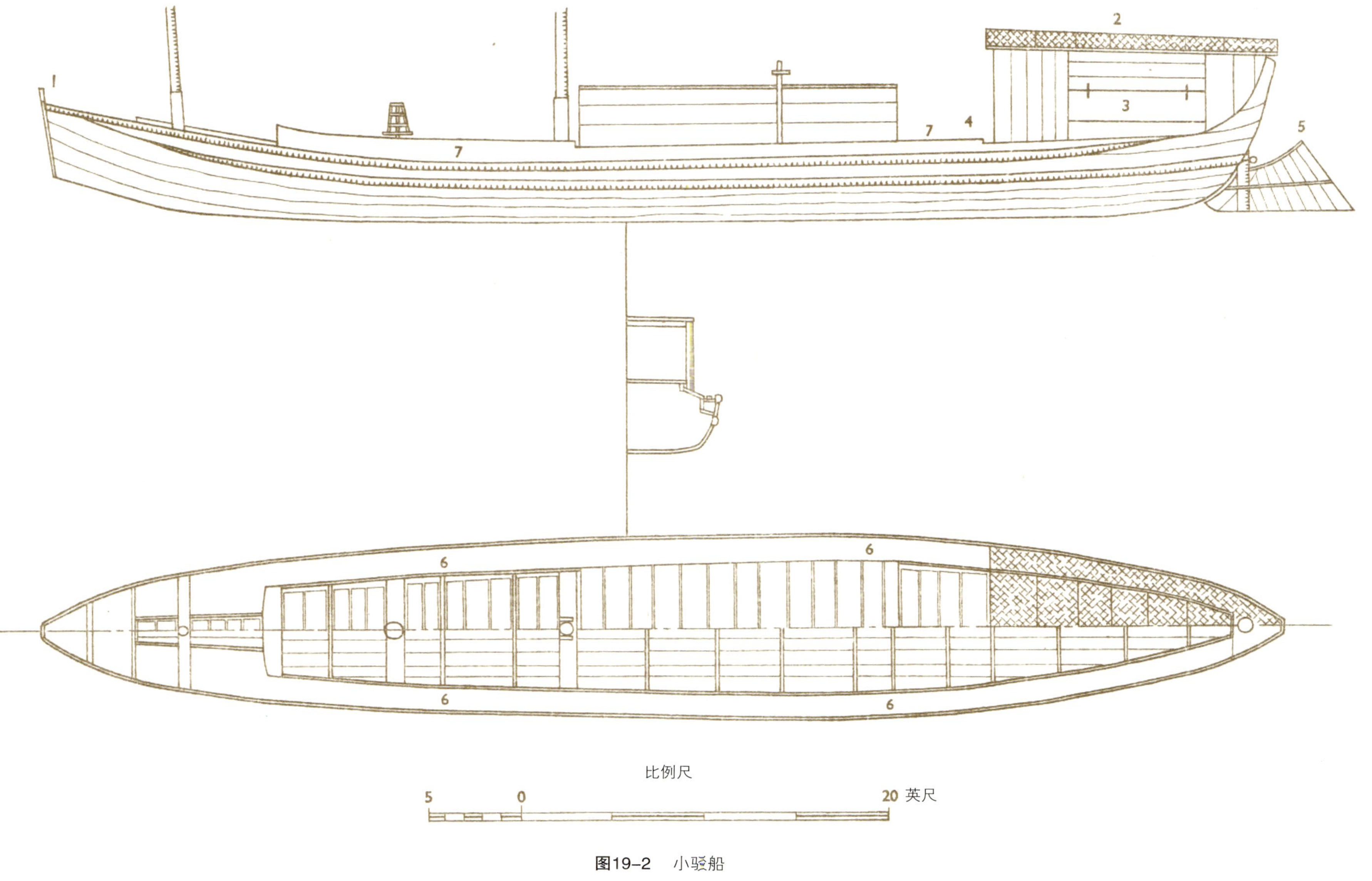

图19-2　小驳船

方建造的小驳通常会在无关紧要的地方稍有差异。

大型小驳的船员数量多达 20 人，可能会从远至江苏运输食盐溯流而上，顺流而下时则通常运输木炭、石膏和木材；而小型小驳的船员数量为 4 人，从湖北各港口运送进口的洋货溯流而上，顺流而下时则运输石头、煤炭、谷物和稻米。

白 河 船

白河船虽然是湘江土著，却属于南湖船系，母港在长江中游。

湖南的造船业十分有名，正如人们所宣称的那样，这可能是他们的原创工艺。不过，更大的可能是这种船型并非古代流传，因为在 1901 年海关编撰了湘江船舶名称全录，其中并未出现白河船。因此，白河船的出现只可能追溯到相对较近的时期。尽管如此，白河船却是今天湘江上常见的船型之一。

如图 19－3 所示的典型白河船长 66 英尺，宽 10 英尺，船深 4 英尺，载重大约 25 吨。

住舱占据了船上相当大的部分，同时也用作存放货物的地方。后住舱为船老大及其家人的生活居所。两个住舱间有活动的防浪板相连。

宝庆邱子船

宝庆邱子船得名于湘江一条支流上的一座城镇，尽管其船艏和船艉显得笨重，有点陡峭，却可能是汉口上游最精巧最豪华的船舶之一。

如图 19－4 所示的宝庆邱子长 73 英尺，船宽 11.5 英尺，深 4.5 英尺，安装有 15 个全舱壁和 1 根肋骨。作为舷板使用的粗大的腰外板为其提供了纵向承受力。

住舱被分隔成两部分，占据了宝庆邱子上层甲板超过一半的地方。从桅杆后面至第十二舱壁处的前部住舱用席子搭成，用作存放货物和船员的住所。从第十二舱壁至船艉的后部住舱为木板搭接铺设房顶，中间为席棚。后部住舱的墙壁为木头材质，安装有两个门。前面的门可通到船主人的住舱，主人住舱里有床，后面的门可通到厨房。住舱按照惯常方式安装有常见的木架。

“宝庆邱子”属于府船系列。

倒 把 子 船

“倒把”的意思是“往回扒”，也就是说，把东西取回来，象征着兴旺发达。倒把子大部分来自湘阴、湘潭、长沙、湘乡、宁乡和衡山，常见于湖南和湖北省的很多小河。大部分倒把子的建造材质为柏木、樟木和杉木，在规格上大小不一，最大的长 70 英尺，宽 12 英尺，深 5 英尺，小一些的长 60 英尺，宽 8 英尺，深 1.5 英尺。这种船主要是往汉口运送纸张、桐油、竹器、粗瓷器、稻米和大豆，返回时运载普通的货物。

如图 19－5 所示的倒把子长 70 英尺，宽 11 英尺，深 5.5 英尺，载重约 60 吨，有 14 道舱壁，大多数舱壁位于船前部，有 5 根肋骨。

住舱中部为木质房顶，前部和后部则是席棚。

倒把子无疑是湘江上最宏伟的船舶。

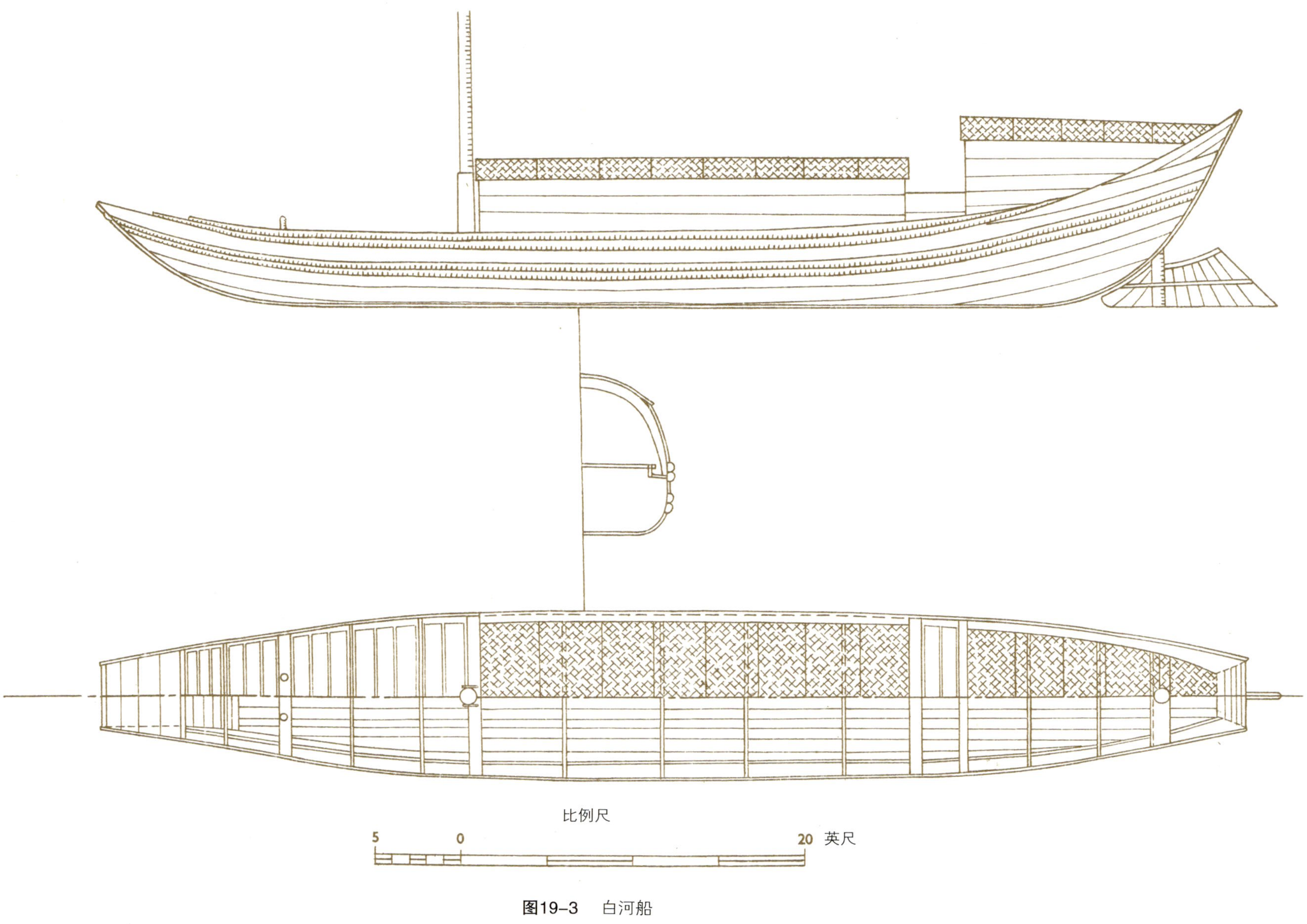

图19-3 白河船

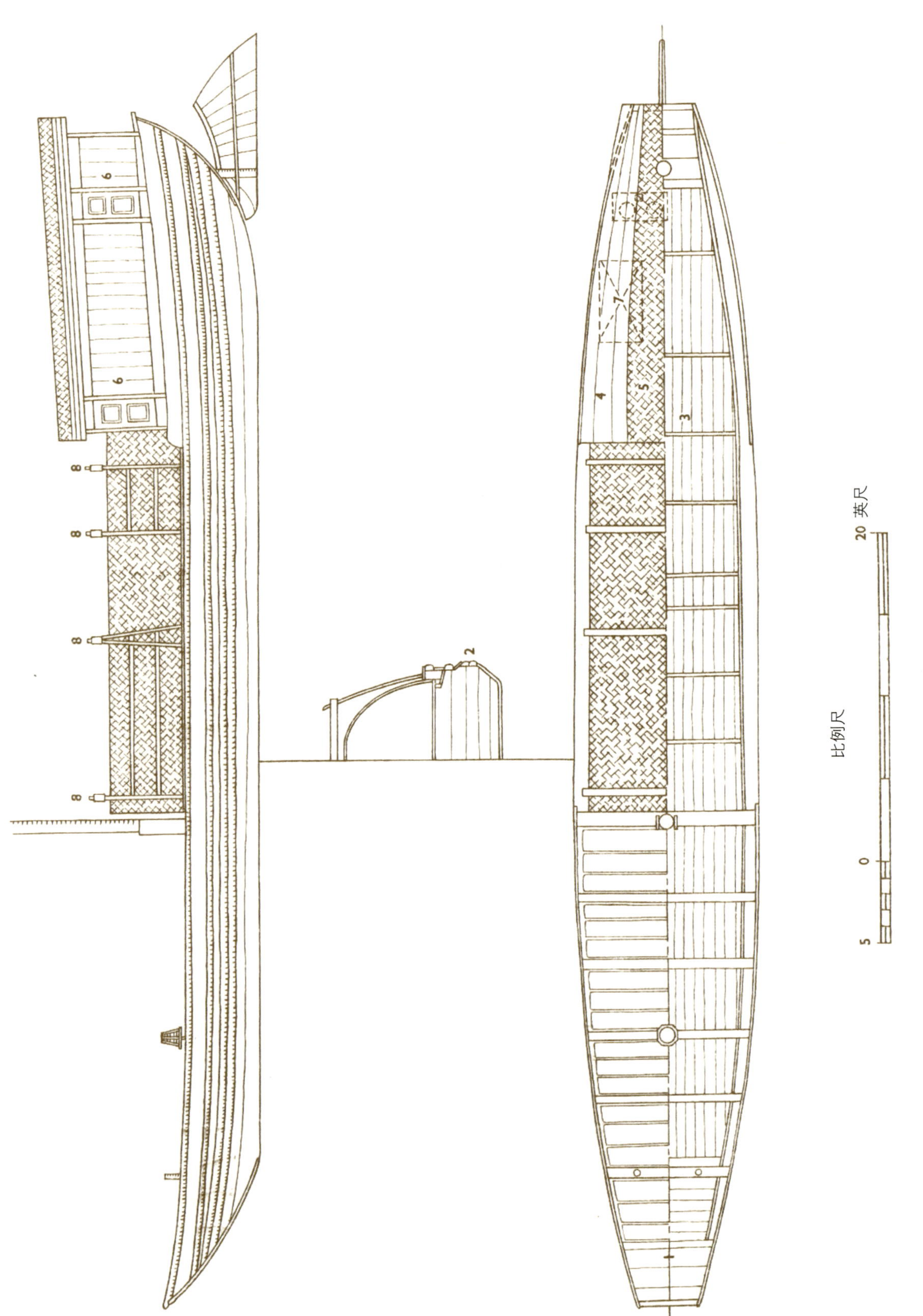

图19-4　宝庆邱子船

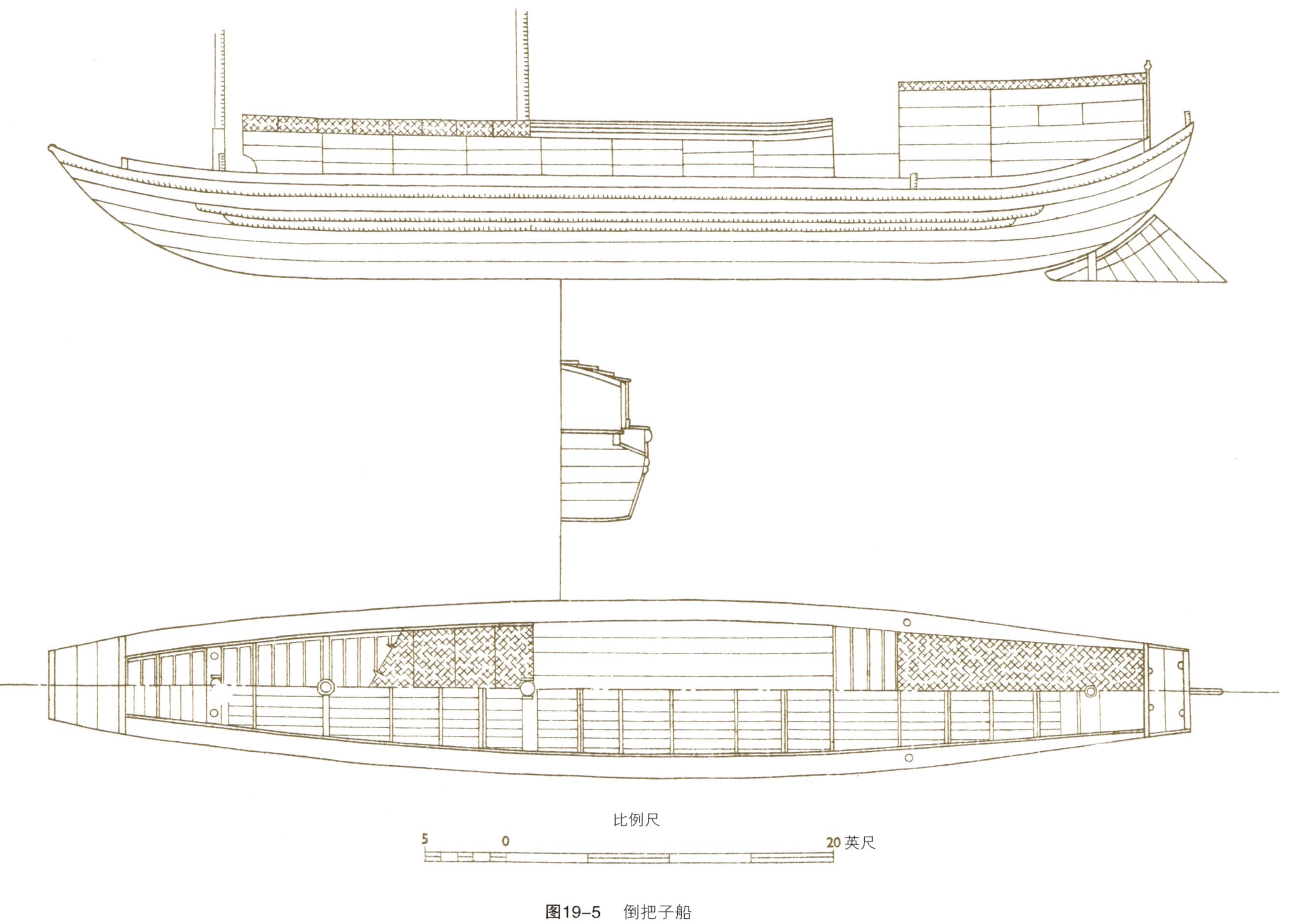

图19-5 倒把子船

岳州铲子船

岳州铲子是一种质量上乘的船舶，从外观上就可以看出其质量，之所以得名“岳州铲子”是因为其船艉上部的形状看上去像一把铲子。

岳州铲子几乎专门用于湖南省各港口与汉口之间的运猪生意。每趟运送的生猪数量从小型船的20头至大型船的60头左右，如图19－6所示的为大型岳州铲子。这种船长为61英尺，宽10英尺，深4英尺6英寸，安装有11道舱壁和3道半舱壁。

船舱顶是由很多可移除的席子搭成的。船舱前部也是席子，给运送的生猪通风时可以将前面的席子卸下来。甲板船舱占据了桅杆向后的所有部分，中间有一道缝隙，这样处于载重状态时舵手可以清楚地从其操作位置看到前面的状况。

桅杆之间的中间位置有一个老式的木绞盘，通过一根原木杠杆进行操作，用于升降船帆和船锚。

岳州铲子通常的建造地有岳州、平江和保靖，长度通常为60英尺左右，小一些的为40英尺。包括照看生猪的人在内，船员数量不超过5人。湖南的生猪生意并不是特别兴隆，但运送生猪的船只却是一道优美的风景线。

桐　子　壳

桐子壳的得名是因为其水线以上的船壳部分几乎都是由一根一根的木头制成的。桐子壳通常有两种规格。如图19－7所示的最大型桐子壳长80～90英尺，宽16.5英尺，船深7.5英尺，而小一些的桐子壳通常为长约60英尺，宽10英尺，深3英尺。最大型桐子壳载重在200～300吨，建造于祁阳、白水和桂阳。

通常情况下，桐子壳全年往来于汉口与其母港之间。顺流而下时，它们从衡州和宝庆运送煤炭、稻米、纸张和其他产品，溯流而上时运送皮棉、五金器皿和杂货。到汉口的顺流航程通常需要一周左右的时间，而返程由于水流的影响则需要一个月，甚至更长的时间。

桐子壳的建造得异常坚固，图中所示的桐子壳有15道舱壁和11道半舱壁，前甲板上有一根粗大的突出横梁。

桐子壳的动力是两根高高的杉木桅杆，棉布的平衡斜桁四角帆系于帆底下桁上；有些船上的桅杆多达四根。船帆存放于铁木架之上。

8个舱室和前部的甲板室供存放货物之用。后部的甲板室要比经常航行于湘江上的船只更大更高一些。船主人的住舱特别宽敞，有两个床位。这个住舱向后的甲板上有一个住处，通过门进入。船员的住处位于前甲板，通过一个活动的舱盖进出。

在很浅的水域航行通常是撑篙，沿两边船舷宽阔的舷道为撑篙人提供了便利条件。

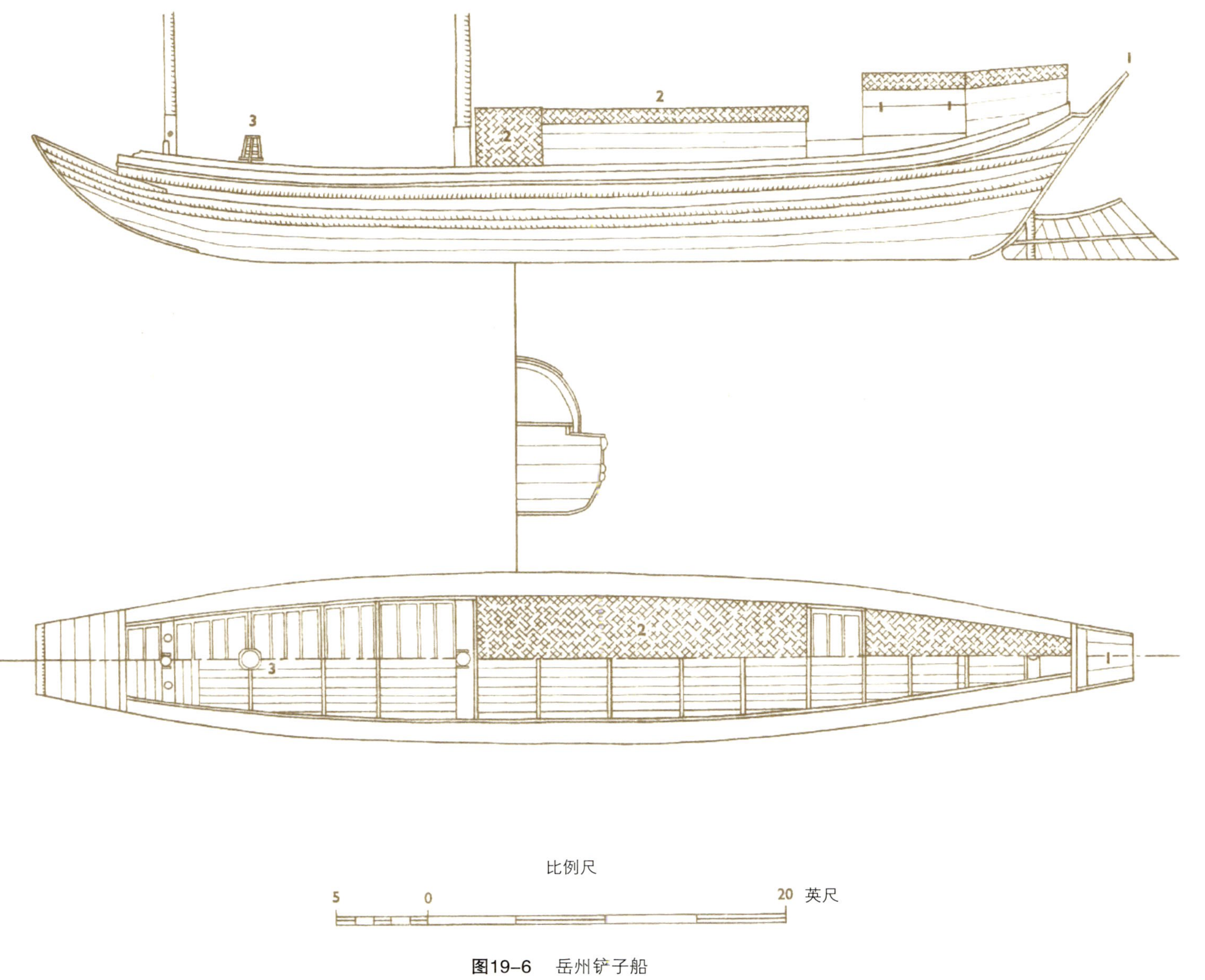

图19-6 岳州铲子船

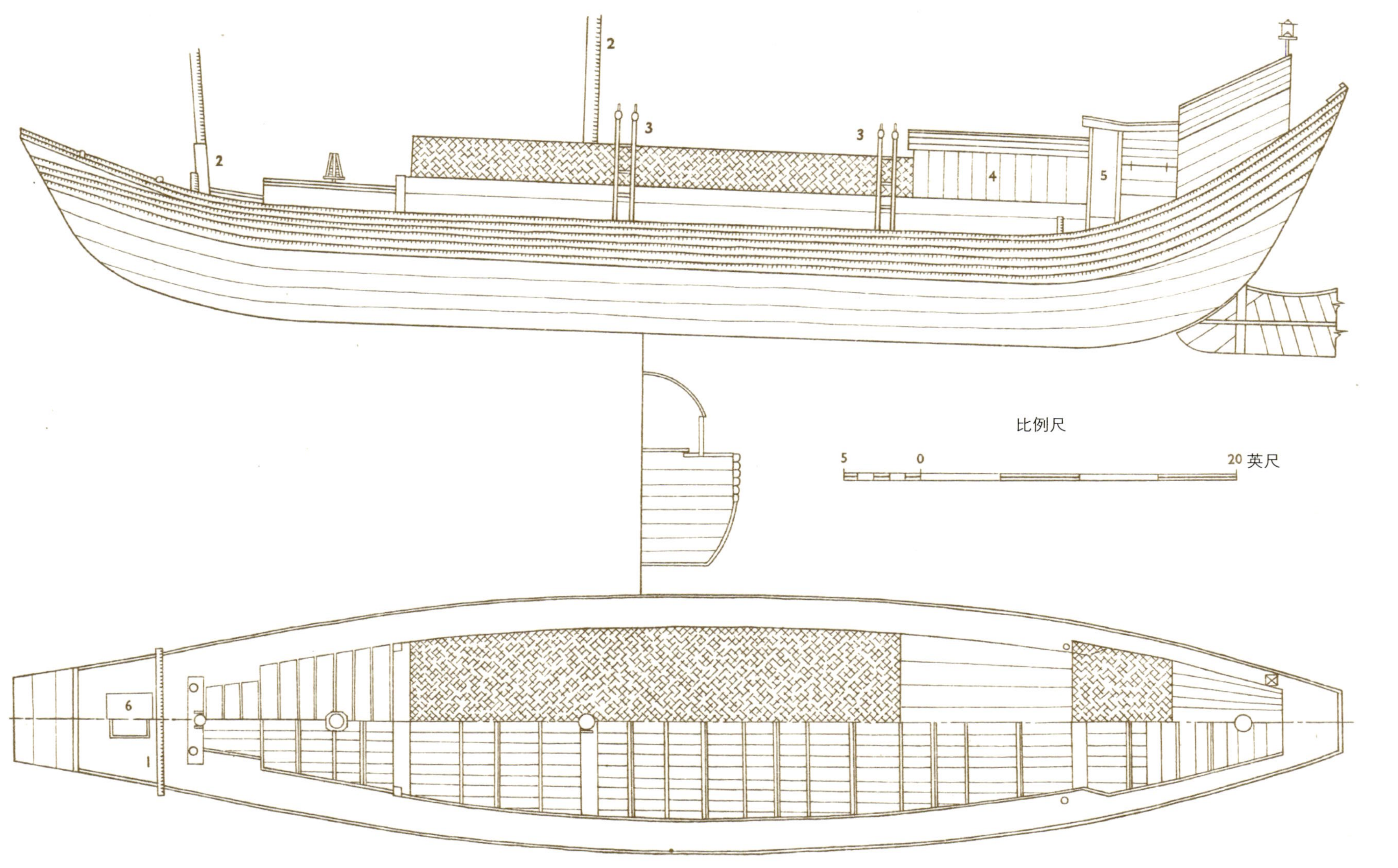

图19-7　桐子壳船

醴陵倒把子船

醴陵倒把子属倒把子船系，源出江西，吃水较浅，船体较宽，设计用于在渌江上从事煤炭运输。醴陵是渌江东岸上的一座城镇，距离湘潭大约50英里。尽管醴陵“倒把子”通常都在其本地活动，但每年的某些季节在洞庭湖、长江甚至远达汉口的地方也经常可以见到它们的身影。

醴陵倒把子运送的煤炭来自湖南省界之外的江西萍乡煤矿，这些煤炭需经过醴陵运往湖南省。这里出产质量上佳的焦炭，衡阳钢铁厂主要依赖这些煤矿的焦炭，据说这些煤矿的年产量可以达到30万吨。

如图19－8所示的是一艘典型的醴陵倒把子，长61英尺，宽8英尺4英寸，深3英尺3英寸，载重为200担。船员数量为4人。

湘乡倒把子船

倒把子的又一种船型来自湘江的一条支流——涟水，涟水于湘潭以北大约2英里处汇入湘江。这里以出产锑和锌而闻名。

来自湘乡的湘乡倒把子也许是涟水上最常见的船舶。

湘乡倒把子船型特别优美，也十分坚固，适合长途航行。如图19－9所示的湘乡倒把子长80英尺，宽12英尺，深为5.5英尺，安装有11个全舱壁和3根肋骨。这种样式的船通常载重量都很大，从800担至1500担不等。湘乡倒把子经常从湘江各港口至汉口运输煤炭和矿产，回程时装载普通货物。

这种船的主要特征是船体修长，方形船艉基本上没有突出部分，后部住舱很大，富有特色的槲木在到达艏艉前就终止了。船员数量为7人。

长沙倒把子船

在湖南，“倒把子”这一名称适用于通常没有什么共同之处的很多种类的船舶。这一系列可以划分成很多种，再细分为不同的船级。这种区分是十分精细的，例如在长沙(倒把子的古代发源地)，种类就分为“上长沙倒把子”和“下长沙倒把子”。

除了湖南船工，这些船只的分类是很让外人费解的，因为很多船型基本上没有什么相同之处。

如图19－10所示的长沙倒把子长45英尺，宽5.5英尺，深2英尺，是特别典型的长沙倒把子。

这一级别的船舶在设计上属于高速、浅吃水的运煤船，航行于湘江上游各港口与长沙之间的各条河流。

倒把子建造结构较轻巧，线条纤细，是湘江上航行速度最快的船只。船帆属于湘江样式，帆尖高耸，有17根撑条。长沙样式的倒把子一个突出特点是像驼峰一样的舯部，这种舯部设计主要是考虑当船只重装载，只剩一两英寸干舷时便于防止水进入船体内。为了进一步防止过往船只溅起的水花，在某些部分还安装有防浪板，见图19－11。

对于西方水手而言，湘江上的船工似乎冒有很大的风险，而多数情况下他们也确是冒了很大风险才抵达目的地的。

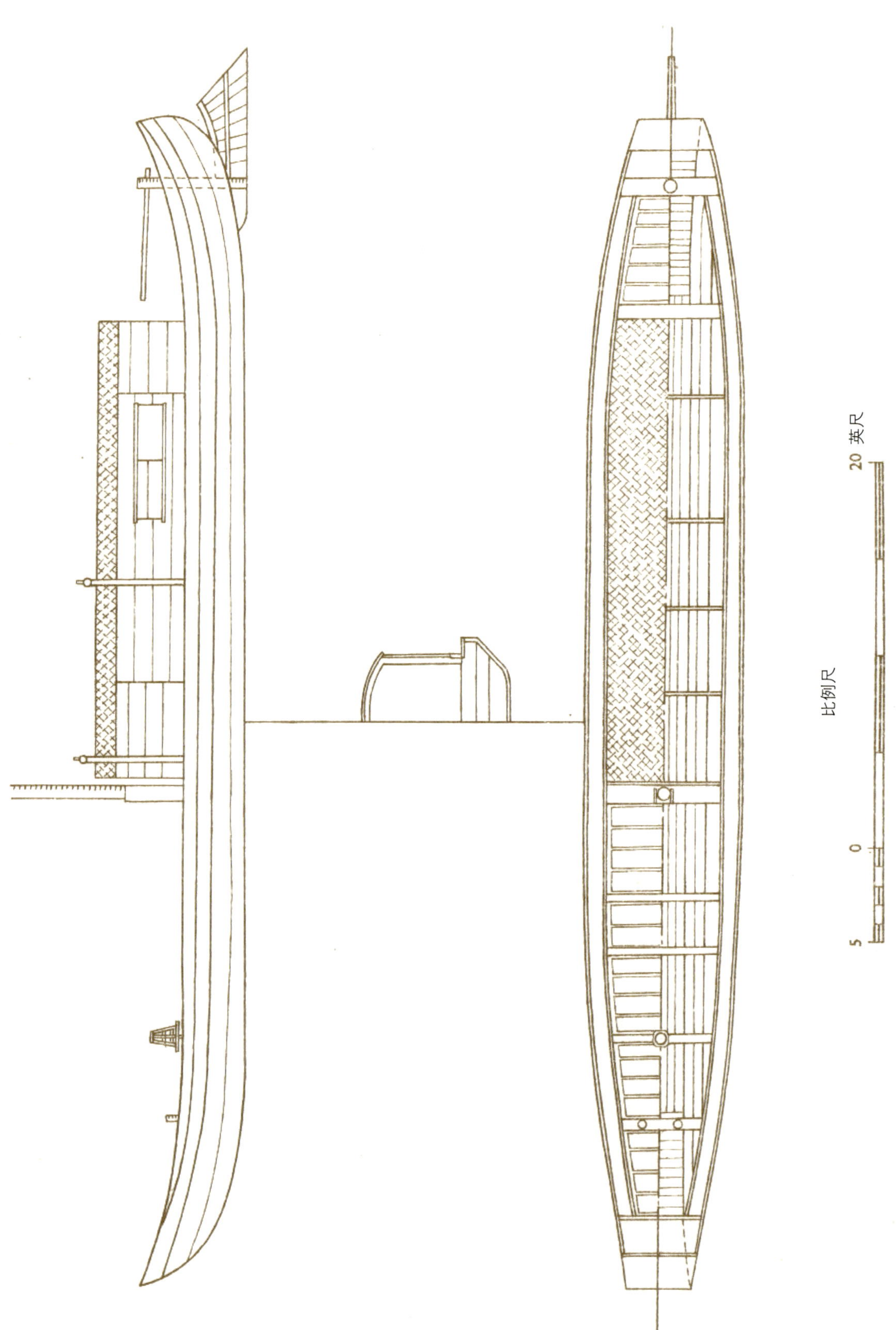

图19-8　醴陵“倒把子”船

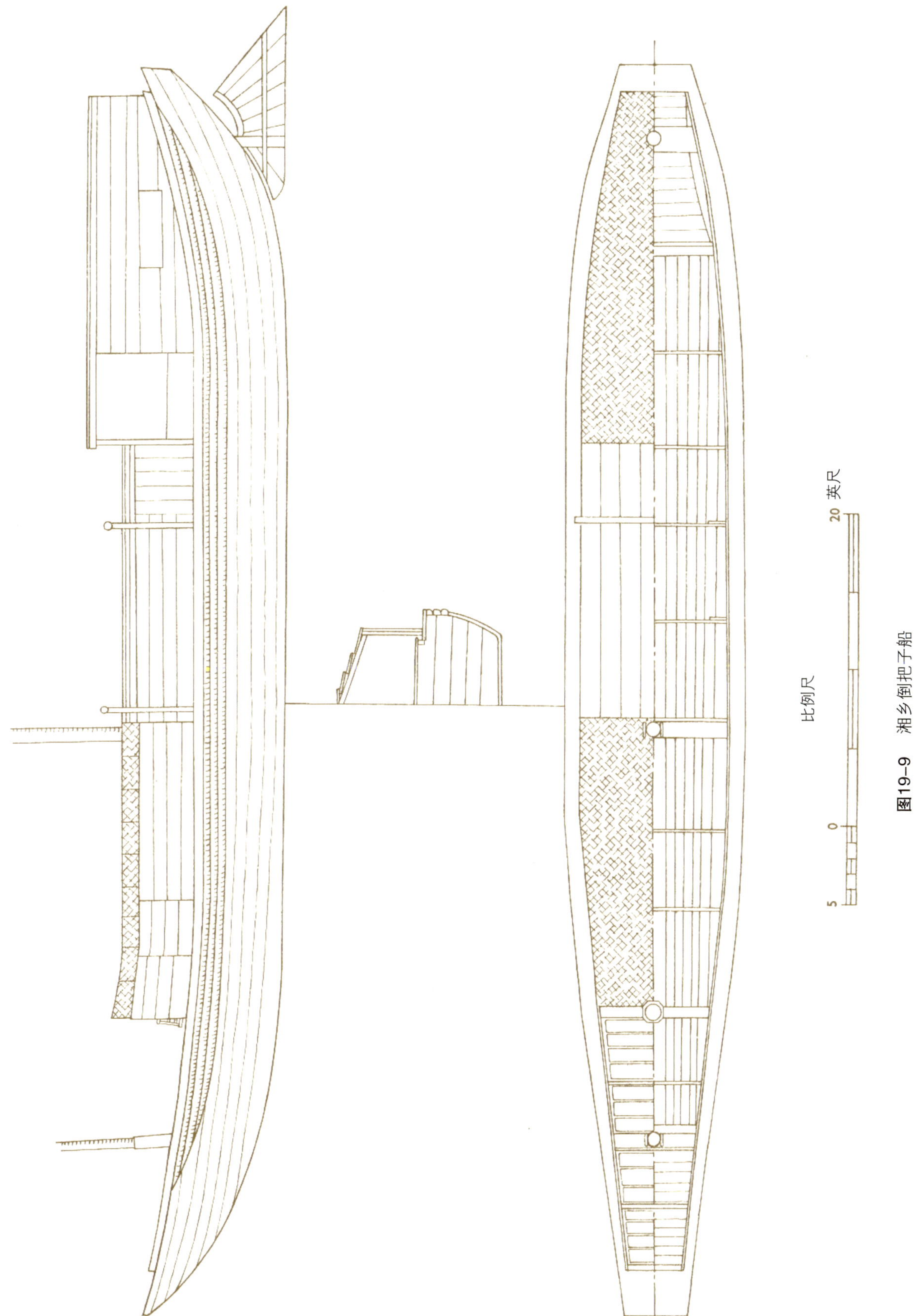

图19-9　湘乡倒把子船

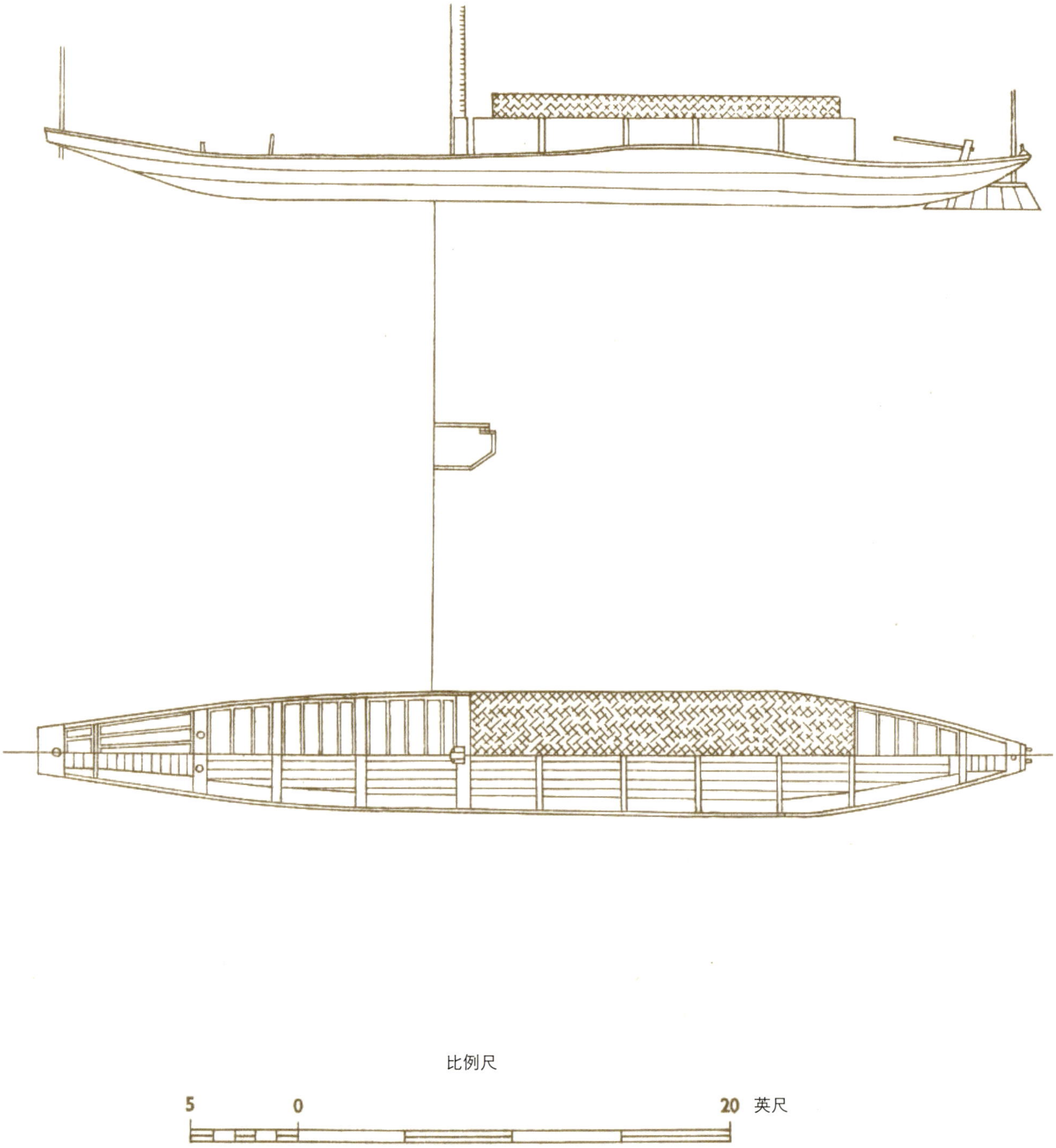

比例尺

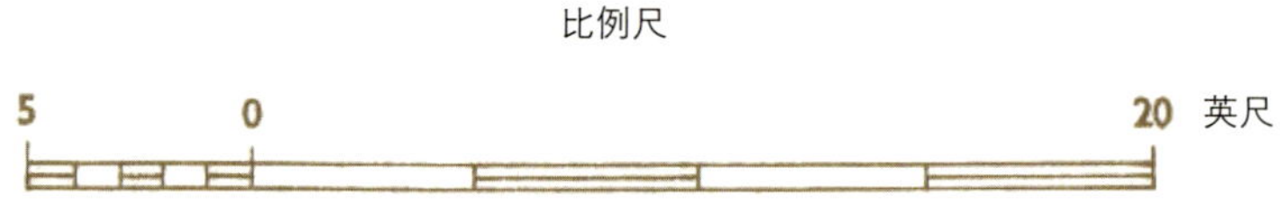

图 19－10 长沙倒把子船

图 19－11 防浪板

祁阳巴杆子船

在湘江以及顺流而下至汉口的河流上，经常可以见到一种中型、浅吃水的船只，其高船艏形状奇特，船艉向上翘起。这就是祁阳巴杆子，之所以得此名是因为其狭长的船体线条。

祁阳巴杆子真正的发源地是零陵，位于湘江上游的一个小镇。这种船是专门设计用于狭窄且浅水急流中的航行。如图 19－12 所示的典型样本长 64.5 英尺，宽 7.75 英尺，深 4.5 英尺，载重约 22 吨。

从平面示意图中可以看出，祁阳巴杆子有 11 个全舱壁。第一与第五舱室利用桅孔加固板进行了额外加固。

从第三舱壁至第九舱壁外为低矮的圆形甲板船楼，用席子搭成，装有活动的木板。向后是船主人的住舱，里面有足够的净空高度。最后面是里面配有固定灶台的厨房。

祁阳巴杆子最显著的特点是逐渐变细的高船艏，这种结构很适合于急流航行。

船两边建造有足够宽的供撑篙人来回活动的通道，可以将其称为“撑篙走板”。

洞 驳 子 船

洞驳子主要航行于湘江上游的浅水狭窄急流中。

如图 19－13 所示的洞驳子是一种吃水很浅的货船，总长度为 46 英尺，宽 7 英尺，深 3 英尺。柏木制成的船壳由 10 道舱壁和 4 根肋骨分隔。洞驳子的载重为 5 吨。

洞驳子为双头尖船艉，船艏的做工十分精致，通常有很大的弯曲度。这种船型是很多用于急流航行的船舶的特别之处，但很少有比洞驳子体现得更为突出的。洞驳子的船艏、船艉的宽度几乎差不多。

洞驳子的船舵为浅吃水样式，安装于船艉突出部稍向后的位置。洞驳子的船员数量为 2 人。

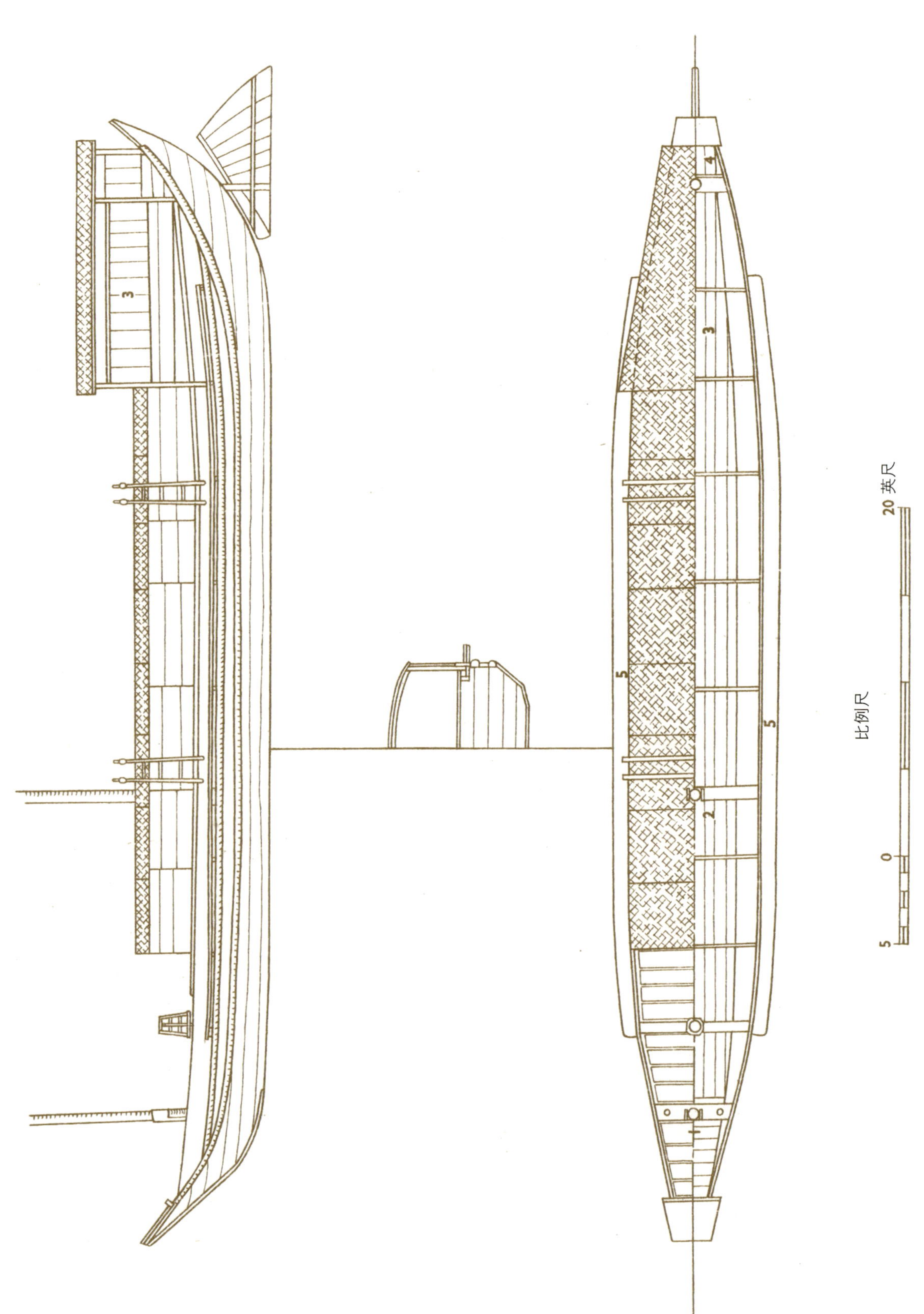

图19-12 祁阳巴杆子船

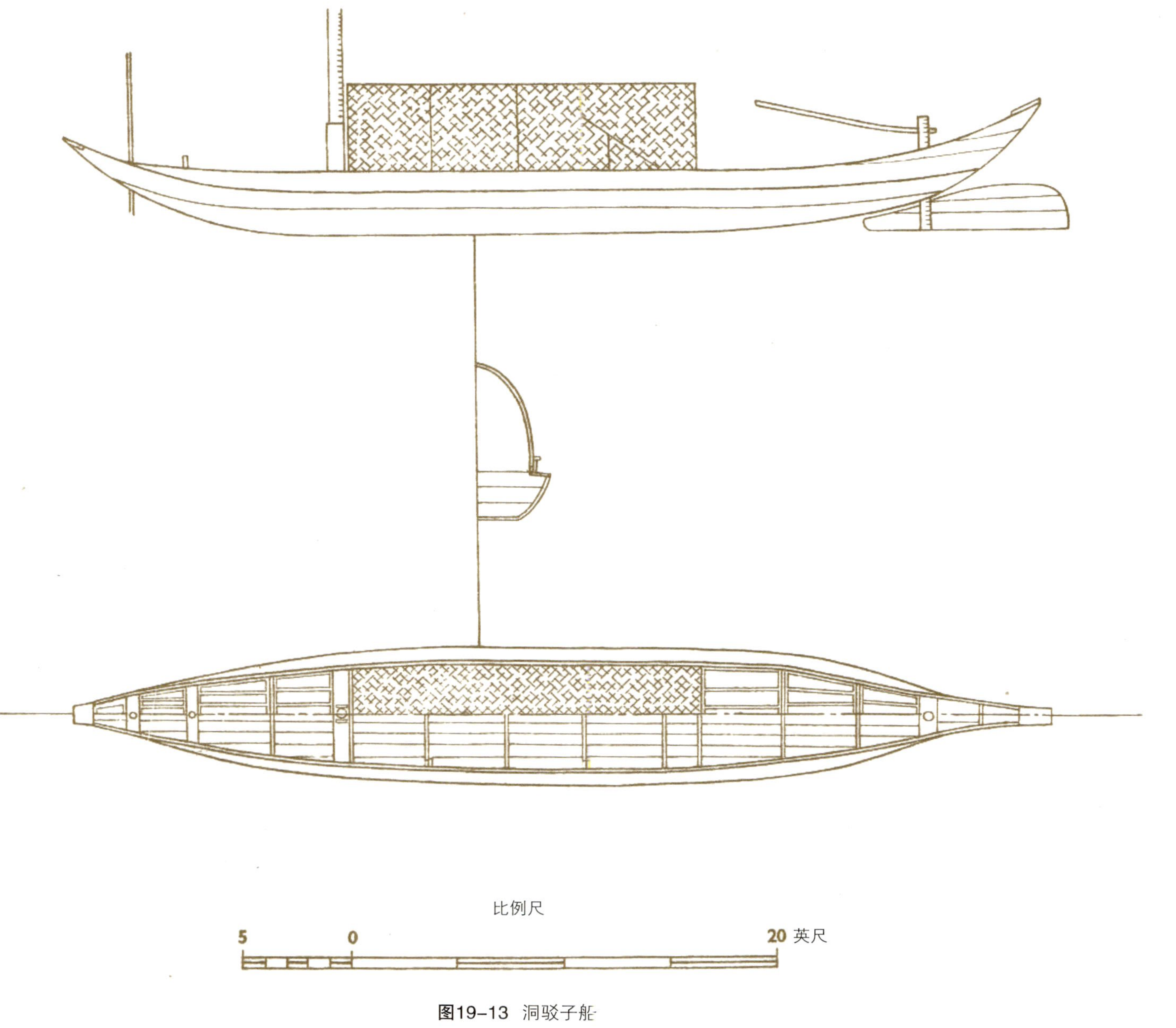

图19-13 洞驳子舡

竹　　簰

中国的竹筏有很多有趣之处，我们可以从竹筏中发现中国最原始的船舶形制。毫无疑问，我们现在知道的各种船型都是由竹筏演变而来的。

如图 19－14 所示的竹簰是一种结实且廉价的船，只要是浅水急流，就可以见到它们的身影。竹簰还被用作木船之间的联络船，或是渡船，运送旅客和货物。

图 19－14 中所示的竹簰由 24 根竹竿制成，竹竿的最粗端周长为 6 英寸，竹竿并排放置，在船头处由一块木板通过每根竹竿上的凿孔固定在一起。此外，竹簰上还有五根用竹条固定在竹竿上的肋条。竹簰两边还有一根和簰体长度相仿且固定于肋条最末端的加固竹条，为整体结构提供进一步的加固。加固竹条由竹绳绑定在两边最外端的竹竿上。竹簰通常的驱动力来自 4 支长 15 英尺的原木划桨，每根加固条上一支桨，2 英尺高的桨叉安装于如图 19－14 中所示的位置。桨叉固定在系于竹簰加固条上的原木上。

这种竹簰可运载 2～4 人。

洞庭湖渔船

尽管湖南境内的河流和长江一样盛产鱼类，但这里的渔业并非是特别重要的产业，市场买卖通常是自产自销。这里主要的鱼类有鲤鱼、鲢鱼和鳊鱼。

所使用的渔船均为各种小船，如图 19－15 所示的为这里典型的渔船。这种渔船长 35.5 英尺，宽 4 英尺 8 英寸，深 1 英尺 6 英寸。这些渔船通常使用撒网或搠网捕鱼。

长沙舢板

长沙舢板与长江中游地区见到的其他舢板并无多大的差别。

如图 19－16 所示的这种长沙舢板结构坚固，长为 45 英尺，宽 6.5 英尺，深 1.5 英尺，装有 5 道舱壁和 7 根肋骨。船艏和船艉稍稍翘起，按照通常方式安装有一个大舵和舵柄。这是一种很常见的船型，可用于很多用途，如捕鱼、运送较轻的货物和旅客。这种舢板的载重量不大。

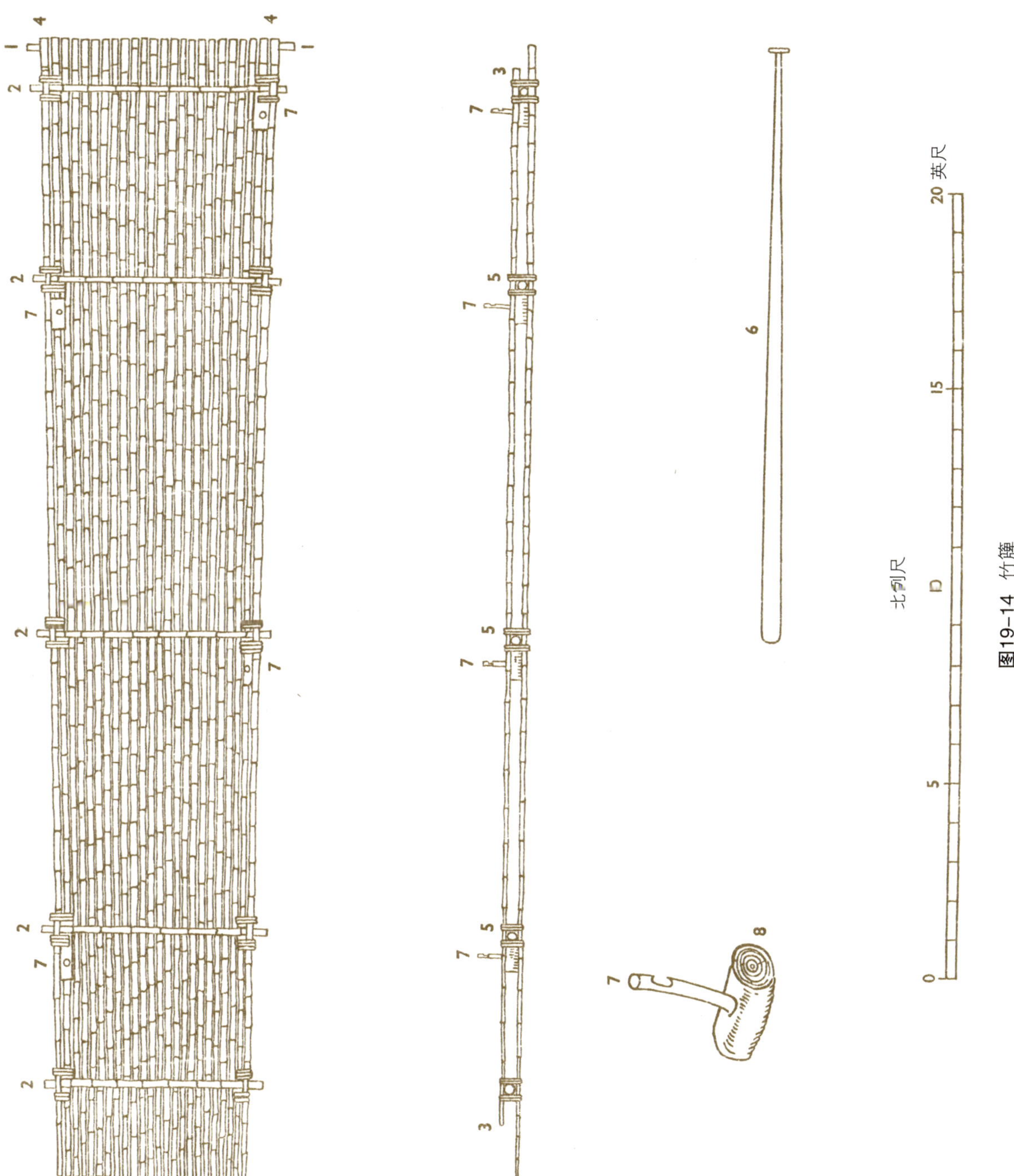

图19-14 竹簰

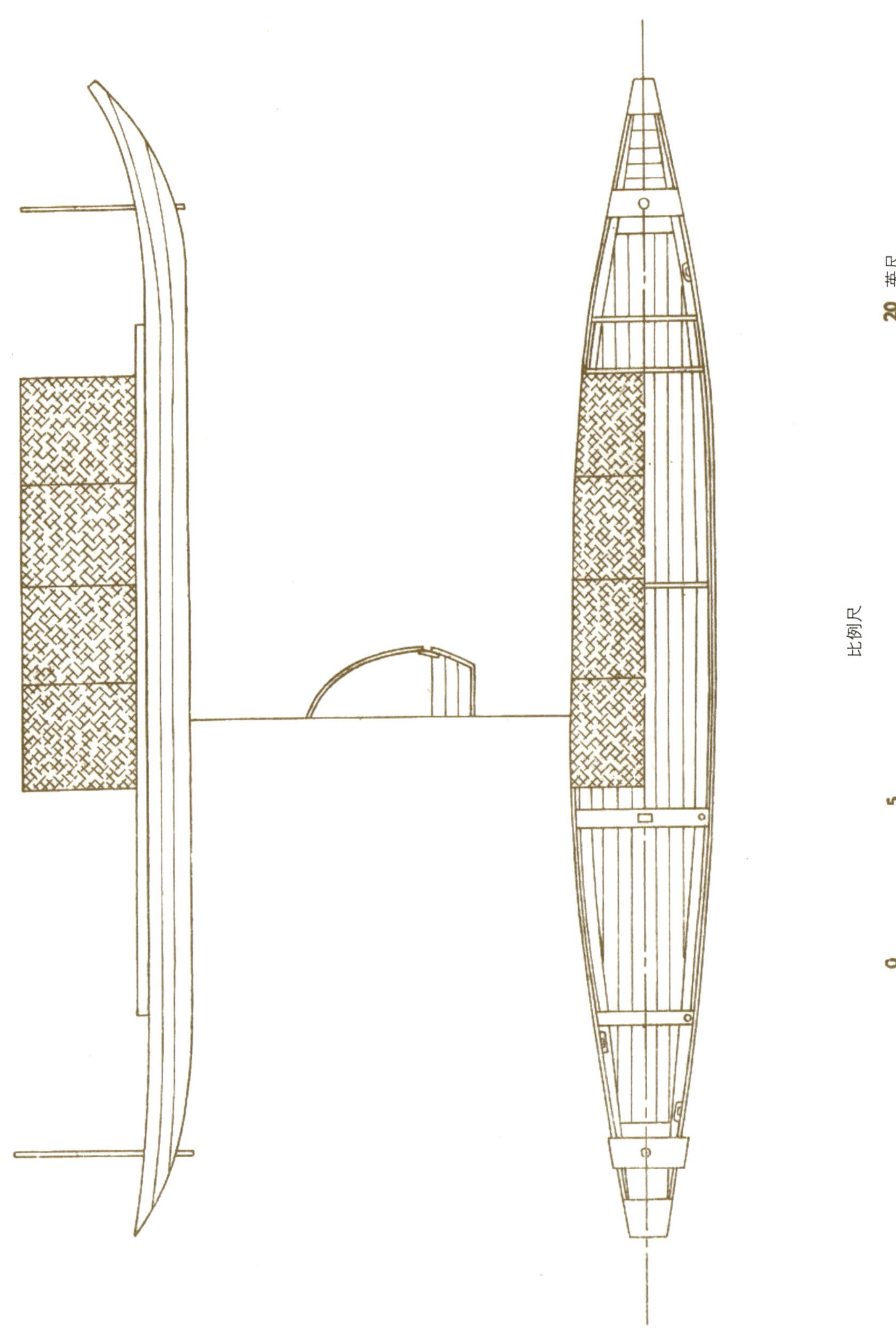

图19-15 洞庭湖渔船

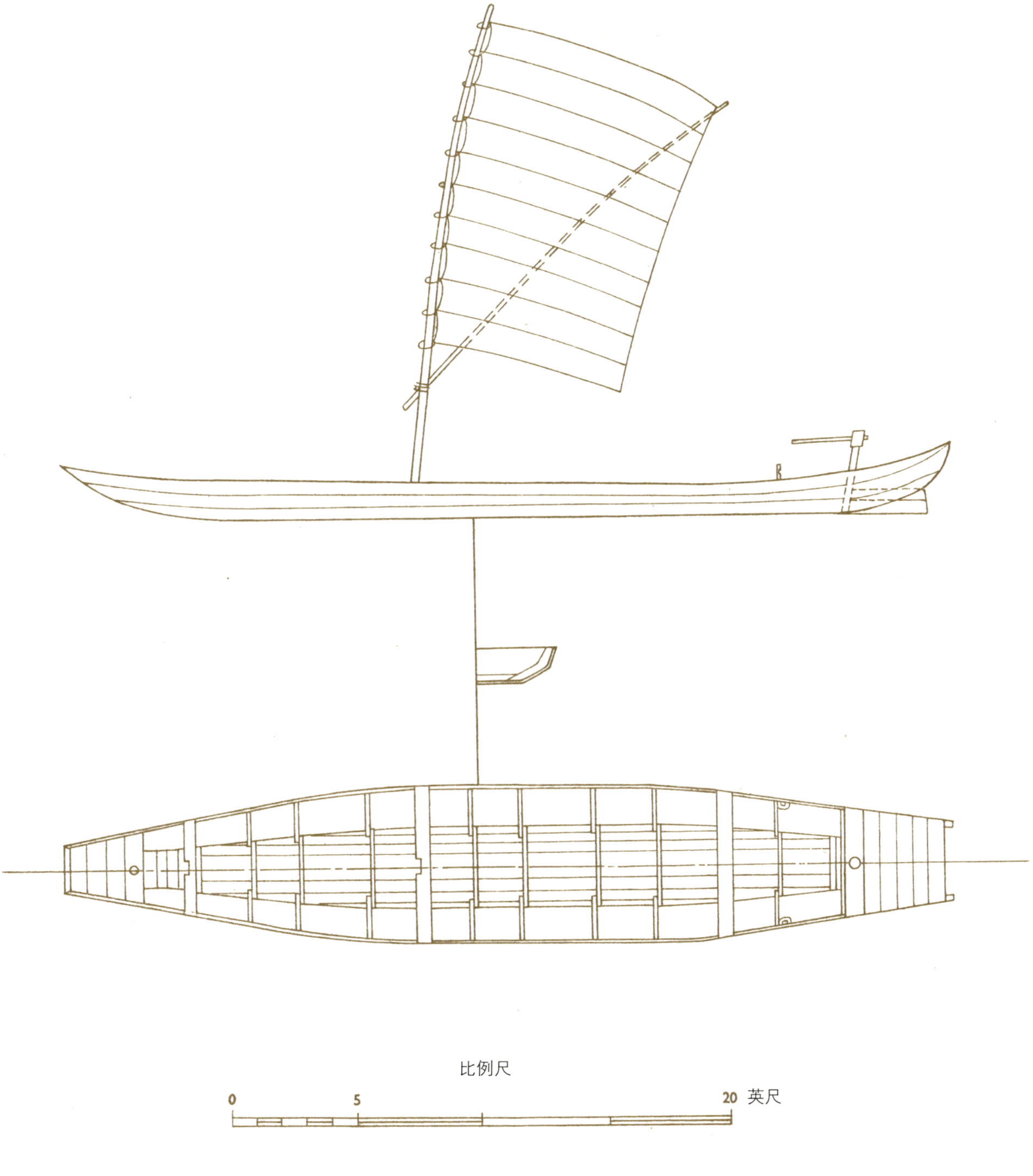

比例尺

图 19－16 长沙舢板

— 第20章 —

资　江

资江，或称滩江，有时也被称作急流江，发源于湘桂省界附近。

资江有两条支流，即真正的资江和罗江（音 Lokiang），两条支流会合于塘渡口（根据现在的资料，资江的两条支流分别为夫夷水和赧水。赧水为资江西源，旧称都梁水；夫夷水为资江南源）。资江到马鳖市的第一段河道大体上呈西北走向，航道险峻多弯，过马鳖市后转向东北方向，然后再向东到达益阳，益阳位于资江左岸，距岳州 94.5 英里。这里是一个大型的木材集散中心，上游流域的木材通过船运到达这里。这里煤炭生意也相当繁荣，专门制造的船只从这里将煤炭运送到汉口。

从益阳往上的资江有些地方十分狭窄，两边是陡峭的悬崖。据说这里有一段特别长的连续急流，其中一些河段特别难以航行。航行于益阳和宝庆之间的船只需要配备两倍数量的船员，然而据说事故还是经常发生。雨水会造成河道水位突然猛涨，顺流而下的船只通常会等待这样的高水位，宝庆与益阳相距 500 里，如果遇上这样的急流，只要两天就可以抵达。

沅江市是一座很重要的城市，坐落于资江汇入洞庭湖的入口处。这里是拖船和驳船的重要港口，也是船舶休整的地方，船舶通常锚泊于沅江市的河岸边。

对于一条小支流而言，这里航行的船舶异常的大，平均长度达 66.5 英尺，宽 10 英尺，最大吃水达 2 英尺。这些船只结构坚固，能承受益阳上游不断出现的难以通航的急流。

逆流而上时，驱动方式通常是费力的拉纤，此时船只的装载量最多为 15 吨。很少使用船帆，即使是顺流而下时。

资江适合船只通航的河段可以远达宝庆，是一条重要的水路，由此，可以抵达湖南富庶的腹地。

神船或煤船

这种船吃水很浅，是特别建造用于在资江危险急流中航行的船舶，主要从事煤炭运输。

与湖南湖北通常见到的方盒子形状的船舶不同，如图 20－1 所示的这种船的船艏和船艉都有相当的船弧，向上弯曲成半圆形，主尺寸为长 72 英尺，宽 9 英尺，深 3 英尺 9 英寸，载重 30 吨。

船壳板大部分为长而重、未经刨凿的柏木原木，2 英寸厚，并排叠放，固定于 13 道舱壁之上。在船底转弯处使用 1 到 1.5 英寸厚的杉木板。杉木板一直延伸到甲板处形成平坦的船艏和宽阔的船艉，在甲板处与不断递减的横板相连。

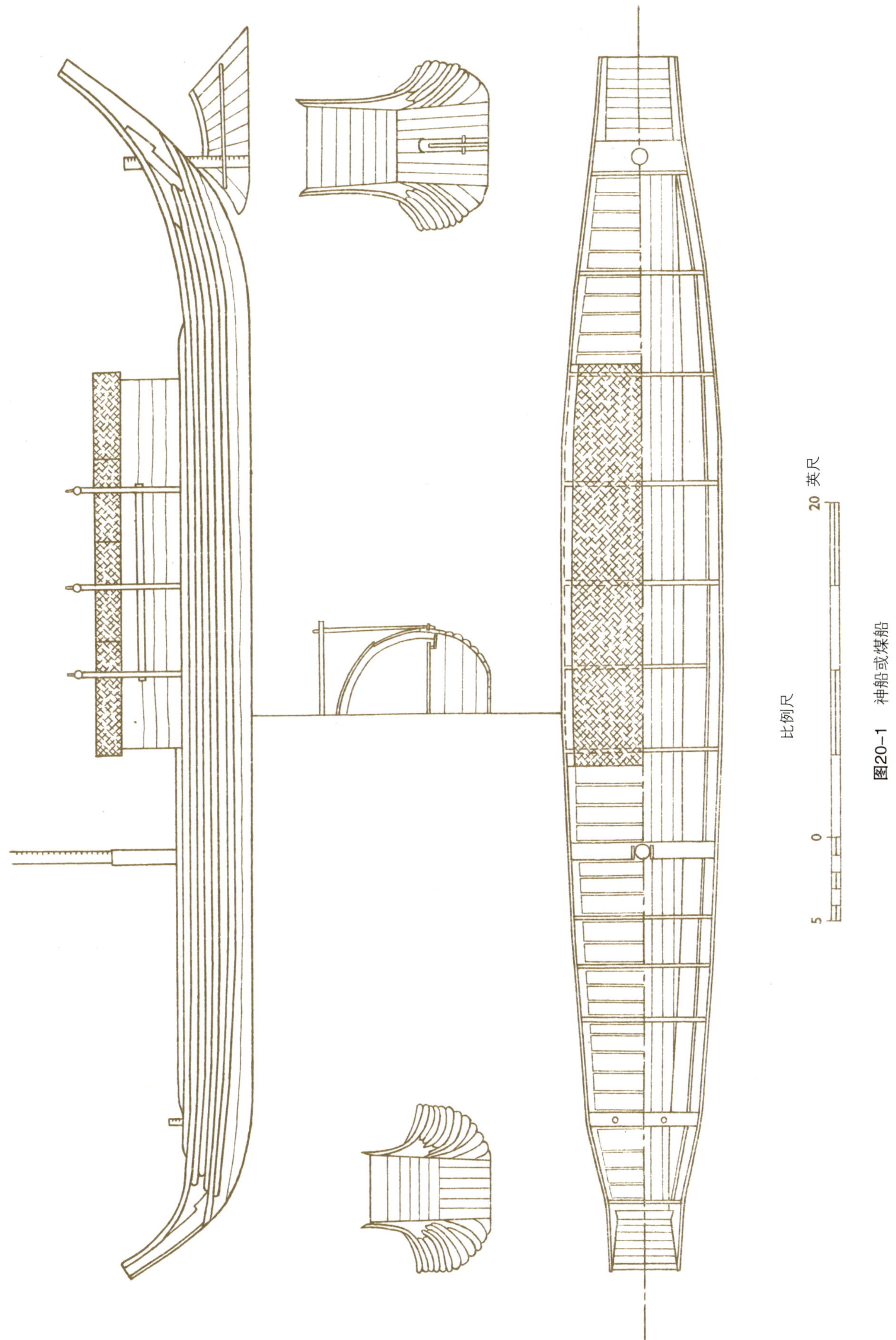

图20-1　神船或煤船

神船的母港是新化，在益阳上游约 150 英里。一般来说，这些有趣的神船都是残破不堪的，只上一遍桐油漆。

毛板子船

在资江各港口与汉口之间的航道上，有一种不同寻常的船型，这种船的航行是单向的——只顺流航行。这就是"毛板子"，之所以得此名是因为其建造粗糙，与湖南其他任何船只迥异的地方在于其寿命很短，只进行一次航程。就像如此众多的船型一样，这里特殊的环境条件造就了特别的船型，"需要是发明之母"。汉口是煤炭的大型市场，湖南向汉口市场供应煤炭。木材很便宜，在洞庭湖边更是十分便宜，但操作船只的劳力却很贵，特别是逆流而上时。

这一系列的条件造就了资江和湘江上的煤船，这些煤船载重在 50～60 吨，从安化和湖南中部的其他港口向汉口运送煤炭。

"毛板子"的材质为松木，从其名称上可以看出，"毛板子"的建造材料为很薄的木板，十分粗糙，木板之间用竹钉固定，但水线以上没有捻缝。"毛板子"的船况只够在适宜状况下航行到汉口，自始至终都严格遵循节省的原则。它们的行程可能需要一个月的时间，一旦有任何坏天气的预兆，就进港避风，由于船板之间缝隙很大，为此需要不停地向外舀水。

如图 20－2 所示的"毛板子"长 65 英尺，宽 11 英尺，深 4 英尺，不过有时会更大一些。"毛板子"的建造不够坚固，也不美观，在材料和外观上都是最粗糙的。平面图上所显示的要比这种事实上让人汗颜的船只看起来好看得多。

尽管看起来不大可能，但船工们还是有相当大的成功几率到达汉口的，到达汉口后，货物被处理掉，船体也被当场卖掉。有些船板还是可以当木板用的，更次一些的干脆被劈开当作柴禾。摇橹、长桨和船帆由船工们搭乘其他的湘江煤船带回去，但桅杆很少会被带回去，因为太过粗大。最好的是将其当作桅杆或特殊木材卖给汉口的造船厂。船帆有时是竹子做的，比里面衬棉布的要便宜，当然，这样的话，船工就不会将其逆流而上带回去了。

"毛板子"船的驱动方式视当时的情况而定，可以是摇橹或是船帆。

在过去征收厘金税的时候，因为在水上交通通常十分繁忙的征税站，毛板子看上去像快要散架沉没似的，从而可以成功地免税通过。这肯定是一种巨大的优势。

正如所预想的那样，这种船很不安全，很多在中途沉没；事实上，据说有 20%的毛板子在到达益阳前就沉没了。不过也有人说，船工们声称只要有 10%的毛板子安全抵达汉口，船主人仍然可以获利。

船员数量有 8 人，他们都是很强壮的游泳高手，这也正是他们的工作所需要的。

还有一些通常要比"毛板子"小一些的湘江煤船：宝庆、神保子和小驳。毛板子的船工看到他们自己的船变成了木柴——对于任何水手而言，这都是令人伤感的时刻，但这里似乎有一种相互理解，就是他们可以免费搭乘三种其他的船只从资江返回；但需要指出的是，这种相互理解并非完全无代价的，这些"乘客"需要在逆流而上的数百英里的疲惫航程中帮助摇橹。

这种在到达目的地后将船拆散的做法并不鲜见，而是有很古老的渊源的，早在公元前的幼发拉底文明就曾有过与此完全相同的做法。亚美尼亚人建造的船只只用于顺流而下的航程，在将货物运送到巴

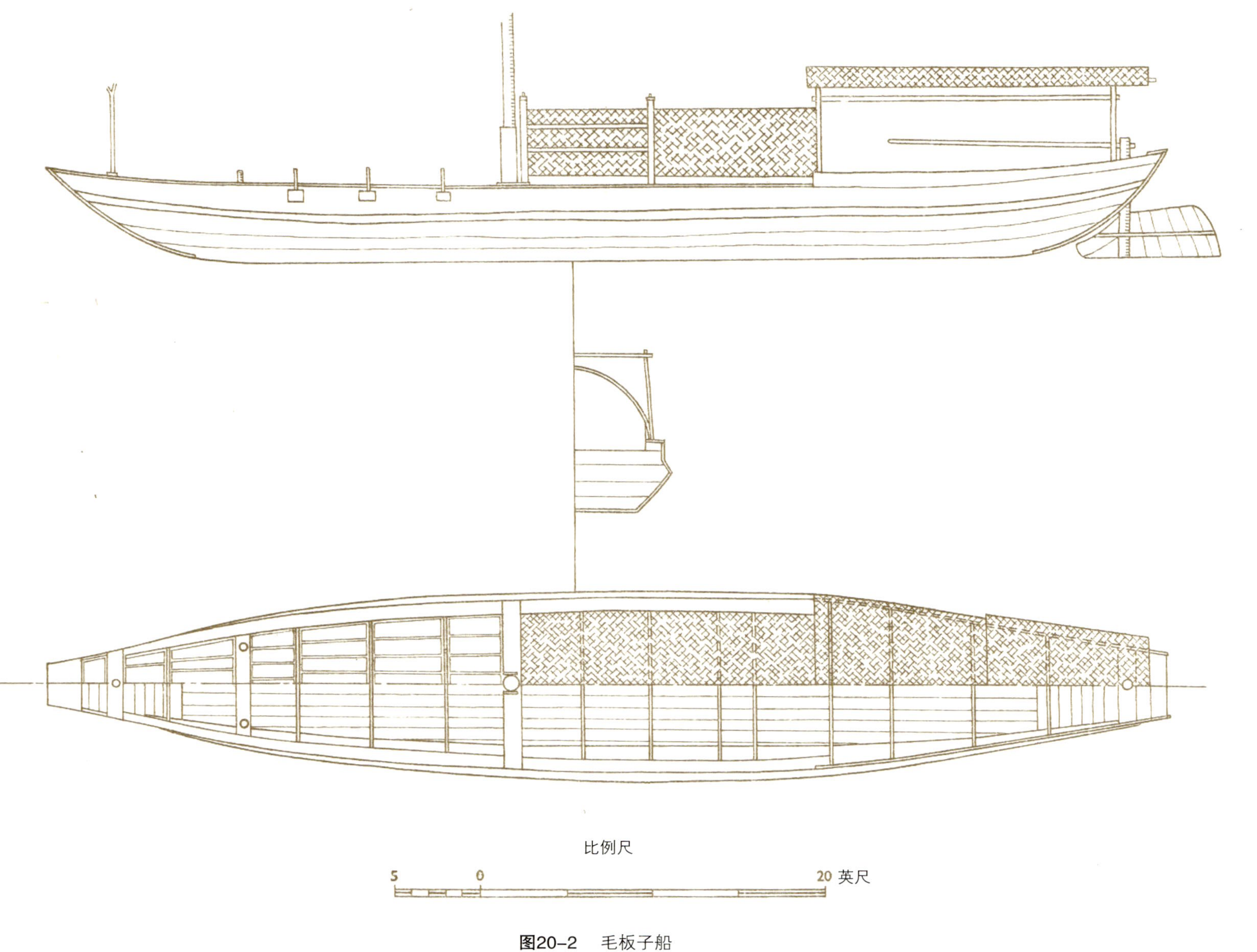

图20-2　毛板子船

比伦后，船只就被拆散，材料被处理掉，商人和船员们通过陆路返回。[1]

阳气鼓船

洞庭湖地区很少有船只能在优雅和魅力方面与阳气鼓媲美。

阳气鼓的船艏狭长，船艉尖利，正因为此，阳气鼓成为湖南最具特色的船舶之一。“阳气鼓”是特别设计用于从资江地区煤矿运送煤炭的船只，通常是轻舟返回。在远达汉口的地方也经常可以见到数量众多的阳气鼓。

阳气鼓的船型为长船艏，低腰身，方舱底，船艉缓慢抬升，作为一种船型，其变化很小。如图 20－3 所示的阳气鼓长 64 英尺，宽 9 英尺，深 3.5 英尺，载重 18 吨，船员数量为 4 人。

阳气鼓的船底为杉木材质，舷侧和舱壁为柏木，有 15 道舱壁，没有肋骨。浅吃水的船舵突出于船艉，脚线处长 10 英尺；最大吃水 2.5 英尺，平衡方式多样。单个的系船柱就位于第一舱壁上泥滩锚向后的位置。

桅杆向后就是船楼，船楼全部由席子搭成。船后部的不规则形状就是用席子铺设出来的，不用时则堆放在船楼后面。铁木架位于船楼的前面。船楼向后有一个小的系索栓架，上面有一个或多个用于卷起船帆的系索栓。

特别令人关注而感到奇怪的是，资江中游上几乎所有运煤船或其他同样了无生趣货物的船只，都有着优美的线条，或是具有某种艺术特征。

安化邱子船

资江上另一种有名的船只就是不那么美观的安化邱子，这是一种吃水较浅的货船，主要航行于资江支流——伊水的浅水流域。

安化邱子为平底，船长大约是船宽的 7 倍，总体建造特点与我们刚刚介绍的“阳气鼓”相同，特别是船楼向后稍稍抬起的甲板。

如图 20－4 所示的安化邱子为双尾型，长约 61 英尺，宽 8.5 英尺，深 3.5 英尺。这种船型的建造结构坚固，尽管较轻，就其规格而言，特别适合于在深水河流很少或深水河流相距很远的地区以最浅的吃水运载最大的载重。

平条子船

如图 20－5 所示的这种船型是资江上一种完全不同的运煤船，叫作“平条子”，字面解释是“长而窄的东西”。与刚刚介绍的阳气鼓不同，平条子并非专门用于运煤生意。

“平条子”最显著的特征是船体最宽的部分位于后部——事实上，最宽的船体位于第 13 个舱壁处。另一不同寻常的特点是这个部位的甲板要比船上其他地方的甲板高出 1 英尺。

“平条子”结构坚固，长 71 英尺，宽 11 英尺，深 4 英尺，是资江上最大型的航船。长且相对较粗重的

〔1〕 希罗多德的著作里提及这一做法。

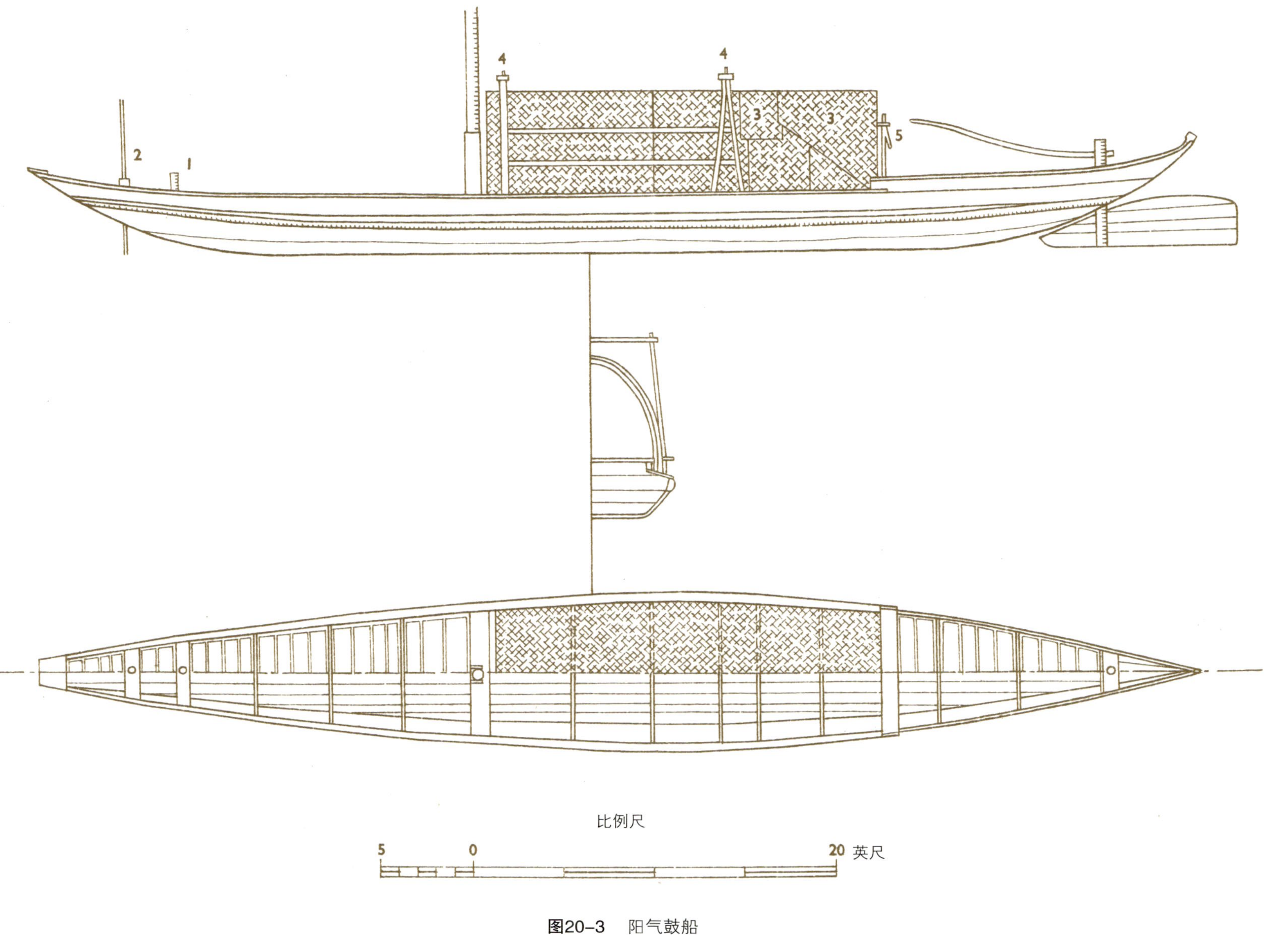

图20-3 阳气鼓船

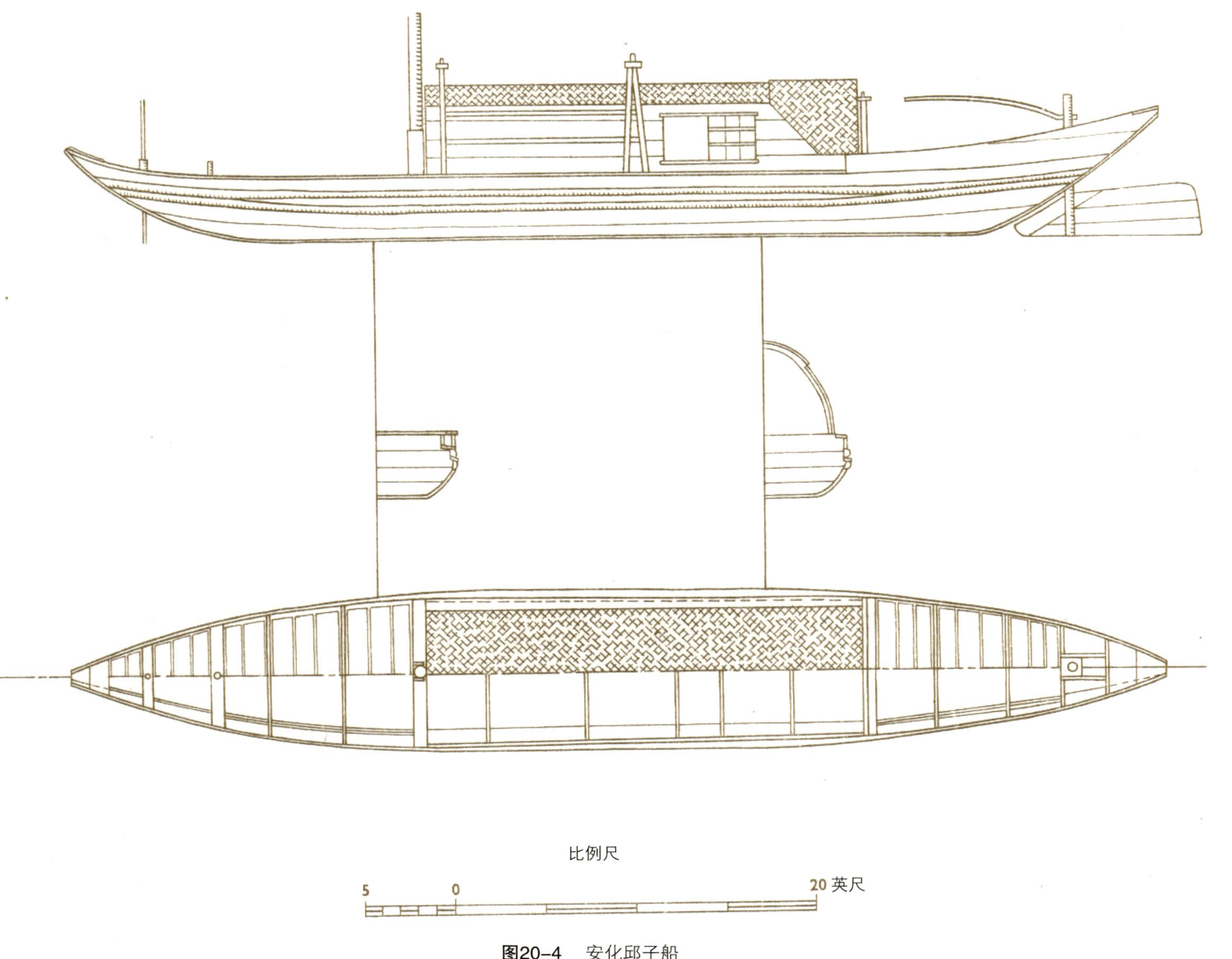

图20-4 安化邱子船

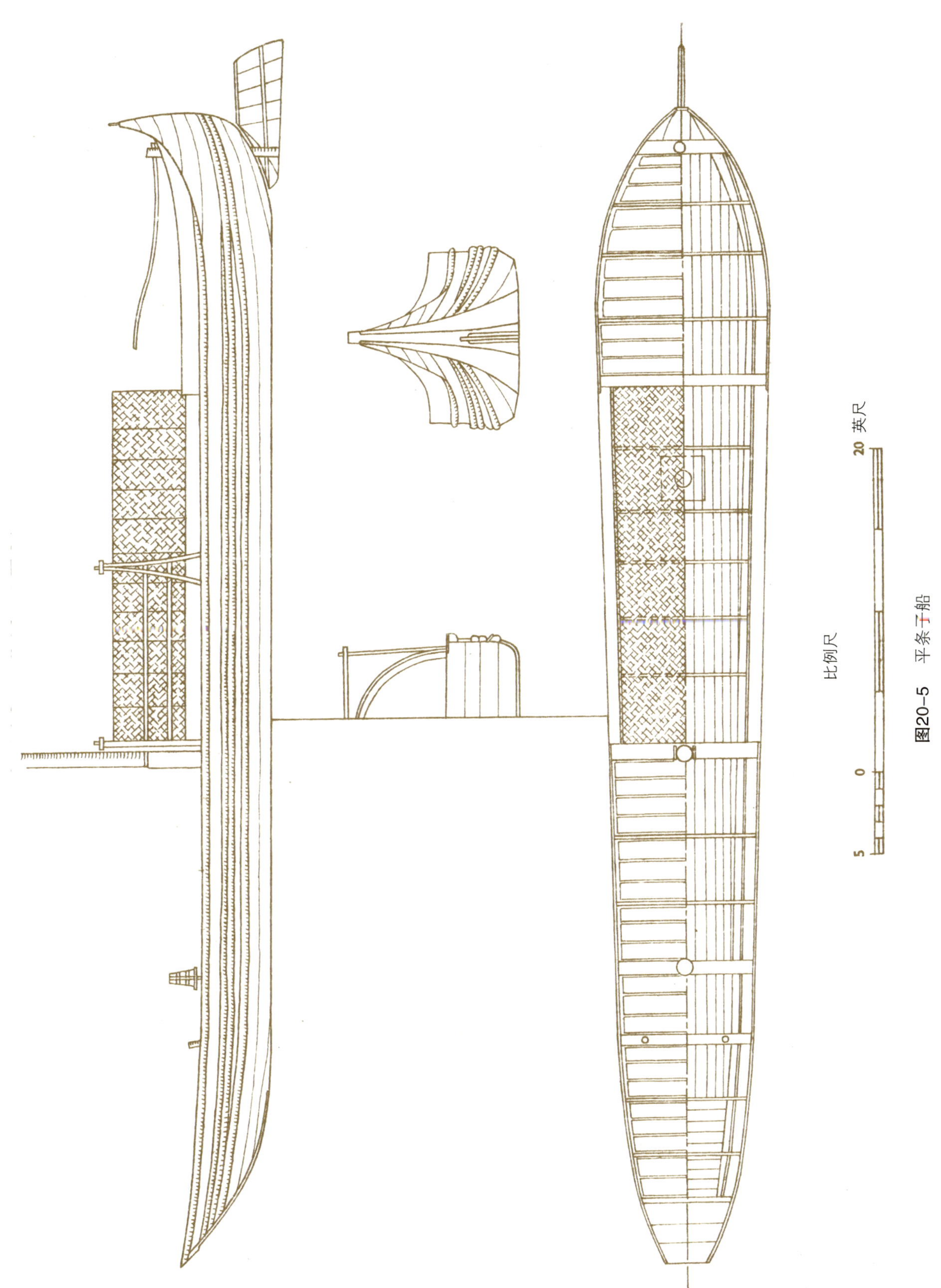

图20-5 平条子船

槲木与船体一般长，可提供巨大的力量。

平条子有 17 道舱壁，形成 18 个舱室，没有肋骨。舱壁和舷侧为柏木材质，而船底为杉木材质。船楼完全由席子搭成。船楼内有固定的灶台兼餐桌。高高的舱口拦板从桅杆一直延伸到船艉连接处。

资江上的船艉将粗劣和优美奇怪地组合在一起，但在简洁和效率方面并不胜出。

益 阳 划 子

益阳划子是资江上很有特色的船舶之一。这种敞开式的形状奇特的船型在尺寸上相差不大。如图 20－6 所示的“益阳划子”长 37 英尺，宽 5 英尺，深 2 英尺。

益阳划子主要用于资江上的乘客运输。

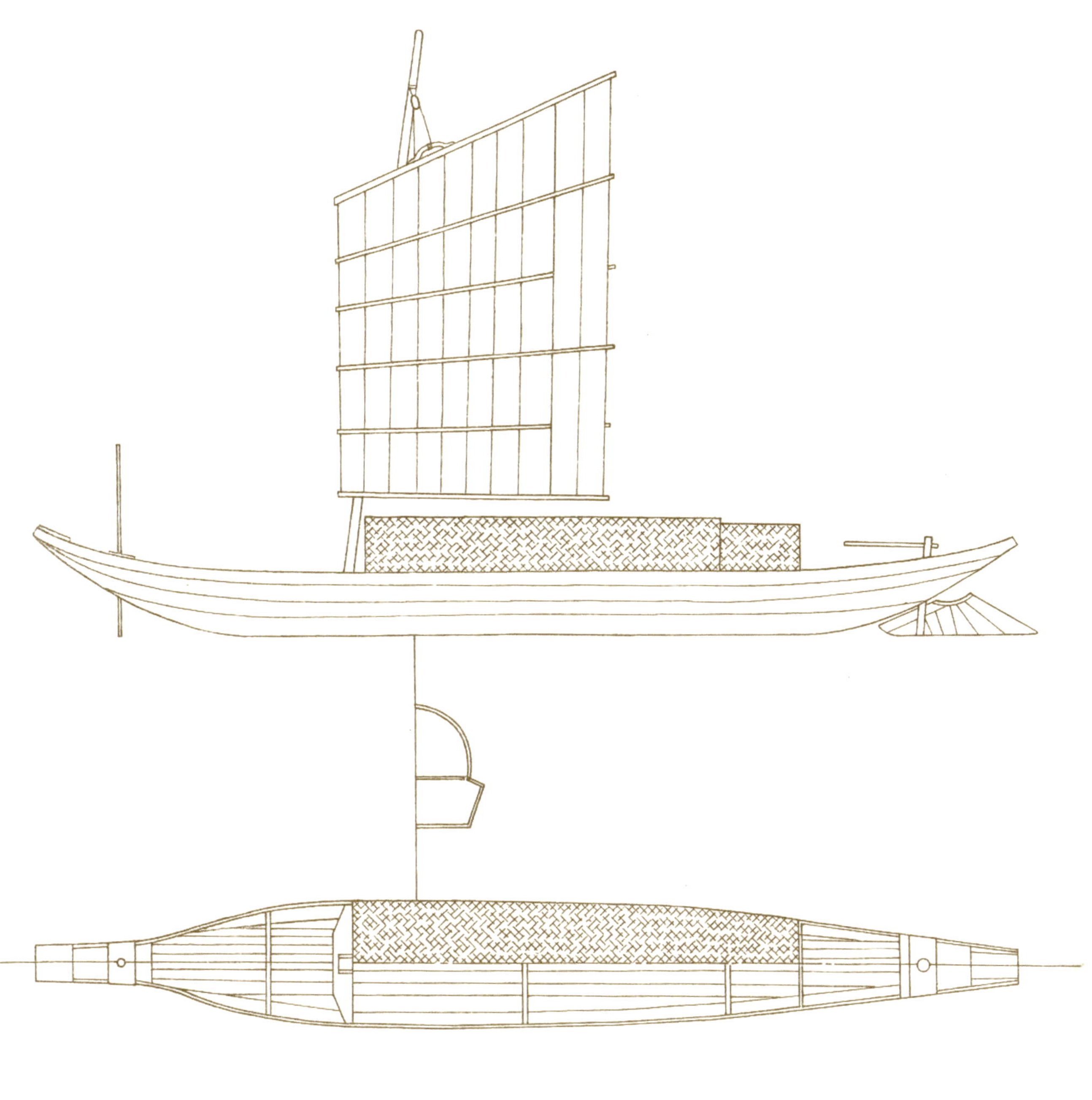

比例尺

0　5　20 英尺

图 20－6　益阳划子

— 第21章 —

沅　　江

从古代起，湖南省就是中国木材供应的主要来源地之一。这种木材集散带来的必然结果是，湖南一直具有建造高标准船舶的传统，所造的船型也成为该地区的特色。

沅江发源于贵州省，在流至其北岸的重要城市常德前，经过沅州和辰州的港口，最后汇入洞庭湖。

常德是湖南西部与贵州之间的交通中转港口，前往常德的交通主要是通过洞庭湖以南三角洲地区的河流、在沙市以上汇入长江的太平河，或是沙市以下附近的藕池河。藕池河的最佳季节是冬季。这些河流组成了一个巨大水网，有天然河，也有运河，长江和洞庭湖之间以及洞庭湖以西和以南的地区水网纵横交错。这些河流错综复杂，很容易迷路。水流方向随着长江和洞庭湖之间的水位变化而变化。不过，没有特别湍急的水流。

作为长江与贵州和云南之间的沟通渠道，沅江提供了一条捷径，因此极具价值。沅江上的船运交通十分繁忙。

然而遗憾的是，沅江在通航方面面临着两大棘手难题：首先，沅江有很多大的强急流；其次，沅江河口和洞庭湖以西河道有很多浅水狭航道。这些障碍必定会对丰水期大部分时间的通航带来限制，尽管一些吃水为 2 英尺的船只在一年的大部分时间里可以在常德与洪江之间航行。

在夏季至黄平段的河流可以通航小型船只，而载重 150 担的船只到镇远就无法再通航了，那些货物只能通过苦力运到内地。

根据船工们的说法，贵州的镇远与常德之间有 28 条通航困难的急流。这其中有 16 条位于沅州以上，3 条位于沅州与洪江之间，2 条位于洪江与辰州之间，最后还有 7 条介于辰州与常德之间。这些急流最糟糕的通航期是 11 月、12 月和 1 月的大部分时间。在这些时间，载重 3.5 吨的船只可以抵达距沅州 200 英里的地方，然后将货物转运到载重为 1.5 吨的小船上。这些小船可以到达沅州，甚至还可以继续往上进入贵州省。只有吃水在 1 英尺以下的小船能在黄平以上河道航行。春秋季节，这些船只的吃水不会超过 3 英尺，但在夏季的丰水期可以满载，那些从长江下游来到沅江的船只有时吃水可以达到 5 英尺。

不受欢迎的第一次河水上涨出现在 4 月份，河水开始迅速上涨。显然，要想在这种水流湍急的困难河流里航行，需要特别的船只。能够在这种急流中航行的船型就是有名的麻阳子，需求量最大的船型载重为 150 担，吃水很少会超过 15 英寸。

我们后面还要详细介绍这些船只，逆流而上时不用船帆，由纤夫拉纤，顺流而下时由 6 人摇橹。沅江船只使用那种高耸狭窄的船帆，船帆垂直缘的上面部分通常为精巧的圆形肩部。

1908 年，从汉口、长沙以及其他下游港口来到常德的船只数量估计为每年 5000 ~ 6000 艘，继续向上航行的船只每年估计有 4000 艘。[1]

运送的货物通常有桐油、茶油、茶叶、清漆、大麻、苎麻、石膏、植物染料、木材和各种金属矿物，如锑、铁和铜等。

沅江有七条支流——都适合船只通航——可以到达这里的广大地区。云南、贵州和广西与四川边界出产的货物都可以在常德找到市场，在每年的某些时段需要将货物从深吃水船转运到浅吃水船上时，常德成为重要的转运港口。船只每趟行程都需要更换新的竹纤绳，常德由此还成为竹缆制造的重要中心。

从汉口来的货运费用根据季节的不同而变化。在枯水期，必须减轻船只的重量，因此要比丰水季节的费用高得多。船只从常德到达汉口通常需要 15 至 20 天，到岳州通常需要 7 至 10 天。

沅江之所以有名，不仅在于其作为长江与贵州和云南省之间联通渠道的价值，而且这里还是著名的政治家、军事家诸葛亮建立丰功伟绩的地方。不过，在船舶爱好者看来，湖南造船行业令人羡慕的船舶质量丝毫也不逊色，一些最精致的船舶可以供应到很远的港口。

湖南水系狭窄的河道和支流构成了重要的内陆交通系统。沅江船工可以进行各种航行；他们可以在只能容纳竹筏通过的最小河流里蜿蜒而行；在下游流域，这样纯朴热情的水手数个世纪以来都是急流险滩里勇敢的航行家。

益阳铲子船

“铲子”的主要不同之处，也是其得名的原因，是其船艉抬升的形制。“铲子”属于一个大的船系；事实上，湖南没有哪个邻水的重要城镇没有自己的铲子船，见图 21 - 1。

“铲子”的船体十分坚固，有 10 道舱壁、5 道半舱壁和 1 根肋骨，还有 3 条从船艏至船艉的腰外板。

甲板楼要比一般的大，从桅杆前的 5 英尺一直延伸到船艉，后甲板船之间的部分是可以活动的。和通常的情况一样，后半部分是船主人及其家人的住处。5 名船员睡在凡是不被货物占据的地方。

这种船也许是汉口以上河流里最标准的船型之一。考虑到是由不同的船厂制造的，“铲子”在设计上的统一令人惊奇，尽管规格并非完全一样。

沅州麻阳子船

在湖南水道航行的所有船舶当中，很少有比沅州麻阳子更宏伟的。沅州麻阳子与长江上游的几种船型有很多相似之处，特别是巴湾船。

如图 21 - 2 所示的沅州麻阳子是一种中型货船，主要航行于沅江上游流域，这里多狭窄和水流湍急的航道。沅州麻阳子的整体尺寸为长 61 英尺，宽 7.5 英尺，深 3.5 英尺，载重 15 吨。这种船结构比较轻便，有 9 个全舱壁和 7 根肋骨。

船底为杉木材质，船壳和舱壁为柏木材质。在泥滩锚和桅杆之间以及船楼后部与后舱壁之间的甲板横梁下建有间断的纵梁，以提供额外的支撑力量。

船后部铺有席子。为此需准备额外的席子，不用时就堆放在船楼的后面。

〔1〕 来自《海关贸易报告》。

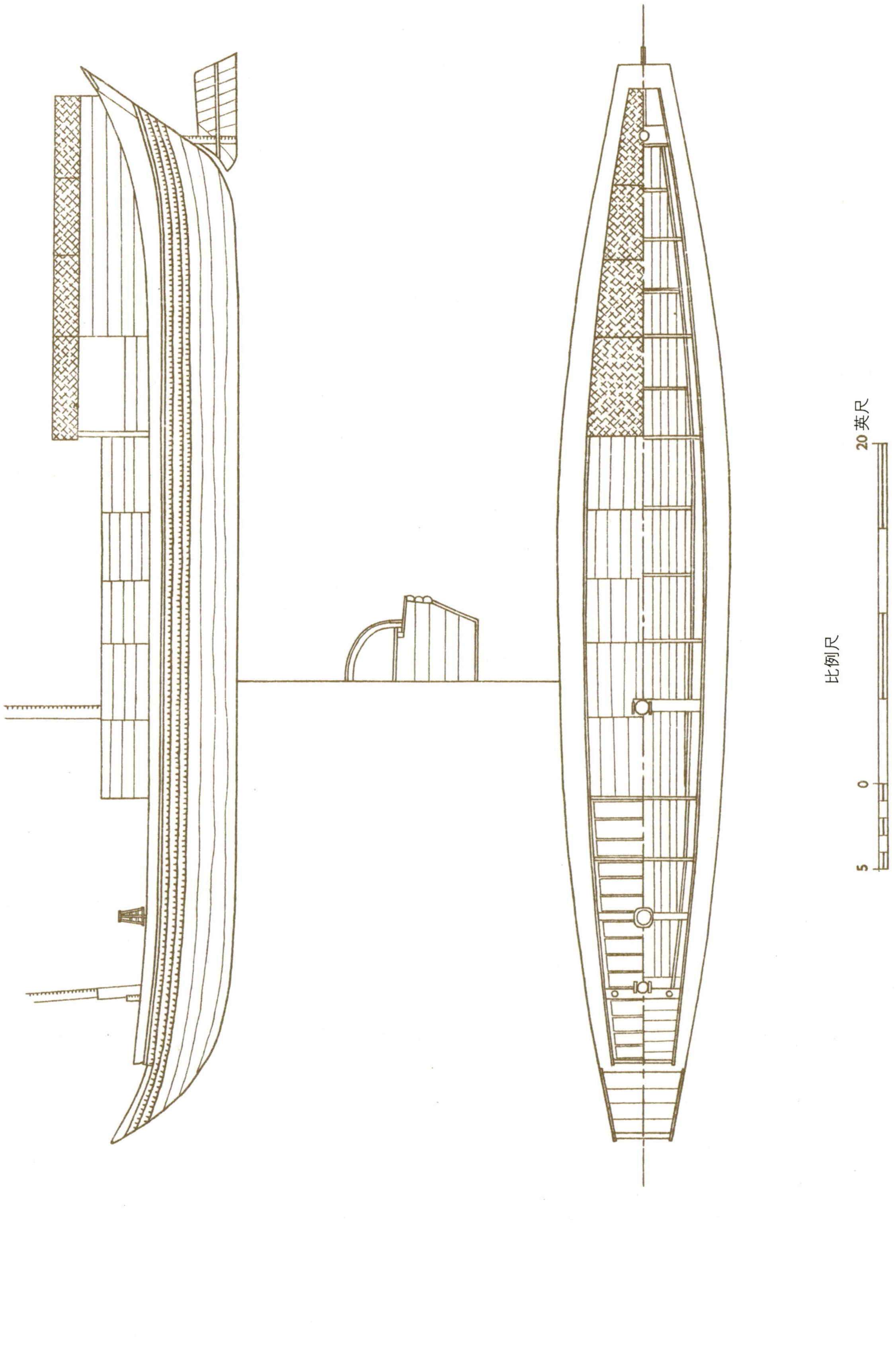

比例尺

图21-1 益阳铲子船

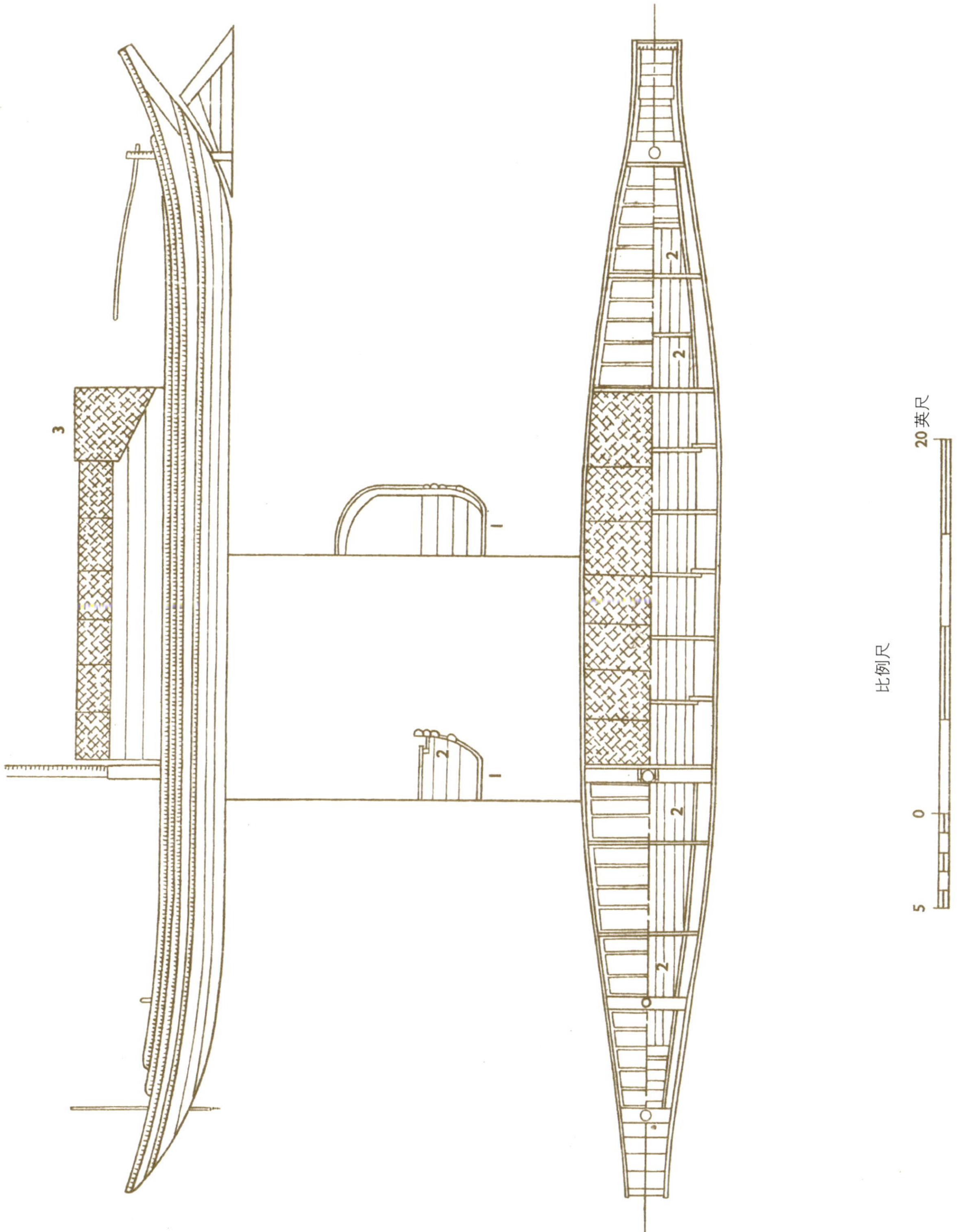

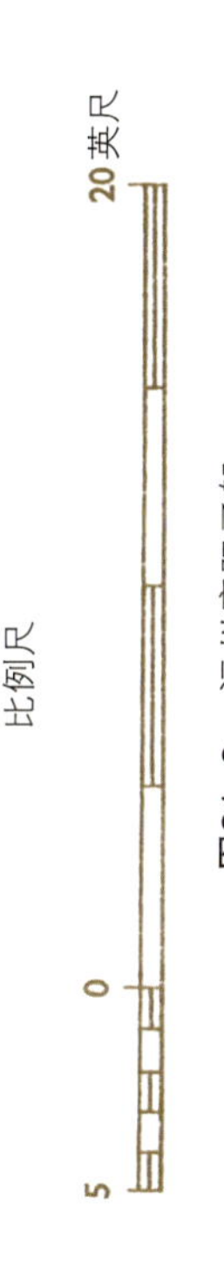

图21-2 沅州麻阳子船

张口麻阳子船

麻阳是湖南沅江一条小支流上的城镇，“麻阳子”船作为一个大的重要船系就得名于此，麻阳子起初设计航行于沅江十分湍急的水道。随着时间的推移，麻阳子产生了几种衍生船型，但据船工们的说法，张口麻阳子是所有衍生型的原型船，因此在长江中上游的船舶建造史上具有十分重要的地位，历经数个世纪其外观和构造都少有改变。

可以确定追溯的唯一已知变化是几百年前在原型船上增加了一个船楼，因为根据起初的设计，甲板之上没有上层建筑。

凡是麻阳子船都是粗重、深吃水的货船，结构坚固，以经受长距离的航行。麻阳子的规格之间差别很大，长度从 110 英尺到只有 38 英尺不等，但无一例外都会严格遵循这种船型的主要特点。

如图 21－3 所示的麻阳子长 91 英尺，宽 18.5 英尺，深 7 英尺，分隔有 13 个舱室，包括 2 个隔离舱。

以通常方式竖立的前桅杆位于第二舱壁后面，而主桅杆位于后隔离舱的第七与第八根肋骨之间。

麻阳子一般建造有粗大的横梁，6 根横梁嵌入船体结构中。两条粗重的椈木提供纵向承受力，椈木就位于舷侧的甲板舷弧线之下，与船体同长，至浑圆的船艏处向上弯曲，至船艉处向上抬升得更明显，高船艉是麻阳子的特点之一。从船艄至第十根肋骨处为水平甲板，而从此至船艉处的甲板则抬升 1 英尺，在平面示意图中以虚线标出。甲板船楼覆盖了主桅杆向后的所有地方。麻阳子安装有长江上游船舶特别典型的平衡舵。当然，之所以使用平衡舵是因为麻阳子的设计就是需要能够穿越急流。在风平浪静时使用长度超过 35 英尺的船橹来驱动。通过急流时，使用船艄长桨来帮助掌握航向。

这些船主要航行于湖南各港口至汉口之间，也经常用于从宜昌向下游用大的耐油篓转运桐油。

这种最耐用的船型很快就证明了其价值，成为沅江的源头沅河流域外很受欢迎的船舶。

麻阳子的名声传到了长江中上游，当名声还没有传到那里时，在其航行的河段上被认为是货船。后来麻阳子进入了四川，成为由接管了重庆生意的湖南商人在四川建造的第一种船型。麻阳子很快就体现出了相比于其他船艄的优势，成为最适合在宜昌上游急流中航行的船艄，不过还保留了原有“麻阳子”的名称，这就是现在一般航行于四川峡谷最具代表性的船型仍沿用湖南名称的原因，四川的船只在原型船的基础上进行过改进。[1] 这也印证了那个流行的说法，即除了湖南木匠没有人能建造真正的麻阳子。

有趣的是，这些表现不俗的沅江船只，所到之处给人们留下了良好的印象，现在从重庆至汉口间很少有地方没有他们自己的麻阳子的。

辰州麻阳子船

如图 21－4 中所示的船型很好地传承了著名的麻阳子船系的传统。

辰州麻阳子长 98 英尺，宽 16 英尺，深 6 英尺，是沅江上所见的最大型的船艄。

这种建造得十分坚固的麻阳子是长江中上游地区所见的最标准的船型之一。舱壁和船壳都是用柏木建造的，而船底为杉木材质。由 16 个全舱壁对船壳进行加固，因此十分结实，船壳上还至少加固有 6

〔1〕 长江上游使用的改进型是炮塔型结构的“收口麻秧子”船。

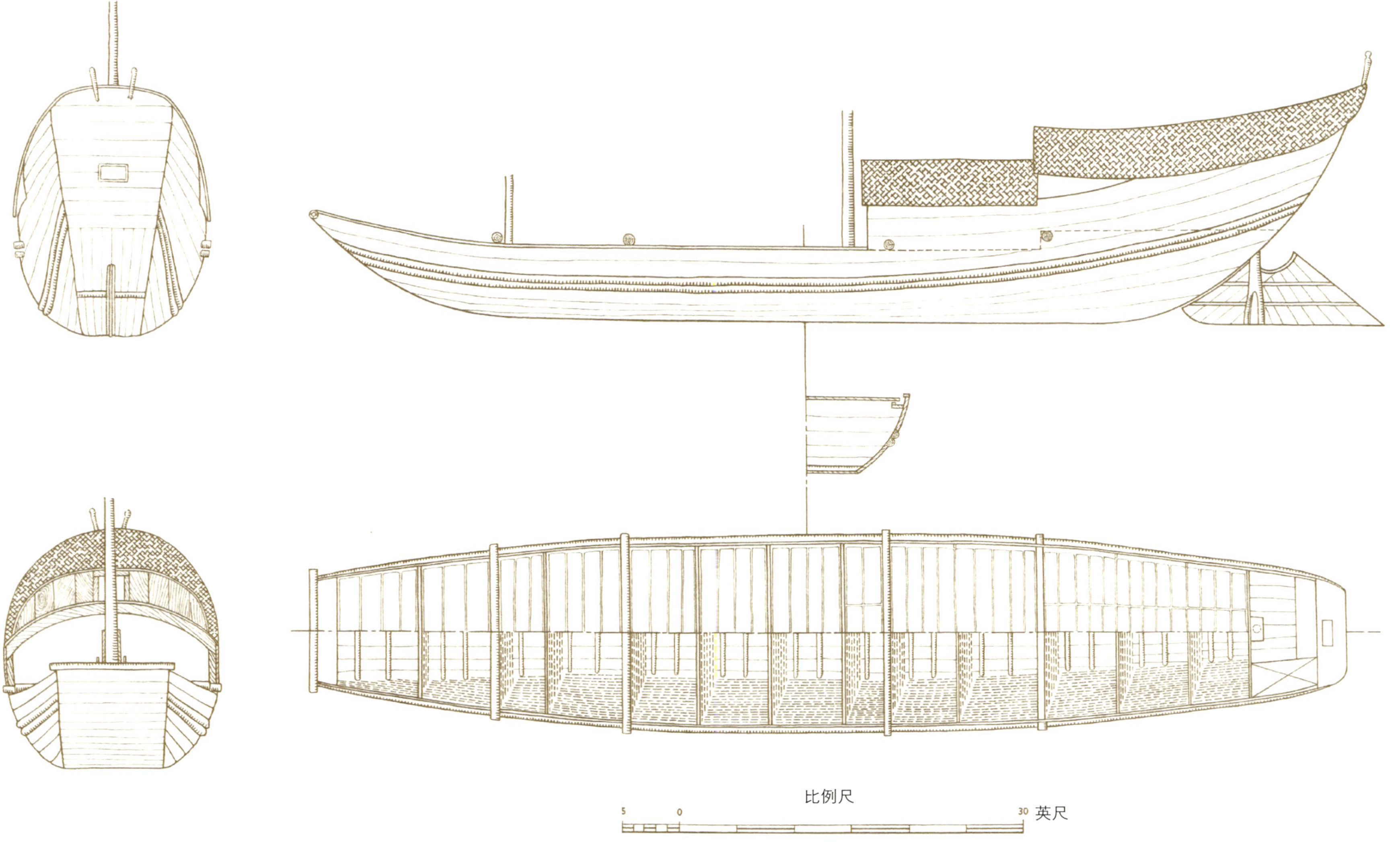

图21-3 张口麻阳子船

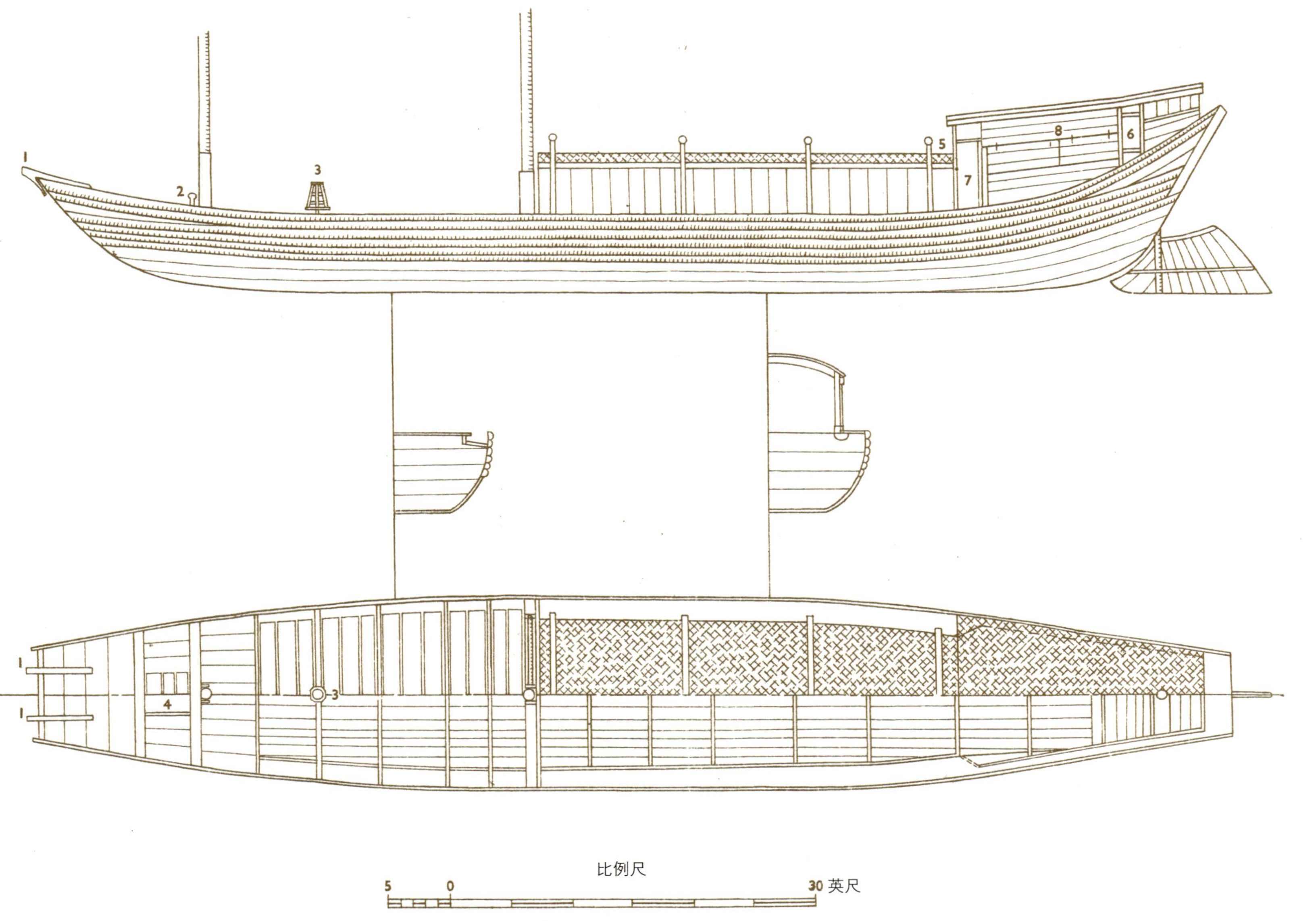

图21–4　辰州麻阳子船

根榫木。

辰州麻阳子通常航行于沅江下游流域,据说载重可以达到110吨。方形船艏很少翘起,安装有活动的吊锚杆,用于提放沉重的多爪锚。

前甲板的第一舱壁处有一对系船柱,第三舱壁处有一个绞盘。通过桅杆前方不远处的舱盖进入货物存放舱。

席顶的船楼是辰州麻阳子的典型特征。船主住舱内的甲板比主甲板高出2英尺,这可以使舵机手通过船主住舱前面的留孔看到前面的状况。甲板楼向后是安装有方形舷窗的厨房。通过门进入甲板楼,通过两块活板进行采光和通风。9名船员居住于船楼的前部。

辰溪划子

如图21-5所示的划子设计用于在辰溪搭乘旅客及其行李渡过沅江,沅江辰溪段夏季江面大约有半英里宽,水流十分湍急。

这种小船为敞开式的简单结构,建造坚固,地面木板是活动的,需要时可作为乘客的座位。该型船配备3名船员,划桨或是撑篙视情况而定。

沅陵划子

沅陵划子专门用于沅江的中游和下游。

如图21-6所示的沅陵划子长36英尺,宽5英尺3英寸,深1英尺8英寸,总体线条和其他的湖南船舶相差无几。

沅陵划子的驱动力为船桨,船艏两个,船艉一个,船老大使用船艉桨。

船楼和席顶是活动的,席顶更方便移动,经常可以见到这些船将部分草席系在一根竹桅杆或是船环上当作船帆。

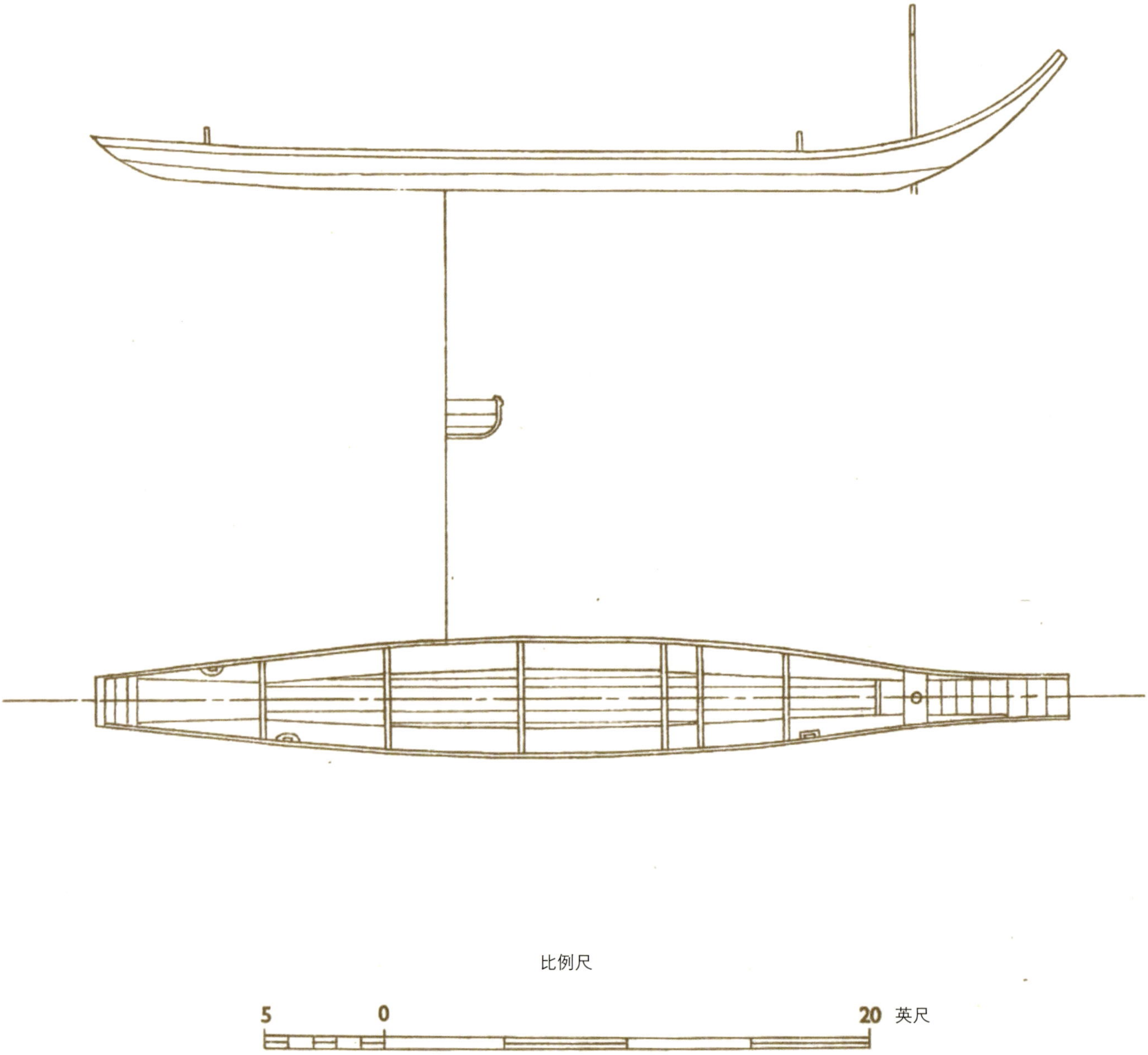

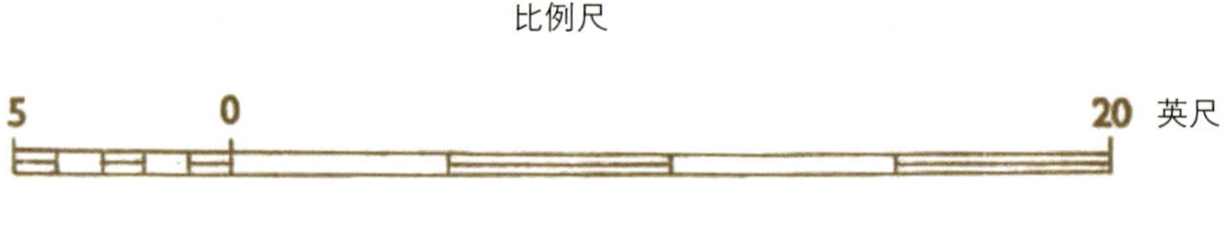

图 21－5　辰溪划子

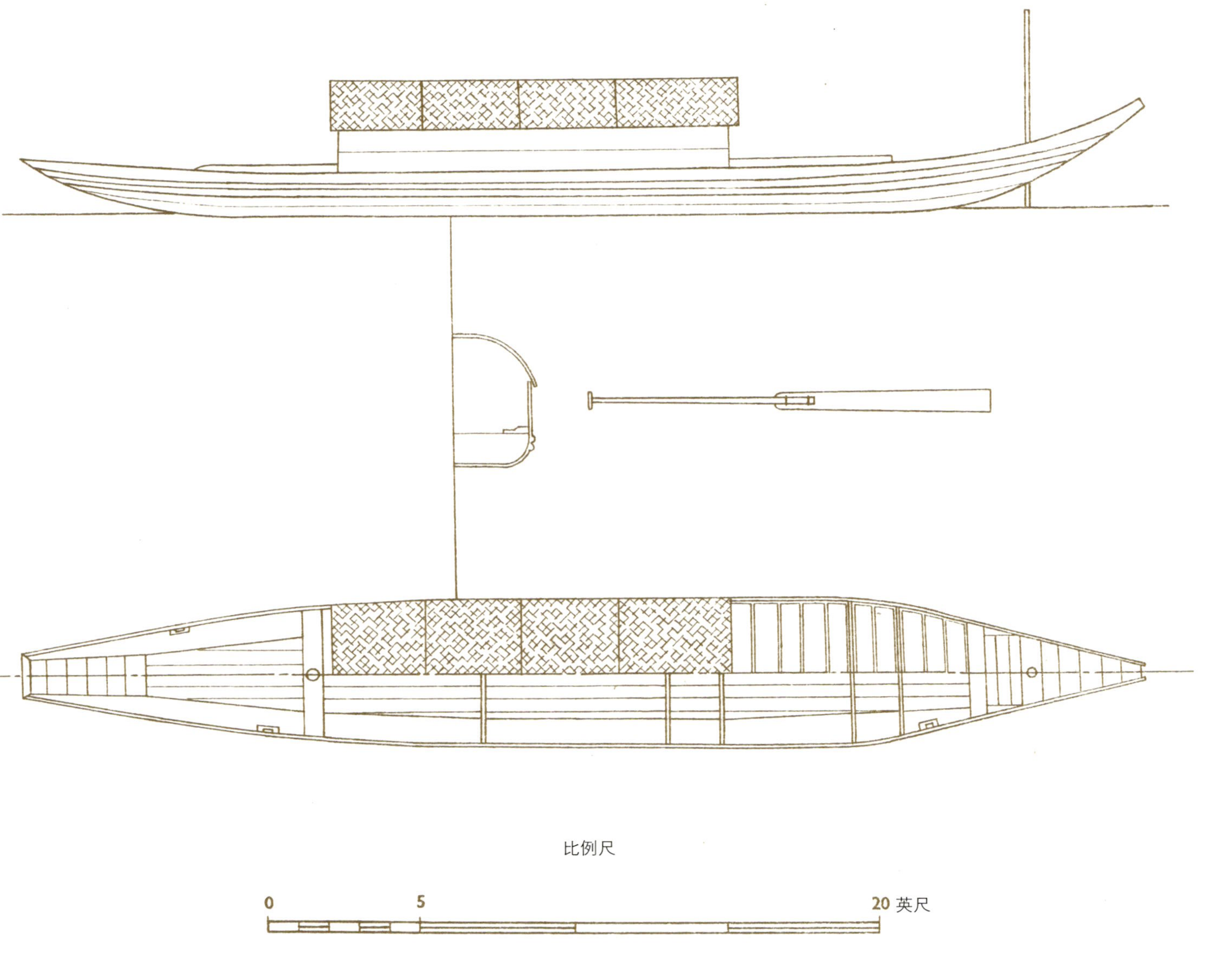

图21-6 沅陵划子

—第22章—

贵州船和苗族船

贵　州　船

贵州船源自苗族，其源头已消失在时间的迷雾里。不过，今天并非只有苗族部落的人才使用贵州船。

贵州船的主要看点在于它是沅江上游流域使用的唯一船型。结构坚固、吃水很浅，绝对是这里船舶的必需要求。

如图22－1所示的贵州船，长56英尺，宽6英尺7英寸，深2英尺5英寸。

第三舱壁上安装有一根小的拉纤桅杆，纤绳的船内末端系在艉座板上的活动木架上。

这种有趣的船舶保留了沅江船舶设计的主要特点，即适合于急流航行的独特船艏和船艉。

苗族木筏

木材在苗族部落生活中扮演着重要的角色；事实上，伐木以前曾是他们唯一的生计，因为他们对山区最为熟悉。不过近年来，山外的人渗透到了这些地区，山区的林地现在只是他们林业财产的一部分。

几乎所有的地区都有木材；事实上，境内有很多山区和大河大湖，是中国主要的林业产地之一。

伐木通常是在秋天。在考察了林地并和主人讨价还价之后，购买者会派遣伐木工人来到指定地点将一定范围内的树木全部砍倒。接着将树枝砍掉，树干沿着山崖滚到下面的溪流里，在那里由苗族筏工制成木筏，顺着急流而下到达洪江，洪江是湖南西部和贵州北部木材的主要转运港口。

木材的估价方法特别复杂。湖南最常见的做法在当地被称作“龙泉码子”，已经沿用了数百年。伐木工人在每根木材离树干根部5英寸处凿一个“鼻”，鼻洞上沿作为测量木材周长的基准，并以此按照龙泉码子确定木材的银两价值。测量树干有很多种不同的方法，每个地区按照当地的环境而定。例如，在苗族地区的锦屏，这里木材比较便宜，是从树干根部以上8英尺处测量周长。然而，木材运到了汉口，价格就上涨了，从离根部5英尺5英寸处测量周长。到了南京，价格再次上涨，这里从离鼻上沿5英尺处测量周长。

木材的运输完全依靠水路，木筏工大部分来自苗族。他们制造的大量木筏沿着山区的溪流急速而下，进入沅江的各条支流。

如图22－2所示的木筏由10根小的或7根大的杉木树干用一块穿过树鼻的薄板条捆绑在一起，并

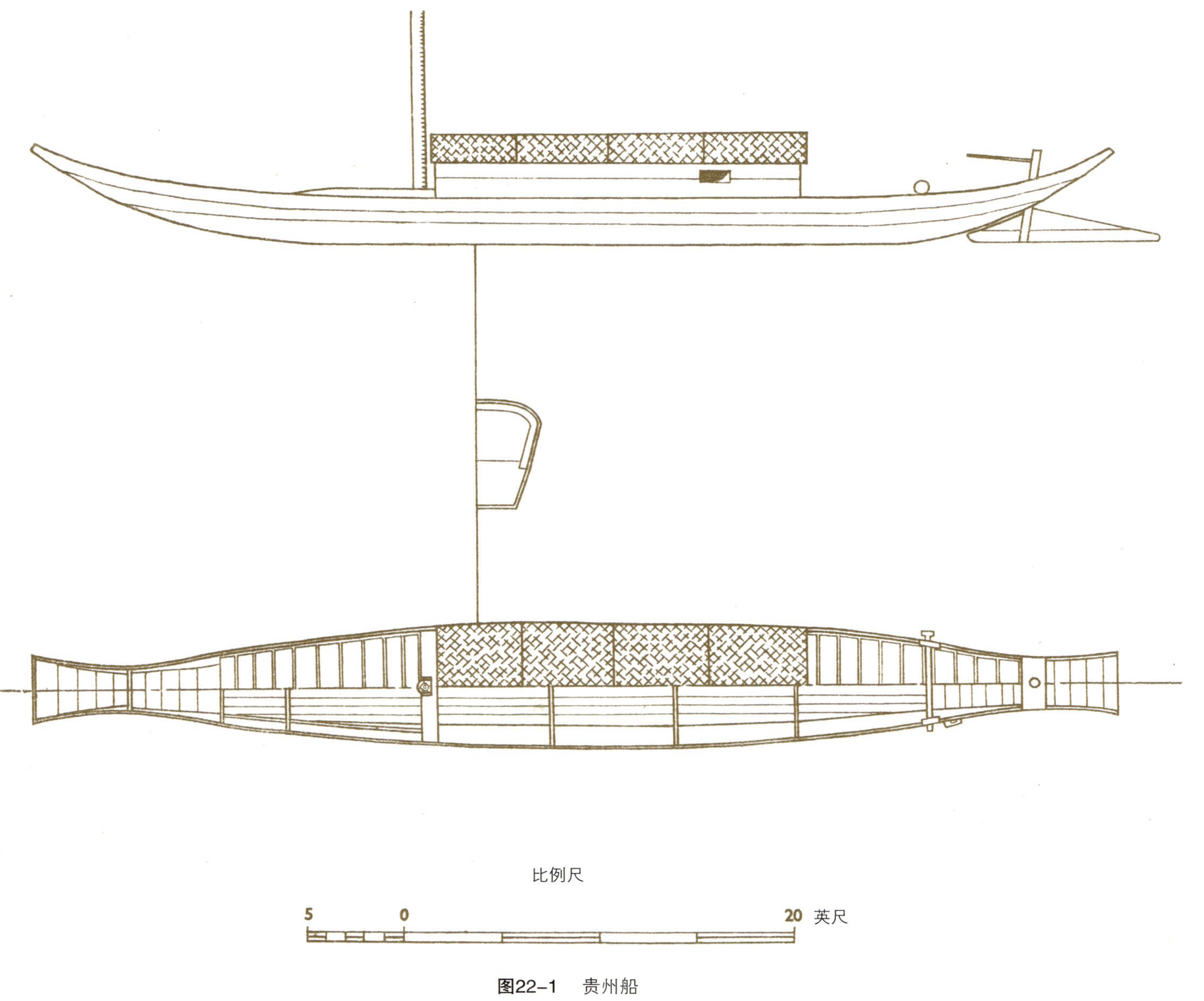

图22-1 贵州船

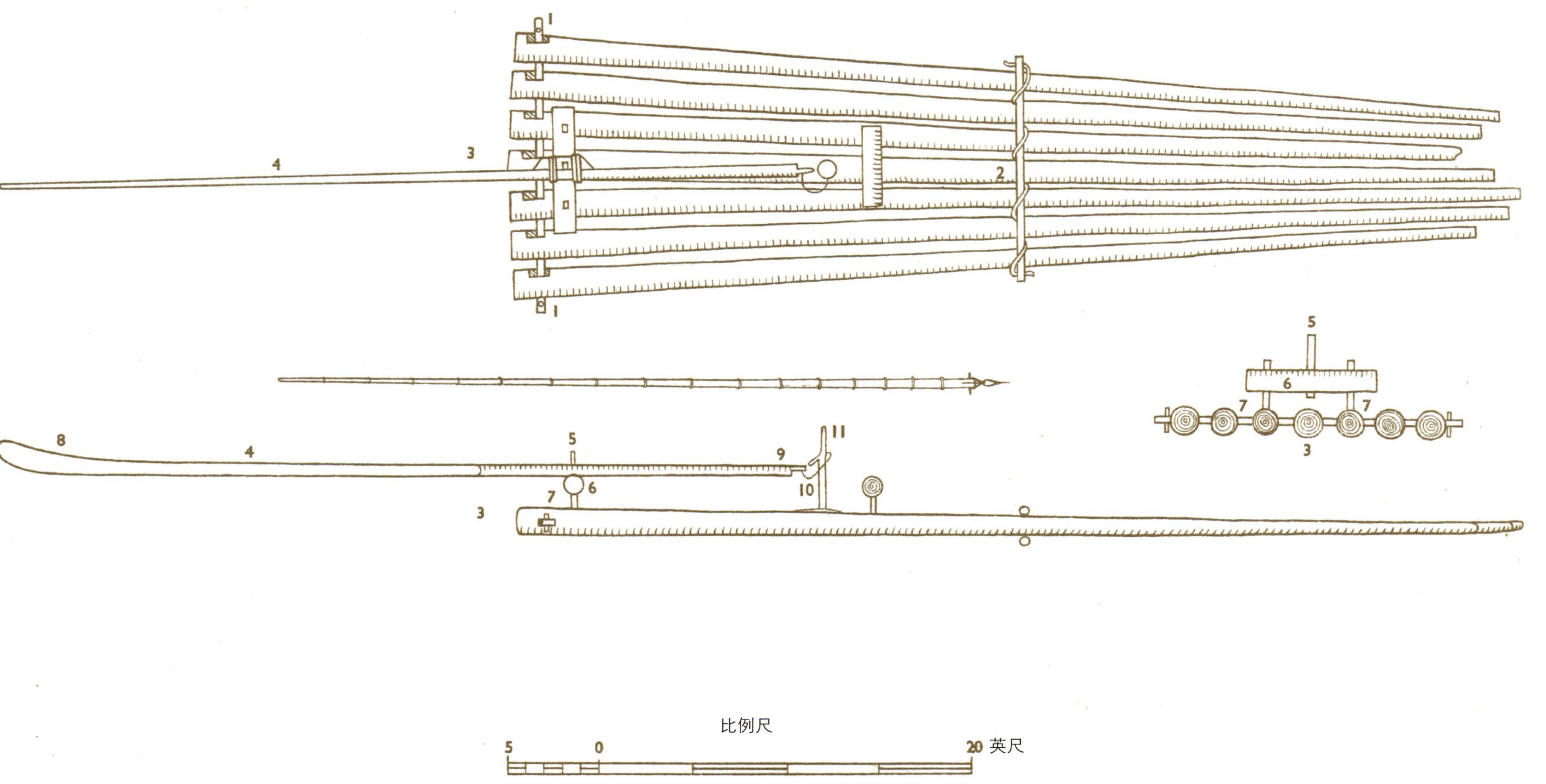

图22-2 苗族木筏

用木钉固定，再通过用几股竹绳在木筏的另一端横着固定一个十字木架来进行进一步的加固。

组成木筏的树干树龄不同，一些小的树干树龄在15年，周长约为1英尺，大点的树干周长约有2英尺，树龄超过20年。不管树龄如何，长度都差不多相同，平均为40英尺左右。最长的约有80英尺。

树干从其山区的产地到达汉口通常需要约一年的时间，在那里和长江下游的峡谷地区销售，以其重要性来排序，用于制作棺材、建造房屋和造船等。

木筏顺流而下时艉部在前，也就是说，最宽的部分在前面。伐木工人说，虽然这样开始时要多费点力气，但与小头在前相比，这种方式在行进过程中花的力气要少一些，通过安装在一个木销轴的长桨来掌握航向，木销轴安装在一块以矮脚固定于木筏上的短木条上。桨为中型的杉木树干，长约35英尺，或更长，根部弯曲。桨叶的形状由斧头对树干根部修剪而成，桨柄由树干梢端修剪而成。不用时，就用桨柄上的索环将木桨放到木筏上。

通过急流时，掌舵的有很多事情要做，因为他还要负责撑篙，他可以很熟练地用篙辅助掌握航向。这种性质的工作颇具专业性，苗族船工是这方面的专家。不过，在急流之间的平缓水道，他通常坐在简单搭成的座位上，叼着一根长长的竹烟管，让湍水急流提供必要的动力。

苗族人操作木筏很有技巧，有时可以看到几个木筏为了彼此赶超，在2～3英尺陡然落差的狭窄急流里相互争抢位置，那真是撑篙艺术的有趣一课。

苗　　船

苗船有很多有趣之处，现在的苗船可能和几个世纪前一模一样。

苗船来自贵州的重安江。如图22－3所示为一种典型的苗船，长47英尺，宽5英尺，深2英尺，这是苗船的标准尺寸，在黔阳与洪江之间的河流里可以见到很多这样的苗船。苗船偶尔也会去到常德。

苗族的这种船线条纤细而优美，至船艏船艉处逐渐变细。不过，苗船结构坚固，因为在急流险滩里航行的船工们需要坚固耐用的船只。

如图22－3所示，苗船有8道舱壁，将船体分隔成7个舱室。最前面的舱室没有铺装甲板，这样在顺流而下时可以方便船艏划桨，在逆流而上时方便船艏划桨或是撑篙。第一与第二舱壁之间的舱室用作厨房。圆顶席棚从第三舱壁处开始，分成三个部分。中间部分是固定的，比较结实，而前面和后面部分是活动的，可根据需要前后移动。

供拉纤用的桅杆是一根细圆木，位于舯部较向前的位置。纤绳都是1.5英寸的竹绳，其船内末端固定在船后部的一个带环销钉上。纤绳再通过销钉连接到桅杆上，桅杆上有一个固定于升降索上的无轮滑车，通过无轮滑车来调节纤绳，以适应具体的情况和纤路的高度。升降索用竹索环绑定在桅杆上。

苗船上没有缆柱，只有一个带环销钉，位于离船艏大约6英尺处，作用和缆柱一样。船艄桨，也许称其为“爪”更恰当一些，总体长度约22英尺，是一根中等大小长得弯曲的杉木树干，将上面较粗的弯曲端修凿成桨叶，较细的直端修剪成桨柄。在中间的平衡点由竹绳和木楔绑定一个颊板。颊板上有一个安装销轴的孔，由一根总长为3英尺7英寸的木梁带动销轴，木梁很妥帖地固定于船艏上的沟槽内，用竹绳绑定。

从第二至第五舱壁之间的舱室用于存放货物，货物存放在甲板下面，通常有大豆、棉花、棉线和石膏。

苗船的船员数量为3至5人，生活在席棚里。晚上，整个船都被席棚盖上。

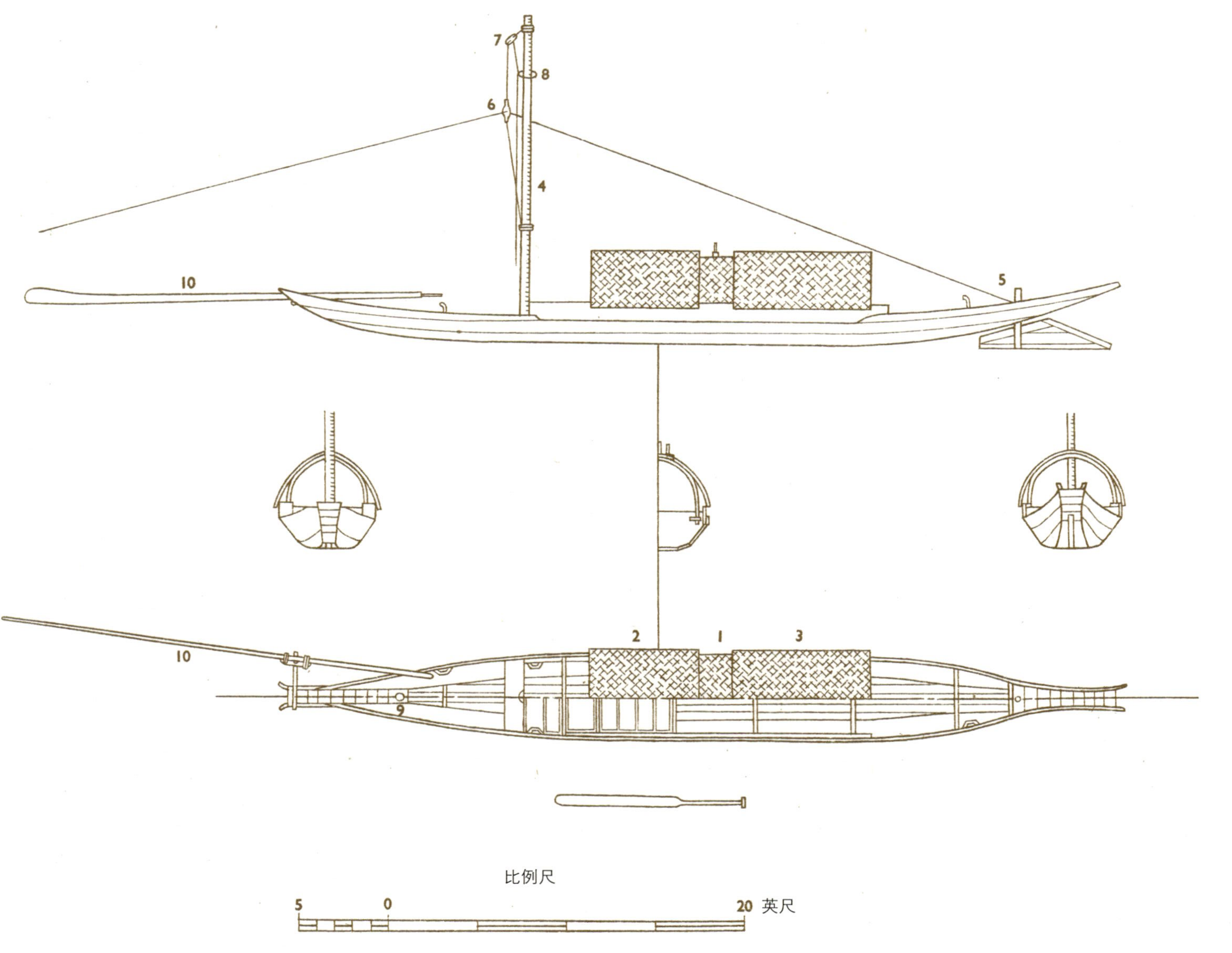

图22-3 苗船

沅江上很少使用船帆，但苗族船工偶尔也会将一段顶篷或是席棚挂起来，这种顶篷或是席棚上装有必要的索环，将它们当作船帆偶尔使用，比较经济。

顺流而下时，苗船的动力主要依赖湍急的水流。逆流而上时，拉纤是苗船最常见的行进方式，同时也广泛使用撑篙。苗族船工也许是全中国最能干的撑篙人。

虽然苗船上带有船舵，有时也会装上，但很少使用。调整航向由艉部船桨来完成，艉部船桨视情况也可充当划桨。当所有人都需要撑篙或是拉纤，没有人照看艉桨时，就使用通常安装于左舷的呆舵。呆舵只是一块长 3 英尺宽 6 英寸的窄木板，固定在船舷上缘。

这些奇特有趣的船只和美丽的沅江散发着独特的魅力，同样具有魅力的还有生活在沅江两岸、航行在危险湍急的河道里的勇敢的苗族人和悦的生活方式。

麻 雀 尾

另一种船型与我们刚刚介绍的苗船在总体设计上有着相似之处，只是更大一些，这种船来自洪江。洪江曾经是这些土著居民的主要集镇。

这种船就是声名远播的麻雀尾，之所以得此名，是因为其船艉很像麻雀的尾巴。

尽管苗族部落的人不再建造麻雀尾，但麻雀尾在外观上无疑具有苗族特征。由于麻雀尾特别适合于急流航行，因此中国人模仿了其设计，湖南造船厂现在大量建造这种船只。事实上，称麻雀尾是现在沅江上最常见、当然也是最典型的船舶并不为过。

如图 22－4 所示的船型就是十分典型的麻雀尾，长 91 英尺，宽 12 英尺，深 4 英尺。麻雀尾的线条优美动人，长度约为宽度的七倍半，建有 15 个全舱壁和 1 道半舱壁。桅杆前的 3 道舱壁被削低，这样放下桅杆时可露出桅杆根部。

船艉大胆的弯曲线条构成了麻雀尾最优美的特征之一，也使其外观容易辨认。高船艉形制在急流中航行时可能会起到一些保护作用。一些麻雀尾的船艉十分夸张。事实上，船艉顶部高出水面 15 英尺的情况并不鲜见。

麻雀尾无疑具有悠久而有趣的历史。早期的苗族造船厂，肯定也会因为建造出如此集优美形状与设计效率与一身的船舶而备受赞誉。

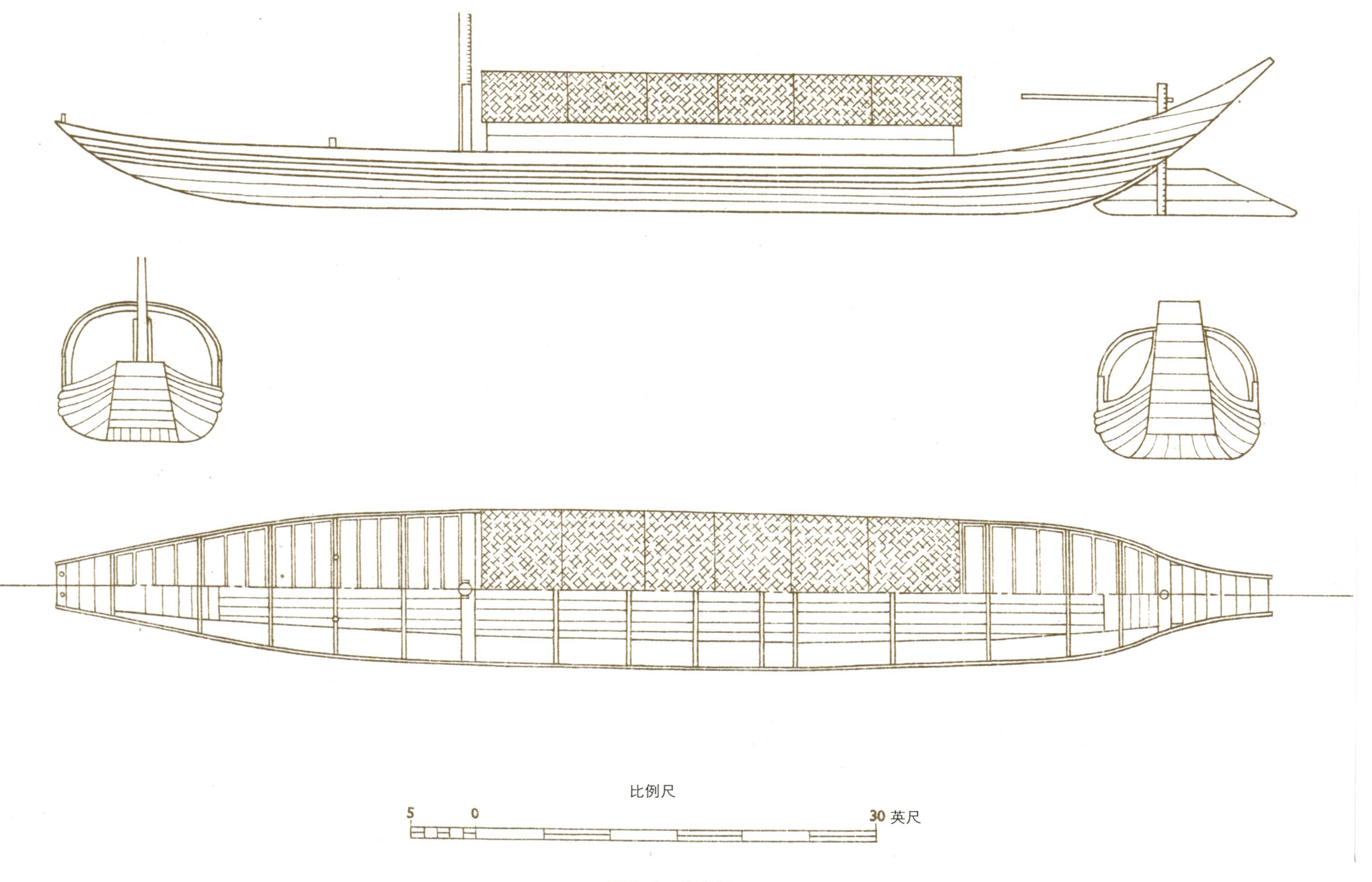

图22-4 麻雀尾

— 第23章 —

长 江 中 游

实际上，被称为长江中游的河段就始于汉口，沿长江而上大约400英里到达宜昌港。

汉口以上直到岳州的长江河道长约119英里，呈西南走向，其中大部分为笔直的水道。这里还是典型的长江下游景观，左岸即北岸为平坦的平原，右岸为低矮的丘陵。当河水漫过正常的堤坝时，设计用于控制该地区水道的万城堤大坝，还有汉口大坝开始有了小的土方工程——根据其间的土质对河水进行拦截和疏导。

汉口以上约17英里处为金口镇，位于金河口右岸。再往上约10英里是梅潭嘴（音，Meitanchui），长江的直航道到了这里出现了例外，这里巨大的河弯被称作"簰洲湾"，河道绕着一个梨状的半岛转了一个约26英里的大弯，再折回到离原来起点只有约2英里的地方。如果长江能凿通这个瓶颈的话，整个航程可以节省大约25英里。

夏季河水水位超过河岸时，船只可以通过被水淹没的地峡找到捷径。到簰洲湾水道的大约一半处是一条被称作"扁河（Pienho）"的内陆水道，这是一条运河，这条运河避开了岳州以上长江蜿蜒曲折的部分，是一条顺流而下的急流，为过往船只提供了一条通往沙市的更短航道。

过了簰洲湾就是17英里的直行航道，到达嘉鱼村，两边的山势逐渐高耸，嘉鱼村坐落于长江右岸的红土悬崖之上。有人说，在充满浪漫色彩的三国时代，这里就是"赤壁之战"发生的地方。

汉口以上101英里的长江右岸就是相当重要的贸易中心——新隄。对岸是一条联接内陆数英里处黄盖湖的河流。

直到阳陵秭（音，Yanglingtsi）除了一两处悬崖外没有什么值得提及的地方，到了阳陵秭，这里的河道缩小到只有半英里宽，两边为红砂石崖壁，阳陵秭沿河道右岸延伸约1.5英里，现在从这里至岳州都是凸凹不平的地形。

长江从岳州的洞庭湖入口处折向北，过称作"观音洲"的沙地，这里是联接长江与洞庭湖的折弯处，河道缩减为不到半英里宽。河道流经的方圆200英里的广袤的江汉平原从岳州几乎一直延伸到宜昌。江汉平原为冲积平原，除了其南部与湖南省和洞庭湖接壤的地方为山地外。长江中游沿岸十分平坦，且地势低洼，因此需要大范围的堤坝工程来保护。可以想象得到，这里排水条件很差，经常会滞留大量的河水。不过，这里巨大的浅水湖发挥了重要作用，这些湖起着水库的作用，夏季可以蓄洪，冬天可以向河道回流补充，从而使这里的长江河道保持较平稳的水位。这些调节水位的水库也许可归因于长江水流相比较黄河而言总体上不是那么急促，危害性也较小，黄河附近没有类似的水库。

从洞庭湖口往上到礼拜天岛(待考,Sunday Island),长江进入了新的河段,两地之间约119英里基本上都是曲折多弯的河道,实际上两地之间的直线距离不超过48英里。以前这些弯道的长度有130英里,但适航的河段似乎在不断缩短。在这种蜿蜒曲折的河道里航行很容易使人迷惑,例如出现在船艏左舷前面一小时航程左右的诸如山顶寺庙之类的标志物,会突然转到右舷,然后又转到横向位置,最后转到船艉部,几个小时后又重新出现在原来的方位。

这里的冲积河岸为掺有沙质的土层,春天时高出水面约20英尺。值得注意的是,这里的河道凹边都是陡峭的悬崖,而对岸则逐渐倾斜成泥质河滩,河滩不时被长长的流沙豁口所隔断。这里单调的平地上点缀着农庄和一丛一丛的树林,其他并无什么突出的地方。

和长江下游一样,这里大部分的土地都种植水稻,显示出这里的农民在灌溉方面的匠心。棉花也是这里大面积种植的作物,成为长江中游主要的产品之一。

沿着马蹄形的河弯往上就是庙山湾,之所以得此名是因为这里有一座醒目的高达400英尺的山峰,山峰顶上有一座寺庙。附近就是在两座山峰间以城墙包围起来的小镇——石首;山脚下有一块方圆数英里之内唯一的高地,也是自洞庭湖而上长江开始进入山区的地方,长江水曾经冲垮这里的右岸,淹没了右岸外的土地。

长江至此发生了变化,结束了其蜿蜒曲折的河道。这里的河道平均宽度约为0.5英里,然而不时也有宽约1英里的河道。河流中不时露出浅平的岛屿,很多地方为浅水区。丰水期的景观甚至更加单调,这里几乎每年都会发洪水,看上去基本上就成为巨大的内陆海,唯一可见的通航标志就是被淹没村庄的房顶或是形状怪异的树梢。

到了郝穴村,河道的宽度窄到只有700码。据说这里的河岸以每年30码的速度向后退却。这里修建的大坝离河道很近,沿着河道若即若离地一直延伸到沙市。

到了沙市附近,这里的地势显得更为平坦低洼,一些地方处于水位线之下,每年的大部分时间都为沼泽湿地。沙市城内外所有不在高地上的建筑区都处于长江的夏季水位之下。为了免受水淹之灾,沙市城周围建起了坚固的石灰岩城墙。在沙市入河口的西边修建有一座精美的七层宝塔,长江在沙市处河面略窄。

沙市的中文字面意思是“沙石市场”,不过,其得名也许是因为这里作为人类聚居地或是市场是建立在沙滩之上的。

沙市坐落于长江左岸,沿河岸延伸大约4英里左右,这座城镇没有城墙,也不宏伟,不过却具有十分重要的地位,这不仅因为这里是棉花产地和转运港口,而且这里还处于运河和水道网的中心,是华中地区东西与南北两条最重要的商业航路的交叉口,具有重要的战略地位。

汉江于沙市附近距离长江仅30英里,沙市距离汉口273英里,汉江却要流到汉口那里才与长江汇合。不过,从沙市到汉口的陆路距离要近得多,(译者注:不走长江和汉江的)内陆水路也要更短一些,不过内陆河道的水要少得多,因此只能通航小型船只。

与汉口之间的交通有两条主要的运河:一条是通往荆州,过沙市以北的长湖和汉江上的沙洋,距离在160英里左右;第二条是通过扁河,扁河呈东西向通过几个小湖泊,于阿什比岛(团洲,Ashby Island)(浅水航道)以南已经提及的青铜口(音,Tsintungkow)和汉口以上仅7英里的灌口(音,Kwankow)处汇入长江。后一水路据说冬天水位不足以通航。

沙市以上几英里与汉口之间的水上交通可通过太平河到达洞庭湖西部,从那里几乎可以到达任何地方。与贵州省及其以南的交通是通过沅江。联接湖北与四川之间原来有三条主要的贸易航道:第一是北线，现在已废弃不用，沿渠河至绥定，在新阳处汇入汉江；第二条是中线，从陆路到达宜都，再从宜都通过水路通过沙市；最后一条是南线，主要是水上航线，通过涪州（位于重庆以下约60英里处）的涪陵河过两省边界，再沿沅江而下到达常德和洞庭湖。南线曾是通往南方的主要航线，蒸汽动力船舶出现以后，中线成为主要的航线。

不过，这些航线尽管颇具历史，但从中国历史的角度来看，它们并非十分古老。长沙的牧师沃伦指出，成书于约公元前600年的《尚书·禹贡》中介绍了中国当时所有的已知水路交通，其中并未提及长江以南的任何河流或支流，湖南的整个水系都被未提及，这也许可以说明湖南当时仍尚未为人所知。

尽管从中国历史的角度来看沙市无足轻重，但作为其姐妹城市的江陵，或称荆州，则大不相同，古时的江陵为寨墙高筑的大城，距沙市西北约三四英里，其南边围墙与河岸走向平行，但距河岸1.5英里。这里曾三次成为国都：一次是公元前722—前481年的楚国，一次是公元552年的南朝后梁（译者注：公元555年，西魏36岁的蔡詧在江陵即皇帝位，史称后梁或西梁），还有一次是公元10世纪初的荆州节度使高季兴在江陵称王，建南平国。在江陵周围，军阀之间为争夺霸权发生了无数的战斗。公元201年，在统治四川前，著名的刘备从吴国手中兼并了荆州，吴国与刘备为了争夺荆州的控制权不断地谈判与战争。后来被推崇为“武圣”的中国军事英雄关羽曾经是这一重要战区的驻守指挥官，这一三角形区域包括了襄阳、樊城、当阳、宜昌、江陵和沙市等重要据点。他赢得的最大胜利是在樊城用汉江水淹没了魏国的七支来犯大军。当武装战船在沿长江或汉江上游作战时，包括骑兵在内的部队会视哪一方占据进攻优势，随战船在当阳至金门一线（译者注：通往宜昌的陆路门户）上下行进。

我们已经介绍过，沙市坐落于一片巨大的平原之上，其往南和西方面50英里、往东100英里范围内都没有任何高地或是山脉，平原延伸到此范围之外，才偶尔有山峦阻隔。天生如此，因此毫不奇怪这里的居民只能对夏季泛滥的洪水听天由命，夏季的河水水位经常漫过堤坝。最近一次洪涝发生于1909年，当时两岸都遭受了洪灾，因为长江和汉江都决堤了，决堤点一处是沙阳，另一处就在沙市。河水漫到了屋檐，造成了大范围的贫困与苦难。

沙市以北的平原延伸只有约15英里。沿河道而上有一条弯流向西进入荆州范围，在荆州东南的太平河口冲积形成了一个三角洲。下一个城镇是江口，距沙市约20英里，接下来是一个叫作董市的大村庄，位于一条溪流以西的长江左岸，这条溪流上有一座规模宏伟的寺庙。从此往上，冲积平原首次出现了变化，鹅卵石的河滩和逐渐升高的地势成为这里新的特点，长江到了这里已经出现了部分的石质河床，邻近的土壤为黏土或沙砾。出现了第一座山峰；再往前到“毛家场”以上，右岸变得陡峭起来，很多地方的高度达到了200英尺。到了洋溪村，右岸可以挖到石灰，制作红砖瓦。洋溪村往上约3英里是景色夺目的枝江城，枝江周围有城墙，西南方的山峰上有一座宝塔。

到了这里可以在东边的低矮陡岸上看到桃红色的石灰石。从这里再往前行，长江两岸就穿行于山区，不时可经过里面含有石英和石灰石的十分粗糙的砾岩构成的绝壁。往西看差不多都是同样的质地，不时有峡谷和裂缝，有些峡谷和裂缝规模很大。一条叫作清江的支流穿过西边的山脉，在城墙高垒的宜都汇入长江。四川南部的贸易航线也在这里与长江汇合。过去沿着这条古老的商贸航线运输的产品主要有盐、糖和烟草、大麻、香料和鸦片、药品、丝绸、石蜡、桐油和黄金，这些物资只是这个富饶省份无穷无尽的财富中的一部分。清江汇入长江时河道成直角，因而给入口处的河床造成了特别的影响，形成了一个沙洲，鹅卵石的沙坝上沉积着淤泥。沙洲位于河流中央，其两边与河岸之间水流较浅。

宜都往上10英里、距宜昌也是10英里就是长江上的第一个峡谷，被称为“虎牙峡”。虎牙峡约2英里长，宽800～900码，两边是粗糙砾岩的陡峭悬崖。由于这里没有纤道，船只无法拉纤行进，因此只能依靠船帆或是划桨通过。幸运的是，这里的风几乎都是东南向的。

这个峡谷得名于一块据说形状酷似虎牙的岩石。过去人们常说，外国人是无法通过虎牙峡的，因为他们会像绵羊一样被老虎吃掉。这是一种中国人喜欢的文字游戏，因为绵羊的“羊”字的发音和指外国的“洋”字的发音是一样的。

长江在虎牙滩以上就进行宜昌境内和宜昌峡谷，整个航程的右岸都是山峰。

宜昌是辽阔的湖北平原与富饶而道路崎岖的四川之间的门户，宜昌距汉口363英里，距东海约1000英里。宜昌坐落于长江左岸，溯流而上在距宜昌还有17英里时就可以看到宜昌城下那座纤细的宝塔和港口来往船舶冒出的烟雾。这里的河岸地势更高，河岸为粗糙砾岩与沙石的混合质地，透水性很好。右岸以上直接就是山区。这里的气候是长江上最温和的，冬天要比其他大多数港口更为干燥和暖和，夏季则有宜人的微风。这里的植物也属于温和的亚热带性质，种类很多，从棉花、冬小麦、大麦、豌豆和蚕豆，到水稻、罂粟和桐油果，几乎什么都有。这里的水果产量也很充足，特别是橘子。不过，这里并没有属于当地的商业或是值得称道的产品，其毋庸置疑的重要性只是由于地理位置，因为这里是货物转运的理想中转地，来自通航条件较好的长江中下游的船只来到这里，将货物转运到为适应长江上游的急流险滩特别建造的其他船只上。

宜昌港口的驻泊条件很好，港口离下坝岛不远，靠近长江左岸，就在宜昌城原来的城墙之上，这样的地理位置使其每年有八个月的时间可以免受急流的影响，而右岸则为强劲巨大的急流。在一年的大部分时间里，下坝岛可通过一条狭窄的地峡与岸边联通。

宜昌处于长江上的重要位置，这里总体上地势平坦，坐落于盆地之中，周围都是逐渐抬升的山丘。紧挨着宜昌城后面是低矮的红黏土丘陵。这里连绵起伏的广阔山丘上到处都是巨大的坟墓。通往宜昌城的所有道路都要经过或是绕过这些巨大的古墓地，活人好像都处于死人大军的包围之中。

右岸的山丘看起来好似一个个的金字塔，高度从500到600英尺不等，好似从水边拔地而起，从背后绵延群山中延伸出来的山梁和山谷将这些山丘联接在了一起。正对着宜昌城有一座三角形的山峰，高度572英尺，中国人称之为孤山(今名“磨基山”)，意为“孤独之山”，有时也被通俗地称作“葛道山”(或“郭道山”)，相传道家名士(葛洪)曾在此山炼丹。山脚下建有一座小寺庙，曾住有当地一位僧侣，他化缘时尽量不给人添麻烦，而是在一根长竹竿顶端挂上小篮子，招徕过往的船只。当地的占卜师相信，根据中国人特别信奉的风水说，磨基山奇特的位置和形状对宜昌城的繁荣特别不利，宜昌学子在三年一次的科举考试中鲜有成功正是由于磨基山的风水不好。当地的商人群体同样也受到了坏风水的影响，肥水常流外人田。

于是当地人募集了相当于一万美元在宜昌城后1200英尺高的山上建造了一座佛教寺庙，其高度与江对岸金字塔形的山峰一样，这样就可以镇住风水了。尽管如此，还是有人认为寺庙修建的地方不对，或是这座宽敞的三层寺庙还不够高，不能达到最佳的镇风水效果。

宜昌及其周边曾多次往来过战船与军队，屡经大战的洗礼。古代最大的战斗发生于公元222年，当时蜀国的刘备因其结拜兄弟关羽被吴国军队杀害而奋起复仇，但被击败，无功而返。

刘备大约100万大军驻扎于长江沿线相当大的范围内；但吴国军队机智地进行了侧翼机动，并派火船攻击，焚烧了刘备的军营，打垮了他的军队。刘备此后不久就卒于四川与湖北边界长江边的白帝城。

除了显著的地理位置以及长江边栉比鳞次的房顶形成的不规则线条外，宜昌其他并无什么值得关注的地方，况且带有六七个漂亮城门的锯齿形城墙已经被拆除。当地一些工匠制作的一些物品对游客很有吸引力，特别是著名的宜昌船模，同样著名的还有宜昌荆棘手杖，以及同样体现复杂精巧技艺造诣的精美银制品。

上面已经提及，宜昌是长江上游航路的转运中心。这里的河道变窄，只有1300英尺宽。蒸汽船锚泊在水流相对平缓的浅水区，长江上游船只则系泊于岸边，悠闲地等待着去往重庆充满危险的漫长航程。

荆帮划子

根据船工们的说法，荆帮划子是从扁子和麻阳子演化而来的，扁子和麻阳子都来自湘江地区。荆帮划子与后面介绍的荆帮船也有很多相通之处。

荆帮划子为高侧舷，其长度约为宽度的5倍，船艏宽大高翘，带有很大的突出部，方船艉。沿船舷有足够的空间供撑篙人来回走动，不过只有航行于汉口与沙市之间的内陆浅水河道时才经常使用撑篙。

荆帮划子通常为单桅杆，通常是将桅杆安装于艄部来保持船帆的平衡。

如图23-1所示的荆帮划子长55英尺，宽11英尺，深4.5英尺，载重约20吨。

船壳以10道舱壁和4道半舱壁进行加固，整体结构十分坚固。船艏与第一道半舱壁之间的最前面舱室用作锚链舱。

梢麻阳

梢麻阳是一种中型吃水货船，通常航行于宜昌与沙市之间，最远可达汉口，甚至可到重庆上游。

如图23-2所示为十分具有代表性的“梢麻阳”长85英尺，宽16英尺。从船侧看，很容易将其误认为长沙的内河船，且与长江上游的南河船也十分相似，区别在于船艉防浪损的拱形架形状，“梢麻阳”的拱形架为圆形而不带有拐角，这样船舷侧通道可以从船艏一直通到船艉，便于在长江中游的浅水航行时撑篙人来回移动。

梢麻阳是一种有趣的船型，在建造设计上综合了多种船型的特点。通常的布局设计与中型吃水不仅使其可在宜昌与沙市之间适合浅吃水船型的浅水航道航行，而且可航行于长江上游的急流漩涡之中，深吃水船型通常都适合在急流中航行。

荆帮船

宜昌与观音洲之间的长江河段被船工们称为荆河，得名于沙市附近重要的城镇荆州，荆州在三国时期也十分著名，因此“荆帮船”可理解为荆州河帮的船只。

荆帮船属于麻阳子船系，其通常也航行于这一区域，即从沙市或汉口到宜昌，有时也远至重庆，荆帮船与长江中游及上游的船舶有一些共同之处，这并不奇怪，特别是宽大的高船艏、粗重的横梁，还有撑篙通道，这是长江上游急流航行船只的设计之一，实际上也是长江中游船舶的特点。

荆帮船通常建造于宜都。船底为杉木材质，船壳为柏木材质。很常见的荆帮船长为63英尺，宽11

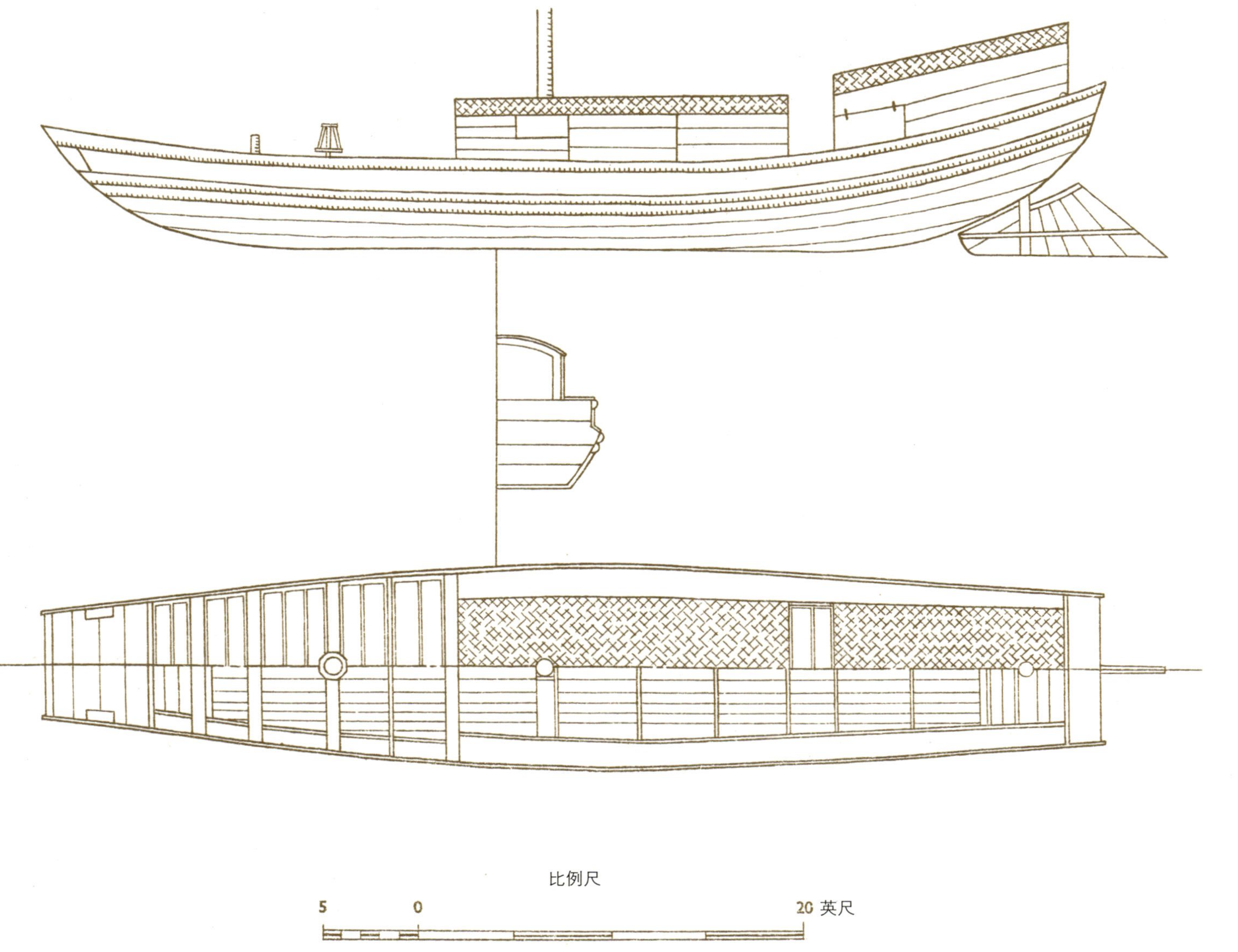

图23-1 荆帮划子

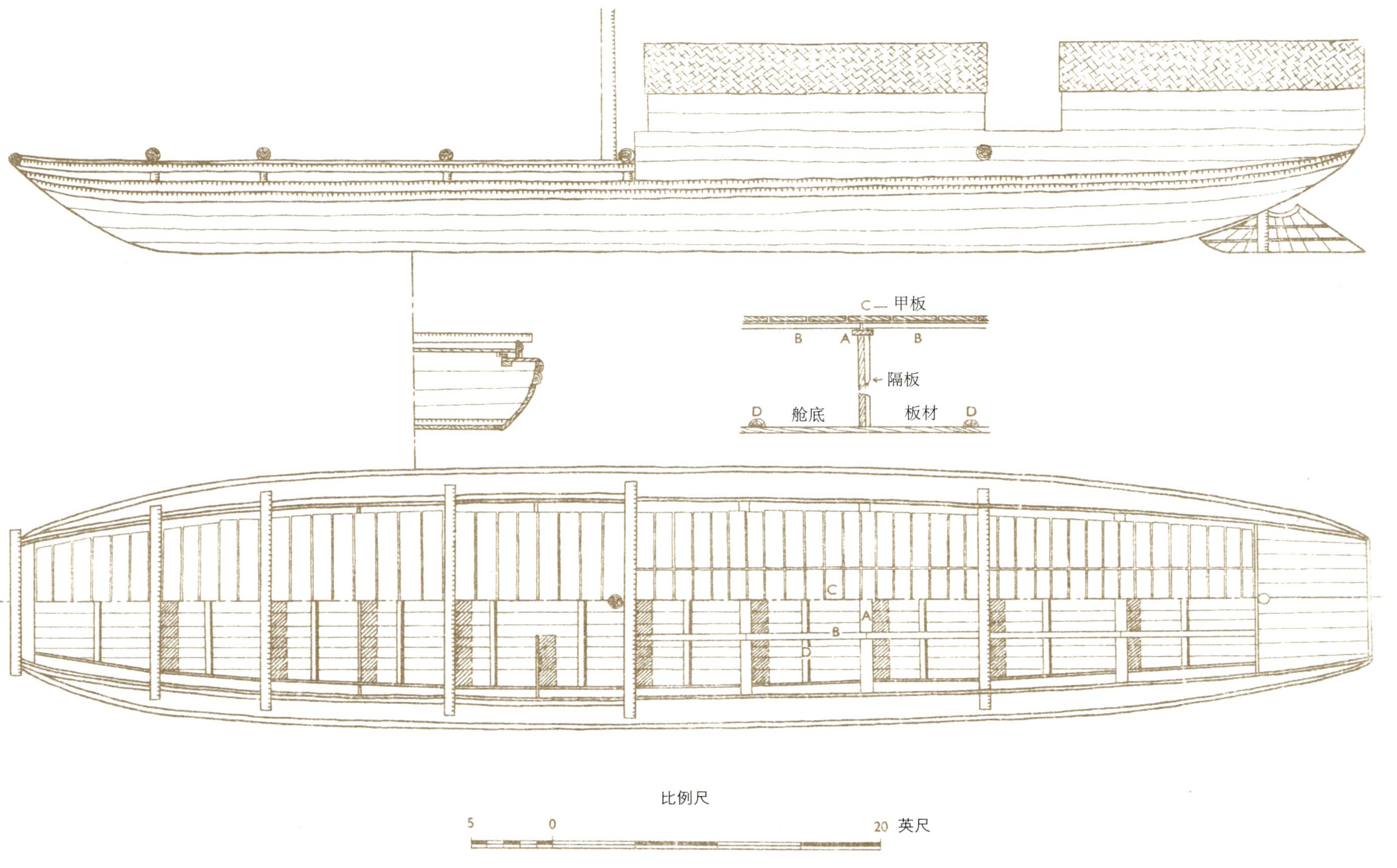

图23-2 梢麻阳

英尺，载重约为 500 担，如图 23－3 所示。荆帮船在甲板横梁上还绑定有横梁。这些横梁是活动的，只有在长江上游的急流中航行时才用来加固船体结构。

厨房位于左舷，厨房在隔离空舱上面的天井里，并有 9 英寸的沉降，安装有废水溜槽。船上横向安装有一个高 1.5 英尺的箱子，用作船老大掌舵用的驾驶台。除了这些细小的差别外，整个船体基本上是水平的，甲板线则有柔缓的弯曲，从船艏处的 4 英尺抬升到船艉部的 8 英尺。

甲板船楼的建造较轻便，有席棚房顶和用薄木板搭成的斜面，椽条安装于甲板横梁上，头顶空间有 4.5 英尺。船楼两边下方和艉部肋板处是宽敞的过道。

这种船型很受船工们的欢迎，他们认为，这样的小船在急流中有如此卓越的航行能力实属不凡，由于其吃水较浅，且操作简便，因此也是内河水道的理想船型。

荆帮船在构造上将力量与简洁集于一身。

内 河 船

内河船的舷侧和外观很像梢麻阳和长江上游的南河船。不过，仔细研究会发现其船艏和船艉最具特点。

内河船的船体宽大笨重，目的是以最小的吃水承载最大的载重。如图 23－4 所示的内河船长 80 英尺，宽 14 英尺。两个巨大的货舱由隔离舱分隔开。船体腰部有两个中心舱口可通往货舱，舱口边有低围板，舱盖为部分活动式的。

船体结构坚固，为柏木材质，船体以一根内龙骨和舭部拐弯处的两根边龙骨进行了加固，并有 4 道舱壁，使船体具有所需的足够承载力。舱底中心为平坦的船底，然后开始沿横向纵向弯曲。

两块粗重的船底板为船体提供了更强的坚固程度。较低的龙骨翼板有相当的弯曲度，一端联接箱状的高翘船艏，另一端联接特别宽大的船艉。

船艏末端为一根嵌入船体结构内的粗重横梁，下面是与船底板翘起的上端联接在一起的挡板或双层木板。船上安装有两个带环销钉，与一个船钩联接起来，共同用于系缚升降副索信号旗。两个系缆柱之间安装有一个泥滩锚。

船艉相对宽大，只有稍微的抬升。不同寻常之处在于其为水平的木板。艉部船楼位于两侧，后面为席子搭成。内河船是建造坚固的浅水货船的很好样本。

宜 昌 驳 船

宜昌驳船并无什么令人感兴趣的地方，本身也没有原创的设计。宜昌驳船通常用于将货物从锚泊在江中的蒸汽船上转运到岸上。如图 23－5 所示的是一艘拖驳船。这些索然无趣的船只主要用于将货物从宜昌运到宜都，因此是顺流行驶；这些驳船通常由老旧的汽艇拖曳。

宜昌驳船上有一根桅杆和船帆，在风力风向适宜时使用，船上也装有橹，用于短距离移动。

船员生活在一间小的甲板船楼里，船老大可以有一张铺位。

宜昌驳船有 15 道舱壁，结构十分坚固，事实上所有的驳船都需如此。三条粗重的槲木更增加了船体的坚固性。

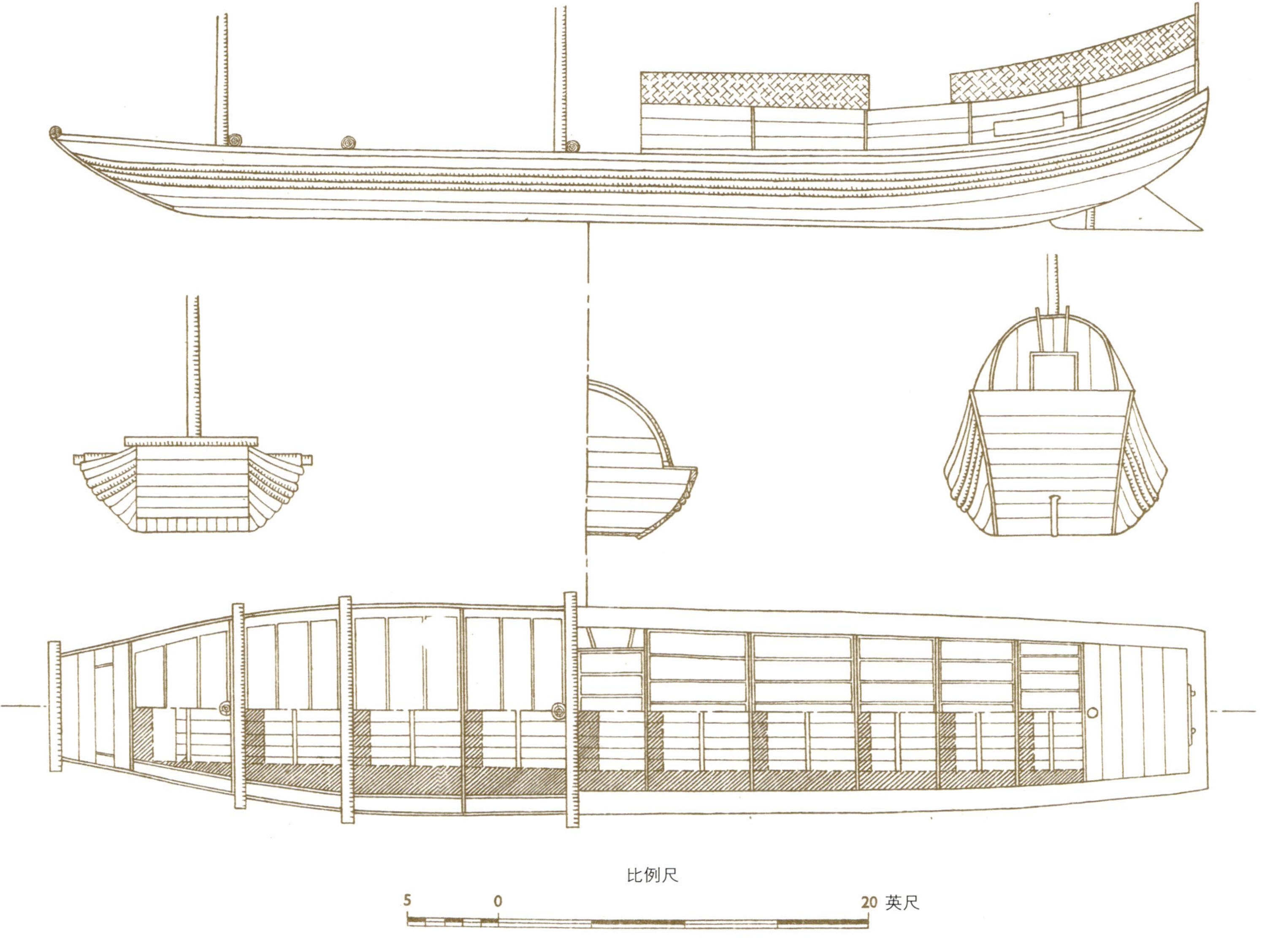

图23-3 荆帮船

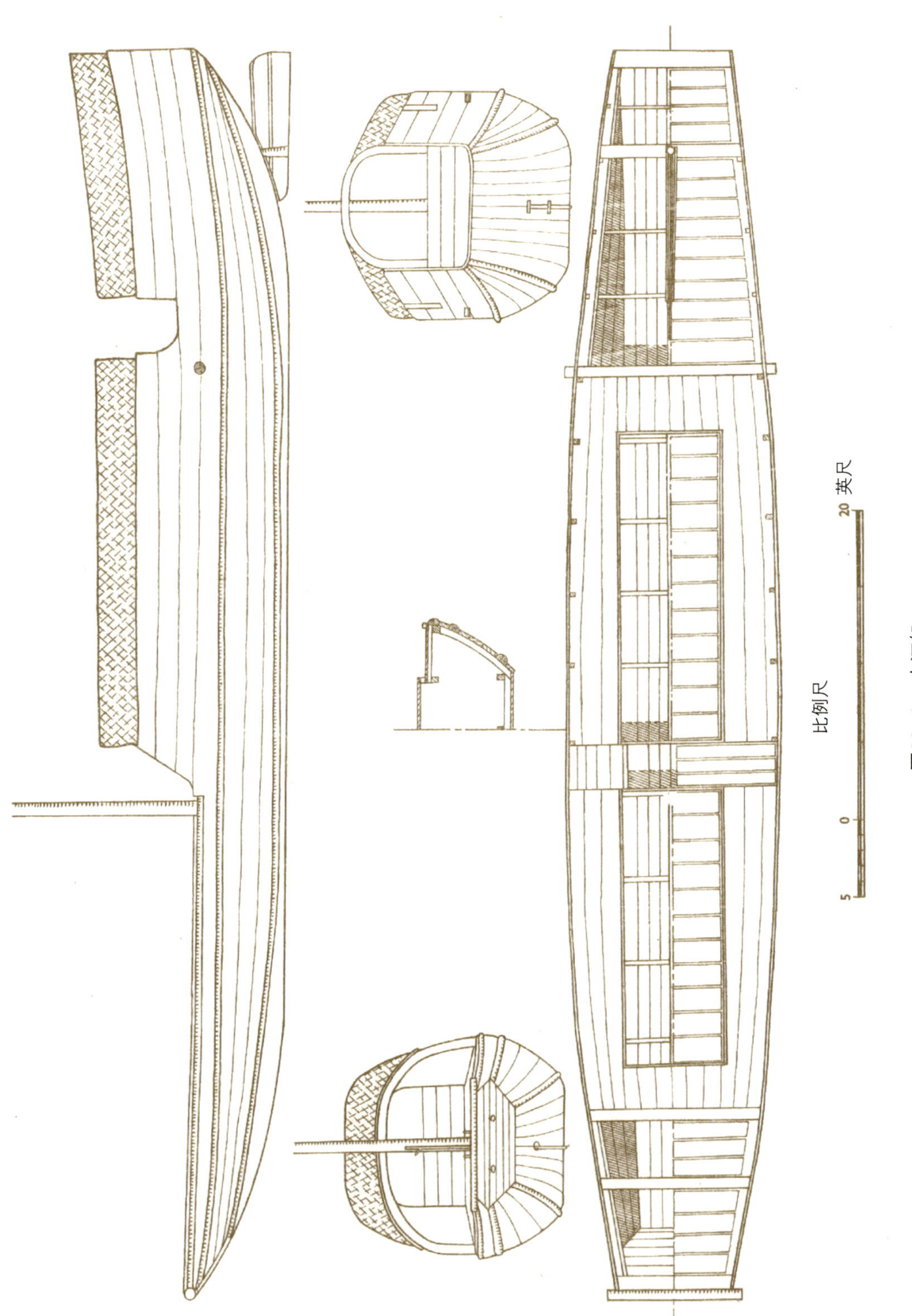

图23-4 内河船

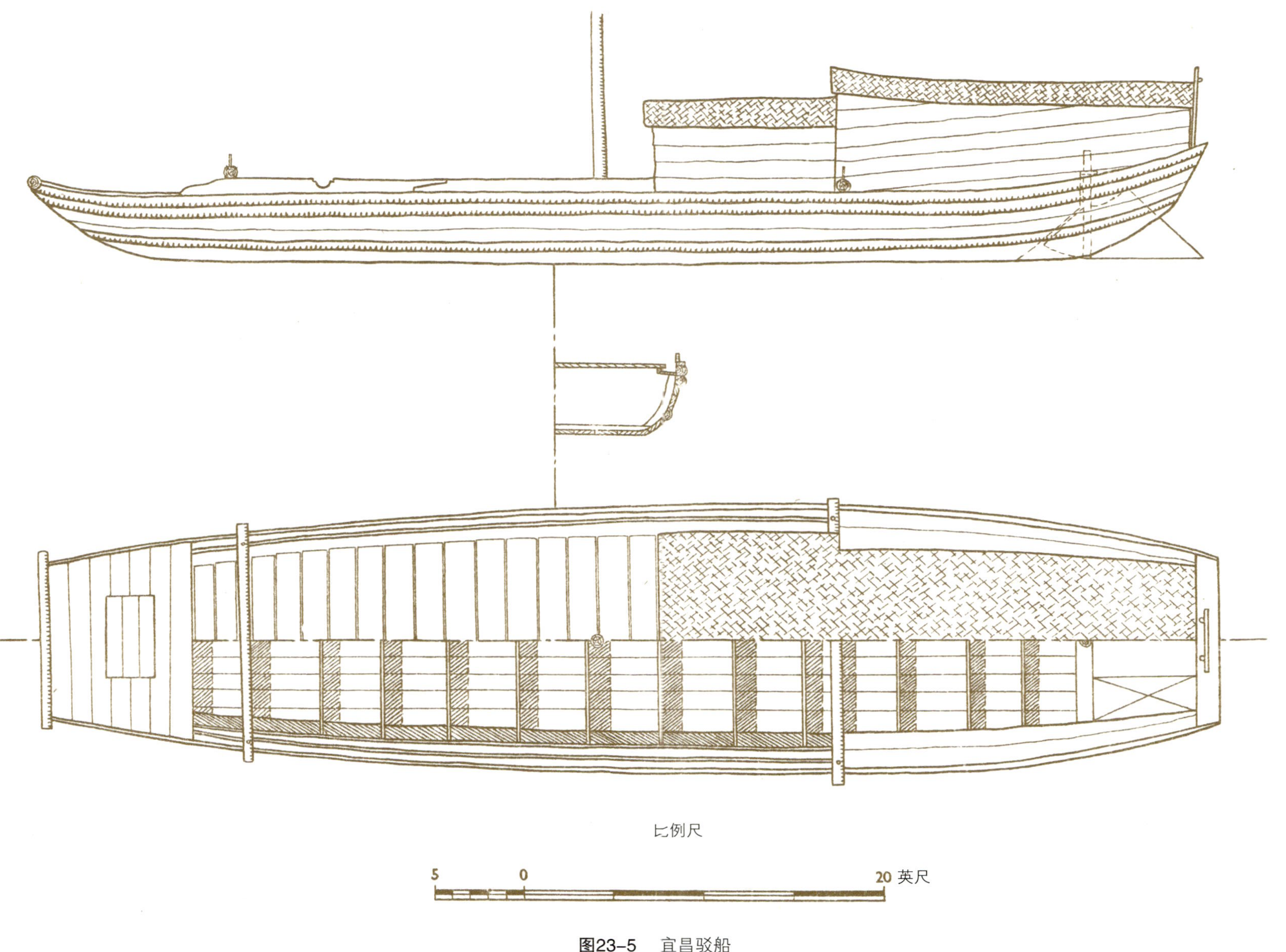

图23-5 宜昌驳船

宜昌龙舟

汨罗江于磊石山附近汇入洞庭湖。公元前4世纪，诗人屈原正是在这里投江自尽的。屈原并非第一位投江自尽的历史人物，作为结束生命的理想之地，洞庭湖似乎总是受到历史和传奇人物的钟爱。不过，屈原是至今最著名的，洞庭湖总是与屈原联系在一起。

根据历史传说，屈原是约2200年前战国时代楚国楚怀王统治时期的一名官员。由于一名奸诈官员的诽谤，屈原被削职。此后屈原过着孤独悲伤的生活，在此期间，他创作了著名的《离骚》，这是一首关于"遭遇悲伤"的挽歌。这首著名的诗篇已被译成了英文，最好地体现了作者的朴素与苦行的纯洁，他是当时政治腐败的黑暗之中的一盏明灯。

到了楚怀王的继任顷襄王时期，屈原又被获准进入宫廷，但再次遭到诽谤和迫害，结果是再次的失望。后来他又创作了《九歌》，之后他跳入湖南的汨罗江，溺水身亡。

尽管当时无法实现他的理想，但屈原后来以崇高、忠诚、正直和才智的形象为每个中国人所怀念。此后，为纪念屈原的死，当时的人们将金字塔状的糯米粽子扔进江里作为供奉的祭品，后来这一传统流传开来，每年五月初五和十五都可以见到众多船只在江上竞相追逐，象征着努力找回这位诗人的遗体。

在中国分布广泛的各内河港口，龙舟差别很大。宜昌龙舟是长而纤细的赛艇形状。虽然可以说龙舟源于洞庭湖，但洞庭湖边的人们对龙舟赛并非特别热衷。因此，宜昌龙舟就成为长江中游龙舟的代表船型。

如图23－6所示的龙舟十分有趣，是中国龙舟比赛中所用最小的船型。这种龙舟长4丈4尺。最大的龙舟可达10丈10尺。惯例是所有的龙舟，不管规格如何，其长度的丈数和尺数必须相同。

关于龙舟的大多数常见惯例都是源自宜昌，例如根据龙舟的颜色来命名四种风向，即红、黑、黄和白。腰间系着带子的龙舟划桨手都穿着色彩喜庆的短褂参赛。宜昌龙舟典礼的一个显著特点是，比赛前船员身披红色的宽绶带，头上系着黑色手帕扎成的头巾沿街游行，游行队伍前面是大的船头开道，带着龙头和龙尾，游行结束后就将龙头和龙尾装到龙舟的船艏和船艉。

敲锣的人通常站在船头。当地的风俗是，如果有希望表彰的官员或是显要人物，就邀请他坐在龙舟上参加正式比赛前的练习。被邀请的人会因此"缴纳一定的会费"，不管数额多少。

来自北门附近或附近小村庄的龙舟为红色或黄色，而来自其他城门区的龙舟为黑色或白色。来自宜昌以上46英里的秭归小镇的龙舟每年都会来到宜昌参加龙舟赛，从此可见这一活动受欢迎的程度。

如图23－6所示的龙舟是宜昌海关的龙舟，叫作黑船。与通常的做法不同，这种船在比赛结束不会被拆除，而是保留下来每年反复使用，图中所示的这条龙舟已经有25年的历史了。这条龙舟由海关的船工负责保养和维修，他们基本不参加龙舟赛。

在宜昌，龙舟节期间通常天气很好，龙舟节也是一年中最受欢迎的节日之一。龙舟赛会激起各支参赛队的支持者们广泛的兴趣，他们会以老练挑剔的眼光来观看龙舟，后者在疯狂搜寻屈原遗体的比赛中竞相追逐。

宜昌水鞋

这种奇特的船型是中国使用的最小舢板。

宜昌"水鞋"的设计曾是用于在内陆特别浅的水塘里使用提网捕鱼，也可用于深度不大、便于撑篙的

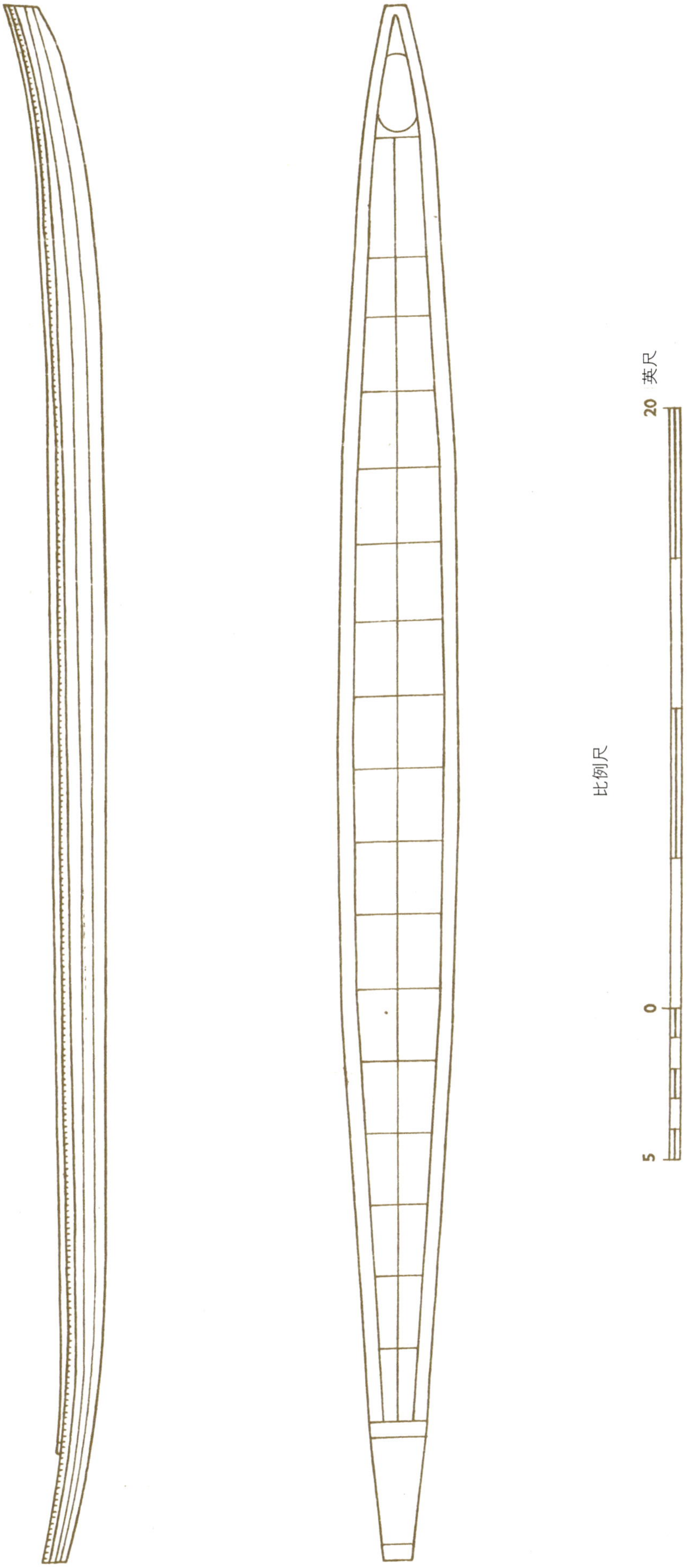

比例尺

英尺

20

0

5

图23-6　宜昌龙舟

静水航行，撑篙是宜昌“水鞋”唯一的驱动方式。

宜昌及其周边的湖泊池塘大量使用这种船。如图 23－7 显示的宜昌“水鞋”看上去就像一双雪地靴，因为它是由一对微型舢板组成的，舢板为常规的双尾方船艏型，长度只有 5.5 英尺左右，宽为 9 英寸，深约 7 英寸。两个舢板间隔约五六英寸，用两块木头联接起来。

操作者站在中间的横木上，掌握平衡需要长期的训练，这种平衡感的掌握也许足以和高空走钢丝的人相媲美，操作者不仅要努力保持直立位置，而且还要撑篙使船来回移动，这样好灵巧地撒网捕鱼。捕鱼结束时，他可以用肩扛着水鞋回家。

陕西渭水上也大量使用这种“水鞋”，渔民站在联接两个舢板的独木上，利用鸬鹚来替他捕鱼。

宜昌住家船和茶楼船

宜昌坐落于一片砾岩高地中，这片高地刚刚高出长江的平均高水位。冬天由于水位下降，长长的低矮沙嘴几乎占据了夏天河面宽度的三分之一。

冬天来临时，露出这片广阔的沙岸时就会涌现出大片的棚户群，成排的各种大小和形状的住家船也会系泊在泥滩上，这些流动的住宅形成了一片郊区。与长江上游的住家船一样，这些住家船也是由各种船型、规格的老旧船只组成的，船只板材的腐朽程度也千差万别。因为只有相当富裕的人能够买得起一点板材，所以一般使用不能再用作船材的木材。木材有时候是买的，但大多数经常是要来的。邻居的房子失火后也许会留下一两块木板。江上船只失事后遗失的木材则是他们十分想得到的意外之财，因为长江上有一条不成文的规矩，即只要有可能，江上漂来的木头一般是不会归还给主人的。

理想的住家船是在小船之上搭建起住人的棚子，无数这样的船上生活着成千上万没有其他安身之所的宜昌人。鸡鸭、猫狗和猪经常与主人平等地生活在这些住家船上。

事实上，这些水上居民要比那些城市贫民强得多。他们不用受单调街道和低矮房顶的约束，可以享受露天下的流动生活，观看到不断变化的风景。水的供应根本不是问题，他们也不用担心洪水泛滥和疾病流行，因为发生洪水时，他们可以从江中捡拾到漂浮物；流行疾病来临时，他们可以方便地搬离病症发生地，他们的家当可以随身带走。

在这些简陋住家聚集的地方，大一点的船有一种鹤立鸡群的感觉。这些大一点的船就是茶楼船，属于长江中游港口这种流动郊区中的贵族。每当江中有蒸汽船到来时，只要岸边的水位允许，这些笨重的茶楼船就会使用粗糙的船桨在撑篙的帮助下驶离岸边，有时会沿岸边将船拉到离开港口内住家船前面很远的地方。离开江边的棚户区后，他们会偏航进入江中心的急流当中，顺着水流小心前行，依靠神奇的准确判断，伴以大声的叫嚷和制造的声响，他们得以成功在蒸汽船艉部占据一个停泊点。茶楼船的船艏几乎挨着蒸汽船的护板，这样当船艏部的整个通道打开时，蒸汽船上饥渴的乘客就可以很容易地进到茶楼船上来。

如图 23－8 所示的这艘茶楼船叫作“迎龙茶社”。它是在长江上游不堪使用的保湾船（音，pao-wan-ch'uan）的基础上建造的，无论从哪个角度来讲，保湾船都很适合改造成茶楼船。展示的这个样品无疑已经在长江峡谷的急流险滩中航行了多年，不过尽管如此，船况还是相当不错的。

迎龙茶社长 52 英尺，宽 15 英尺，在船壳方面与保湾船没有什么差别。其上层舱空的两边都要高出船甲板 6 英寸左右，由横梁进行支撑。船后部大约三分之一的面积完全搭建起来，形成了两个非常宽敞舒适的住舱，供船主人及他的一大家子人居住。

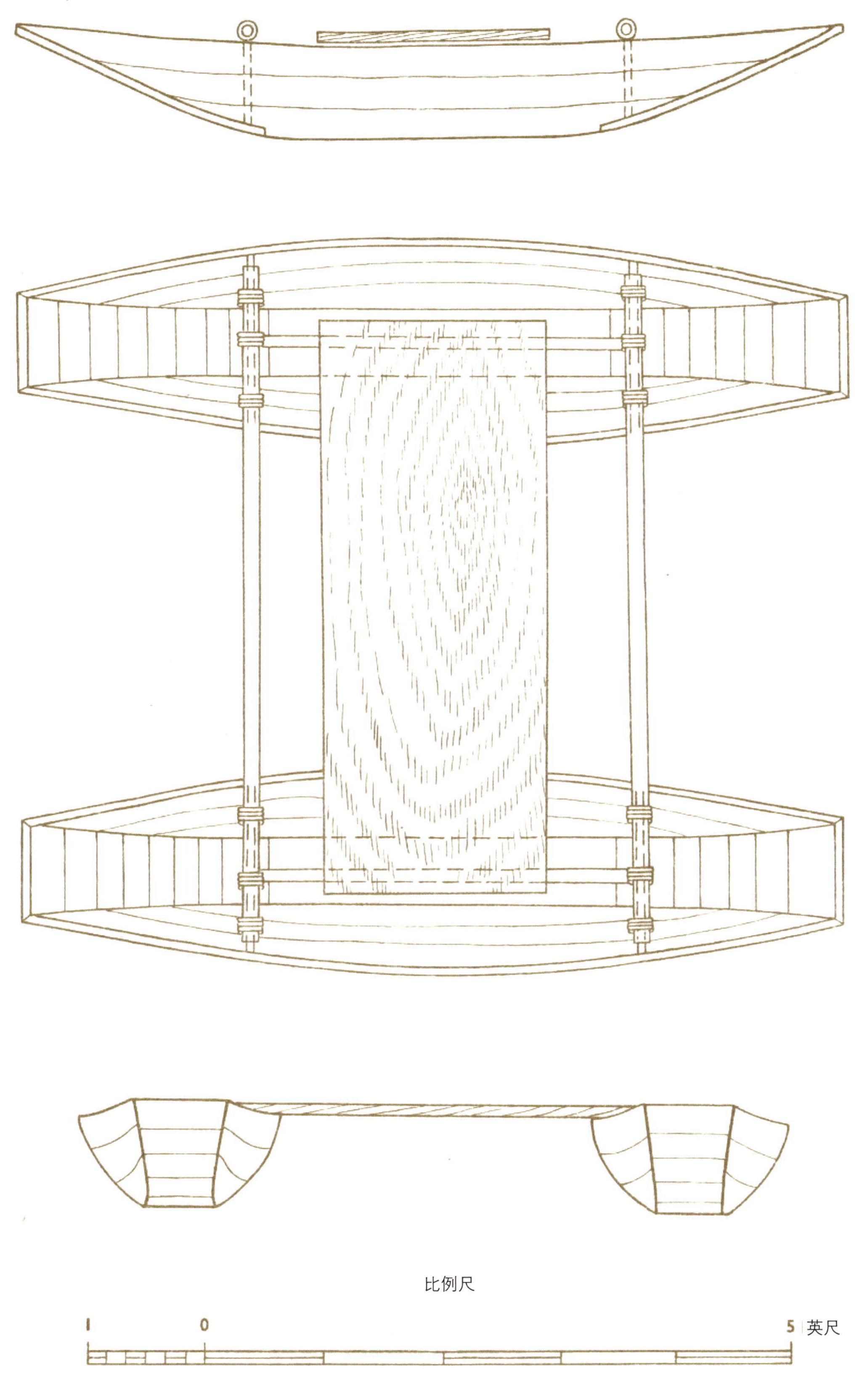

图23－7 宜昌水鞋

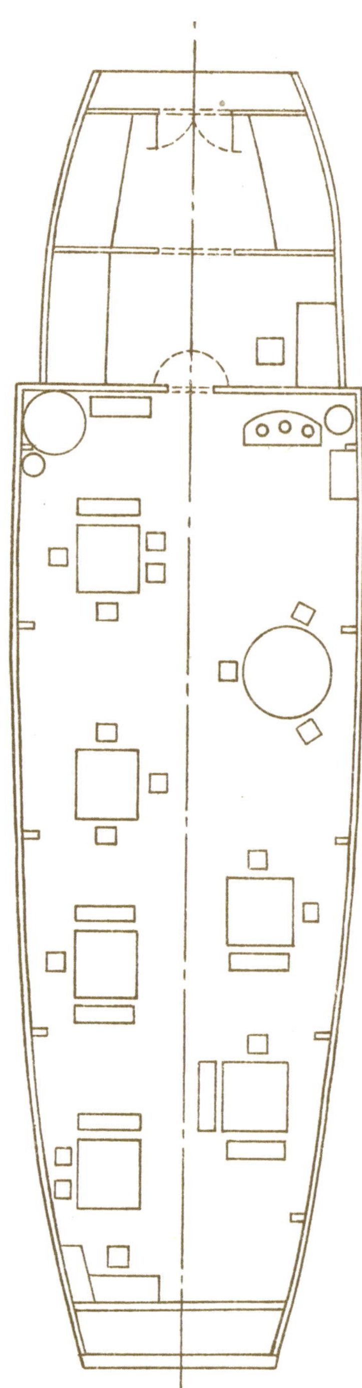

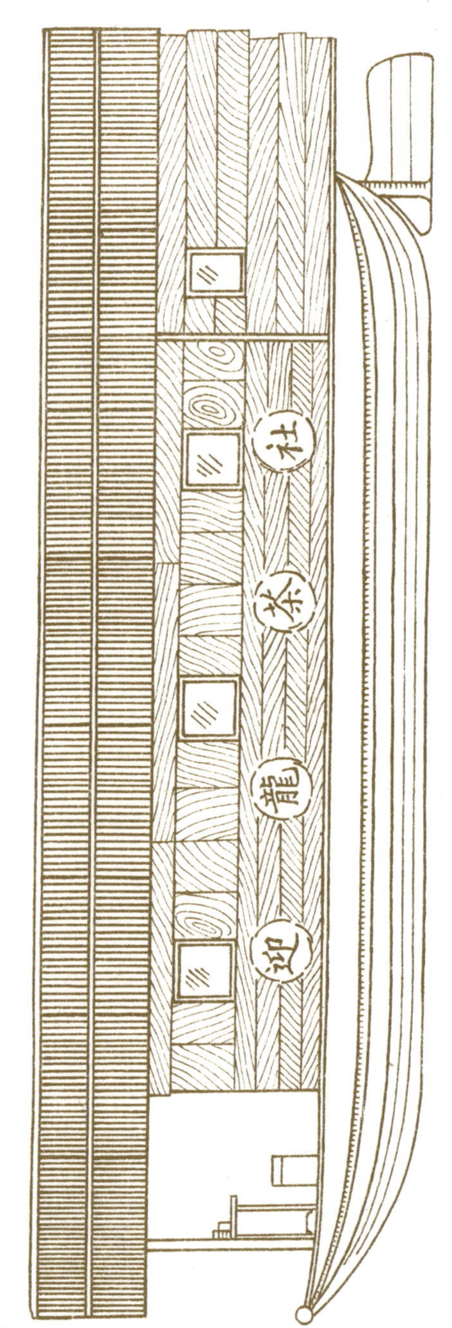

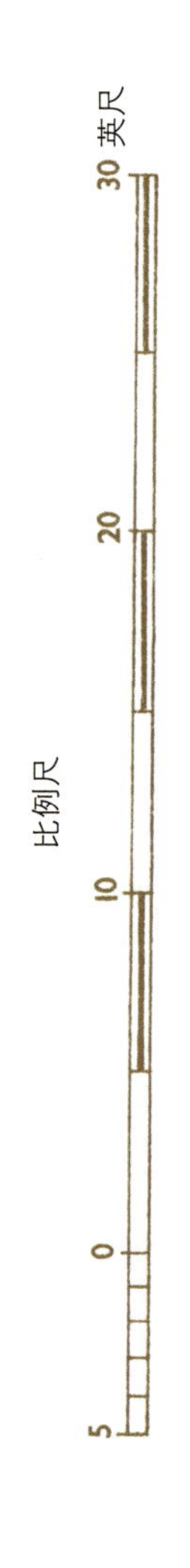

图23-8 宜昌茶楼船

船的其他部分有齐胸高的舷墙，舷墙由不规则的木板拼接而成，两侧的舷墙延伸至船艏正中的入口开门处。整个船体覆盖有草席的顶子。在这个半开放的茶馆里分布着七张小桌子，靠近入口处右舷侧是柜台，船主人的妻子在这里售卖香烟、糖果、花生和葵瓜子。

茶桌后面是一张送餐桌、一个炉子和一个水缸。每个客人面前都摆放有一个没有把手的盖碗，碗底撒有一些茶叶。一个伙计在茶桌间便捷地跑来跑去，不断打问客人的需求，用一个带有2英尺多长壶嘴的锡壶为茶碗添加开水。他站在差不多1码开外的1英尺高处，以难以想象的准确性为每个茶碗加满水，即使加到碗沿也不会洒出一滴，然后再走到下一张桌子前，他在拥挤的客人们中间若无其事地走动，对自己的技能充满了自信，所以哪怕那令人生畏的锡壶离客人的肩头不足几英寸，也没有人会因此害怕。

茶水添了又添。只要付很少的钱就可以在这里呆上一整天，如果愿意的话。通常还会提供甲板椅子作为一种额外的享受，有时会有一艘餐船依靠在茶馆楼船边上，随时为茶楼船上喝茶的客人将做好的炒菜端上来。

冬天茶楼船的两边会挂上竹席，以抵御寒风和冷雨。

茶楼船另一稳定收入渠道是，在喝茶的客人走完以后，允许附近蒸汽船上嫌甲板过于拥挤的客人将其铺盖卷放到茶楼船的地板上过夜。

不管这些茶楼船如何老旧，也不管它们如何不结实，这里有颇受欢迎的温暖淡茶，还可以体察不加粉饰的人类本性，以及其他悠闲乐趣，都会让客人觉得他们付出的茶钱物有所值。

收口麻阳子船

大多数改型的麻阳子船都已不幸地被废弃了，没有留下相关的权威记录，但从我们已经介绍过的敞口麻阳子演化出了一种称为收口麻阳子的颇具特色的船型。这种船型设计用于在长江上游的强劲而危险的急流中运送特定的重货物，这种船虽然更常见于这些水域，但这里却不是它们真正的发源地。

与这种主船型的绝大部分改型船一样，收口麻阳子为炮塔式结构。这种结构的改变是为了使甲板具有更好的水密性，以装载谷物和桐油这样的货物。船工们对于这种结构方式给出了很多谬误性的解释，不过这种结构可以在长江上游的急流中增强船体的坚固程度和防护能力，理由是桶状的东西总要比盒状的东西更结实。

严格地讲，收口麻阳子可算作是长江上游船舶，由于经常见到它们去到远至沙市这样的地方收集棉花运往四川，因此在这一部分的篇幅里只对其作简短的介绍。

简单地说，来自万县的收口麻阳子是张口麻阳子的改型，其船体线条也与长江上游的“麻阳子”类似。

在长江上游出现蒸汽船以前，这些麻阳子是主要的货船，船体也达到了相当的规模，据说有些“麻阳子”的长度达到了150英尺。现在麻阳子通常的长度从小的36英尺到大的110英尺都有。有趣的是，即使再小的麻阳子，其船体线条和特点都与大船相同。

图23－9中选择的样本船长102英尺，宽19英尺，深8.5英尺，为柏木材质，主要用于复杂水况的航行。收口麻阳子有28根特别坚固的半肋骨和7根粗大的横梁，这从总体结构上构成了麻阳子的主要特色。这些横梁在急流航行时使用，因为纤绳就固定在这些横梁上。最粗最结实的横梁是在船艏位置。横梁建造时就嵌入船体结构当中：第一，护板联接到横梁上；第二，以三块铁平板进行固定；最后，两边用

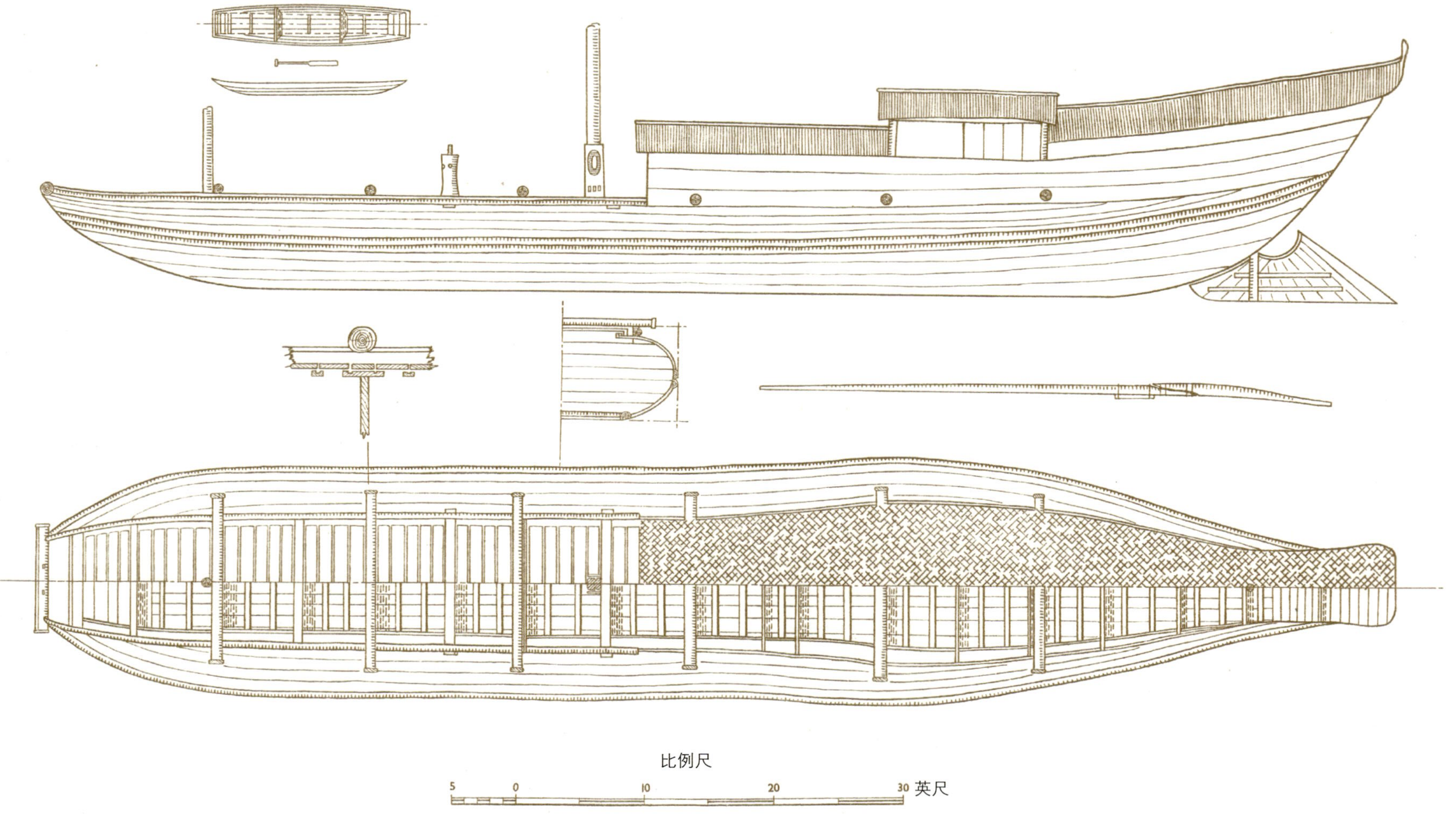

图23-9 收口麻阳子船

铁皮进行了包裹，包裹铁皮的地方包括船艄后面的甲板处、船艄与横梁以上，及船艄至水线以下部分。从图 23－10 中可以看到这种船型桅杆安装、绞盘及其他附件的细节。这是长江中游大多数此类级别船舶的典型装配。

这种船型和诸如麻阳子之类的其他船舶十分相近，不是船工真的难以辨认，它们也许是众多长江船舶中最有名的。在各种中国帆船当中，这种船型的模型制作得最多。按理说，不按比例制作模型是极其困难的事情。但说来也奇怪，尽管它们一定很难制作，但它们却总是和任何没有按比例制作的模型一样精确。也就是说，只要其出自宜昌模型工匠之手。

半　船

最令人感兴趣的住家船之一肯定就是半船，如图 23－11 所示。半船是将一条船横向一劈两半，这样就改成了两个独立的住所。通过家具的精心摆放来调整船体的整齐程度，例如水缸或是洗衣服时通常作为捶衣垫子的大石头。

对于像这种较小的船型，令人好奇的是，在和厨房差不多大小的局促空间里船主人一家是如何睡觉和生活的。可以想象的是，住家船越大，里面的坛坛罐罐就越多，这些坛坛罐罐大小不一，分别供人和家禽使用。

这里介绍的“家”约 21 英尺长，要比常见的宽敞一些，也更高级一些。后面有两张床位，中间带有隔断（这种私密感是其他住家船无法想象的），可容纳带有孩子的两家人。

随着更多孩子的降生，或有穷亲戚需要帮助的，可用木板将住家船向两边拓展，直到最后整条船都铺上了木板。或者，用薄木板在艉部接出一块，就把厨房盖在木板上，以增加面积。

前甲板是做饭和饲养家禽的地方。住家船的一侧凿有一个孔，上面用绳子系着一个草帽，作为这种简易窗户的遮光之用。

生活在这种住家船上可以不用担心土地税、高额的房租和小费，而且也不会感觉到居住条件简陋。

另外还有一种半船，用作对那些不走正道的船工们的违法警示物。如果一条船因不法行为被长江水警抓住，如逃漏税、走私或是其他不法行径，有时会受到极端的惩罚，就是将船锯成两半，竖在河岸上示众，作为对其他人的警示。

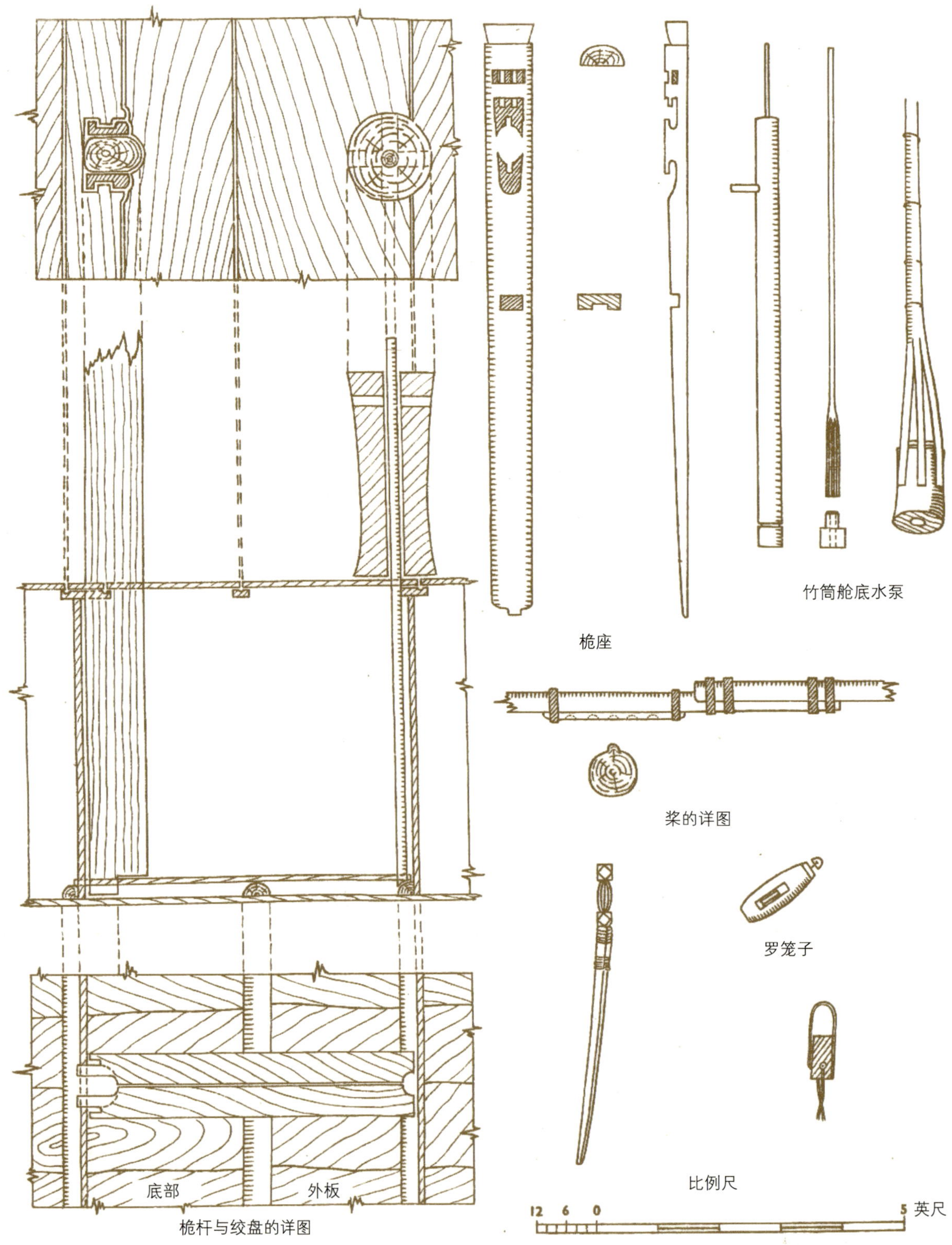

图 23－10 “麻阳子”船的各种装具

图 23－11 半船

– CHAPTER 12 –

THE ESTUARY TO WUHU

THE YENCHENG-CH'UAN, OR SALT CITY BOAT

The Salt City boat is not noteworthy for speed or for grace of line, but, being a half-sister of the Kiangsu trader, she can justly lay claim to a distinguished and ancient ancestry. Her port of origin is Liuho (浏河).

Junks of this type are quite admirable in design and construction, for they are capable of navigating shoal water with a minimum draught and maximum carrying capacity, while at the same time possessing sea-going qualities of a high order.

Made of *sha-mu* (see Fig. 12-1), with camphor-wood bulkheads and frames, its over-all measurement is 104 feet, with a beam of 22 feet and a depth of 7 feet. The main deck is continuous from bow to stern, and the square-shaped abrupt stem terminates in a heavy transverse beam[1] fitted with pin fair-leads.

The 32-foot house[2] fitted with sliding hatches[3] is built on the main deck. It is very low. An attempt at adornment is here seen in the varnished and carved doors. The house is divided into two parts. The foremost end includes the living quarters of some of the crew and box bunk-cabins for the laodah and second hand, while the after-end, including the cockpit, is given up to the galley. Abaft this, through a "moon door," the space at the stern is available for the stowage of pots and pans, washing tubs, and so forth[4].

There are 16 transverse bulkheads[5] made up of planks laid horizontally on edge. Ribs[6], less the futtocks, are built into each bulkhead.

Of the five masts, none is vertical and only two are stepped in the median line. The sails are of the square-headed lug variety and differ little except as regards size from those illustrated for the Kiangsu trader.

A couple of four-fluked anchors are stowed forward. The rope cable is faked on deck, someturns being passed round the upper rail of the bulwarks. A pair of yulohs are carried, and are used in the ordinary standing-up position common in all estuary craft.

The housing of the foremast is a masterpiece of ingenuity (Fig. 12-2). It is stepped, inboard, on the port side, against the bulwarks[1] on the one side and on the other to the single wing of a tabernacle[2]-cum-deck beam[3], grown to shape. It is lashed[4] to another tabernacle[5] wing of similar design and construction outside the port bulwarks. [1] There being no space available for a pin-rail, a moving cleat[6] of novel design is secured to the mast by means of a ring-bolt at top and bottom. [8] The sail, when furled, lodges in the aperture[9] between the mast and the tabernacle. The inboard wing of the tabernacle terminates against the starboard bulwarks[10] and forms a bitt. [11]

The junk is turret-built, with a broad deck[8] superimposed upon it, and derives her main strength from two heavy longitudinals[9] running from bow to stern laid across the bulkheads[5] as well as from four heavy wales[10]. The hull is completely fat-bottomed[11]. The planks run fore and aft except for the bow planking[12], which runs athwartships to a point well below the water-line, where it meets the bottom planks[13].

The method by which the deck planking is secured to the whale-back may be seen from the section on Fig. 12-1.

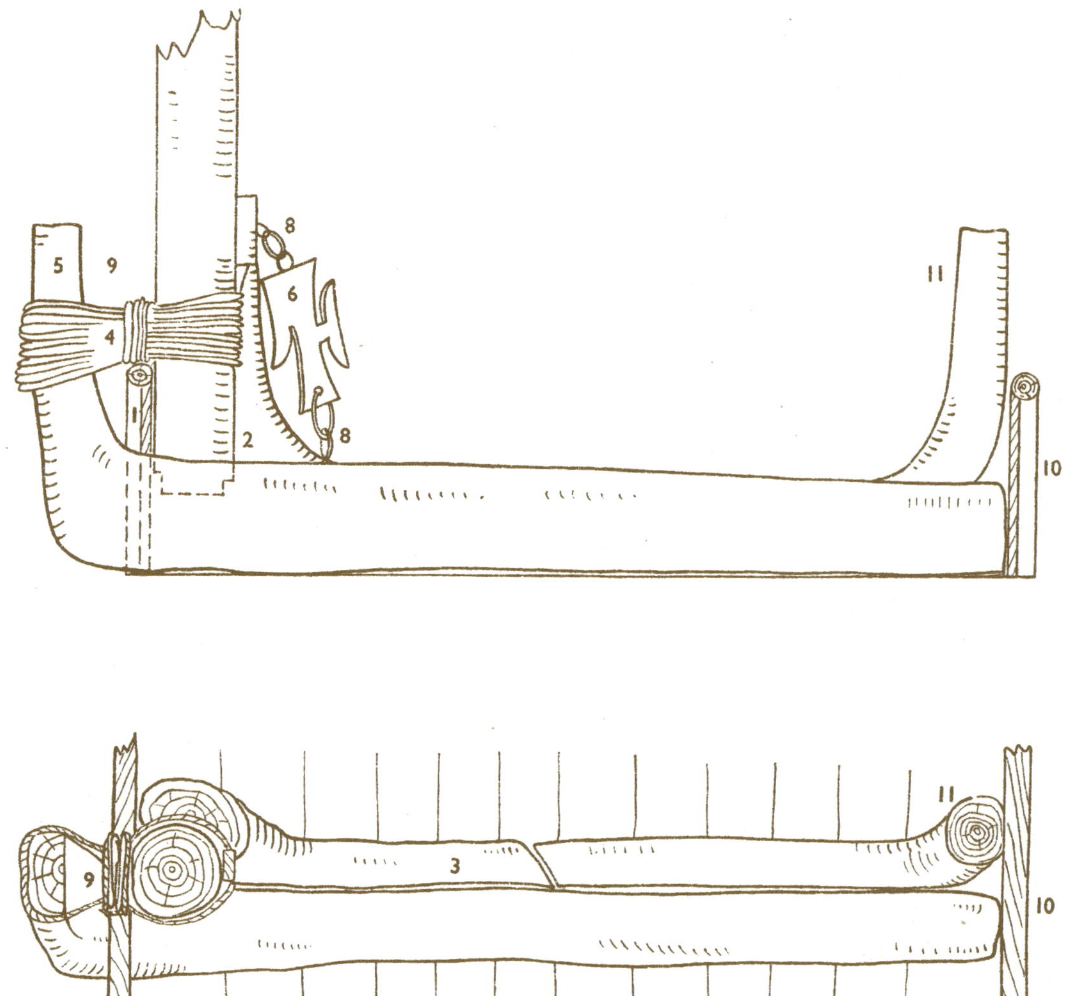

Fig. 12-1 METHOD OF HOUSING THE FOREMAST

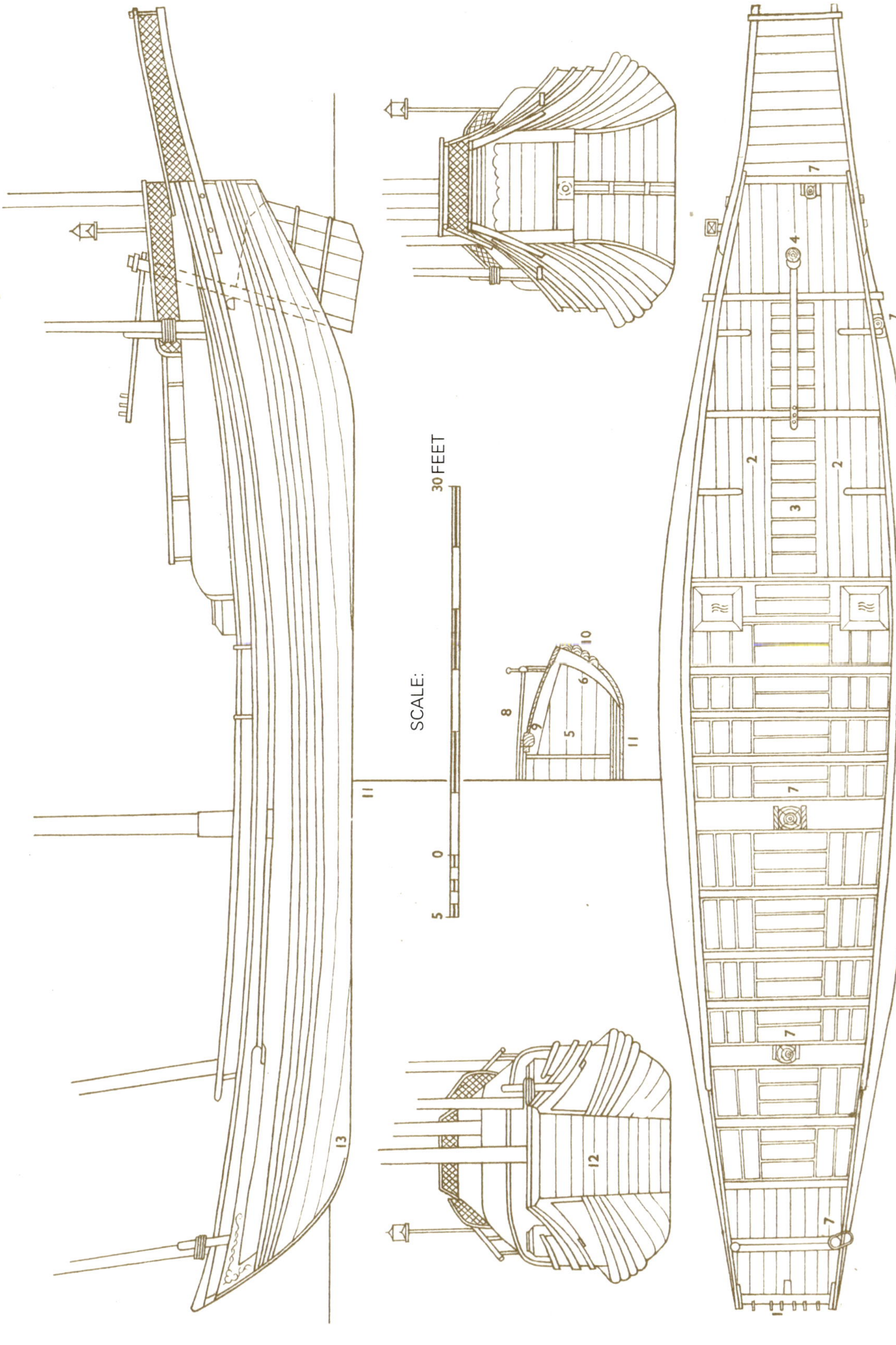

Fig. 12-2 YENCHENG-CH'UAN

THE LOWER YANGTZE "HEAVY-LIFT" CARGO-BOAT

These craft, which are for the most part built at Shanghai, have a very wide radius of action, for they serve the whole of the Lower Yangtze from Hankow down to Shanghai. They are also to be met with on the Poyang Lake, but are too large to navigate the creeks and inland waterways. This type does not vary much in size. The specimen illustrated in Fig. 12-3 measures 83 feet in length, with a beam of 15 feet, a depth of 7½ feet, and a cargo capacity of 100 tons.

Made of *sha-mu* with hardwood frames, the main characteristic of these boats is their exceptional strength, supplied by 15 full frames and eight bulkheads of massive proportions, the latter being built up to the shape of the hull. The hull planking, which measures 1 foot wide, is from 2 to 3 inches thick and is laid longitudinally as far as the round of the bow and stern, that is to say, about as far as the foremost and aftermost bulkheads respectively. From thence the bottom boards of the hull are laid transversely and continue upwards to form the gently curving bow and stern. Additional strength is given by four heavy wales. There is a hatch-coaming about a foot high, which extends from the house to the foremast. The owner lives in the house, which is roomier than in most junks, for steps lead down to the level of the bottom boards. Extra shelter is provided by a wooden standing awning. The crew of eight live forward in quarters reached by means of a booby hatch.

The cat-head for the anchor, which extends over the bow, is secured to the deck. There are two masts with square-headed lug-sails, but these craft are more often than not towed by a small launch. The two lee-boards when down extend 4½ feet below the bottom of the junk. The rudder is of the embryo semi-balance variety and has a slot cut out to allow of the helm being put hard over.

These sturdy weight-carriers are capable of transporting cargo of almost incredible weight and dimensions.

Their capacity may be judged by the following instance. Two of these craft were lashed together abreast and kept at an even distance by means of spars lashed at bow and stern. Railway lines and sleepers were then laid transversely across, projecting rather beyond both junks amidships, onto these rails was then run a tank locomotive weighing 76 tons. Onto a similar pair of temporarily joined boats were loaded three sets of rails, two 8-ton goods wagons, and a 30-foot 20-ton passenger coach. The whole cargo of rolling stock contained on four cargo-boats was then towed by a small launch from Nanking up the Yangtze and *via* the shallows of the Poyang Lake to Nanchang. A red flag on a bamboo stick down the funnel of the locomotive struck a typically Chinese note.

THE KIANGSU YEN-CH'UAN（江苏盐船）, OR KIANGSU SALT-JUNK

Salt is of the greatest importance to any largely vegetarian diet, and it is therefore not surprising that there are in China many varieties of junks primarily designed for carrying the vast amount of salt which is

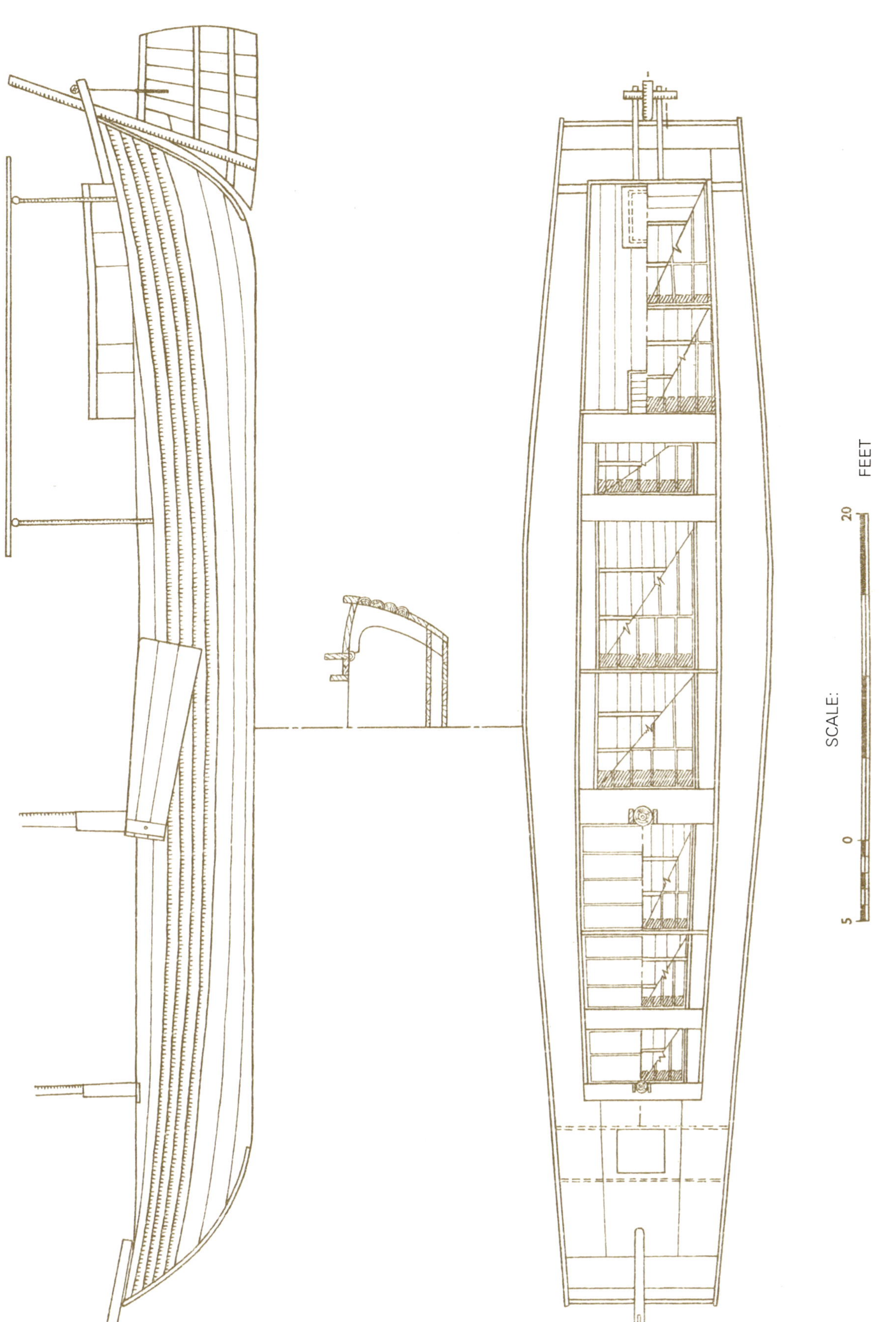

Fig. 12-3 "HEAVY–LIFT" CARGO-BOAT

produced.

Of the salt-producing provinces, Kiangsu heads the list; and the actual salt districts within its borders are three in number: Hwaipei (淮北) and Hwainan (淮南), both under the administration of the Lianghwai Salt Bureau, and Sungkiang (松江), under the Liangchê Salt Bureau. In all, these comprise 19 salt-fields, of which that nearest to Shanghai is the Tsungming salt-field on the island of that name.

The *yen-ch'uan*, or, to give its local name, the *changan-ch'uan*(长安船), so named after a town near Hangchow, is a typical short-distance salt-carrier of the Yangtze estuary and normally operates between Liuho (浏河), a town at the mouth of a creek on the right bank of the Yangtze, and Shanghai, *via* the river. A typical specimen of this craft is illustrated in Fig. 12-4.

Built of *sha-mu*, with 10 hardwood bulkheads and one half-bulkhead inside the house, she has in addition seven frames to give extra strength. The junk is longer than the usual delta craft and measures 78 feet, with a beam of 13 feet and a depth of 5½ feet, so that, despite her length, she is not a heavy-draught craft.

She is, like most salt-junks, in all respects superior to the usual run of cargoboats in design, finish, and accommodation. The crew, for instance, occupy a compartment measuring 8½ by 12 feet, with the luxury of 5 feet of headroom. Well-made removable panels fitted from abaft the small house to the stern act as bulwarks as necessary. A long heavy wale runs from bow to stern, which latter ends in a more elaborate and deeper overhanging gallery than usual. The bow, which follows graceful lines, has the usual horizontal planking; but this is bisected by a vertical strengthening timber flanked by another similar vertical on either side. A curious feature is the graving piece let in on either side of the bow and extending aft to the first bulkhead. It consists of a newly-scraped portion of *sha-mu*, nicely wood-oiled. Its only use, it appears, is for ornament.

The fore-deck is slightly sunk for reasons undiscernible, and from this position the two bow yulohs are operated from bumkins. A third yuloh is worked from the starboard side of the stern, A windlass is situated on the port side in the stern for hoisting the rudder when in shallow reaches or when no trequired for use. The boat has the characteristic overhang of the Shanghai district and carries a sloping rudder.

THE WULIANG CHOU-TZÜ (武梁舟子), OR WULIANG BOAT

The Wuliang *chou-tzŭ*, or Wuliang boat, is of pure Wuhu descent and belongs to the dull but useful cargo-boat family.

The craft illustrated in Fig. 12-5 shows a characteristic junk of this type, which is designed chiefly for work in the creeks and waterways in the Wuhu hinterland. She measures 48 feet, with a beam of 10 feet 10 inches and a depth of 4 feet 9 inches. Her capacity is about 200 piculs.

The Wuliang *chou-tzŭ* is strongly built and is fitted with four traverse bulkheads and 10 frames. The fush-deck has a low coaming. The stern, which is wide in shape, has a considerable rise and a small part is decked-in. The house is very small.

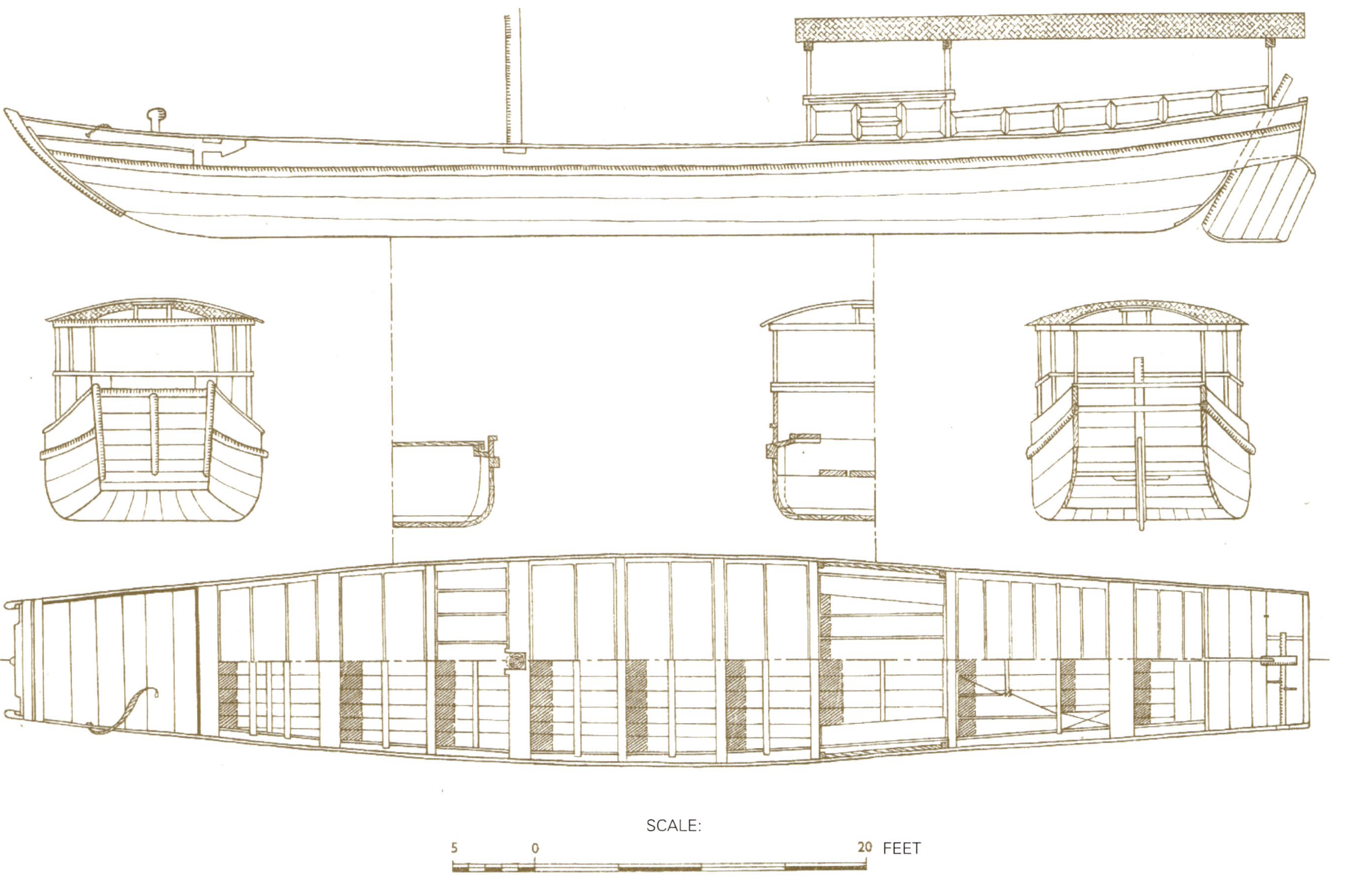

Fig. 12-4 KIANGSU YEN-CH'UAN

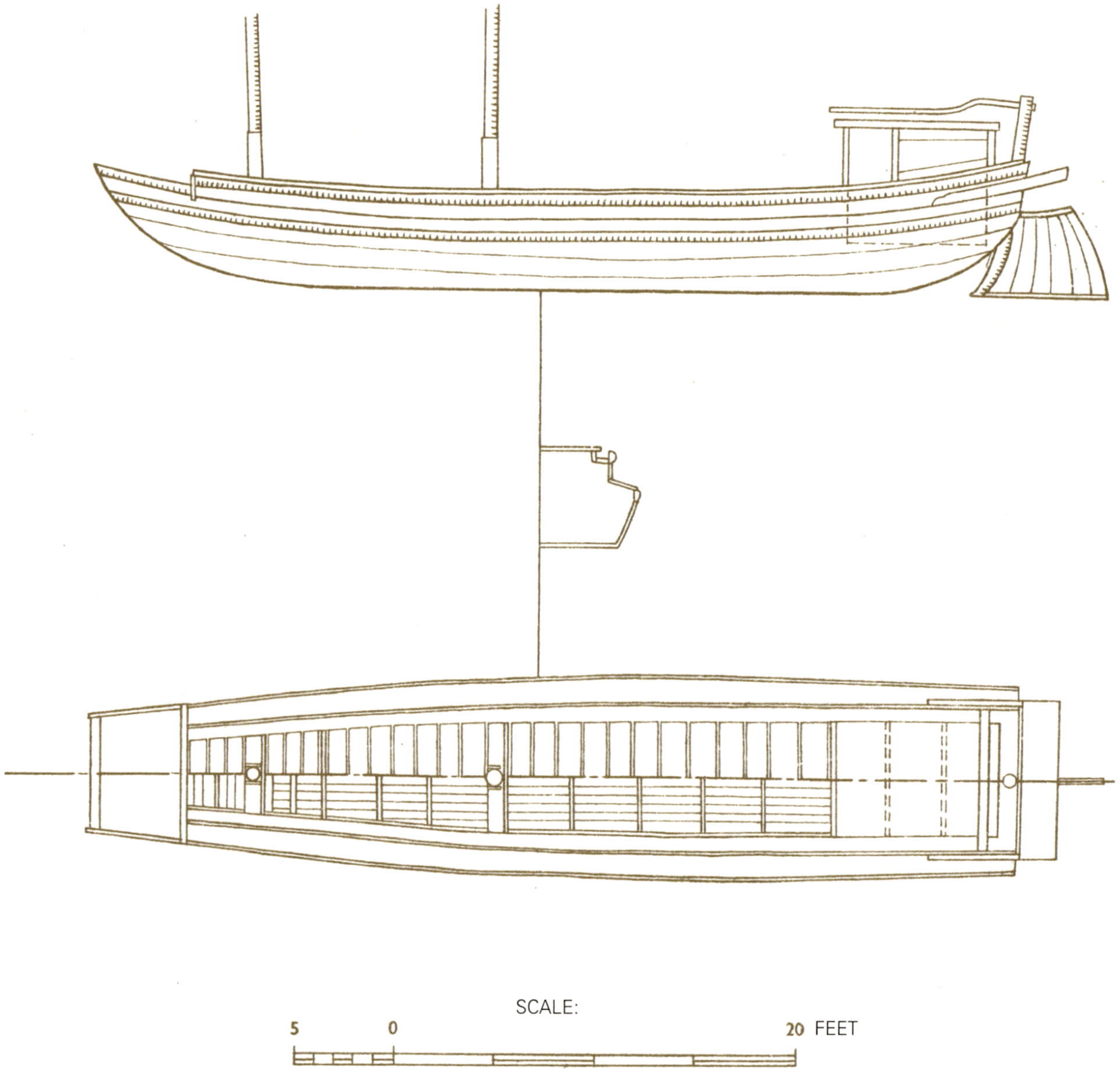

Fig. 12-5 WULIANG CHOU-TZŬ

THE T'AIHU CRABBER

From the earliest times crabs have always been a favourite dish with Chinese poets and writers.

The type of craft which carries out the duty of providing Shanghai with crab meat is illustrated in Fig. 12-6. She is a rather drab little boat, 31 feet in length, with a beam of 6¾ feet and a depth of 2½ feet.

She is strengthened by no less than six bulkheads, four frames, and one half-bulkhead. From the bow to the mast the deck is flush with the gunwale. There is a well from the mast to the stern.

The methods of propulsion include the use of three oars, poling in shallow reaches, and sailing.

THE CHIH-SHAO-TZC（直梢子）, OR STRAIGHT-STERN BOAT

The *chih-shao-tzŭ*, or straight-stern junk, illustrated in Fig. 12-7, is the second cousin of the cargo-boat, with which she has much in common.

Designed for open-water work on the river between the estuary and Wuhu, this type of craft usually measures 54 feet, with a beam of 12½ feet and a depth of 5½ feet.

The main characteristics of this broad and powerful junk are the exceptionally square and sloping stern (it can hardly be called straight) and the box-like shape of the hull.

Of simple construction, she is built of *sha-mu* and has seven frames and seven bulkheads, that farthest aft being fitted with a sliding door.

THE KIANGPEI-CH'UAN（江北船）

The *kiangpei-ch'uan*, or "north bank of the river" boat, hails from Taichow(泰州), a town on the north bank of the Yangtze, which river it mainly serves, linking it up with the adjacent creeks, though sometimes the *kiangpei-ch'uan* may be seen as far afield as the Grand Canal(Fig. 12-8).

Made of *sha-mu*, with hardwood frames, this all-purpose craft normally measures 59 feet in length, with a beam of 12 feet and a depth of 5 feet 9 inches-that is to say, it is a narrow deep-draught type with a capacity of 40 tons. The extra strength necessary for this type of construction is provided by seven full bulkheads, five half-bulkheads, and four frames. A raised hatch-coaming runs the length of the vessel. The bluff box-like bow narrows as it ascends from the water-line. The stern is an interesting example of adaptation of the Shanghai type of gallery stern, which has been raised and rounded to accommodate a balance rudder. The heavy rudder itself has perforce been reduced in area and weight, and this sacrifice is particularly noticeable in the fore-part of the rudder, as a considerable portion of the area is in this case placed abaft the turning axis. The result, although inelegant, achieves its purpose well. The rudder is non-hoisting, and the method of slinging employed is the *kiangpei* type. It is suspended from two fore and aft partners engaging into the after cross-beam. The overhanging stern gallery, which projects about 4½ feet, is floored with

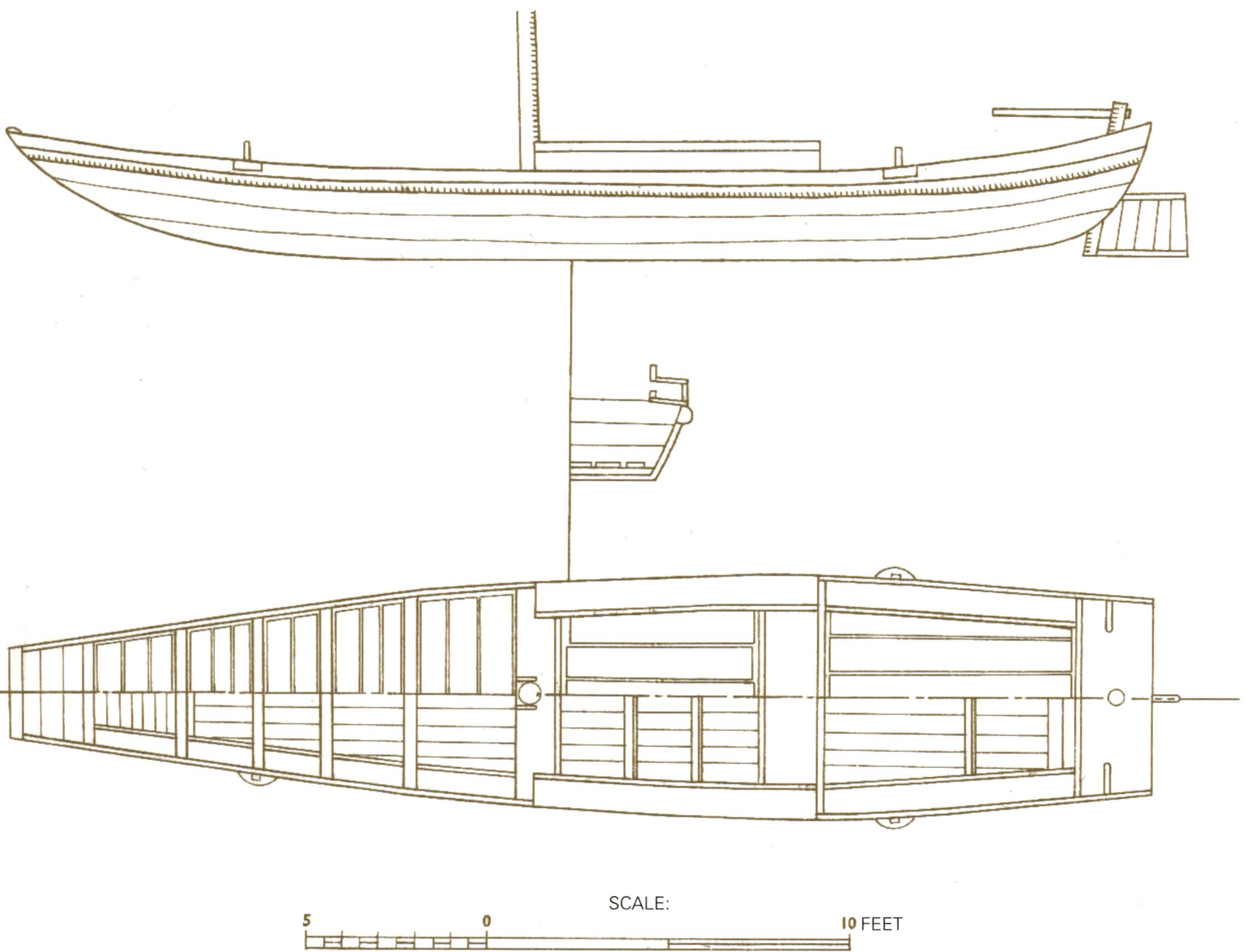

Fig. 12-6 T'AIHU CRABBER

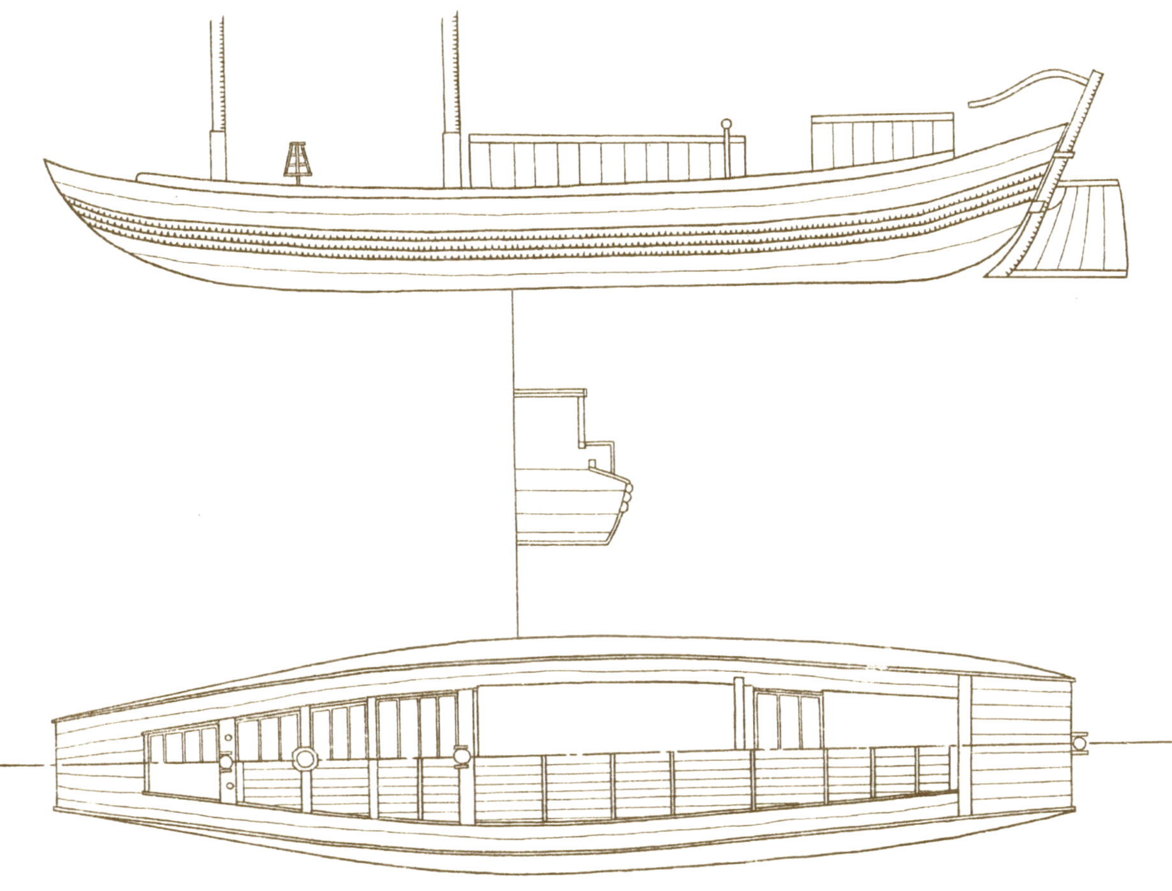

Fig. 12-7 CHIH-SHAO-TZǓ

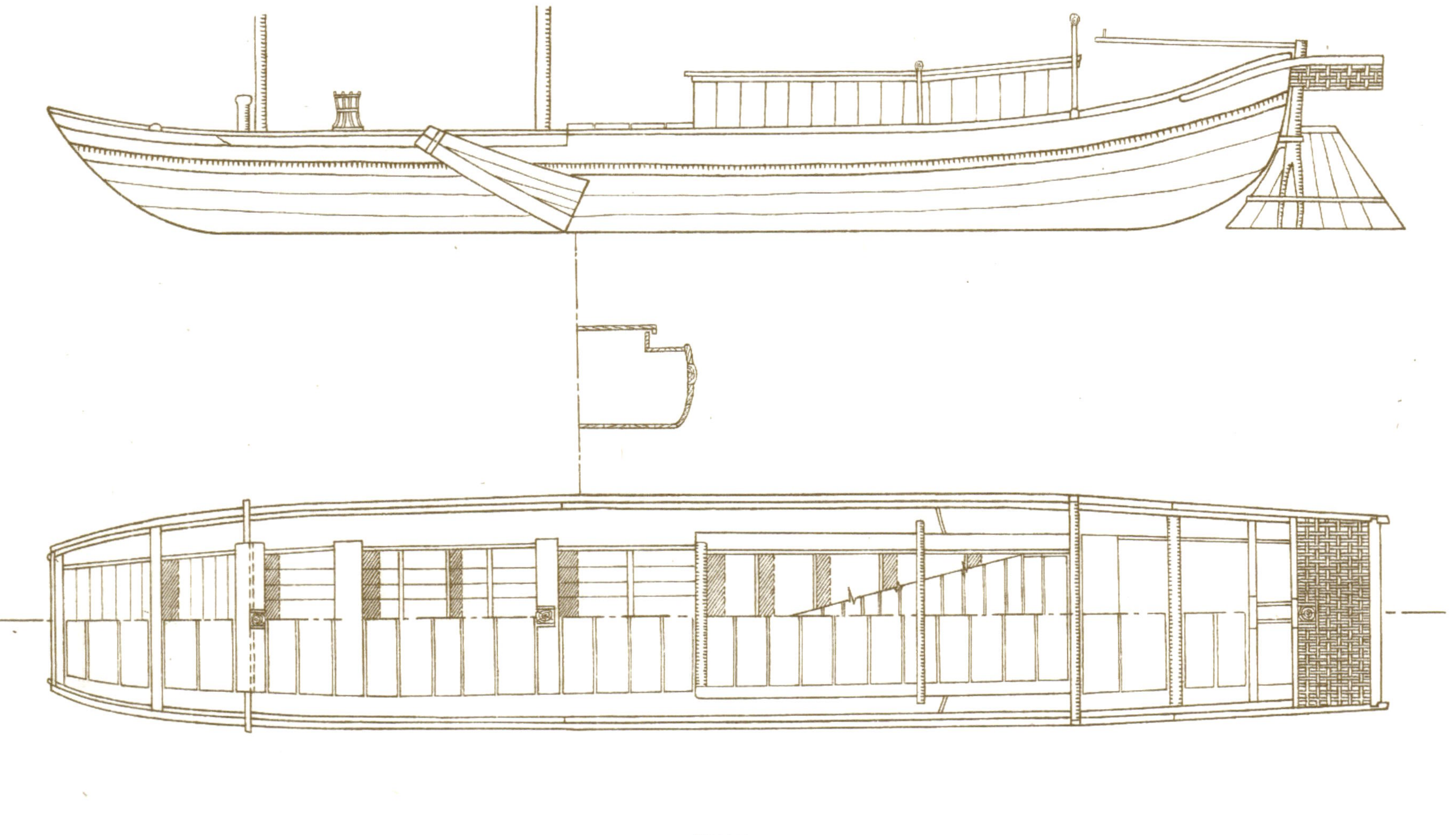

Fig. 12-8 KIANGPEI-CH'UAN

bamboo slats and serves as a convenient storage space for firewood and lumber.

The low house, which permits of passage fore and aft outside, measures 20 feet, is divided into a living-room for the owner and his family and a galley aft, which is on the port side, and is fitted with a galley-funnel. The planks forming the roof of the house are fitted with a flange to prevent the entry of water and are all removable, as indeed is every deck-plank in the junk, even those usually found fixed in the extreme bow and stern.

The crew of five live below deck in an area measuring 9 by 10 feet in the fore-part of the junk.

Two yulohs of the curved variety are worked as necessary from the bumkins fitted in the bow.

These junks, clumsy and roughly built as they may look, are yet full of interest, for their very crudeness points to a more ancient and unchanged origin than that of many others of the delta craft.

THE FLOWER-BOATS OF NANKING（南京花船）

For very many centuries it has been the custom in China for the gentleman of leisure to find amusement on a warm summer evening by chartering a boat for himself and his friends to be rowed about the placid waters of the lake or river to the accompaniment of music provided by singing girls. They sang, read, played the lute, drank wine, and composed poems.

This practice is said to have started in the time of the Liu Ch'ao（六朝）, or Six Dynasties, A. D. 265–589, a period prolific in literature and verse, when the *literati* and poets sought inspiration in this manner, with the stimulus of wine, women, and song added to the age-old romance of idly floating on the moon-litwaters.

Gradually the custom of hiring boats and singing girls became more general, and the boatmen named their craft *hua-ch'uan*, or "flower-boats".

These craft used to ply on the Chinhwaiho（秦淮河）, a name literally translated as the "River opened during the Ch'in Dynasty"（秦朝）, which flowed into the Yangtze at Nanking. The Fu Tzŭ Miao（夫子庙）, or Confucius Temple, used to be the centre of the trade, and here the flower-boats used to be seen in great numbers. In course of time, however, this waterway became silted up and the boats moved to the Hsuianwuhu（玄武湖）, or Lotus Lake, now a public park and beauty spot. It is a large lake, several miles in circumference, situated immediately north of Nanking. In course of time houses were built round the lake and the water became polluted.

The large flower-boats (Fig. 12-9), with an over-all measurement of 35 feet, are called *lou-tzŭ*（楼子）, or "boat with a gallery," and are big enough to accommodate three tables of guests. These craft are decorated with polished lattice-work sides, windows with gay paint of various colours, and are well furnished with tables and chairs. A large wooden bed, or *k'ang*（炕）, which has a small low table placed in the middle of it so that a guest may sit or lie on either side, used to be part of the equipment, but this has now been disallowed in recent times.

The smaller boats, with an over-all measurement of 18 feet, have room for one table of eight only. These are called *hsiao-ch'i-pan*（小七板）, or "small seven planks." Sing-song girls are also carried in still

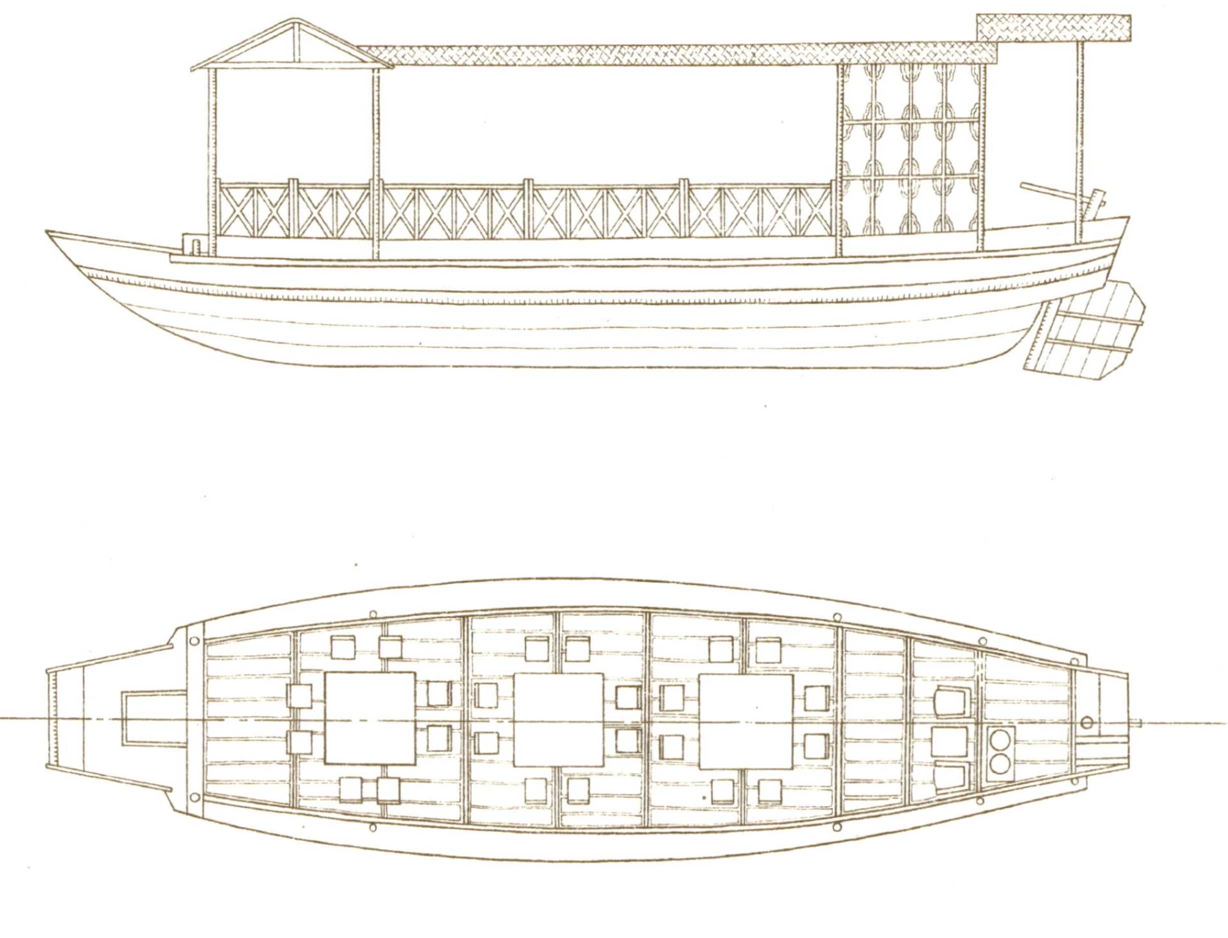

Fig. 12-9 FLOWER-BOAT OF NANKING

smaller flower-boats measuring about 10 feet, which are merely sampans with a steeply arched awning amidships. Under the mat roof in the light of a paper lantern sit the girls, who are dressed in bright silks. Kuan Niang (Lady Sincerity), Hsiao Chun-hung(Laughing Peach Blossom), Chih Ting (Iris Pavilion), Chiao Yun (Elevated Clouds), and Yin Hsiang (Singing Fragrance) sing by turns in a shrill voice to the accompaniment of the two-stringed fiddle played by an elderly man, while a second man in the bow beats time with a pair of bamboo clappers in his left hand and a drumstick in his right with which he hammers away at the drum on his knees. Sometimes one of the girls may play on a sort of guitar.

One hundred cash was once the modest cost for this entertainment, and for this sum three songs could be selected from a list inscribed on a paper fan. The price for hiring a whole flower-boat was once $4 per day, unless competition was keen owing to a spell of hot weather or the presence of a specially talented singer.

THE NANING CARGD-BOAT (南京驳船)

These craft are built at the town from which they take their name and function mainly in the harbour at Nanking, where they are employed in transporting cargo from ship to ship, from ship to shore, or *vice versa*.

Lighter in construction than most cargo-carriers, they are typical craft for light short-distance work and might very well be described as huge sampans. Indeed, it is interesting to compare them with the Lower Yangtze type of sampans with which they have much in common, notably the double-wing variety of stern.

The boat illustrated in Fig. 12-10 measures 57 feet in length, with a beam of 12 feet and a depth of 5 feet. The *sha-mu* hull is divided by five hardwood bulkheads and five full frames. There is nothing remarkable about her lines,which gradually widen from the broad, low, square bow until the widest part of the boat is reached at the sixth bulkhead, and are only very slightly reduced at the stern. The bow is reinforced by a heavy transverse stem-beam. Both bow and stern are decked in. A heavy wale runs from end to end of the vessel. The rudder is of the true balance-rudder variety. The mainmast carries a square-headed lug-sail. The crew of four live below deck in the after compartment. A removable mat awning extends from abaft the mast to the stern.

As a point of interest, it may be noted that the particular boat here depicted was "measured up" at Chungking. She had left Nanking in the face of the Japanese advance up river, and, with a cargo of machinery, travelled 1,100 miles up the Yangtze, successfully negotiating all the rapids of the Upper Yangtze in what must have been quite an epic voyage for a light cargo-boat.

THE HÊNG-SHAO-TZŬ (横梢子)

A typical cargo-boat, which has much in common with the Wuhu cargo-boats to be described later, is the *hêng-shao-tzŭ*, or curved-stern junk.

This boat, which is illustrated in Fig. 12-11, is remarkable for its square box-like appearance, and measures 53 feet in length, with a beam of 12½ feet and a depth of 7 feet.

The curved rudder-post is secured to the stern in the customary manner.

These cargo-boat types, which bear a strong family likeness, are rather dull craft.

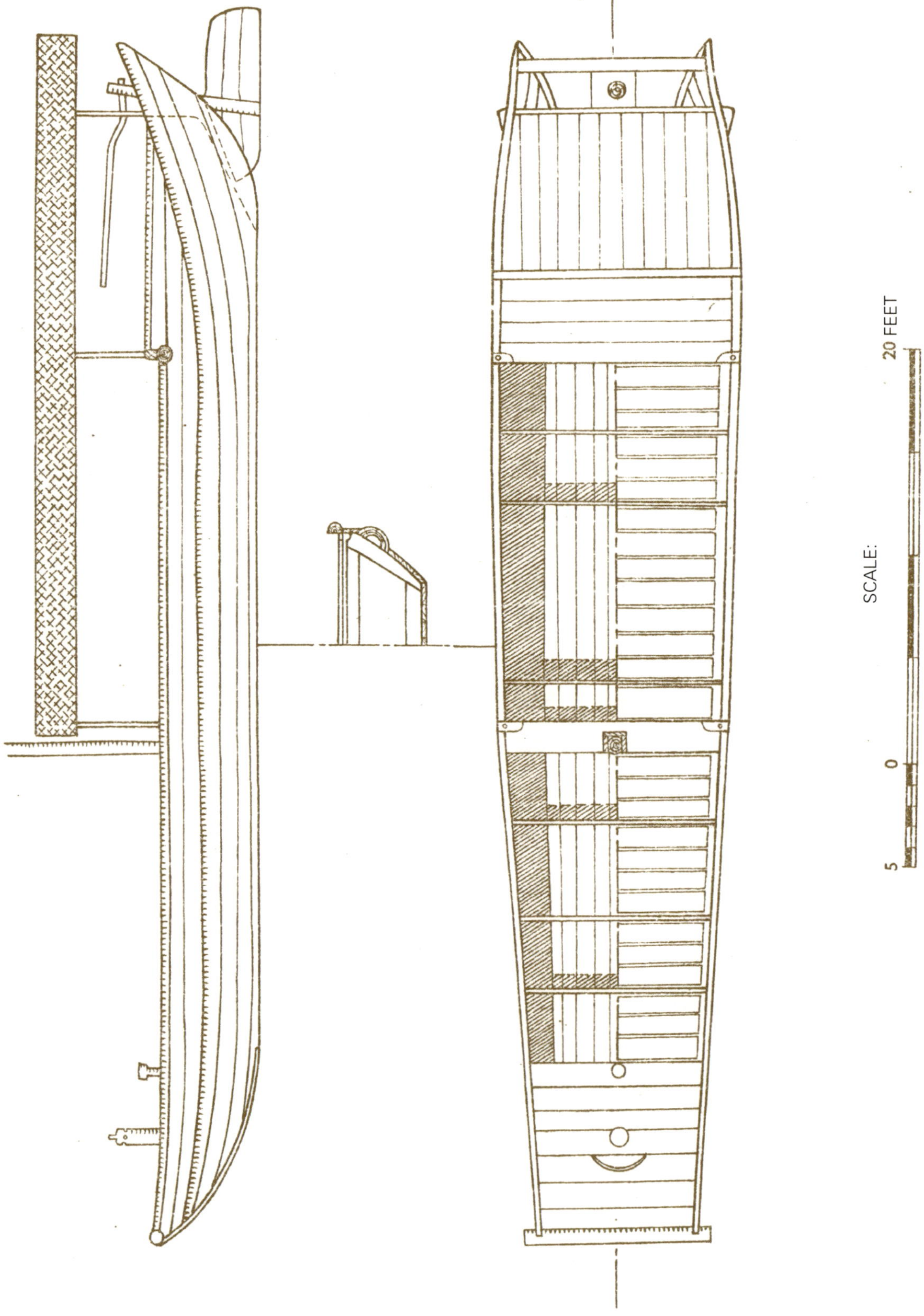

Fig. 12-10 NANKING GARGO-BOAT

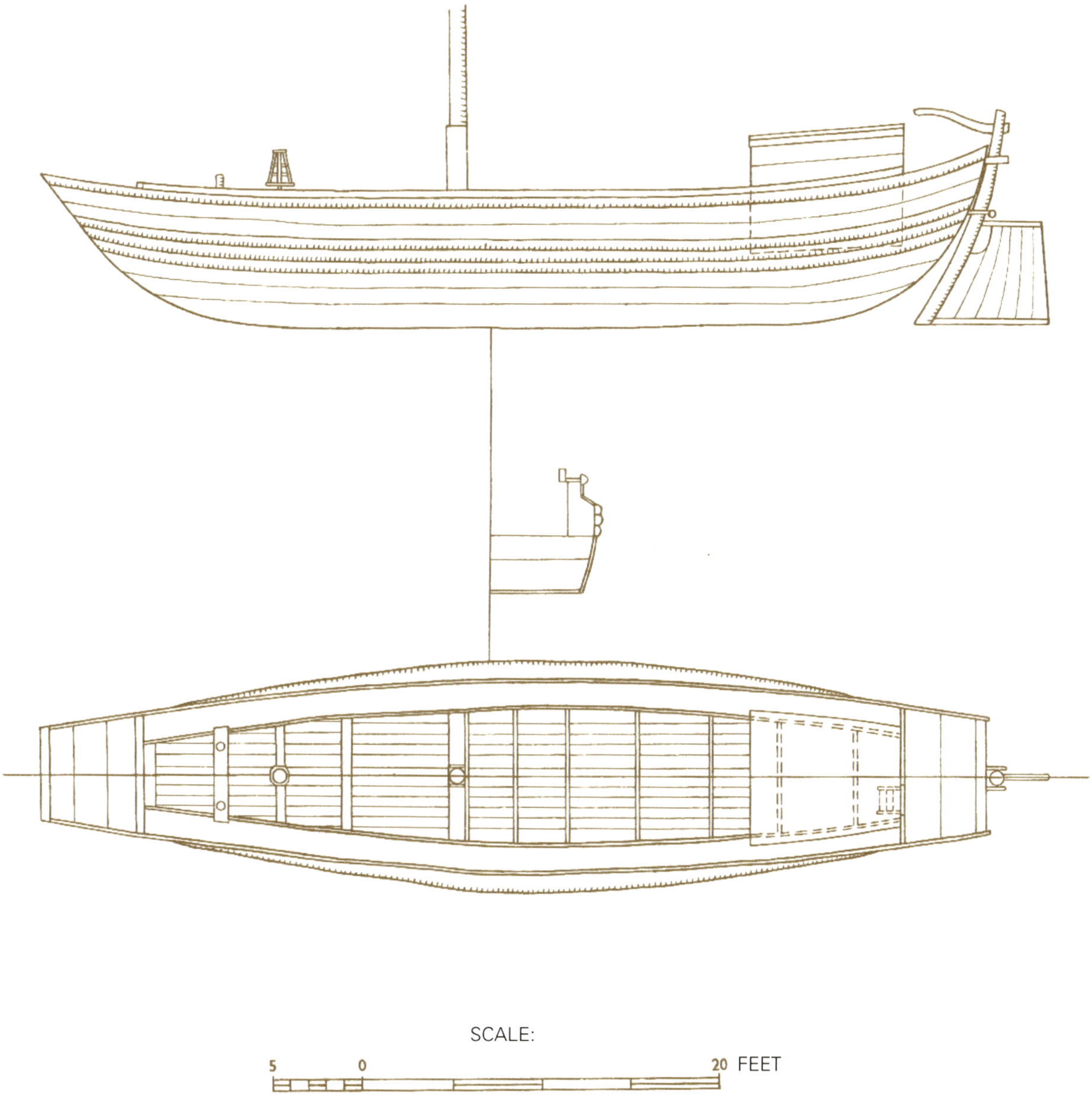

SCALE:

Fig. 12-11 HÊNG-SHAO-TZŬ

THE "WALKEE WALKEE" DUCKS OF NANKING

Although they cannot come under any nautical category, the travelling flocks of Nanking ducks, or "walkee walkee" ducks as they are known to foreigners, are such a feature of the district that no book dealing with this section of the river would be complete without a description of them.

The utilization of small streams, canals, and ponds for raising ducks is practised everywhere on the river, especially in the Yangtze Delta. Beginning from the latter part of spring, thousands of ducklings are to be seen paddling along the banks of the canals.

Because of the excellent feeding grounds around the many lakes in the vicinity, Wuhu has become the recognized centre of the duck-breeding industry, which is divided into various branches. Thus, some see to the hatching of the eggs and the selling of them or of the ducklings, others fatten the young birds for eating, and some deal in the feathers only. Birds from Tatung (大通), near Fitzroy Island, and Kiangpei (江北), opposite Wuhu, are much sought after by the epicures of Nanking and Shanghai.

Although some of them are disposed of locally at Wuhu, the majority go down river to Nanking where, despite their place of origin, they become Nanking *ya-tzŭ*(南京鸭子), or Nanking ducks.

Fig. 12-12 THE "WALKEE WALKEE" DUCKS OF NANKING

They usually swim down in convoys of between 2,000 and 3,000 birds, although occasionally a gigantic flock of 10,000 may be seen. They are accompanied by three sampans to guide, collect, and urge them forward. One sampan is stationed on each beam of the convoy, and a larger one astern carries a bowman who monotonously beats the water with a long bamboo pole to hurry on the stragglers in the rear.

The distance to be covered from the feeding grounds down to Nanking varies from 50 to 100 miles. The normal speed of the convoy is at most 1 knot, but it is helped considerably, especially during the summer and autumn months, by the existence of down-river current in this portion of the Lower Yangtze, So that as much as 4 knots may be achieved at times. Rests are, of course, necessary; but, with good luck and good weather, the ducks are probably brought to market in two days, before they lose much weight from overdriving.

At night the convoy comes ashore. During the passage the ducks feed on fallen rice in the fields along the way, In exchange for the rice picked up the farmers get the manure that is left behind.

If, however, a breeze should spring up, the choppy waves set up in the long open reaches are too much for the domestically-reared ducks, who are "flying fish sailors", accustomed to sheltered ponds and small lakes. In such an event a halt must be called, sometimes for as long as a week; and the drivers, or duckherds, build temporary straw huts on the river-bank as shelters to keep their charges from straying.

Once they have arrived at Nanking their nautical career is over and their "expectation of life" is practically non-existent.

The ducks are not considered fit to eat if over a year old, and this short lifetime is divided into four specialized periods from a feeding point of view. Firstly, they are fed on coarse cooked rice and allowed to pick up a living from worms and duckweed. Secondly, they are given a cooked mixture of shellfish and bran, supplemented by the shrimps and small fish they can find in the waters of the lakes. Thirdly, about the 7th moon, after the harvest, they are driven into the fields to glean what remains from the reaping, and flocks of 100 or more may be seen being shepherded from field to field by men with two long bamboo driving-poles. As they grow older they find more of their feed from the water than the pail, but during the final period the ducks are fed more intensively, being given three cooked meals a day of rice and bran, and after 10 days of such fattening fare, are ready for the Nanking market.

Ducklings as young as "100 days" may be eaten, but they are considered more desirable for the table after eight months or a year. In Nanking eight months' birds are termed *kuei-hua-ya* (桂花鸭), or "ducks with the delicious fragrance of the *Olea*, or cassia tree." The year-old ducks are called *pan-ya* (板鸭), or "plank ducks" that is to say, they have been dried until they are literally as "stiff as a board". Both these varieties are famous along the Yangtze Valley.

The two most celebrated are the Hêng Yüan (恒源) and Han Fu Hsing (韩复兴), whose cooked ducks fulfil the four demands of the Chinese gourmet, that is to say, that they are nicely fattened, correctly coloured, pleasant to the smell, and delicious to the taste.

After the duck has been plucked and cleaned, it is stuffed with 2 ounces of salt in the case of a *kuei-hua-ya*, or 4 ounces for the larger *pan-ya*, and put to soak in a solution of brine, known as *lao-lu* (老卤), which is not thrown away after use but kept for a succession of birds.

The younger and more tender *kuei-hua-ya* is soaked for four hours and dried before a fire and is then ready for cooking. The *pan-ya* remains in the brine overnight and is then hung up to dry in a current of air for at least three months.

Both are then cooked in the following manner. A pan of fresh water is brought to the boil and removed from the fire, The duck is then immersed in it together with some *chiang* (姜), or fresh ginger, *ts'ung* (葱), or Chinese onions, *ping-t'ang* (冰糖), or sugar candy, and *pa-chio* (八角), or aniseed. Cold water is then added so as to reduce the surface temperature of the bird, while the inside remains nearly at boiling point. After an hour the bird is removed, and the water is again boiled, the pan removed from the fire, the bird soaked as before, and again cold water[1] is added. Another hour is allowed to elapse, and then the bird is boiled in the same water over the fire until tender. When cooked, the ducks are varnished with *ma-yu* (蔴油), or sesamum-seed oil, which colours them a rich red-brown and also serves to keep away insects and flies,The *pan-ya* has a more salty flavour than the *kuei-hua-ya*.

The mandarin duck is to the Chinese symbolic of connubial happiness. The Nanking duck, albeit on a lower plane, also plays an important rôle, for in the Yangtze Valley it stands for the best the table has to offer.

THE WUHU FERRY(芜湖摆江划子)

The Wuhu ferry-boat is a rather dull, commonplace little craft measuring 34 feet in length, 7 feet 10 inches beam, and 4 feet in depth(Fig. 12-13). Although she is not much to look at and is of the roughest in material and appearance, she has a most distinguished ancestry in that she is descended from the"Wuhu Free Ferry"and can, therefore, claim lineage with the famous Wuhu Life-boat Service.

Free ferries are sometimes established by benevolent persons of charitable institutions. In such a category was the Wuhu Free Ferry, a branch of the Wuhu Life Saving Service, which was supported by voluntary contributions. Its fame travelled far beyond its port of origin.

It had a constitution and code of rules. These required that the boats' crews must be "strong in body, quiet in disposition, and well acquainted with the river." Rule 3 provided that "persons using the ferry should obtain tickets,and the boat was not allowed to wait for a passenger who, after obtaining a ticket, found himself delayed." Drinking and qurelling were strictly forbidden. Finally, it was laid down that, when the boat was not needed as a ferry, it should "put out to the assistance of ships in distress and also pick up any floating corpses." Moreover, when a boat was required to take over a funeral party, a wedding chair, or a doctor engaged in a critical case, the crew, on presentation of a special pass, must at once get under weigh "without making trouble."

The accounts were audited once a year, one copy of the statement being forwarded to the local god.[2] At the religious service at which all the officers of the Assciation were compelled to be present, the following joint declaration was made:

[1] In the case of the pan-ya, an additional boiling is required.

[2] The statement was written on inflammable material and burned; the smoke ascending to heaven carried the message.

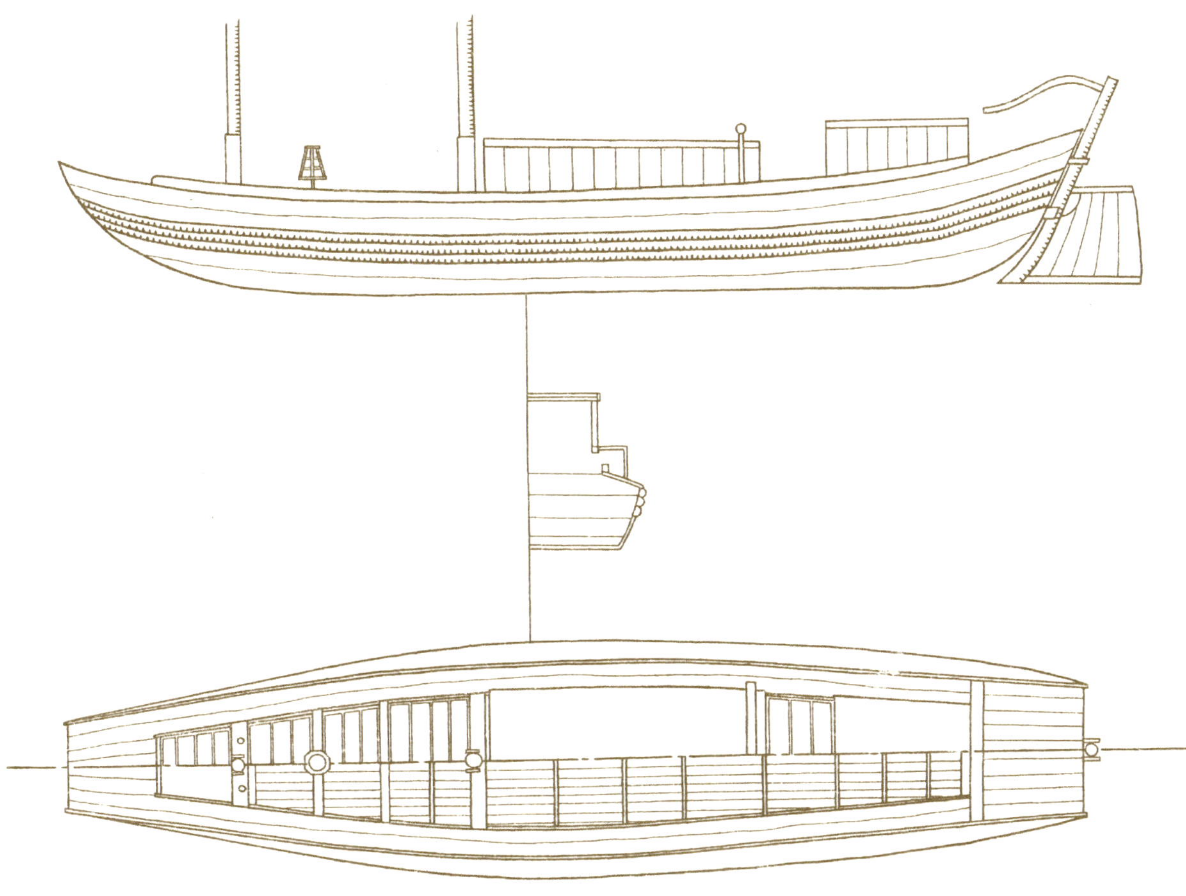

SCALE:

Fig. 12-13 WUHU FERRY

> We, the officers of the Life Saving Society, venture to come before thee, O God, and humbly represent that owing to the vastness of the waters and the raging of the billows in the rivers of Wuhu, a sudden squall striking the passing craft and taking the sailors unawares will cause shipwreck and loss of life. Though we are aware that the term of a man's life is always decreed and that Heaven's power may not be opposed, yet such sights grieve the heart. Thus it is that we have sought means of saving life, and that persons have come together to form a Life Saving Society supported entirely by voluntary contributions. Premises have been erected and boats built with the object of affording security from danger and ensuring a safe passage in stormy weather. A public cemetery has been opened for the burial of the dead and coffins are kept ready for use, Thus are good deeds done afloat and ashore. A statement of receipts and disbursements has been prepared, and in this work of humanity we have been faithful. We pray thee, O God, to examine our conduct and to mete out justice to us. May we be punished if we have sacrificed the public good to our private ends, and if we bave been labourers unworthy of our hire, if we have misappropriated public funds, or if we have caused subscriptions to fall off by spreading false reports, While, on the other hand, may we be recompensed if we have discharged our duty with all fidelity, sparing neither trouble nor fatigue. This we pray to the end that good deeds may endure for ever. Humbly we submit our statement of accounts for the year now ended.

This excellent service,[1] like many other good things in China, has passed away and travellers now have to pay when crossing the river.

THE WUHU TUB

Floods, droughts, famines, civil wars, and other disasters carrying wide-spread poverty and distress in their train have brought begging to a fine art in certain parts of the Yangtze Valley.

Here swarms of beggars in tubs cluster round ships made fast to the pontoons andoccasionally venture to those at anchor some distance out(Fig. 12-14).

As soon as one of the Yangtze passenger-steamers has made fast, several of these elliptical tubs, ranging from 3 to 5 feet across the major axis and sometimes as large as 8 by 6 feet, will appear as from nowhere off the outer side of the ship, varying from the "single seater" variety, paddled with the hands over the side, to one holding a complete family progressing in style with home-made paddles.

The crew in this case usually consists of a woman who, with the inevitable child lashed to her back, acts as navigator and helmsman, and as many children as the craft will accommodate to paddle. There may be a supercargo in the shape of a baby in a cradle. All the children of an age to do so are trained to hold out their hands in whining supplication.

[1] Readers wishing to fllow up this interesting subject should consult *Chinese Life-boats*, etc, Chinese Maritime Customs publication, II, Special Series, No. 18.

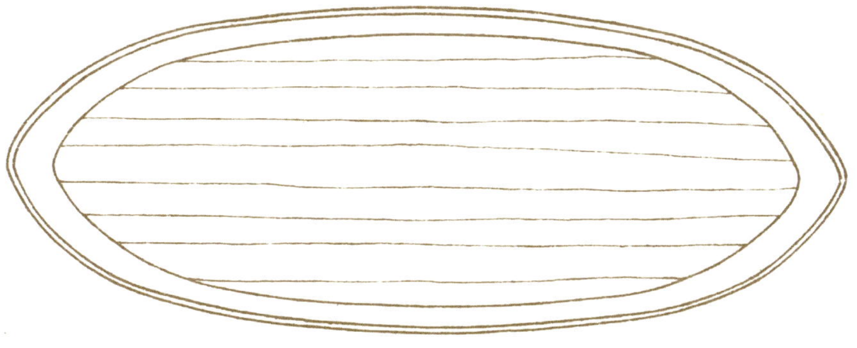

SCALE:

Fig. 12-14 WUHU TUB

The tubs travel up and down the ship from bow to stern, retrieving anything that may be thrown overboard. They present a small target for casual pot-shots from a high deck.

A billet under the waste chutes discharging refuse into the river is much sought after, and here tubs are to be seen jockeying for position. No piece of jetsam is too worthless for inspection, and very little is again discarded.

Owing to the originality of the craft, the risks they appear to run, and the human interest which attaches to the seemingly distressed children belonging to a large family, the profession is a comparatively lucrative one.

A high degree of dexterity is required to navigate these over-crowded and clumsy tubs in the swift running current of the harbour, where a local knowledge of up-currents and swirls is essential. The steering is also of a very specialized order, as it entails avoiding many obstacles, such as hulk moorings, and the ability to get to a piece of floating garbage or other similar desirable object by the shortest route ahead of a competitor.

It is a standing wonder and a tribute to their skill that with only a few inches of freeboard there are not more serious accidents and losses of life among the floating beggars of Wuhu.

THE CUSTOMS LIGHT-BOAT

The Customs wooden light-boat played so important a part in the safe navigation of the Yangtze that any account of the craft of the river must include a description of this rather unusual type of light-vessel, which is now obsolete, as it was decided some years ago to replace these craft by those of steel construction so as to obviate expensive overhauls(Fig. 12-15).

Built on the river by Chinese carpenters, the design of these wooden boats kept close to the accepted form of junk construction except that they were provided with a-sharp bow and stern, enabling them to ride at anchor in all weathers. The principal feature of the light-boat was, of course, its great proportionate breadth of beam. This was necessitated by the dangerous sea that rises in some of the exposed reaches of the Yangtze.

Their chief function, as their name suggests, was to carry a light; but they also acted as aids to daylight navigation. As the light-boat had no means of self-propulsion, she was towed into the position where she was to be anchored to mark an important turning point. Usually stationed in narrow and tortuous channels and unable to manoeuvre, she was particularly liable to suffer collision, an additional reason why she should be strongly built. Generally these boats measured 56 feet in length, with a bearm of 18 feet, tapering at bow and stern, and were built of *sha-mu* throughout, except for four camphor-wood frames and 15 watertight bulkheads. The bitts, tabernacles, davits, and so forth were built and fitted in the same manner as in junks of similar size. A small sampan was always carried.

The boats, which were painted a conspicuous red with a white house, carried a sixth order or one or two unclassed lanterns. One or two lights were exhibited, either red or white, or any combination thereof, hoisted vertically or horizontally at the yard. The pole-mast was surmounted by a spherical bamboo day-

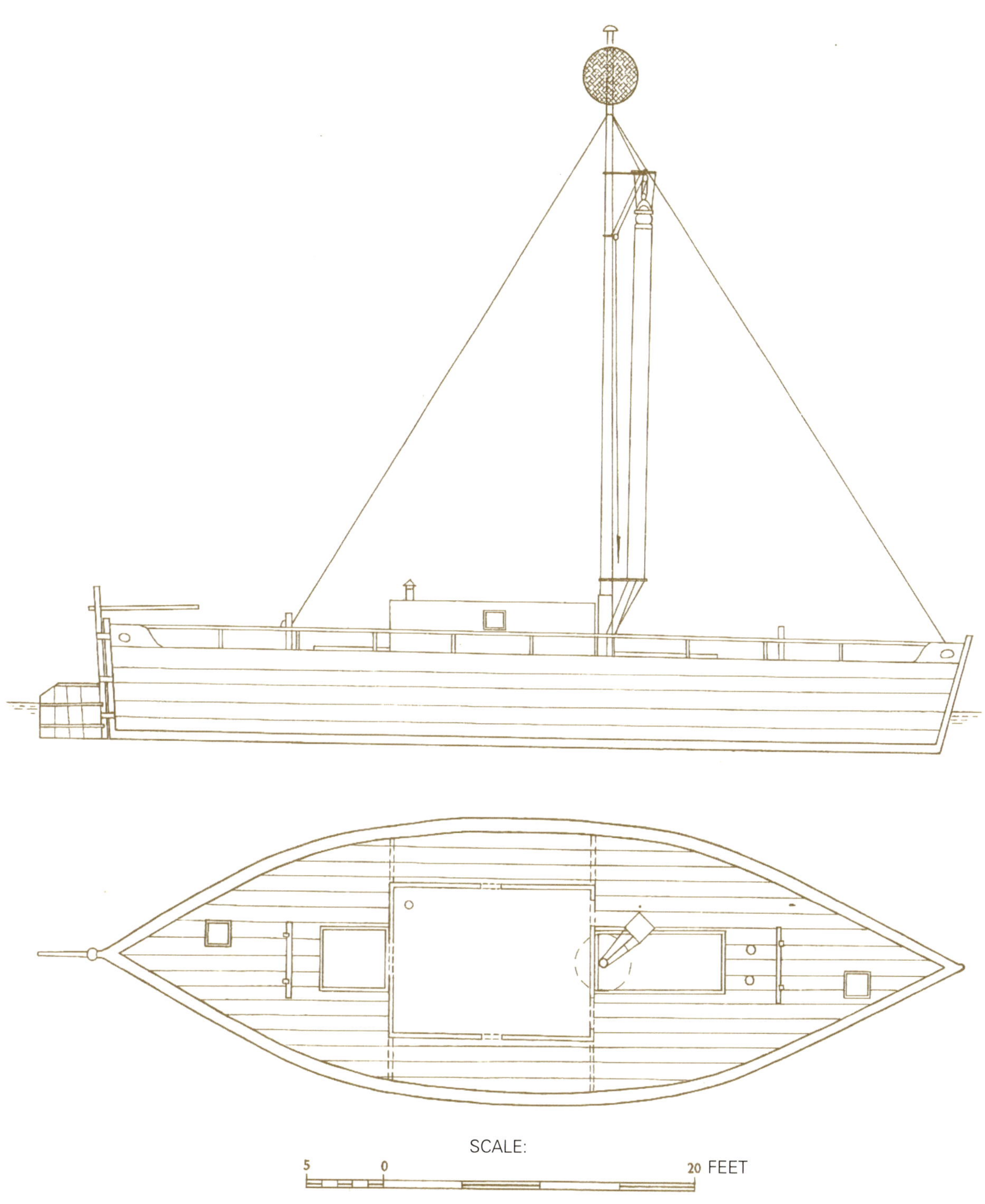

Fig. 12-15 CUSTOMS LIGHT-BOAT

mark, painted black.

When a light-boat was run down or driven out of position by a gale, she exhibited signals to this effect. By day two red flags were hoisted at one yard-arm and at the other the International Code Signal "PC", meaning "I am not in my correct position." By night a system of lights was used.

The greatest hazard the light-boat had to face was the timber rafts. The se enormous floating islands, sometimes 280 feet long and more or less out of control, travelled down river with the current, often sweeping all floating aids to navigation before them. In such a case the light-boat is in theory supposed to slip her cable, buoy the end, and drift clear; but in practice the raft almost invariably fouled the anchor buoy and the expensive cable was lost.

River navigation is exceptional in a number of ways: for instance, in the 600-mile stretch from Shanghai to Hankow, large portions of the distance consist of intricate channels, sometimes with very little water, at other times exceptionally deep, when even the banks are flooded. In addition, the dangers from fog, snow, and ice are greater than at sea; and, as a further hazard, an occasional dust-storm has to be faced at certain seasons of the year.

The importance of navigation on the Yangtze led to the adoption of an extensive system of lights and other marks. In normal times there are on the Lower Yangtze 47 light-boats and 104 light-beacons controlled by the River Inspectorate of the Chinese Customs. These aids to navigation, primarily designed to assist steam navigation and paid for from the tonnage dues of vessels, are also of great benefit to junks, particularly during the winter, when their draught is sometimes as much as or more than that of steamers.

The Middle Yangtze wooden light-boats, or mark-boats as they came to be known, were never a success and were the first to be superseded by boats of steel construction. They were still more true to the junk type in that they had square bows and typical junk sterns and were, moreover, provided with two masts and lug-sails. They were also very much larger than the Lower Yangtze types.

It is difficult to leave this section without yielding to the temptation at least to mention the bamboo buoys which marked the critical channels for daylight navigation in the low-water season. These buoys, as used in the Lower Yangtze channels, were strongly constructed of large bamboos, averaging 6 inches in diameter. They consisted of triangular rafts. Each raft had equilateral 10-foot sides with an additional bamboo laid across the centre and extending a foot beyond into the apex. At the after end, in the three places where the bamboos crossed, half of each was cut away so as to make a dovetailing fit. At the fore end, or apex, the side bamboos were tapered to fit snugly against the main central one, and a large bamboo pin passed through the three sections to give rigidity.

A little forward of the centre of the main bamboo a hole was cut in the upper surface to take a bamboo mast of about 1½ inches in diameter and 5 to 6 feet in height Fig. 12-16. The three angles of the triangular raft were lashed firmly with wire, and three spun-yarn stays set up the mast also to these three angles. The mast carried a red flag about 18 inches square, or a black kerosene tin or black basketwork ball, according to the side of the channel on which it was placed. The former marked the starboard side and the latter the port side of the channel for vessels bound up river.

Moorings for this type of strong triangular buoy consisted usually of an iron anchor of junk pattern,

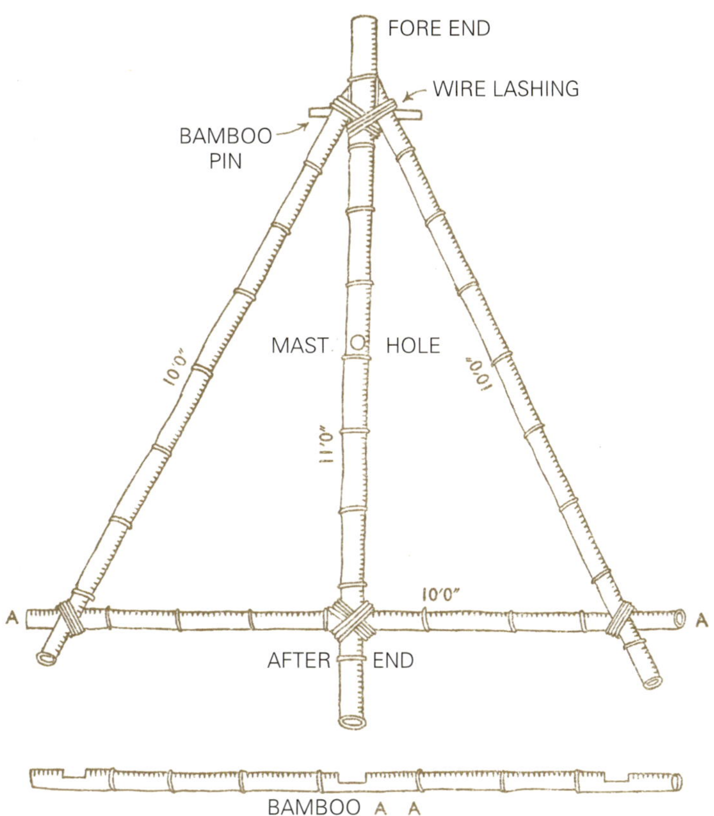

Fig. 12-16 PLAN OF BAMBOO BUOY

having four flukes and weighing about 30 catties, and 11-inch iron wire, usually 15 fathoms in length. Long experience has shown that the best results were obtained by making this wire fast to the centre bamboo by a clove hitch, half the hitch being on the fore side of the mast and half on the after side, the end being seized to another part to prevent the clove hitch from working loose. This apparently minor detail of placing the hitch is actually of great importance, as is also the fact that the mast-hole should be just forward of the half-way mark, for the buoy will then ride truly and steadily in the strong current often found in the narrow winter channels. A less careful arrangement would cause the buoy to dip at the head and eventually to be carried under, the current then breaking away the mast and topmark, or else it might cause the buoy to yawfrom side to side, breaking out the anchor and setting all adrift, perhaps to bring up at, and mark falsely, a dangerous place farther down river.

Stowed flat, many of these buoys could be carried by the River Inspectorate launches, the mast and topmark being fitted at the last moment just before the buoy was laid, the moorings being attached at the same time. The launch crews were very expert at this work; and with men standing by to stream the buoy and the coils of mooring wire and, as the wire tightens, the anchor, a succession of buoys could be laid to mark the complete side of a channel as fast as the launch could steam against the current.

Each light-boat on the Lower Yangtze was manned by a crew of three Chinese Lightkeepers. Through summer heat and winter gales these men main-tained a constant watch on the riverine lights of China, despite all disturbances from civil wars, bandits, armed robberies, political upheavals, floods, and famines.

The Chinese Lightkeepers have traditions of service of which any Government department could be proud; and if at some future date the history of the River Inspectorate comes to be written, the story of how the Chinese Lightkeepers kept their lights burning will provide many examples of heroism and devotion to duty.

THE MA-YU-HU-TZŬ (厂油壶子), OR SEED-OIL BOTTLE

The *ma-yu-hu-tzŭ*, or "seed-oil bottle", so called from its supposed likeness thereto, forms an exception to the usual run of craft working waters inland from the Yangtze in that she is turret-built.

The type of craft illustrated in Fig. 12-17 is built at Sanho (三河), a small town on the Chaohu, and is to be found on any of the creeks and canals of Anhwei and Honan. This particular craft, which has a crew of three, measures 41 feet, a beam of 9 feet, and a depth of 4 feet.

This type of junk is designed for carrying grain in bulk and requires to be strongly built so as to accommodate the 160 piculs of deadweight cargo she carries. The hull is strengthened by eight full bulkheads and two frames[1]. There is, moreover, a double wale[2] and strengthening pieces at bow and stern[3].

Grain is carried in seven compartments.

THE EMPEROR'S BOAT

No plans or photographs are available for this type of craft, and research in this case has perforce to rely on a Chinese woodcut taken from the *K'ao Kung Chi* (《考工记》) together with descriptions from foreign sources, which are of a perfunctory nature, and models found in temples(Fig. 12-18).

From contemporary writers, however, it is clear that the junks used by the Emperor, the mandarins, and other opulent persons in comparatively recent times showed a degree of comfort unknown in boats of the same type in use elsewhere.

According to one writer, there seems to have been three sizes of Imperial barges or house-boats which plied on the Grand Canal. One was "equal in bigness to a third-rate man-of-war, painted and embellished with dragons and japanned both within and without." The size most in demand seems to have been a medium type of 64 feet in length, 16 feet beam, and a depth of about 9 feet, and "square and flat" in form. Besides the cabin of the master of the bark, who has his family, his kitchen, and two large rooms, there seems to have been in the fore-part of the vessel an ante-chamber to the "audience hall", or officials' saloon, and two or three other rooms abaft. Oyster shells or waxed paper were used instead of glass for the ports. The deck was fitted with projecting galleries for the junkmen to quant through shallow water and also to allow the servants and bodyguards to pass from bow to stern without incommoding the inmates. Cooking was carried

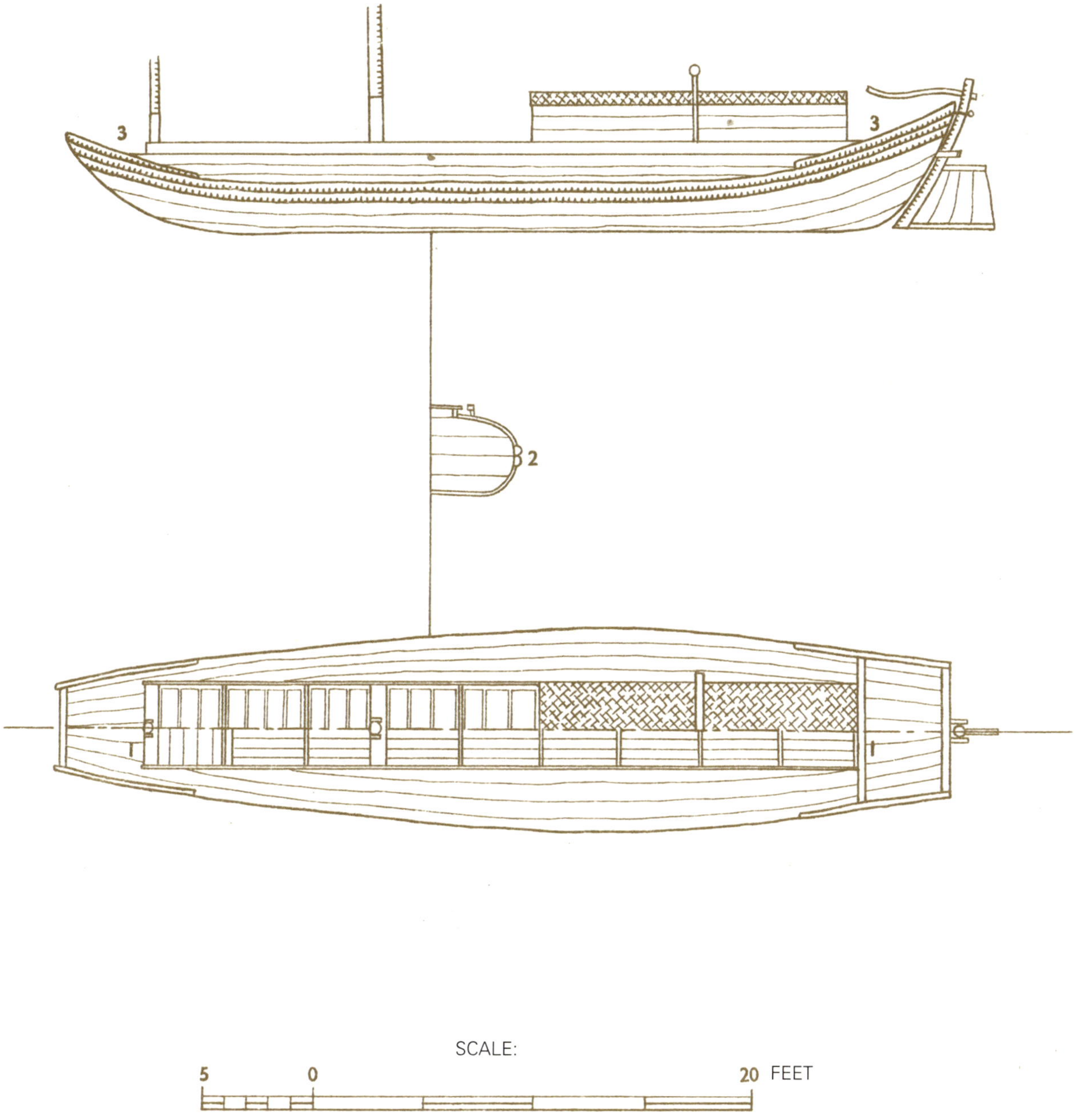

Fig. 12-17 MA-YU-HU-TZŬ

From a woodcut in K'ao Kung Chi

Fig. 12-18 THE EMPEROR'S BOAT

out in the over-hanging stern, where some of the crew also slept, the rest being accommodated forward.

The officials and less illustrious passengers travelled in craft called *poo-ya-tow*, after a town near Chinkiang, where they were usually built, being adjacent to the Grand Canal and where they were mainly used. They were hired only by the wealthy, for, as an early foreign writer in 1873 pointed out, the expense of hiring such boats at a fee of from $2 to $3 per day "placed them beyond the means of any but the rich gentry or important officials."

The average size of these boats was 70 feet long, with a beam of 18 feet and a draught of 3 feet.

The accommodation varied according to the boat, but usually it contained a reception or dining room for the use of the chief traveller. The small glassed-in house above accommodated his attendants of the higher class, while those of the lower class found sleeping room along the sides and in the house forward. Luggage was stored below the bottom boards, and the space abaft the house was given up to the crew and the general galley. The boat was sometimes propelled by sail, under which she was an indifferent performer, but was generally sculled with yulohs. Thirty miles a day was very good going.

The shape and construction from which they derived their comfort and safety rendered them extremely slow in the most favourable circumstances; indeed, with the exception of the snake or smuggling junks, the Chinese may be said to be anything but economists of time on the water.

Models of these types of officials' boats are still to be met with hanging from the rafters or standing on trestles in such temples as have an interest for the junkmen.[1] In the same way as the dishes of food set out on the altars are for the consumption of the gods, so are these model junks hung up in the temples.

The models are usually donations from men who have escaped from a shipwreck and wish to testify to their gratitude for what is regarded as divine intervention. Sometimes a man suspends in a neighbouring temple the actual garment in which he was saved.

Many of the models are of the official type of craft, complete with the high-sounding title boards. When hung from the rafters they are never taken down from one year's end to another.

THE HUANG-HUA-TZŬ(黄化子), OR YELLOW BOAT

The *huang-hua-tzŭ*, or yellow boat, is a fairly common, medium-sized, short-distance trader on the Lower Yangtze. These craft are usually to be seen on the river between Wuhu and Nanking.

The craft illustrated in Fig. 12-19 measures 49 feet, with a beam of 9 feet and a depth of 4 feet. She has a capacity of 250 piculs.

These junks are strongly built; usually they have nine bulkheads and three frames.

The crew of four men live in the comparatively comfortable quarters in the fore-house. The after-house, just forward of the conning position, is used as a galley. The stern is of the transom variety and the rudder of the non-balance type.

Two masts are usual. They set the classic, high, square-headed lug-sail of the Lower Yangtze. A pair of lumber irons support the sail when lowered.

At a distance this boat can be easily confused with the *pai-chiang-tzŭ*, described later.

THE SPIRIT BOAT

The boat illustrated in Fig. 12-20 is not the kind of craft that one would choose for a voyage of any length. Actually it is designed not for this world but the next, for it is a spirit boat and is one of the few types of junks which are not being superseded by power craft.

THE TOU-CH'UAN (斗船), OR RICE-MEASURE BOAT

To the junkmen of Anhwei goes the honour of having provided one of the four deities of the province. They are, in order of seniority, Chang T'ien-shih(张天师), the Taoist Pope, Hsü Chên-chün (徐珍君), Hsiao Kung (萧公), and Yen Kung (严公), the junkmen's candidate. Yen Kung, who lived *circa* A. D. 25,

[1] An exceptionally fine model of a junk of this description is to be found in the Kuan Yin Temple(观音庙)in the Dragon Street at Soochow. This model, which measures about 17 feet long, has a crew of some 30 or moremen dressed in the costume of the period. Two junkmen are shown in the act of hoisting the sheer-legs of the "A" type tracking-mast. The model is well supplied with chairs, tables, lanterns, cooking stoves, and so forth, all more or less to scale.

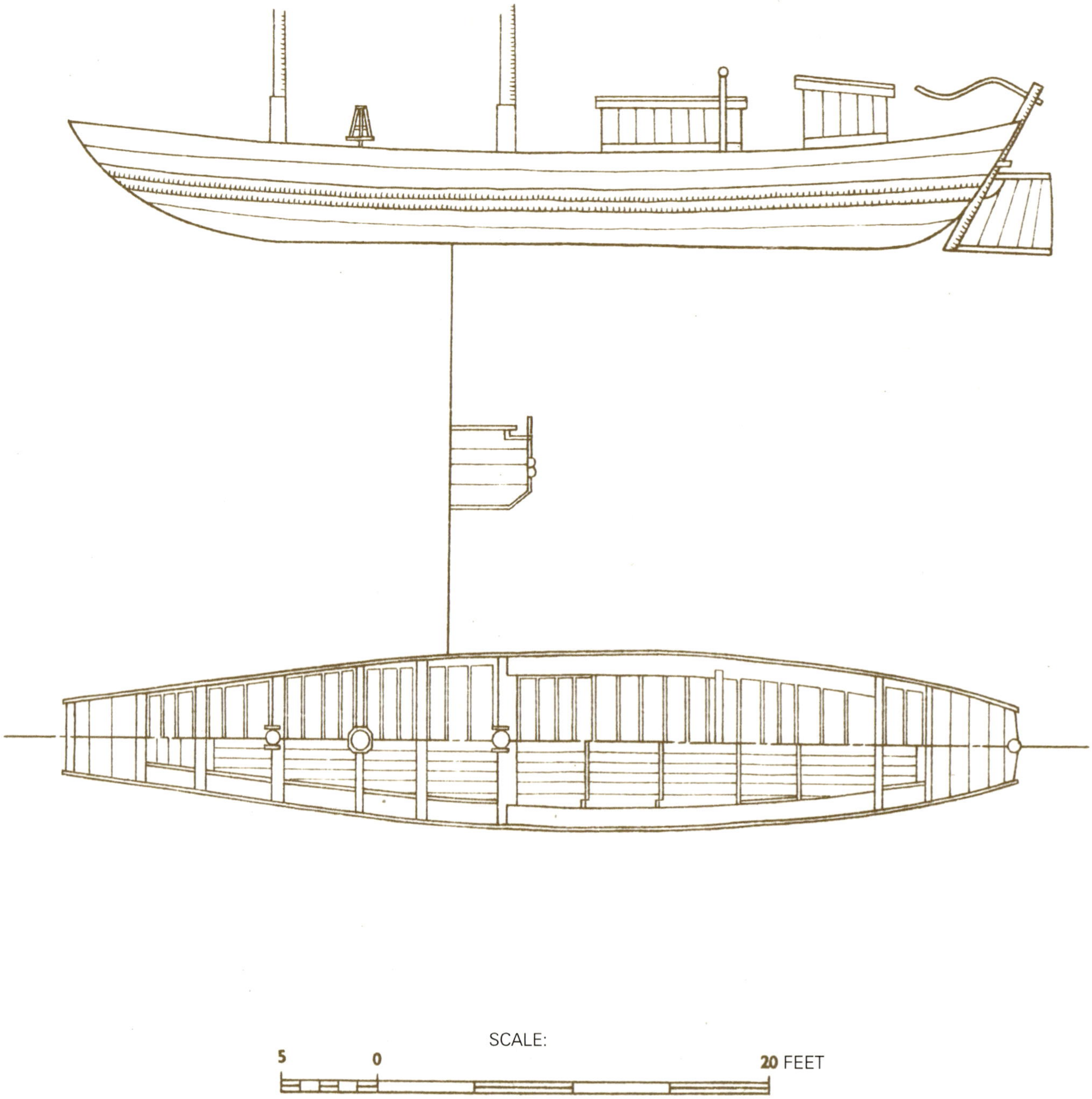

Fig. 12-19 HUANG-HUA-TZŬ

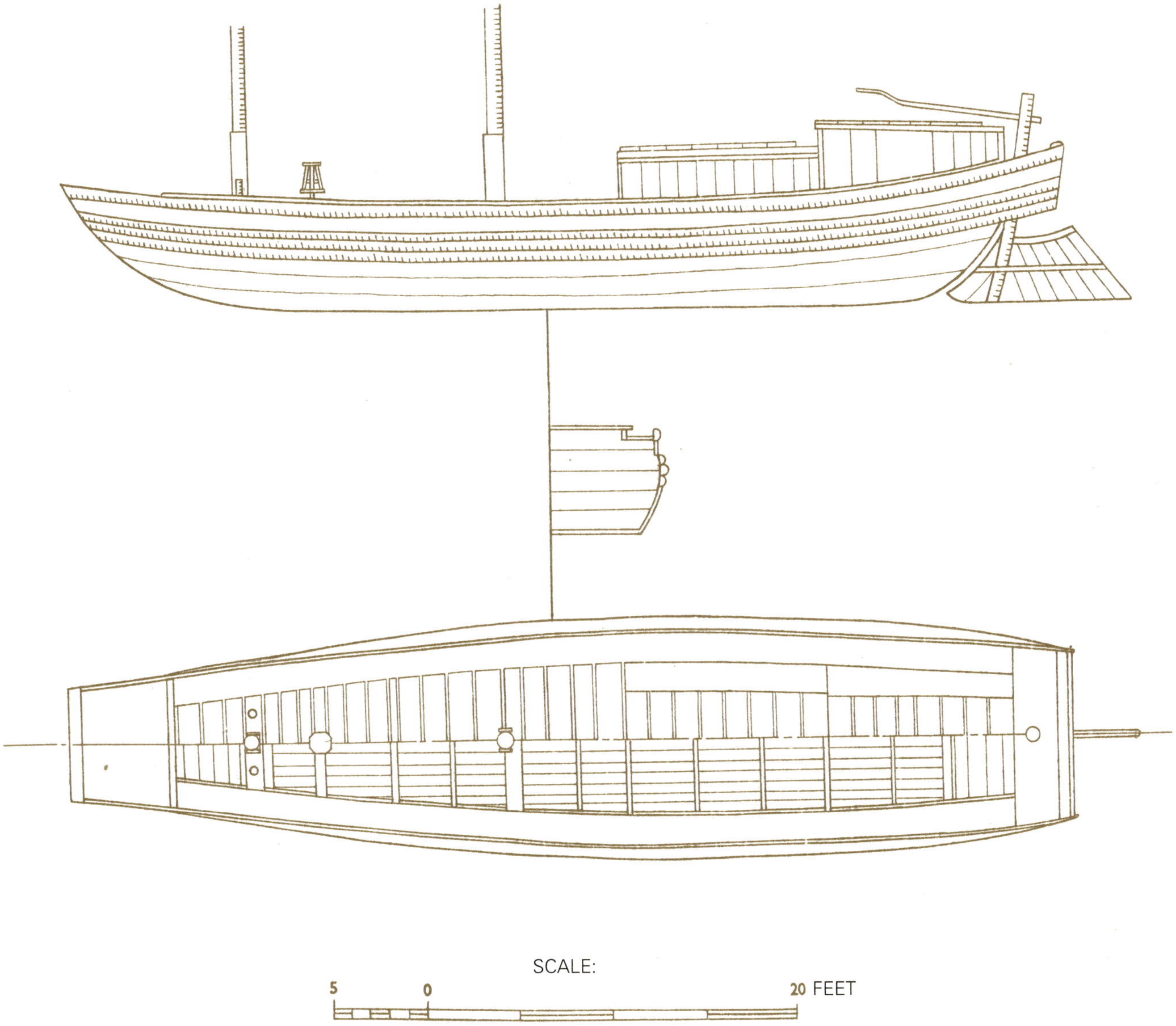

Fig. 12-20 TOU-CH'UAN

was a junkman who ran his boat so carefully that he never had an accident. For this reason he had many patrons anxious to give him business. Later he retired from the sea; was made an oficial; of course, became very rich, and in course of time a great friend of the Emperor. Yen, however, preferred a life in the country, devoted to fishing and agriculture. The junkmen of the *tou-ch'uan* claim him as their especial patron, for he is supposed to have designed this type of junk.

The *tou-ch'uan*, or rice-measure boat, is so named from its supposed similarity to that article. These junks, which are usually grain-carriers, are fairly uniform in size. That illustrated in Fig. 12-20 measures 54 feet in length, with a beam of 12½ feet and a depth of 5½ feet, and a capacity of 500 piculs. The port of origin of these junks is Tungcheng (铜城), north of the Yangtze, and they are usually to be found working the river between Tatung and Anking.

They are very strongly built and are fitted with seven bulkheads, three frames, and four half-bulkheads.

The main characteristics of these junks are the markedly square stern, the wide strakes of great thickness, and their great beam.

Yen Kung, referred to above, certainly possessed a good eye for form as well as efficiency.

THE YEN-CH'UAN (盐船), OR SALT-BOAT

The craft illustrated in Fig. 12-21 is but a poor example of a true Lower Yangtze salt-junk. Unfortunately, however, it is the only one available.

The huge, majestic salt-junks, with their enormous sails, are unhappily a thing of the past, for salt today is carried by steamers.

The craft illustrated on the opposite page is a typical example of a creek salt-junk, measuring 50 feet in length, with a beam of 11½ feet and a depth of 5 feet.

Very box-like in design, she has a capacity of 400 piculs. The crew consists of five men under a laodah.

THE WUHU CARGO-BOAT

Wuhu is the home of the cargo-boat. Two examples of the cargo-boat design are shown in Fig. 12-22, both plotted to the same scale.

Fig. 12-22A shows the small type which is generally used for inland waters, where boats of this variety are to be found trading up the numerous small creeks and canals in the hinterland of Wuhu. It measures 41 feet, with a beam of 10½ feet and a depth of 3½ feet. As these boats are designed primarily for light-draught work, they are not noted for the strength of their construction. They have a capacity of 120 piculs, that is to say, about 5 tons, and are fitted with 14 frames and three bulkheads.

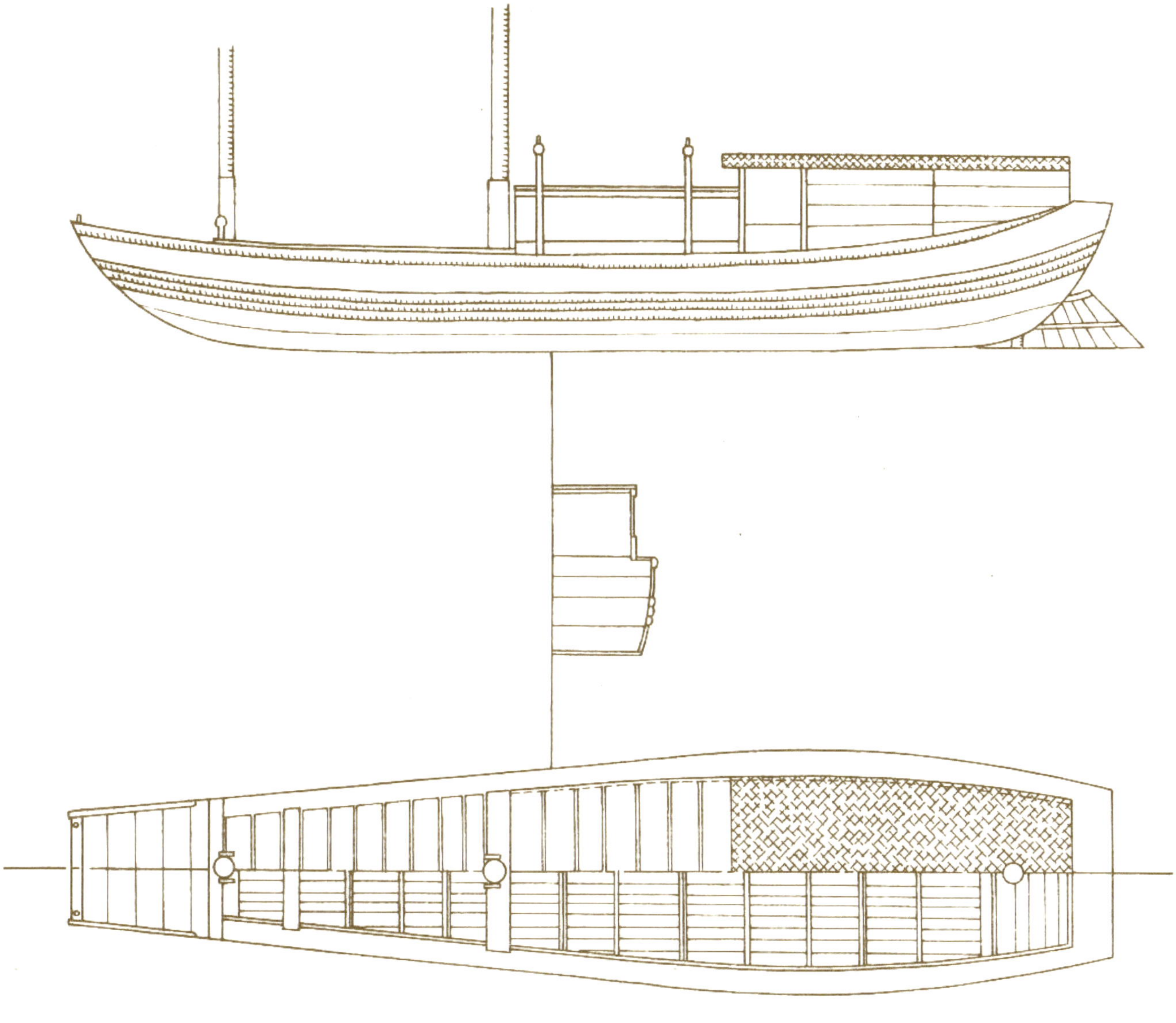

Fig. 12-21 YEN-CH'UAN

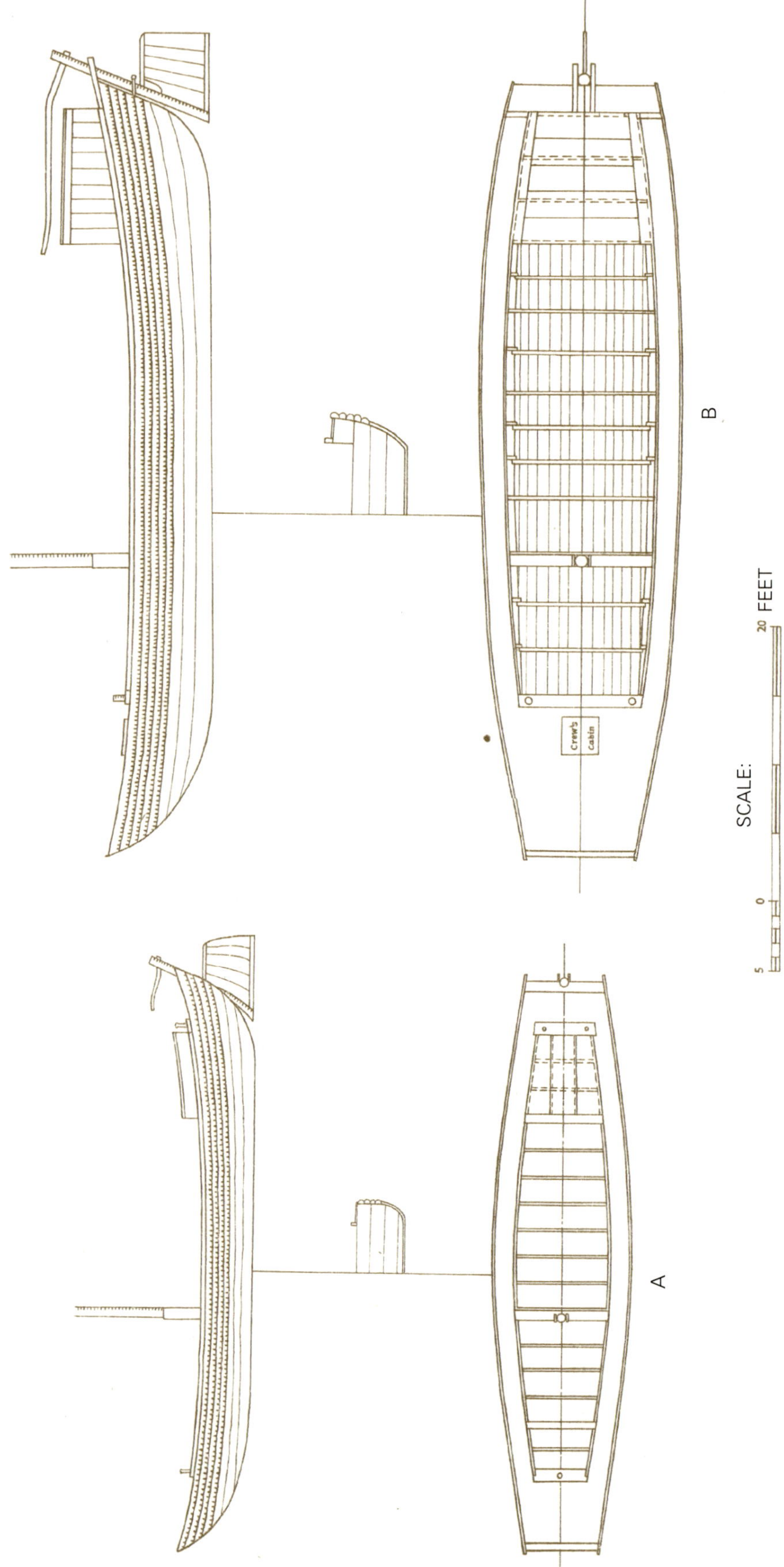

Fig. 12-22 WUHU CARGO-BOATS

Fig. 12-22B shows a heavy-draught cargo-boat of simple construction, measuring 56 feet, with a beam of 15 feet and a depth of 6 feet. The depth of the hold at its deepest is about 6 feet, and this permits a carrying capacity of about 50 tons.

The solidly built hull is made of *sha-mu*, and is fitted with six frames, five bulkheads, and four half-bulkheads, all of *ch'un-mu.* Two heavy hardwood bitts are firmly secured to the first bulkhead.

The flush-deck has a low coaming. The stern, which is wide in shape, has a slight rise, and a small portion of it is decked-in to form a cabin for the laodah and his family. Under the fore-deck there is a cabin, reached through a manhole, and a removable hatch gives access to the crew's quarters.

The broad flaring bow, the transom stern, and the non-balance rudder hung from the stern outside the vessel are characteristics of these as well as most cargo-boats. From an artistic point of view these boats have little to recommend them, but for simplicity, economy, and efficiency, as well as for speed in building, they are not excelled.

– CHAPTER 13 –

RICE-JUNKS

The principal market for most surplus crops in the delta area is Shanghai. The towns of Wusih (无锡), Chinkiang (镇江), Kiangning (江宁), and Wutsin (武进) follow in order of importance. Shanghai absorbs an enormous quantity, not only by virtue of her huge export trade to other provinces, but in order to feed her teeming millions. In 1930, with a population of over 4 millions, her consumption of rice was variously computed, but may be said to be nearly 4,000,000 piculs a year, with "ordinary" rice leading. A total amount, however, of over 7,000,000 piculs was imported, the surplus being exported again. The import of foreign rice from India and Annam is on the increase, particularly of late years, when, owing to military activities, the farmers have often had to abandon the export or even the cultivation of their "staff of life".

Normally there is more rice on the market at the end of the year, when the new crops of "ordinary" rice are brought in from the provinces. The import of foreign rice is mostly in the summer, before the new home-grown crops appear in the market.

The rice merchants of Shanghai fall into two categories. The Northern Group consists of merchants from Wuhsien, Kunshan, Changshu, Kiangyin, Wusih, Ihing, Liyang, and Kintan, and their junks usually congregate at the Sinza Road Bridge. The Southern Group of merchants hail from Sungkiang, Minhang, Tungli (同里), Pingwang (平望), Lutang (芦塘), Szeking (泗泾), Tsingpu (青浦), Changyen (张堰), and Pachih (八坼), while their junks are to be found at Wang-chia-ma-t'ou (王家码头) at Nantao.

As is only to be expected with such an all-important commodity, there is a large class of junks exclusively given up to the carrying of rice. All these river craft are noticeably well kept and, as the rice is nearly always carried in bulk, are always well caulked and in good repair. In common with a good many junks used for a specific purpose, the rice-junks nearly always return empty. Doubtless this is due to the care that must be exercised not to carry any cargo likely to taint the wood and thus affect adversely the flavour of the rice.

THE LUHÜ RICE-BOAT

This rice-carrying junk is called after a town on the Tienshan Lake (淀山湖) on the southern boundary of the Province of Kiangsu and is usually built in the place from which she derives her name. She trades between Luhi (芦墟) and Shanghai *via* Tsingpu (青浦).

Made of *sha-mu*, she measures 41 feet in length and 7 feet in beam, with a depth of 3½ feet(Fig. 13-1). She is of strong construction, with five hardwood bulkheads and seven frames, and a cargo capacity of 90 piculs.

Her lines are pleasing, with a long, low, narrow bow and still more tapered stern of the open-wing type and Shanghai style of gallery. The typical bulge of the hull of rice-carrying craft is present to a lesser degree than usual. The planking of the deck runs athwartships. There is a small mast, which carries a square-headed lug-sail. A curved type of yuloh is used.

Although this junk is quite small, she is curiously enough provided with lee-boards for the reason that she has to pass through several open lakes and down the broad reaches of the Whangpoo.

The crew of three live in the small house amidships. An unusual feature and one illustrating how lucrative is the rice trade is that the whole of the compartment between the fourth and fifth bulkheads is used as a "strong room", wherein the rice merchants who travel with their cargo can stow their money and valuables. The deck-planks in this compartment lie fore and aft, and the primitive built-in safe below is secured by means of a wooden batten travelling across the deck and fastened with a Chinese lock.

THE LINGHU-CH'UAN

One of the larger rice-junks navigating the Whangpoo and adjacent inland creeks is the *linghu-ch'uan*, so named after a village where it is built, near Huchow (湖州), on the upper reaches of the Whangpoo. This craft, with a carrying capacity of 200 piculs of rice in bulk, is moderately strong in construction, being made of *sha-mu*, with six hardwood bulkheads, two half-bulkheads, and seven frames. It measures 71 feet in length, with a beam of 13 feet and a depth of 5 feet, and shows pleasing and graceful lines, tapering gently at either extremity. The square narrow bow shows a doubling plank rabbeted in from just below the athwartship cross-beam to a depth of about 2 feet. The rounded flare, widening as it rises, is rather an unusual feature of the hull, as is the fact that the first bulk-head is so far aft.

The rudder is of the hoisting variety, slung in the Shanghai fashion from the after cross-beam and fitted with a block and tackle. There is one mast, which carries a square-headed lug sail(Fig. 13-2).

The small 4-foot high removable house accommodates the owner and his family. For additional protection, removable washboards can be fitted to extend from the two bitts right forward back to the house. The usual standing awning covers the after-portion of the junk.

The small crew of two live in quarters forward of the mast, in an area measuring 7 by 7½ feet. In this type of craft they always keep their clothes, personal effects, and bedding between the fourth and fifth bulkheads. The galley, which consists of two pans on two stoves, is situated right aft and fills the width of the vessel.

Propulsion is by sailing or yulohs, one on the bow and one on the starboard side of the stern.

THE CHANGSHU-CH'UAN

This small rice-junk is also named after the place where it is built, a town on a tributary of the Soochow

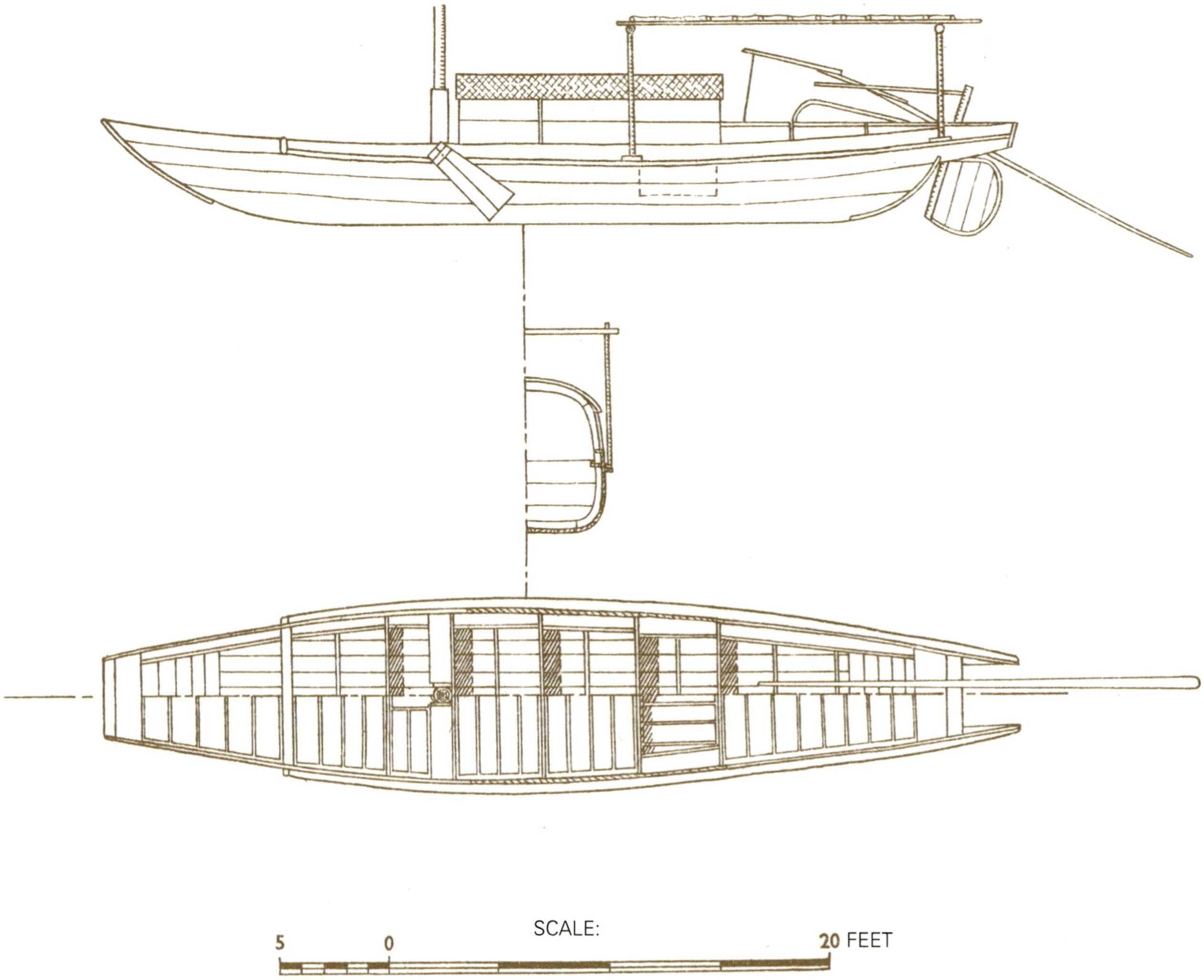

Fig. 13-1 LUHÜ RICE-BOAT

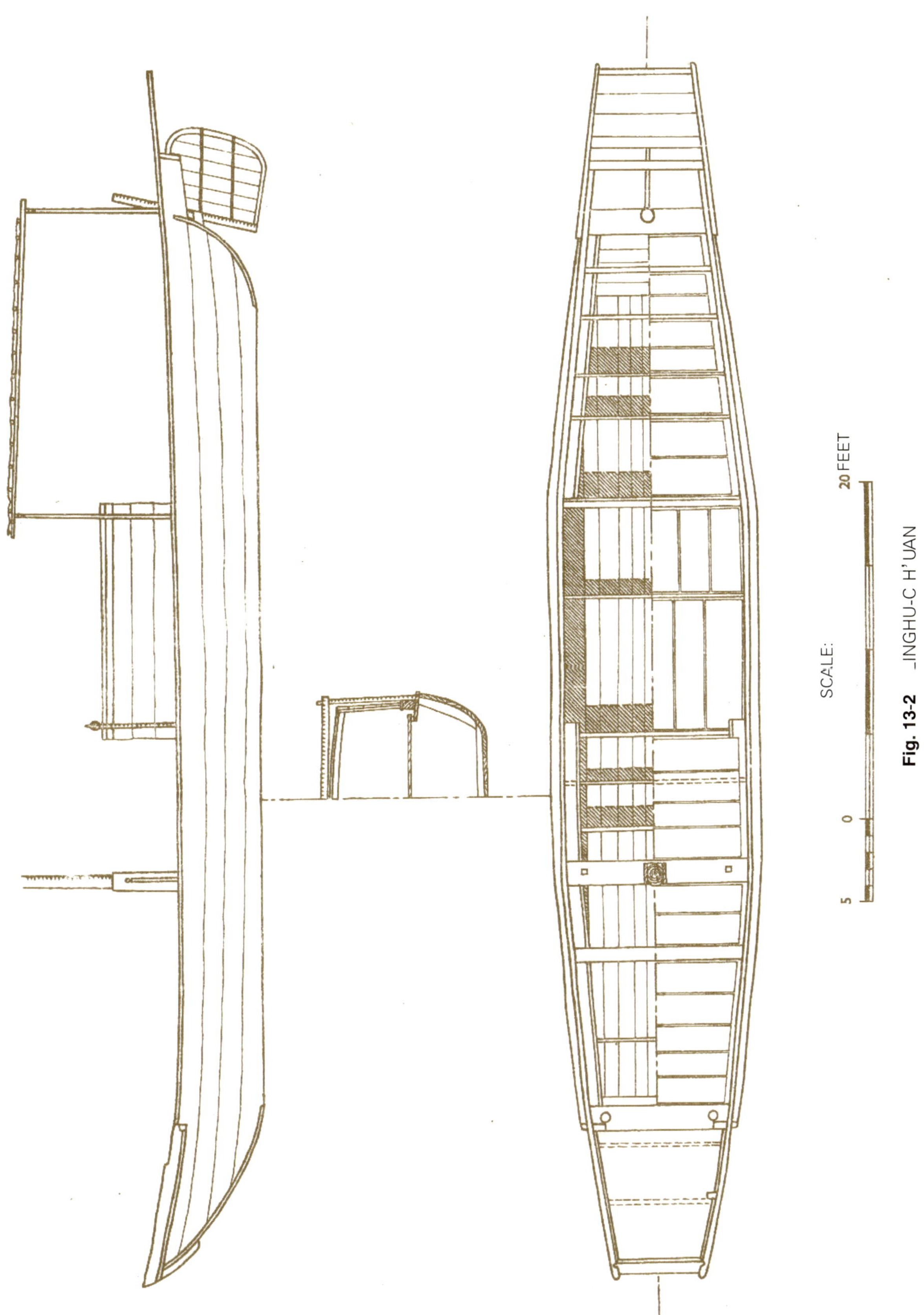

Fig. 13-2 _INGHU-C H' UAN

Creek. An alternative name, however, is the *mi-pao-tzŭ* (米包子), or "packet of rice". It navigates direct to Shanghai down the Soochow Creek, a distance of about 100 *li*.

Built of *sha-mu*, she is a nice-looking craft measuring 54 feet, with a beam of 10½ feet, a depth of 4½ feet, and a capacity of 180 piculs of rice in bulk. These junks vary in size, the largest having a carrying capacity of as much as 500 piculs(Fig. 13-3).

There are nine bulkheads and three frames. The sixth and seventh bulkheads are fitted with sliding doors. Tapering considerably to the narrow 3-foot bow and stern, this type is distinguished by the bulky shape of the midship section, both laterally and vertically, for the swelling of the typical rice-junk is so marked as to present what is almost a modified form of turret-built hull.

The house, which is entirely removable down to the washboards, is bisected by the mast. In rainy weather the gaps between the fore and aft portions of the house are covered with a tarpaulin. The owner lives in the after-portion of the house between the sixth and seventh bulkheads, where the deck is sunk about a foot below deck-level.

The rest of the crew of three live in the forward part of the house in a section measuring 10 by 8 feet. The galley is in the stern abaft the ninth bulkhead.

THE CH'U-MEN-CH'UAN

This rice-junk is known as the *ch'u-mên-ch'uan*, which literally means the "go-out junk", more freely translated as the "outport junk".

Built at Pootung of *sha-mu*, with five hardwood bulkheads and seven frames, these junks are more or less standard. The specimen here illustrated in Fig. 13-4, measures 58 feet, with a beam of 12 feet and a depth of 3½ feet.

An unusual feature in the construction is the presence of two hardwood top-beams near either extremity which do not rest, as is usual, on bulkheads. Also uncommon is the fact that all the deck-beams are mortised into the structure of the hull, as may be seen in the plan. This is probably to afford extra strength to a hull which, though adequate for carrying the cargo of 300 piculs of rice, is yet not outstandingly sturdy.

The junk carries rice from the Pootung hinterland to Shanghai and also brings its cargo of grain down the Whangpoo from river ports.

High removable washboards extending from the foremast until they merge in the structure at the stern serve to prevent the wash from passing vessels reaching the perishable cargo.

The raked rudder of the non-balance hoisting variety is at a more than normally acute angle and has a long straight tiller. There are two masts, situated far forward and close together, and two lee-boards. The propulsion is supplemented or alternated by the three yulohs, two of which are in the bow, operating on short bumkins, and the third over the stern. A temporary house can be formed of any size desired by means of a succession of removable arched bamboo mats, the surplus of which, when not in use, can be stowed on the top of the others. The ends of the mats are fitted inside the washboards, so that the rain running down the smooth waterproof mat surface may find an exit through apertures cut in the weather-boarding at regular

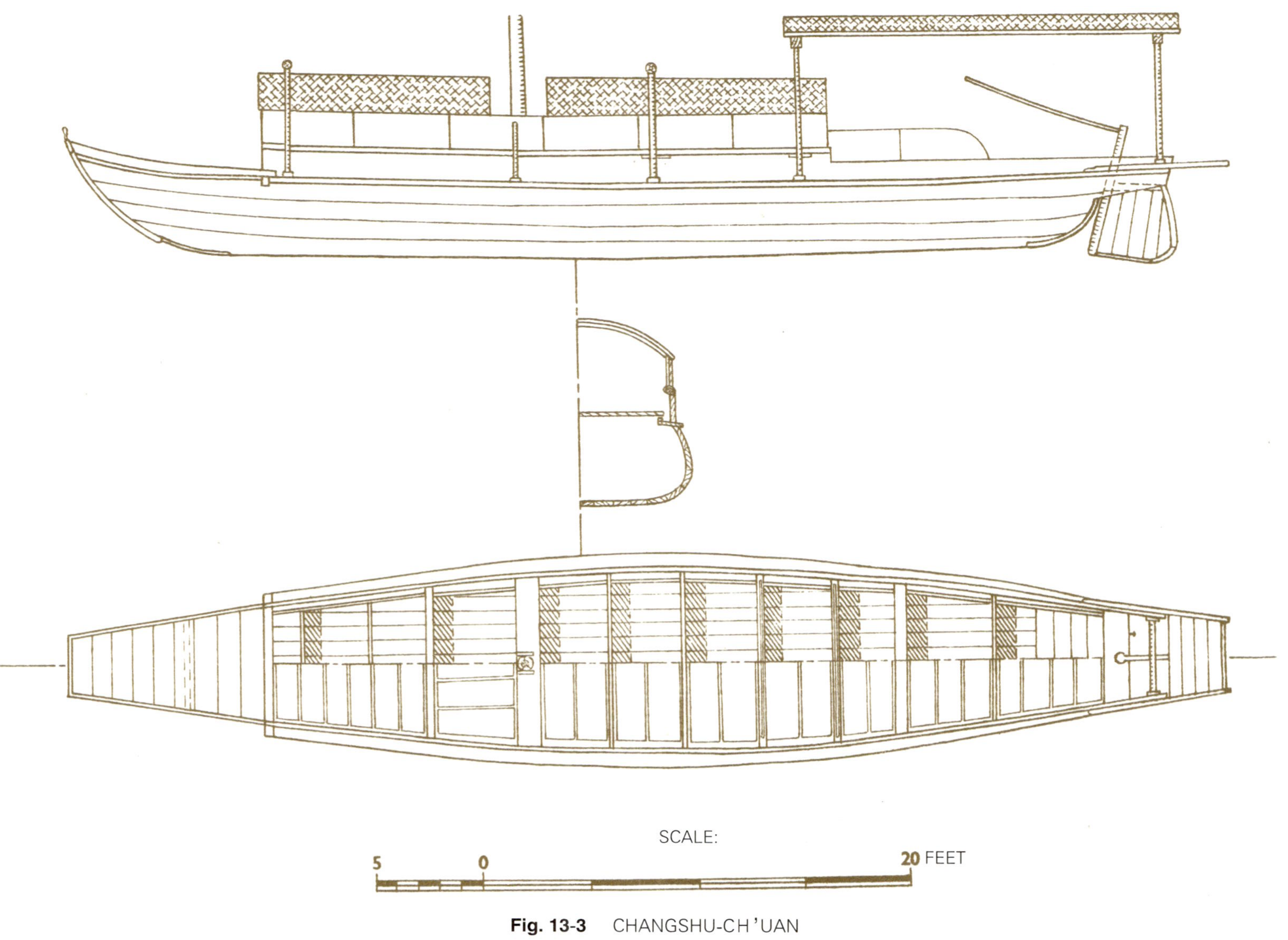

Fig. 13-3 CHANGSHU-CH'UAN

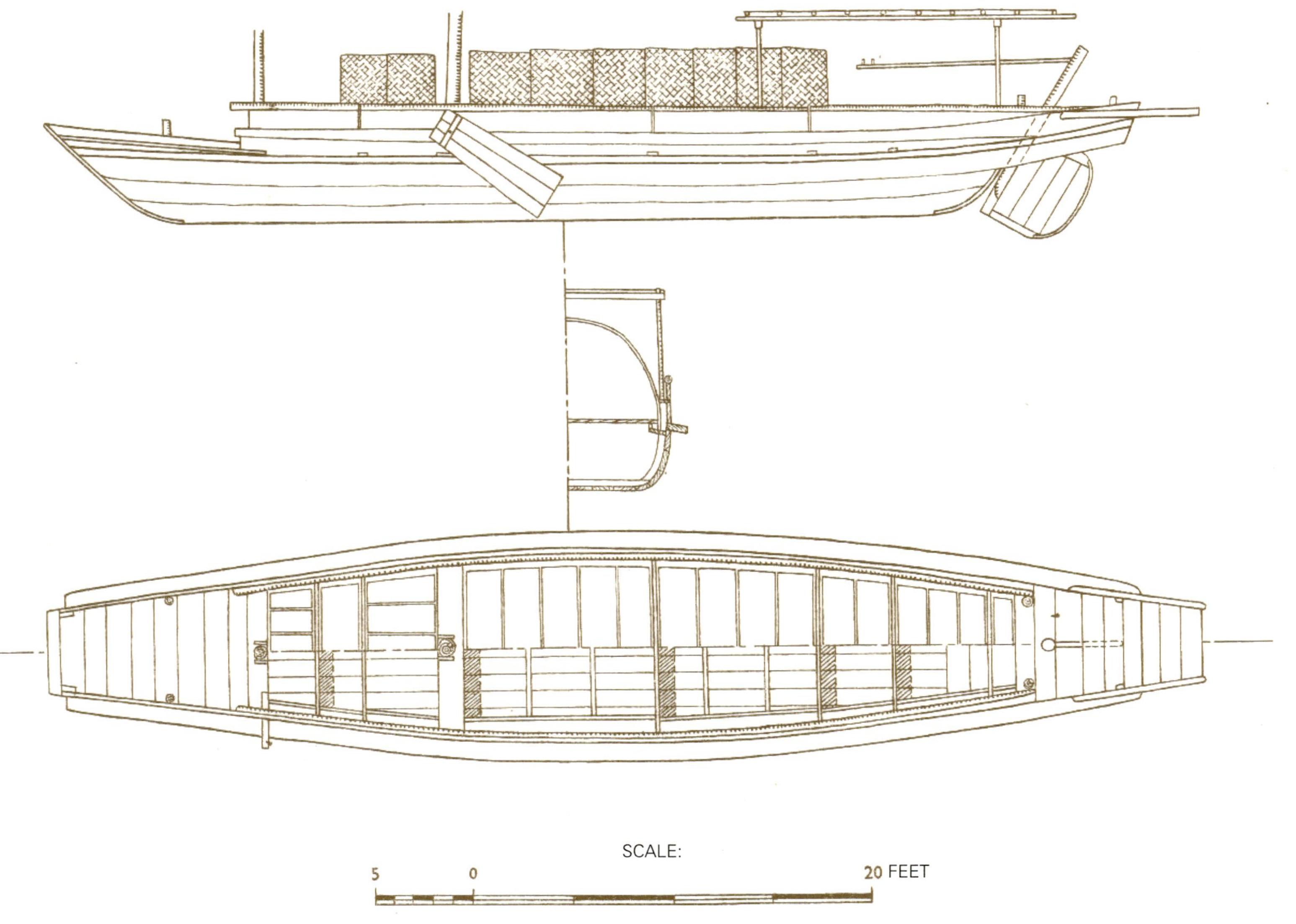

Fig. 13-4 CH'U-MEN-CH'UAN

intervals.

The owner and crew of four men live in the commodious house, the galley being between the fifth bulkhead and the stern.

Like all rice-junks, these are well found, clean, and particularly well kept, and the crew obviously take a pride in their craft.

THE T'AIHU HSI-HU-CH'UAN

The *T'aihu hsi-hu-ch'uan*, or T'ai Lake boat, is, like the *fu-ch'uan*, also built at Changchow and serves the T'aihu, navigating as far as Shanghai.

Built of *sha-mu*, with six hardwood bulkheads and five frames, she measures 64½ feet long, with a beam of 13½ feet and a depth of 5½ feet (Fig. 13-5). Except for slight differences in measurements and bulkheads and consequent diminishing strength and cargo capacity, there is very little indeed whereby to distinguish this type from the *fu-ch'uan*, except perhaps the rather blunter bow and stern and the fact that she is a carrier of rice instead of stones.

The unusual features of hull construction, quanting gangway, number and disposition of crew, and masts and sails are all identical. Nevertheless, this craft must be included here as a separate type to illustrate the junkmen's insistence that it is not only easy to recognize her as a totally different craft, but that it would be quite unpardonable to confuse her with the *fu-ch'uan*.

THE WU-TS'ANG-TZŬ, OR FIVE-COMPARTMENT BOAT

A typical example of the junks engaged in inland water rice trade is provided by the *wu-ts'ang-tzŭ*, or five-compartment boat. This is quite an inappropriate name, as they are invariably fitted with six compartments.

The craft illustrated in Fig. 13-6 measures 45 feet, with a beam of 10½ feet, a depth of 4 feet, and a capacity of 60 piculs. In construction they are light, with five bulkheads and four frames. The sides meet the bottom at a sharp angle, and amidships especially they are of box-like proportions tapering to a gently curving bow and fairly wide transom stern.

These junks operate mainly on the Chao Lake (巢湖) and the many creeks which spread inland forming a network of waterways serving the rich rice-growing areas.

THE CHAOHU HUA-TZŬ (巢湖划子), OR CHAO BOAT

The Chaohu lies in the very heart of one of the very best rice-growing districts in China, and so it is not surprising to find a great number of very interesting and distinctive types of junk in the Chaohu-Wuhu rice trade.

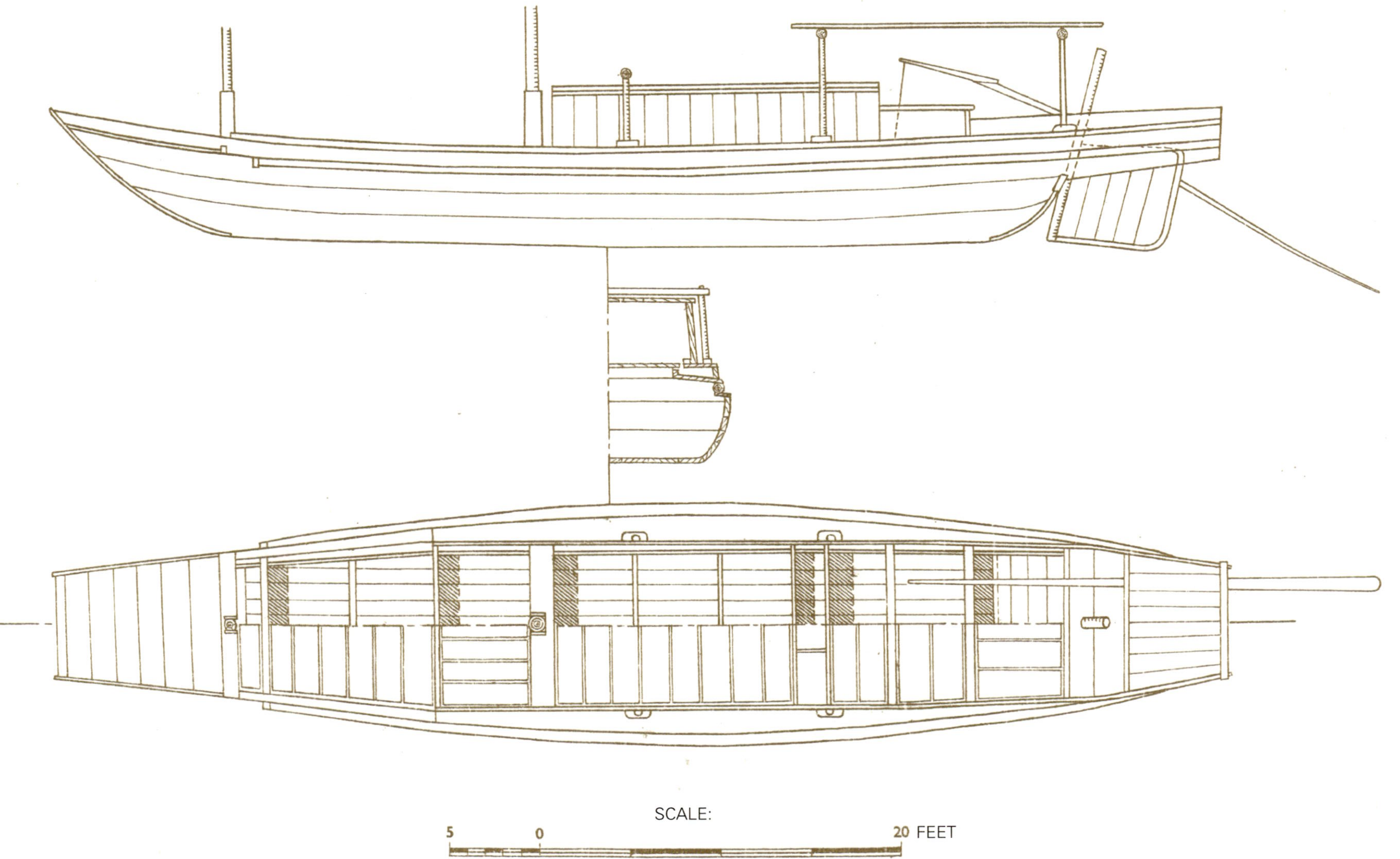

Fig. 13-5 T'AIHU HSI-HU-CH'UAN

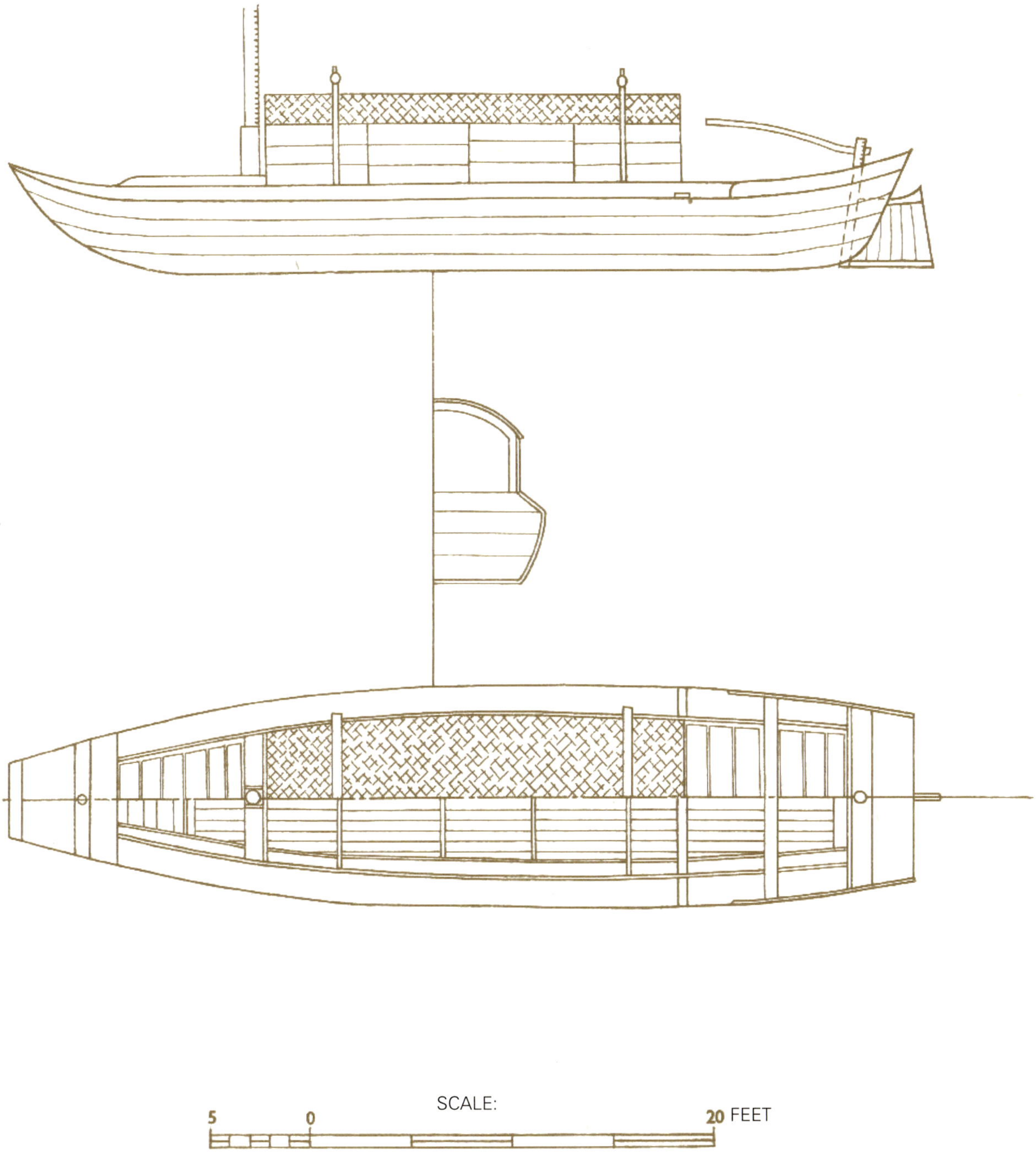

Fig. 13-6 WU-TS'ANG-TZŬ

The Chaohu *hua-tzŭ*, illustrated in Fig. 13-7, is turret-built on very full lines and is fitted with one frame, seven bulkheads, and five half-bulkheads. The carrying capacity is about 150 piculs.

Although this junk is primarily designed for the transport of rice to Wuhu, the return journey is made with a general cargo on board.

The mainmast is stepped against the fifth bulkhead and carries the customary fairly flat-headed lug-sail. In addition, a smaller mast is stepped against the second bulkhead.

These junks carry a crew of four men.

THE T'IAO-PO-TZŬ (挑驳子), OR BAMBOO POLE

The *t'iao-po-tzŭ*, meaning bamboo pole, is another variety of rice boat working the creek routes between Wuhu and the Chaohu (巢湖), via Yüntsao (运漕) and Yükikou(裕溪口).

These queer craft, which are very uniform in design, are quite common in the vicinity of Wuhu. They have an over-all measurement of 44 feet, a beam of 9 feet, and a depth of 3½ feet(Fig. 13-8).

They have a capacity of about 130 piculs of rice, which is always carried in bulk. The main characteristics of this broad and stoutly-built junk are the sharp stern and the markedly square bow, which makes them quite unique among junks.

The origin of the build of stern in these boats is said by the junkmen to be due to the influence of Lu Pan, the carpenter god, who lived as far back as 506 B. C.

These junks are sometimes known by the purely local name of *shu-ch'uan* (舒船), after a small town on a creek west of the Chaohu.

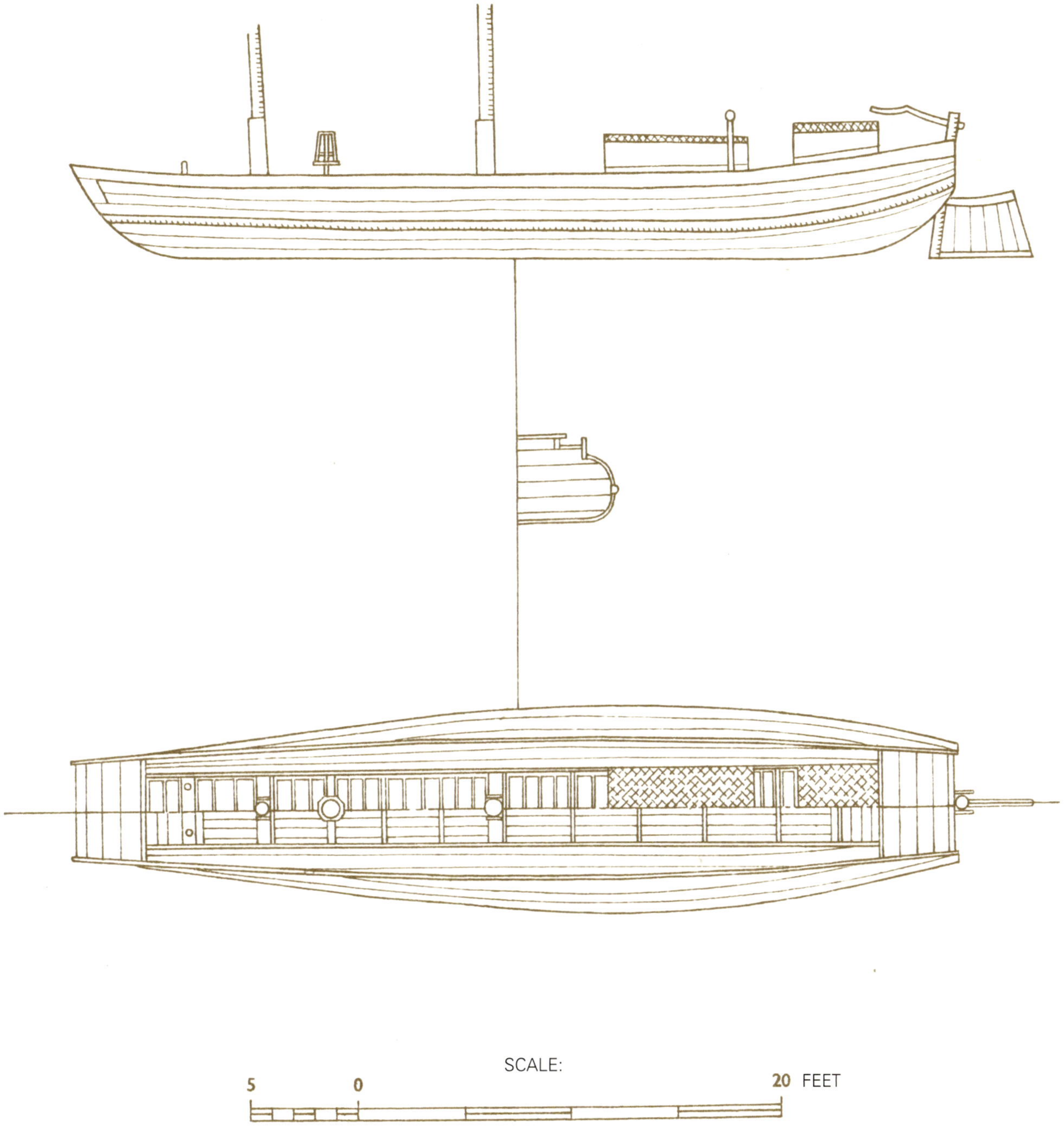

Fig. 13-7 CHAOHU HUA-TZŬ

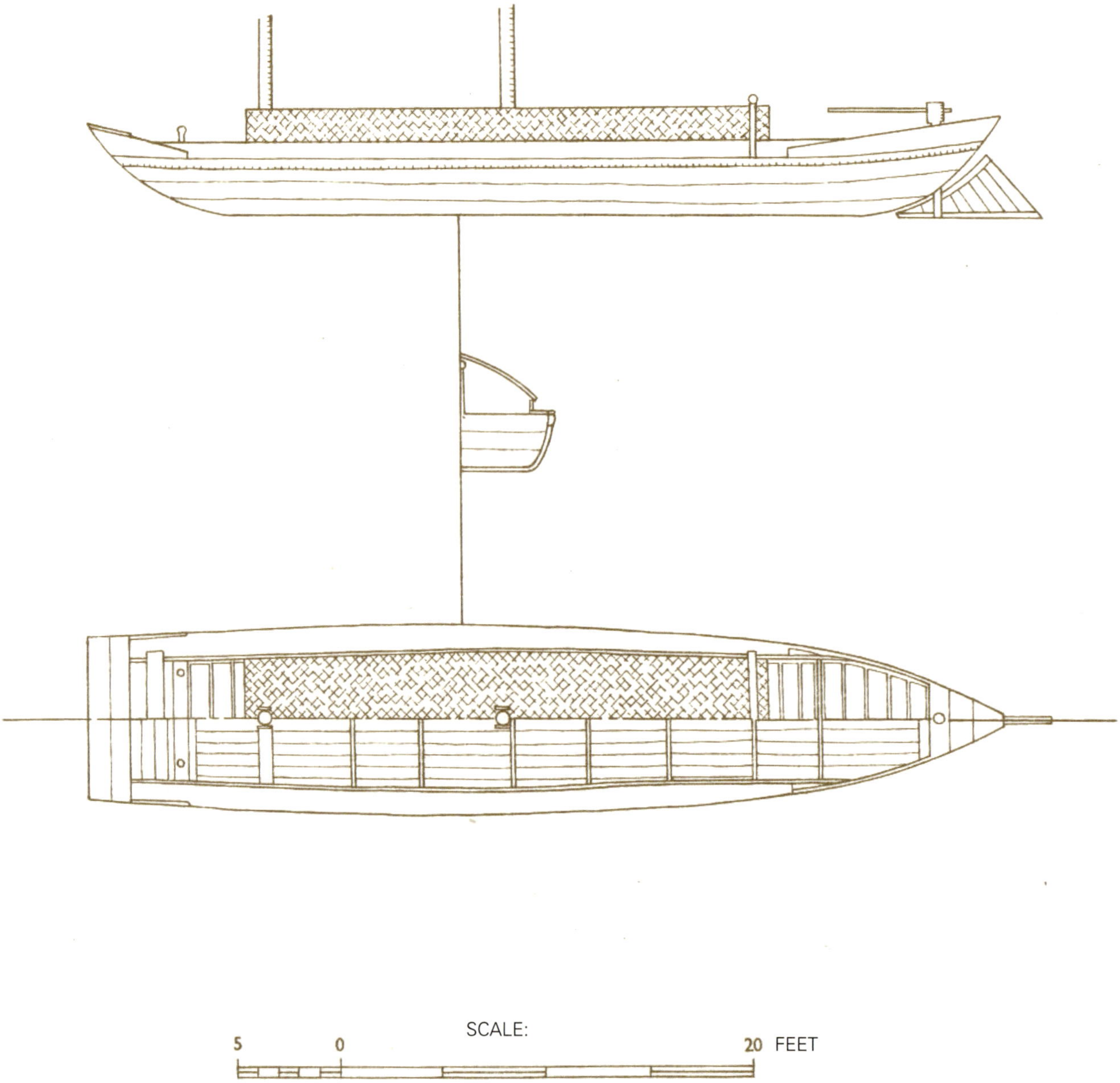

Fig. 13-8 T'IAO-PO-TZŬ

– CHAPTER 14 –

THE GRAND CANAL

The Chinese call the Grand Canal either Yüho（御河）, Imperial River; Yünho（运河）, Transport River; or Chaho（闸河）, River of Locks. It has also been termed the Tribute-bearing River（漕河）. In these names are epitomized in brief the history of that great artificial waterway, its principal reasons for existence, and a description of its main physical features.

The Grand Canal, like most canals of China, was made to serve a double purpose, primarily to supply an easy means of communication but also to provide a system of drainage and irrigation.

It runs for a distance of about 1,000 miles or more from its southern terminus, Hangchow, the provincial capital of Chekiang, across Kiangsu, traversing the whole province from south to north in a line parallel to the seacoast, through Shantung and Hopeh to its northern terminus at Tientsin. From here the Peiho serves to link it up with Peiping.

This great artificial waterway is not the result of one well-thought out scheme but of numerous experiments carried out through many centuries and brought to a successful issue after many failures, for canals in China were amongst the first public works to be attempted, and it is known that there was a fairly extensive canal system in Kiangsu at an early date. In the sixth century B. C. the State of Wu for the first time linked up the Yangtze and Hwai Rivers and continued the connecting canal still farther north so as to give access to the southern and central part of what is now known as Shantung. The section from Hangchow to Chinkiang on the Yangtze was built early in the seventh century A. D. The northern part, extending from the old Yellow River bed to Tientsin, was completed by Kublai Khan within the three years A. D. 1280–1283. By this means the transport of tribute rice to the capital for the use of the troops in the less fertile northern provinces was ensured.

The transport had previously been slow and uncertain, but with the opening of the canal, which was utilized as it was being completed, the supplies of rice reached their destination with increasing regularity.

This northern and most recent portion has always presented the greatest navigational difficulties, owing to the less efficient construction and the silting up of the Yellow River, and further complicated by the neglect which has, throughout its length, served to lessen the utility of the Grand Canal.

In its course the canal crosses the two greatest rivers of China. The first, in the north, is the Yellow River, and the strange and remarkable feature of this crossing is that, as the river has been for so long imprisoned between high banks, its bed is here actually 16 feet above the level of the canal and is, of course, correspondingly higher than the surrounding country. This state of affairs is due to the facts that waterways silt up rapidly in China and that the Chinese, instead of dredging the beds, prefer to raise the embankments of the canals. [1] The strain thrown on the earthworks is enormous, and it is not surprising that they should, from time to time, give way and cause the terrible floods that have earned for the Yellow River the name of "China's Sorrow". The difference in the level of the bed of the river and that of the canal makes navigation at their junction difficult, for if the water is too low the junks cannot cross the bar, and if it is too high the current becomes too strong.

The central and oldest portion of the Grand Canal lies between Chinkiang and Tsingkiangpu. Fed by the Hwaiho and the drainage from several adjacent lakes, it runs through a thickly populated and fertile alluvial plain situated north of the Yangtze and east of the canal and lying for the most part at, or very little above, sea-level. In this region the country west of the canal lies above the level of the canal-bed, but that to the east lies below it, so that the volume of water in the canal may rise from 7 to 22 feet above the neighbouring plain.

On this part of the canal most of the craft used are modifications of the *yen-ch'uan*, or salt-boat, or of the *nan-wan-tzŭ* (南湾子), or passenger-boat.

The numerous instances of differences of water-level on the canal, as it is crossed by or utilizes the channels of other streams, are controlled by a species of lock known as *chah*. This consists of an artificially constructed narrow neck with a dam or weir built across it, and fitted with a removable central part made of beams slipped one above the other into sockets of masonry.

When the beams are removed they provide an opening of about 22 feet in width. The difference in level above and below the lock is often considerable, as much as 2 feet. Ascending boats have to be lightened and dragged up "haul-overs" by means of capstans and cables, requiring the services of hundreds of coolies. Needless to say, these locks are a great impediment to navigation.

There are four of them in Kiangsu: one in Tsingkiangpu and three others a few miles above it. They become more frequent as one goes north, but they are less formidable.

The southernmost portion of the canal begins where it crosses another great stream, this time the Yangtze. Here, on the south bank of the river at Chinkiang, the original course of the canal runs under the southern wall of the city, its entrance being near the ex-British Concession. In winter, however, the channel silts up completely, and traffic from the Yangtze has to proceed down the river for about 10 miles below Chinkiang to another channel at Tantu, where, by following the tortuous course of a small river or creek, the Grand Canal may be reached at a spot where, after leaving Chinkiang, it curves to the north-east in a loop towards the Yangtze. At other points also navigation becomes difficult owing to the shallowness of the water: this is particularly the case at Tanyang, some 20 miles south of Tantu. Some of the shoals can be avoided by following side canals. The depth is usually sufficient for a draught of 4½ feet and in most places

[1] An exception to this rule is to be found at Kwanhsien, on the Chengtu Plain. Here, since the third century B. C., the river has been dammed and cleared each year.

is far greater than this. The canal now runs in long straight reaches and is of a fairly uniform width of about 40 yards. Of the total distance of 200 miles from Chinkiang to Hangchow, the first 135 miles lie in the Province of Kiangsu. Skirting round the great stretch of the T'aihu, the canal, some 40 miles south of the Yangtze, passes the famous city of Soochow. From here on it passes through a network of lakes into Chekiang until it terminates at Hangchow.

The waters of the Grand Canal and those of the Ch'ient'ang River at Hangchow are not connected owing to the difference of water-level. This forms a great obstacle to navigation and necessitates transhipment of cargo or passengers, or even, in some cases, transport of the junks overland.

In Southern Kiangsu and Chekiang there is a vast network of numerous rivers, lakes, creeks, canals, and even navigable ditches. This inland-water system is, by means of the Grand Canal, also linked not only with the basin of the Ch'ient'ang River extending west from Hangchow, but with the vast alluvial basins of the Yangtze and Yellow Rivers and the basins of the Hwaiho and even the Peiho in the far north.

Intercommunication is also available through the Provinces of Anhwei, Kiangsi, and Fukien, and farther west *via* the Tungting Lake with the Siang, Kwei, and Si, or West, Rivers, providing at certain seasons of the year an uninterrupted waterway stretching from Peiping to Canton.

THE LIANG-HUA, OR FOODSTUFF-JUNK

There is nothing particularly noteworthy or of interest about the *liang-hua*, illustrated in Fig. 14-1. As her name implies, she is a food-carrier, usually grain, from Wuhu up the Grand Canal.

Her over-all measurements are 58 feet in length, with a beam of 12 feet and a depth of 4 feet.

Lighter in construction than the usual run of grain-carriers, she has seven bulkheads and seven frames.

The lofty and very narrow form of sails shows she is accustomed to inland waters. The tall *sha-mu* masts are stepped in the ordinary way, and immediately abaft the mainmast is the central deck-house. The roof is of wood and quite flat, the side planking being removable to give light and air. The crew of six men live in the after-house, the fore-part of which is used as a galley.

There is a great bluffness about the bow which ends in a light cross-beam, abaft which is a removable cross-beam. The heavy balance-rudder has a long curved tiller leading to the conning position just forward of the house.

Notwithstanding local differences of detail, these cargo-lighter types vary very little as a class.

THE LIANG-CHIEH-T'OU

The *liang-chieh-t'ou*, or two-section junk, although, properly speaking, a native of the North, plies a regular trade down the Grand Canal and is therefore often to be met with crossing the Yangtze at Chinkiang or lying up in the harbour awaiting favourable water-levels.

Up to the month of June the Grand Canal is so shallow that it is navigable only by small junks or these specially designed craft. When the Yellow River is swollen, the current rapidly increases until the canal is

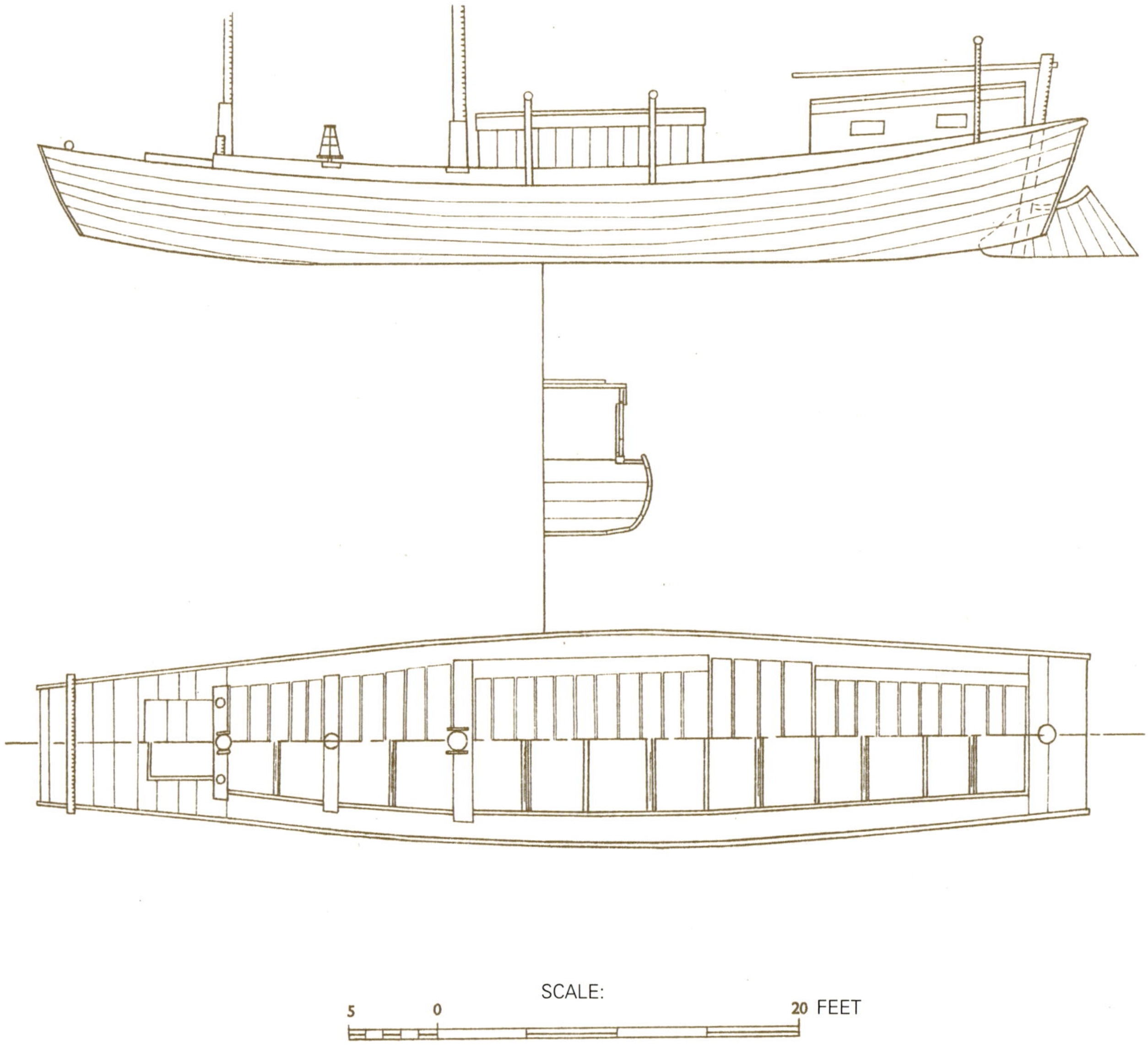

Fig. 14-1 LIANG-HUA

deep enough by July for large weight-carrying craft.

The *liang-chieh-t'ou* also proceeds as far afield as Shanghai by way of the Grand Canal and the Soochow Creek and may sometimes be seen banked-in its two separate sections on the crowded waterfront in Shanghai. The principal cargo carried is grain, beans, or fresh vegetables.

The unique character of the construction of this curious junk may be traced to the shallowness of its main thoroughfare, the Grand Canal, at certain parts and during certain seasons. These conditions, combined with the many sharp and narrow bends, have been countered by the ingenious junk-builders by developing an extremely long, narrow craft, which can be divided in the middle so as to allow separate handling of the bow and stern halves. By this means a sufficient pay load is ensured for the junk in normal waters, while retaining, by means of the separation arrangement, the advantage of being divisible into two mobile small craft so as to negotiate channels where clumsier junks would be forced to await a rising water-level. Another obvious advantage is that the junk when separated occupies less space when banked-in.

Although it is said that these boats may attain a length of 150 feet, the usual length on the Soochow Creek is about 110 feet, with a beam of 14½ feet and a depth of 5 feet. Boats of the largest size are decked-in throughout and have spacious houses.

A common size is that of the craft here illustrated (Fig. 14-2), that is to say, about 90 feet in length with a beam of 11½ feet. Like all these craft, it is unusually narrow in proportion to the length, for the hull is about eight times as long over all as it is wide, while the beam is about three times the depth in the hold.

Constructed with 9 bulkheads and 14 frames of quite exceptional strength, as will be seen from the sectional drawing, everything about these craft demonstrates that they are built for shallow inland waters. The bottom is slightly curved transversely, but the curve is so gentle as to be hardly noticeable. Longitudinally the bottom is also curved throughout its entire length, but this becomes more marked at bow and stern, which sweep up in a long deep curve and meet the transverse stem-beam and transom respectively. Both bow and stern facing are horizontally planked. There are no hatch-covers, but the cargo is sheltered by a series of matting covers[1] resting on a detachable strongback and extending from the mast to just short of the after-house. The bottom ends of the matting extend over the high hatch-coaming[2], which runs nearly the whole length of the junk at a distance of 2 feet inboard.

When the wind is fair, the junk proceeds under sail, but is otherwise tracked by one or two of the crew, the mast and sail being lowered so as to rest on the lumber irons[3]. The mast is retained in place by a fore and aft plank fitting snugly between two bulkheads, thus distributing the weight. It depends for its support upon a short tabernacle, a fid at deck-level giving additional rigidity. The mast[4] is so arranged that it can be struck with ease and speed 80 as to enable the junk to shoot under bridges. For this purpose a pair of sheer-legs[5] are fitted, the heel being connected by a rope becket to ring-bolts in the deck. There is a topping-lift to the mast, which can be sent down in a surprisingly short time. Once through the bridge the mast can be sent up and the sail made nearly as speedily, Before either operation it is necessary to remove some of the matting of the house abaft the capstan[6]. The lee-boards[7] are situated unusually far forward and are small for the size of the junk; for instance, in the craft measuring 110 feet in length, the lee-boards are 7½ feet in length. They are secured by a chain stopper terminating in a hook taking into a ring-bolt on the deck.

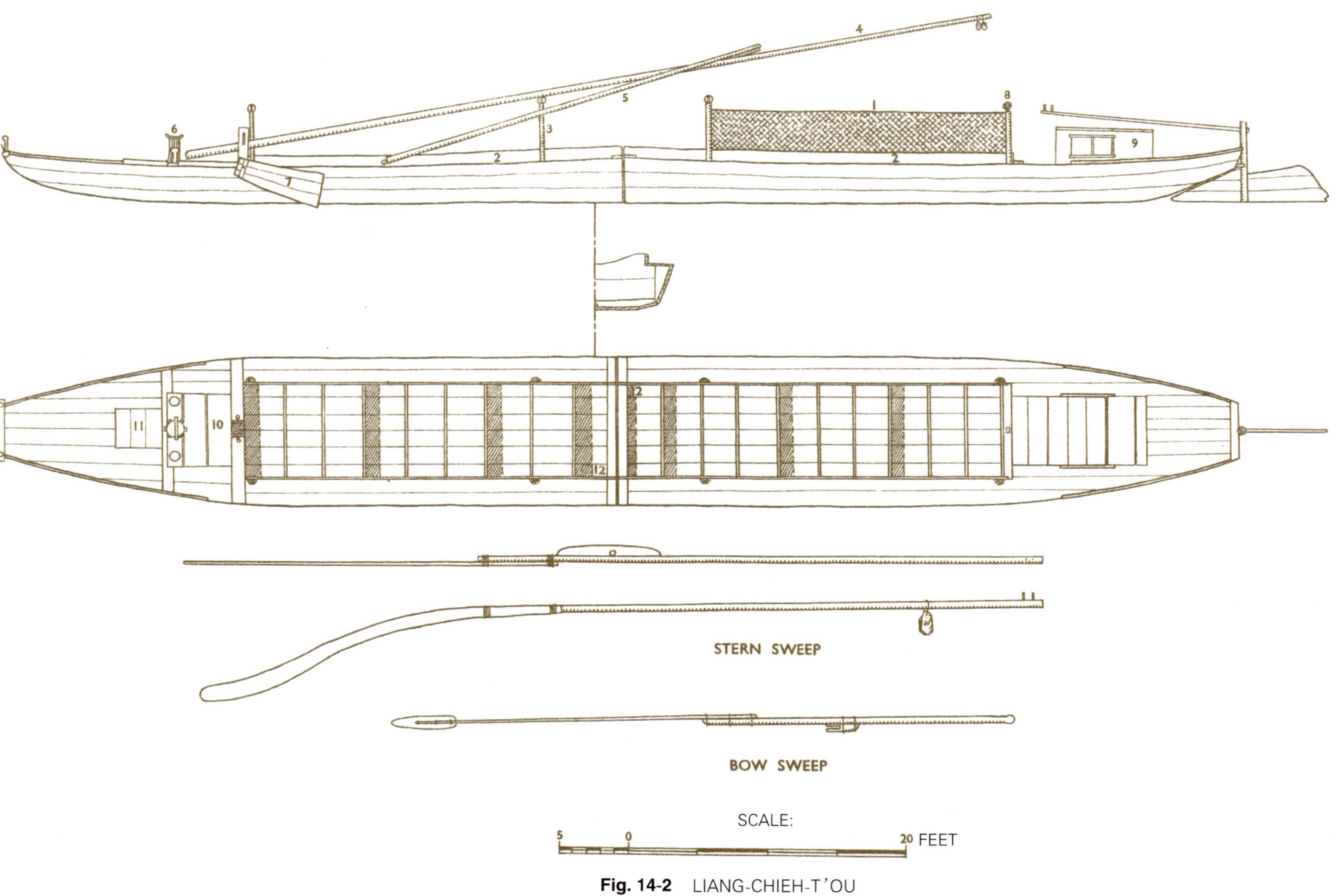

Fig. 14-2 LIANG-CHIEH-T'OU

The balance rudder furnishes an example of the shoal-water variety in its truest form. The rudder-post is held to the stern by an athwartship beam running parallel to the transom. Assistance in negotiating the difficult bends is provided by the crude bow-sweeps, which also, of course, are of use when the boat is divided and the two sections operate independently. The bow-sweep, which is straight, is formed of two poles lashed together, while the blade is a short, pointed, oval board secured by wire to the extremity of the shaft. The whole measures 45 feet, or precisely the same as one of the sections of the boat. The cheek-piece is slotted to receive, and to pivot on, the bearing-pin which is situated on the stem-beam.

The stern-sweep, which is very much larger, measures about 62 feet and is composed of two pieces, a very long straight loom made from an irregular tree trunk and a wavy blade. The cheek-piece, which is rather large and clumsy, has a hole in the centre to take into the thick iron bearing-pin on the transom; the rudder and the after-house strongback[8] are necessarily removed when the sweep is in use. The bearing-pin is of sufficient height to give the sweep about an inch clearance over the after-house[9]. The sweep is worked from a temporary bridge amidships, which usually consists of a plank resting on the high coaming. A large stone is suspended from the loom of the stern-sweep to adjust the balance as desired.

The crew of Northerners, up to 10 in number, according to the size of the junk, are accommodated below decks forward, the quarters being entered down a large booby hatch[11]. A large hatch[10] abaft this leads to a storeroom for ropes and sails not in use. Others of the crew also sleep in the exceedingly small wooden house situated right aft. Small ports on each side provide ventilation and light. Although there is no lock or any sort of device to secure these sliding wooden panels, a small bell is sometimes fitted in such a manner as to cause a warning tinkle when the window is slid back, thus furnishing an interesting, if not very effective, burglar alarm.

The junkmen always carry with them their wives and children, This arrangement is much to the advantage of the owner-usually the laodah, as by this means he increases his complement of hands considerably without a corresponding addition to the portage bill. Even the children lend a hand about the ship.

Cooking is down below decks in the foremost part of the after-section. The connection or severing of the two component sections of this junk is very easily performed, for they are joined by a supremely simple device consisting of a wire becket, into the bights of which two short handspikes have been inserted, one on each section of the junk. One end of each handspike is held down under the covering board[12], while the other end is secured at its extremity by a rope. When it is desired to disconnect the sections, this rope is slipped, whereupon the handspikes fall out, releasing the wire becket, and the two sections of the junk drift apart. To secure additional rigidity a circular chock passes over the join between the two parts of the boat, and a condemned shoe does duty as a chafing mat. The junks are connected by reversing the process. The trim of the two sections of the junk is rarely the same, and so it is necessary when connecting up for men to bear down on the high section until they are even, when the handspikes are inserted. So simple and convenient is this arrangement that the whole operation can be accomplished in a few minutes.

When loaded with not less than 37 tons and with lee-boards down, these strange, but efficient, junks draw about 3 feet, but when light can float in a few inches of water only. They probably represent the handiest and certainly one of the most unusual types of cargo-carriers in the Far East.

THE SSŬ-WANG-TZŬ (泗网子), OR SSŬ TRADER

A craft which is frequently to be seen on the Grand Canal is the *ssŭ-wang-tzŭ*, literally "river net", or the *Ssu trader.*

This junk is illustrated in Fig. 14-3 and measures 59 feet in length, with a beam of 11 feet and a depth of 5 feet.

This junk is built on well proportioned lines tapering at bow and stern. There are nine bulkheads, one half-bulkhead, and three frames. Three deck-beams are laid across those bulkheads accommodating the masts and capstan.

The fore-part of the house is used for the stowage of cargo, while the after-part is used as living quarters. The house is supported by two heavy roof-beams. The helmsman stands inside the after-house, his head protruding through a hatch which is fitted with a sliding door.

Although these junks are, of course, equipped with masts and sails, they rely to a large extent on yulohs which are worked from bumkins on each bow. Two bollards are situated forward of the foremast.

The rudder is of the hoisting non-balance variety, the planks being laid vertically except at the top and bottom edges. A grapnel type of anchor is used in lieu of the more usual "stick-in-the-mud" variety.

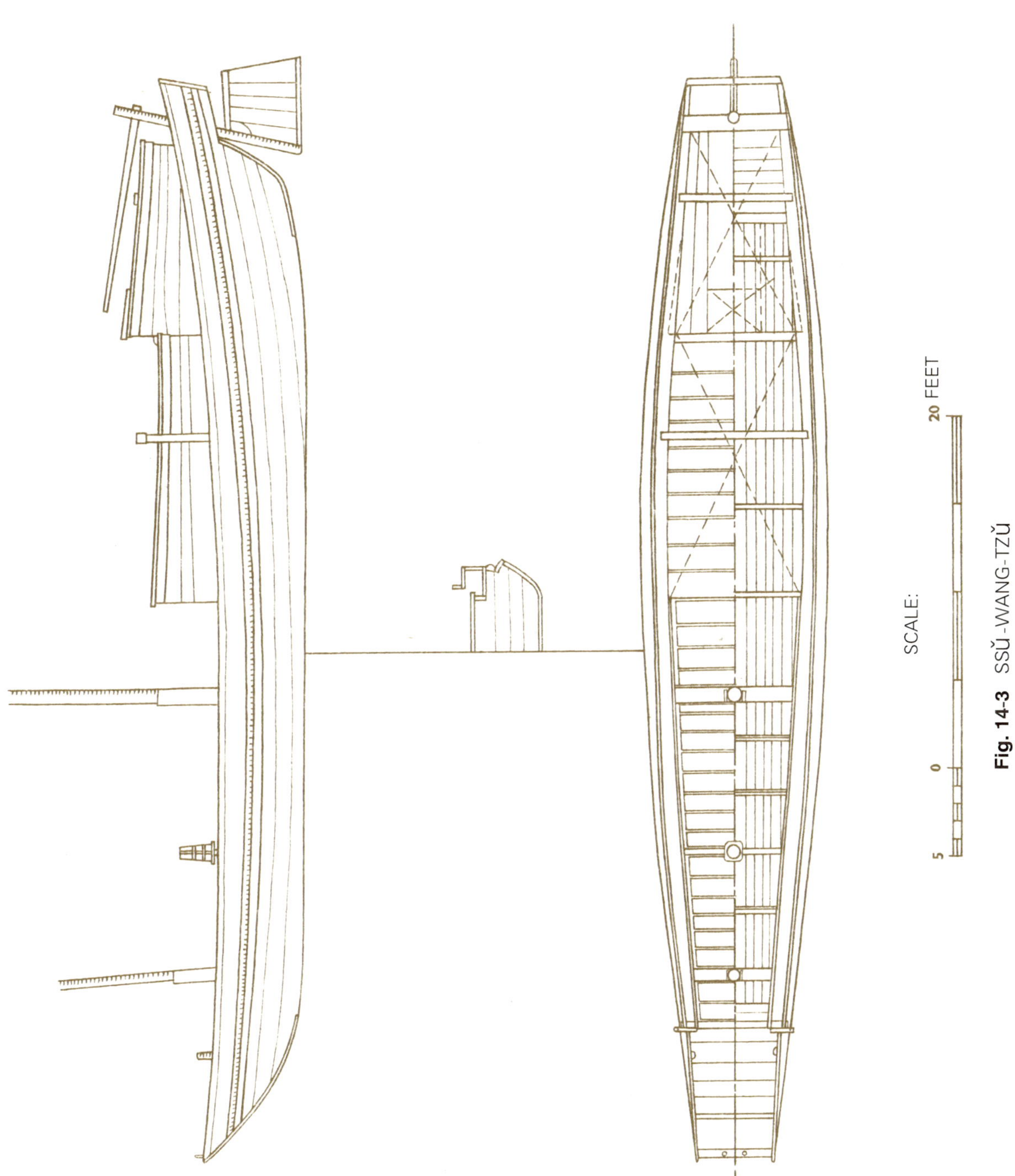

Fig. 14-3 SSŬ-WANG-TZŬ

– CHAPTER 15 –

THE WAR-JUNK

THE TA-PING-CH'UAN (大兵船), SOLDIER BOAT, OR SEA-GOING WAR-JUNK

The *ta-ping-ch'uan* (大兵船), or large soldier-boat, illustrated in Fig. 15-1, is of the greatest interest as showing a typical sea-going war-junk of the early nineteenth century. This contemporary plan, probably the only one of its kind, was made in 1842 by Lieutenant Paris, later Admiral Paris, the celebrated French naval writer. It shows a vessel with a length of 120 feet, a beam of 25.6 feet, and a depth of 12 feet.

Eyewitnesses, writing in *Chinese Repository*, have described the war-junks of the period as "large, unwieldy-looking masses of timber of shallow draught and with a displacement of 250 to 350 tons at most". Other notable features were the flat upright stems and considerable sheer of the hull, the wooden anchors, rattan cables, and mat sails. The junks were flush-decked vessels and had large quarter-galleries and look-out houses on deck. The whole was painted black and red and adorned with large eyes in the bows. They usually carried from two to 14 guns, some of foreign manufacture, mounted on wooden carriages. The guns varied considerably in calibre.

Another description by Bernard in 1842 uses the same adjective of "unwieldy" to describe the large war-junks and estimates them to have been about 800 tons. He alludes to the rattan shields, which he describes as being from 2 to 3 feet in diameter and so closely woven and elastic in consistency that they were not only impossible to cut through with a sword but were even proof against a long-range musket shot.

The crews, who, as far as personal bravery were concerned, formed an enemy by no means to be despised, were armed with spears, swords, matchlocks, and frequently large gingalls fitted with a rest on the bulwarks.

War-junks of this type flew a flag bearing the "Yin" and "Yang" (阴阳) from a short staff and a triangular flag with the name of the officer, under whose supervision she was, in large red characters.

The war-junk in the closing days of her career was, no doubt, practically identical with that of the sixteenth century, which in turn, except perhaps for the armament, had altered nothing from the vessels in vogue centuries earlier.

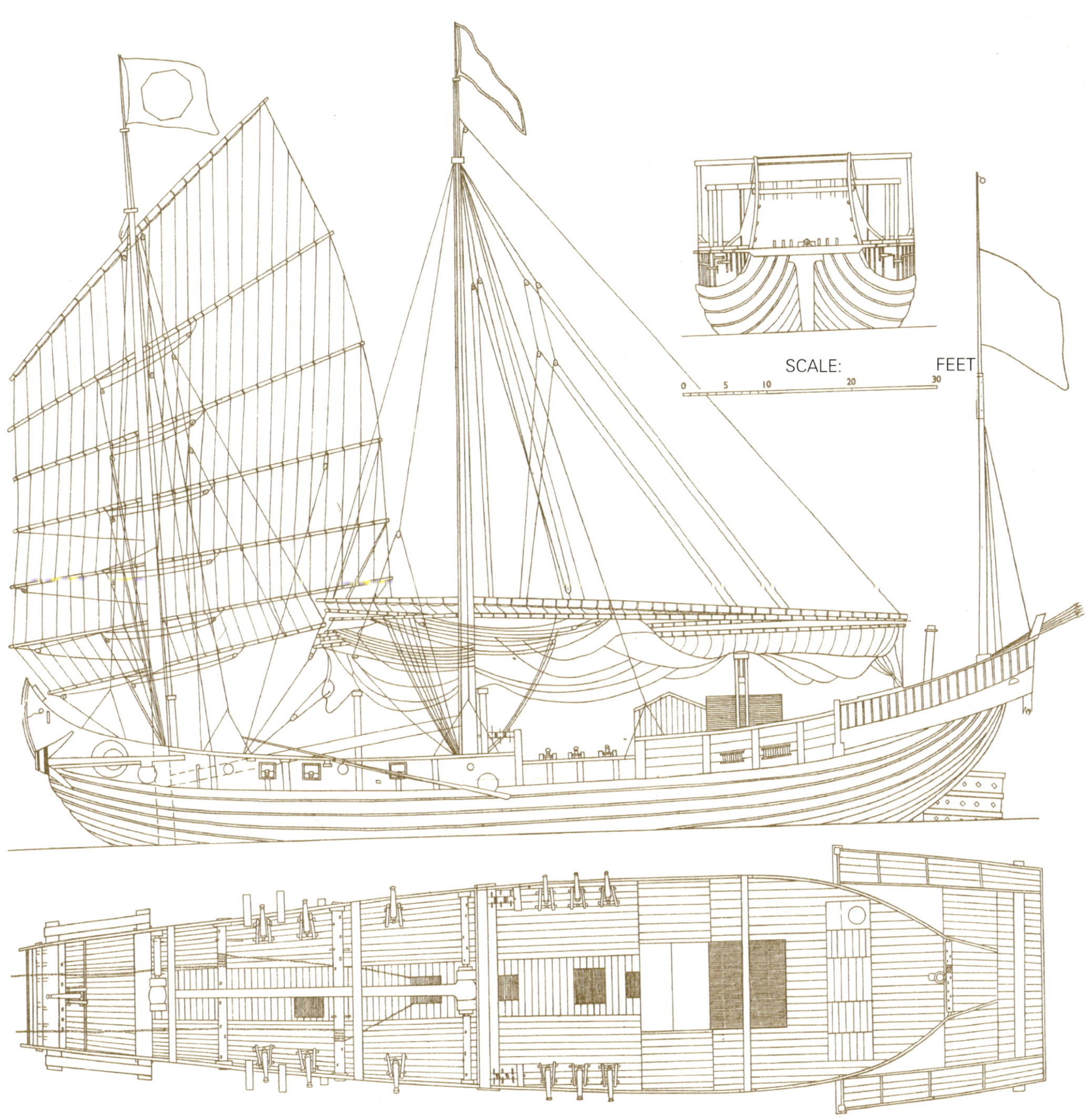

Fig. 15-1 TA-PING CH'UAN

THE K'UAI-TŬ, OR SMALL WAR-JUNK [1]

The ocean-going war-junks just described did not form the bulk of the Imperial Navy. This consisted of vessels of much smaller dimensions, capable, in consequence of their light draught, of navigating shallow rivers and creeks.

The type of craft ilustrated in Fig. 15-2 was known as the *k'uai-tu*, or "quick leaping". This vessel measured 72 feet in length, with a beam of 15 feet and a depth of 6 feet. They were painted green and yellow.

The number of hands serving in a junk of this type varied from 40 to 60 men, who were described by foreign observers as being exceedingly brave, albeit not very expert, fighters. All were agreed that they were excellent in the handling of their junks.

Contemporary writers speak of these small craft as being "less shapeless" and in fact as showing neat lines. They were very fast vessels and pulled from 10 to 20 oars a side. They were sometimes armed with one or two guns (2, 3, or 4 pounders) mounted in the bow, and five or six gingalls in the waist,[2] while over the sides of the junk were hung shields of rattan painted with tigers' heads to discourage and repel attack.

After the Taiping Rebellion a new naval force was instituted to guard river and sea navigation and placed under an "Admiral" of the Yangtze, whose jurisdiction extended over the five provinces of Kiangsu, Anhwei, Kiangsi, Hupeh, and Hunan. This fleet was more in the nature of a constabulary force and was highly organized and efficiently run, with a strict code of honour and regulations for all contingencies.[3]

Eminently sensible methods of overhaul of softwood craft were carried out, for they were "slightly repaired" after three years, "completely repaired" after six years, and finally "condemned" after nine years.

Some of the Chinese names of these vessels are still on record, such as *chui-ch'uan* (追船), or chasers; *sha-ch'uan* (沙船), or flat-bottomed; *hsiang-yiian-ch'uan* (享元船), vessels to cross; and *k'uai-ma* (快马), fast horse.

THE RIVER POLICE BOAT

In the sixties, before the coming of the Chinese Maritime Customs as we know it today, junk gunboats were employed on preventive duties.

One boat would be stationed above or below every Customs station, ready, nominally, to give chase to any junk that might attempt to run past without paying the legal and illegal duties imposed(Fig. 15-3). Ac-

[1] A fine model of this type of junk is to be seen in the National Maritime Museum, London.

[2] Gingalls were long tapering guns, 6 to 14 feet long. When employed afloat they were mounted on a tripod or more usually set in the bulwarks. This type of arm was considered to be less liable to burst than cannon and consequently the most effective gun the Chinese possessed. Indeed, it is claimed that it conquered China, being invented by the Manchus. The charge was "a good handful of black powder" and the shot two or more 2½-ounce bullets.

[3] The reader anxious to follow up the history and administration of this interesting force is referred to *Chinese Repository*, Vol. XX, page 379.

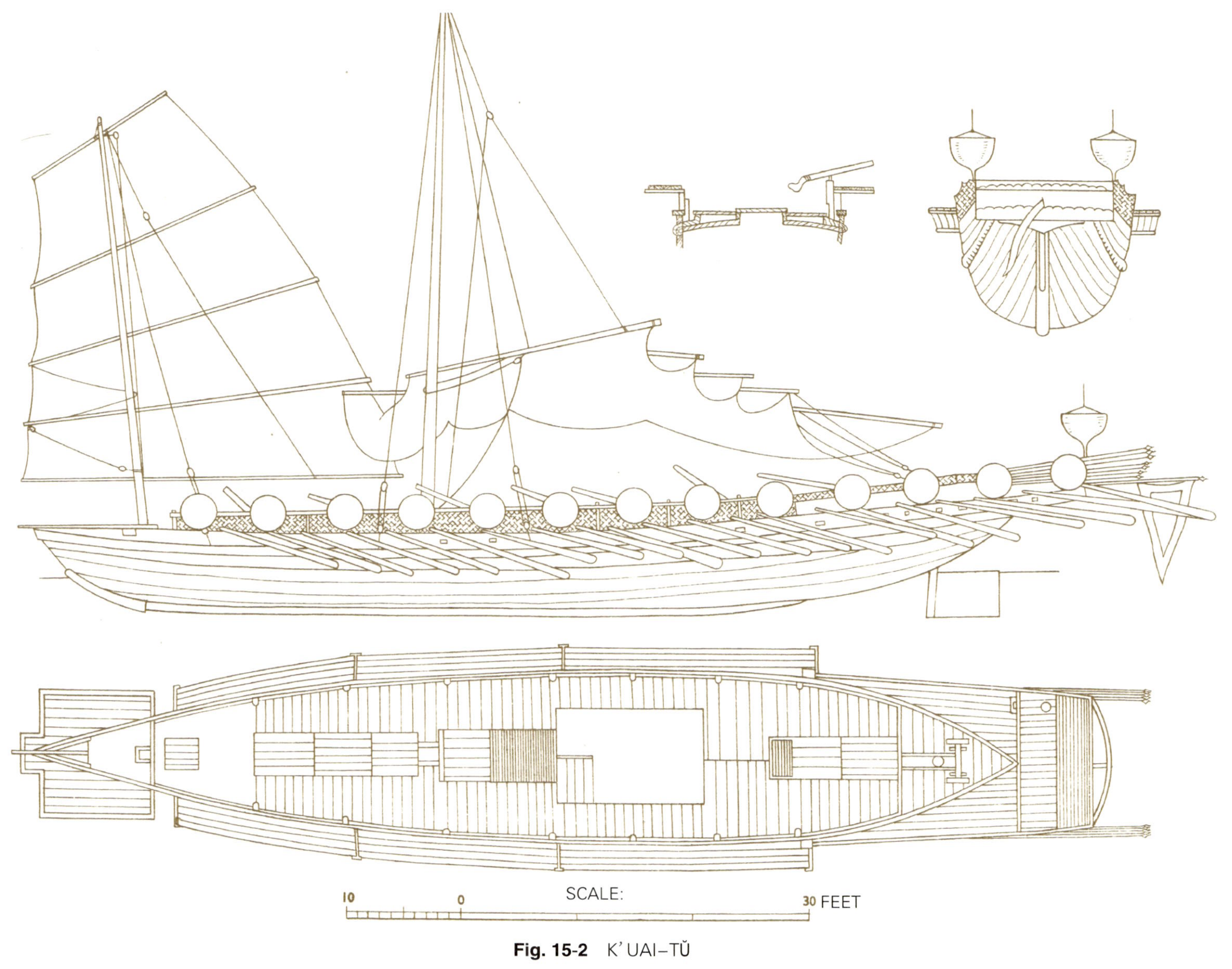

Fig. 15-2 K’ UAI–TŬ

tually, although they were used thus against smuggling, they did a certain amount of ilicit trade for the Imperial mandarins.

These police junks were known as the *fei-hsieh* (飞蟹), or "fast crabs". A certain number of them were apportioned to each of the Eighteen Provinces of China Proper, the number varying, of course, according to the size and requirements of the province. There were, it is recorded, no fewer than 161 always in commission, divided into three divisions. Each in the first division cost *Tls.* 4,378, in the second division, *Tls.* 3,620, and in the third, *Tls.* 2,677. The crew consisted of a helmsman in command and 46 seamen. In calms they were propelled by oars.

The River Police, Shui-pao-chia (水保甲), were revived and reorganized in 1892. In addition to the supression of maritime crime, they were required to keep a daily record of the movements of boats, showing both the absence during the night of any boat belonging to the anchorage and the presence and destination of other craft temporarily at anchor. The River Police were also required to cooperate with the benevolent societies in rescue work.

These gunboats carried a gun, a bow chaser. When under weigh they carried a striped, blue and white, cotton lug-sail, and when at anchor a tent of the same material and colour scheme was rigged amidships, which made them look bright and cheerful.

This interesting and picturesque force has now ceased to exist and nothing has taken its place.

Fig. 15-3 RIVER POLICE BOAT

– CHAPTER 16 –

WUHU-HANKOW

THE TATUNG-CH'UAN OR PILGRIM-BOAT

A type of ferry, in vogue on the Yangtze, which comes under a general rather than a specialized classification, is represented by the enormous number of boats of all kinds which are used to ferry pilgrims about. The boat most commonly used in the pilgrim trade is the sampan illustrated in Fig. 16-1.

THE PAI-CHIANG-TZŬ (摆江子), OR CARGO-FERRY

The *pai-chiang-tzŭ*, or cargo-ferry, has a good deal in common with the *huang-hua-tzŭ* types of junk; indeed, they may be said to be distant relations.

The *pai-chiang-tzŭ* is a flat-bottomed, medium-draught cargo-carrier used at Wuhu and the vicinity for the transport of cargo across the river.

Normally measuring about 43 feet in length, with a beam of 8 feet and a depth of 4 feet 10 inches, this type is sturdily built. The cross section on Fig. 16-2 shows the method of combining the essential light-draught quality demanded with the additional cargo space. This is provided by a sudden increase in beam with a sharp tumble home below the water-line.

The house and galley both have flat roofs. The rudder is of the non-balance variety. The crew consists of two men besides the laodah, who is usually also the owner.

THE CH'IANG HUA-TZŬ, OR GUN-SAMPAN

The Yangtze River, which forms the dividing line between the two great zoological regions of China, flows through the valley named after it, an area which, flat, dry, and cold in the north and, in the south, warm, humid, and intersected with swift-running, slow, and stagnant waters, is eminently suited to a large and varied fauna.

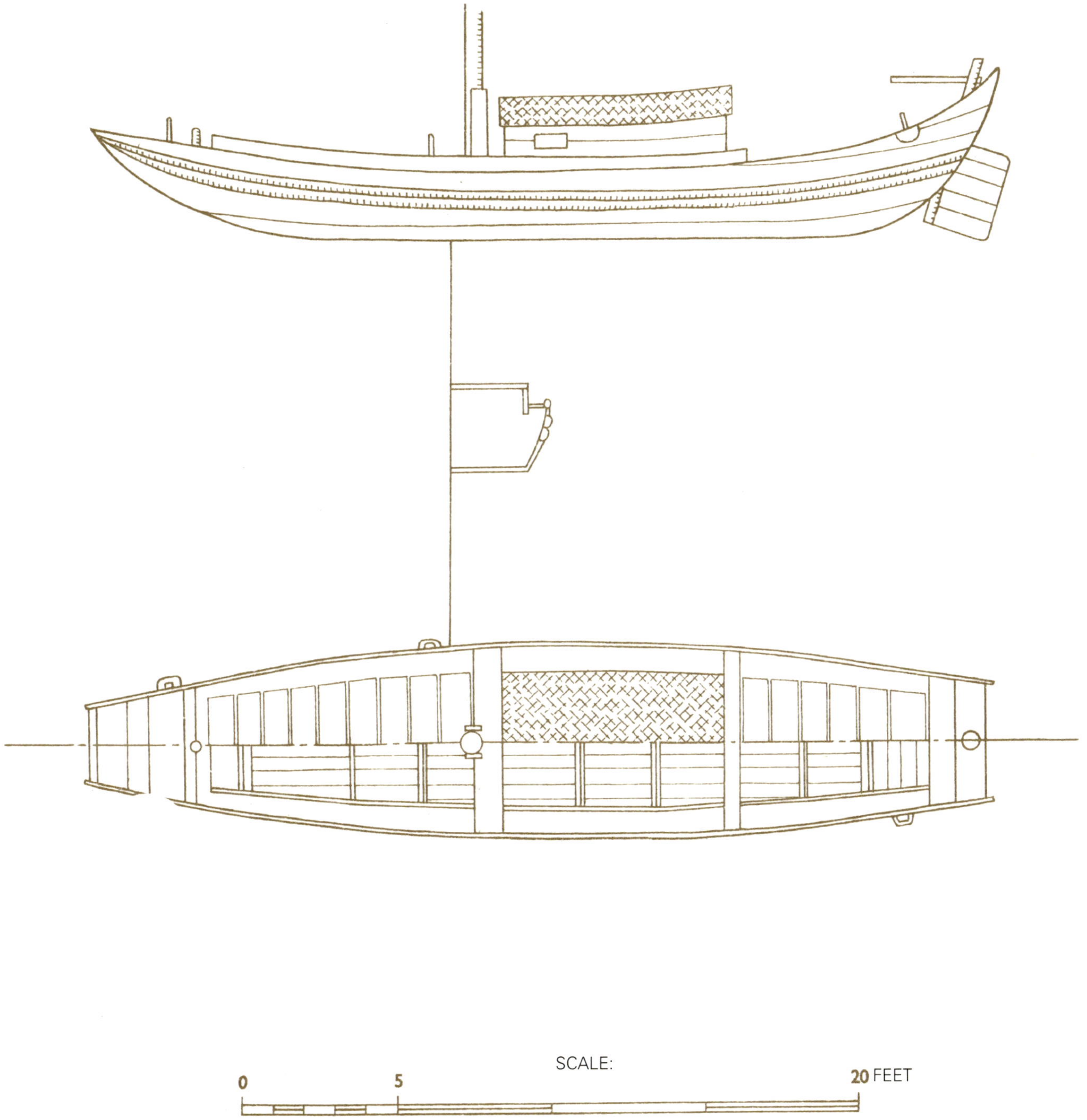

Fig. 16-1 TATUNG-CH'UAN

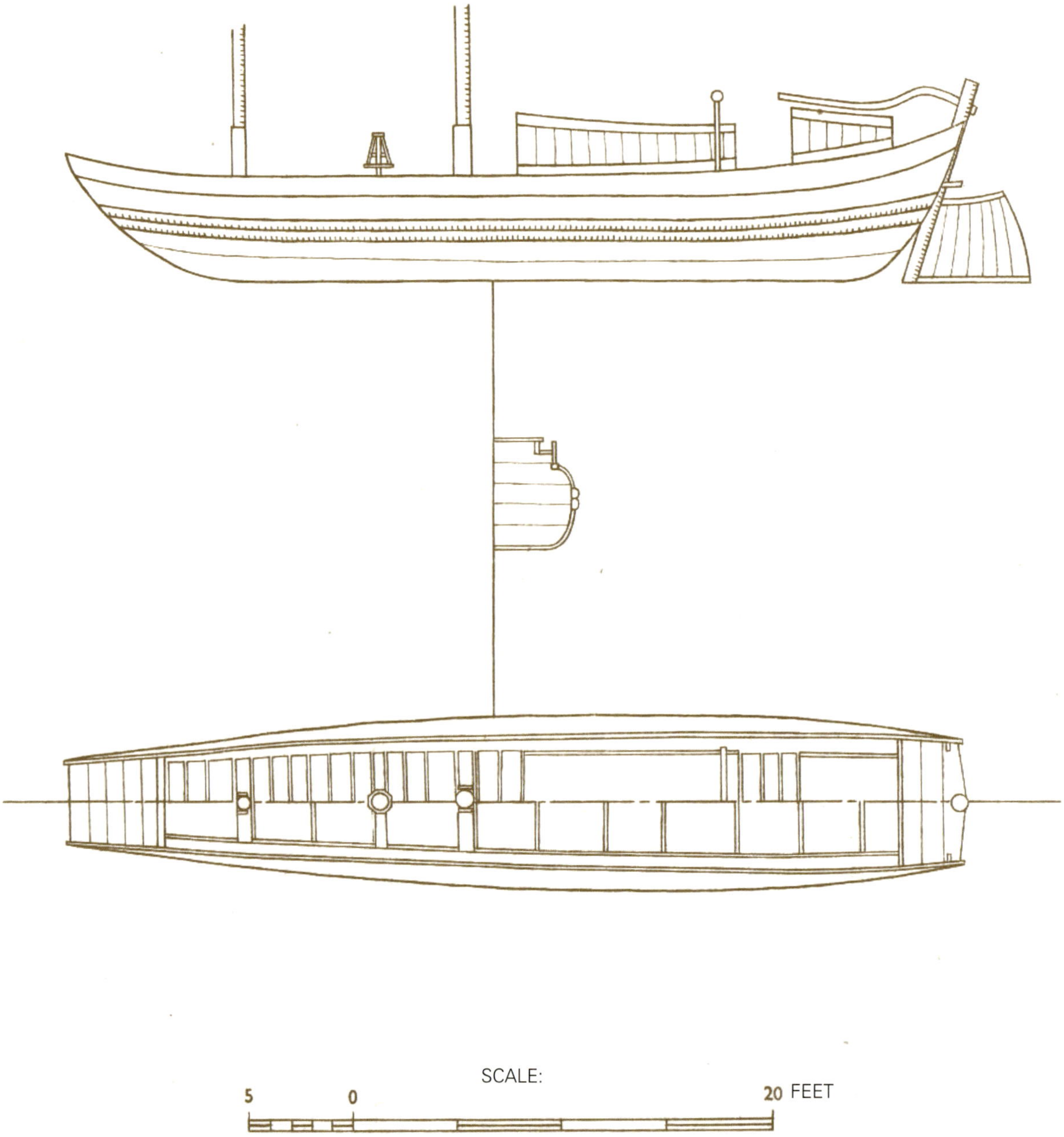

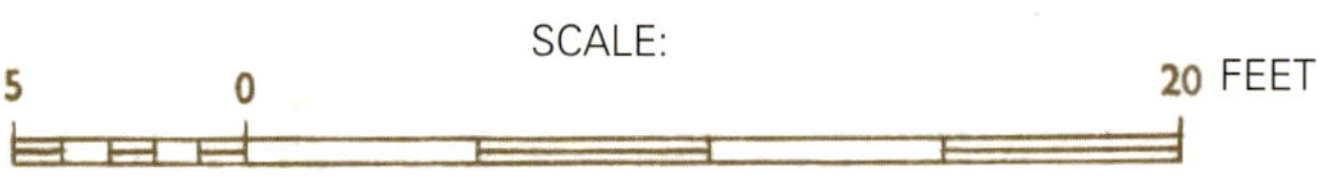

Fig. 16-2 PAI-CHIANG-TZŬ

At the beginning of December the wildfowl, swans, geese, and swarms of duck arrive from the Amur lands. The duck alone are the object of the native wildfowler, who is to be found all up and down the lower and Middle Yangtze as well as in some places on the Upper River. Large flights of wild duck usually congregate on the quiet stretches of water at the up-river extremities or spits extending from islands in mid-river.

The wildfowlers, who become fishermen during the summer months, work in a small and quite uninteresting type of little sampan measuring 14½ feet, with a beam of 3 feet and a depth of less than a foot, illustrated in Fig. 16-3.

Built on punt-like lines, it has two bulkheads at either extremity, is flat-bottomed, and, when fully loaded, has a mere few inches of freeboard. Over the bow projects a long primitive gun, which rests supported on the foremost bulkhead, a groove being cut in the woodwork of the bow so as to allow of its being trained. The gingall, or jingall, as this formidable weapon is calted in China, is 6 feet long and consists of a length of 1½-inch pipe onto which a short wooden pistol-grip butt is fitted.

THE FIRST CUSTOMS WOODEN LIGHTS TENDER ON THE YANGTZE

Any exhaustive description of the craft of the Yangtze must, of necessity, include mention of the work of that youngest branch of the Marine Department of the Chinese Maritime Customs, the River Inspectorate, whose lights and aids to navigation served to safeguard the junks no less than the steamers that passed incessantly up and down its waters.

Prior to the formation of the River Inspectorate, the aids to navigation on the river were administered by the various port Harbour Masters, who detailed a Tidewaiter to visit the lights in a sailing tender to pay the staff and issue stores.

Fig. 16-4 illustrates the first Yangtze lights tender of this type, the *Lushan* (庐山), which for many years did yeoman service. She was built by Chinese carpenters in semi-foreign style; but the sails remain typically Chinese, being of the balance-lug variety fitted with battens. With a length over-all of 54 feet and maximum beam of 13 feet, she appears to have been a strong and comfortable cruiser.

Her log book for the year 1893 now reposes in the Customs archives, and its 572 pages tell in laconic phrases the story of a bygone age. In the neat sloping handwriting of the period is recorded the monotonous routine of lights-tending. Nothing unusual appears ever to have happened on these uneventful voyages, which often took as long as six weeks to accomplish. The sounding of the channels was carried out by the Foreign Pilots' Association independently of the Customs, and they used to station one of their members at the various critical channels to assist navigation.

This unsatisfactory condition could not continue, and therefore, in 1903, a special launch, the *Chiang-hsing*, was built, and in 1906 a River Inspector was appointed together with a Launch Officer. The River Inspector had no executive control, but carried out occasional surveys, acted as adviser, and inspected the lights.

In May 1911 a reorganization took place, and the River Inspector was placed in executive control of the

SCALE: 1 0 5 FEET

Fig. 16-3 CH'IANG-HUA-TZŬ

Fig. 16-4 FIRST CUSTOMS WOODEN LIGHTS TENDER ON THE YANGTZE

Kiukiang and Hankow districts. For the next few years the new Department functioned in a very modest way with quite a small staff, never exceeding five foreign officers. Three Marine Department Officers returned from active service in the Great War, 1914–1918, and were absorbed into the growing River Inspectorate together with many other recruits, until by the end of 1920 the River Inspectorate executive control of the Lower Yangtze was completed by the appointment of a District River Inspector to take charge of the Wuhu district and another to assist the River Inspector. From this date the activities of the Department may be said to have started in earnest.

The River Inspectorate of the Chinese Maritime Customs was a highly efficient service. In the brief space of time bounded roughly by the two World Wars, it rose and, despite many vicissitudes, flourished.

It is the youngest child of the Customs; the River Inspectorate, despite its immaturity-perhaps, indeed, because of its youth and vigour-displayed an energy and devotion to duty of a very high order from which grew up traditions of loyalty to the Service and of service to the public. This loyalty was inextricably bound up with interest in the capricious river, every mood and whim of which it was their business to study in circumstances calculated to strain the resources of the toughest.

Looking back over the last 21 years, one incident after another stands out, each deserving of praise, and wonder is again excited that both officers and men could stand the incredible hardships of sounding and surveying in the winter, when the lead lines had to be soaked at intervals in boiling water to keep them from freezing, and the leadsmen's hands were often cracked and bleeding. Conversely, in the summer the Yangtze Valley is sultry and trying to a degree which must be experienced to be realized. Yet long hours of triangulation were put in, until the effect of the dazzle of the sunlight on the water tried the strongest eyes to the point when the vernier on the sextant could hardly be deciphered-yet the day's work would be plotted after dark in defiance of all fatigue. Besides long hours of work there were not infrequent dangers from bullets, bandits, bombs, mines, and the natural hazards of fog and sudden treacherous storms blowing up in a long reach or wide lake. All these things were cheerfully and uncomplainingly borne by Chinese and foreigners alike.

LOWER YANGTZE SAMPANS

The type of Lower Yangtze sampan illustrated in Fig. 16-5 has a capacity of 20 to 50 piculs, that is to say, 1 to 2½ tons. The hull is usually built of softwood, with hardwood frames. One mast is stepped amidships, and the sail is of the usual lug type, made of cotton cloth. The midship portion is often covered with a mat roof for the convenience of the passengers. The craft, although it is a typical Hankow sampan, is nevertheless to be found in great numbers throughout the Yangtze. It measures 21 feet over-all, with a beam of 5 feet and a depth of 2 feet. It is built with three bulkheads and six frames, and is of very strong construction. Although they are often used for transporting live stock, perishable goods, and so forth from inland places, the boats are more often used for carrying passengers. For the most part they are family-owned, being worked by the father and his sons. The boat is usually fitted with two oars operated in the stern sheets and one in the bow. A smaller type is used within the harbour limits or, less frequently, in the immediate

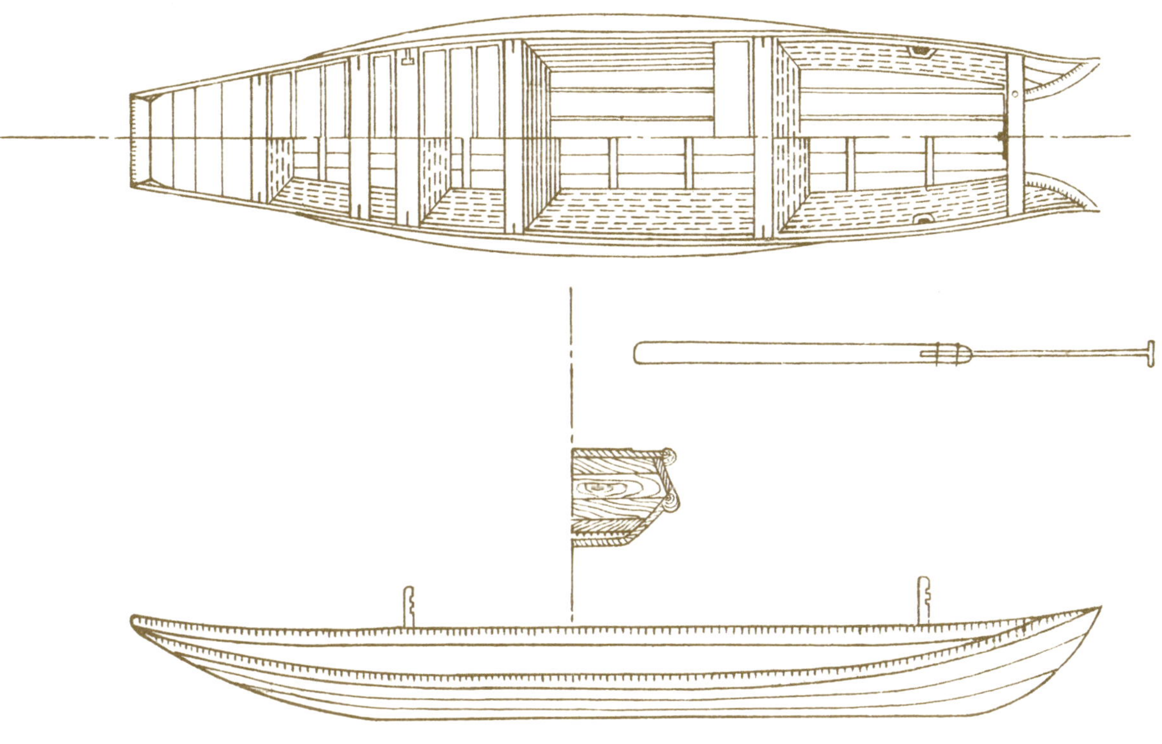

SCALE:

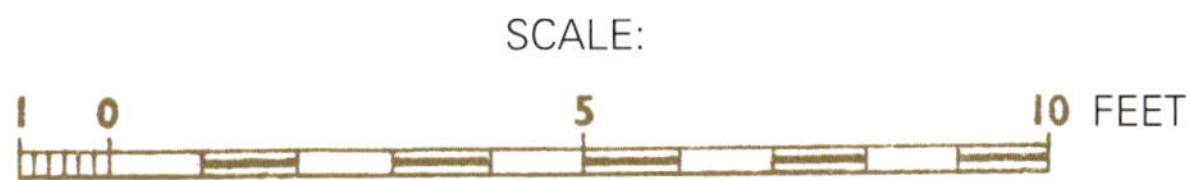

Fig. 16-5 LOWER YANGTZE SAMPAN

outskirts of Wuhan. Although it may be carried, the mast is seldom stepped. The chief business of this craft, which is known as the *hua-tzŭ* (划子), is to carry passengers from Hankow to Wuchang and *vice versa*. One man is sufficient to work this small craft.

The chief communications of the Yangtze Valley are by means of its rivers and canals, the Yangtze itself being the main artery. Not only are there junks plying up and down the great river, but nearly the whole of the bordering provinces is interlaced with canals and small rivers on which sampans do a thriving trade carrying passengers.

Boat travel is much cheaper than by donkey, wheelbarrow, or the modern motor-bus.[1] In the good old days, before inflation came to China, travelling by small sampans cost 120 cash a *ch'êng* (程) for each person, a water *ch'êng* being 100 *li*, or 33 miles. In large sampans, called three-*ts'ang* boats (三舱船), each passenger paid about 185 cash per ch'êng. On routes where there was competition with small launches the cost was reduced to 133 cash per ch'eng for long distances. In addition to the fare the passenger was required to pay wine money for the sampanmen and incense money for propitiating the gods and securing fine weather. Food on the boats was extra and cost, in those far-off days, 35 cash a meal.

The ordure-boat illustrated in Fig. 16-6 is a typical example of the craft used in the night-soil trade on the inland waters of Anhwei. The ramifications of this noisome industry have already been described,[2] and so there will, happily, be no necessity to enter into any further description of the trade. The craft depicted measures 35½ feet in length, with a beam of 5 feet 8 inches and a depth of 1½ feet, and is divided into five cargo compartments, all of which are used for cargo.

North, south, south-east, and south-west from Hankow, waterways link up with the roads of the Provinces of Shensi, Honan, Shantung, Kweichow, Kwangsi, and Kwangtung. The ubiquitous sampan is, therefore, not only the common means of conveyance but also a bond of union between the five provinces.

THE HANKOW CARGO-BOAT

The Hankow cargo-boats are used chiefly in connection with steamers. They carry cargo of all kinds from ship to shore and *vice versa*. At times, however, they make trips to various ports on the river under charter.

When working in the harbour they are paid according to a tariff which varies with the size of the package, distance carried, and so forth.

These craft are comparatively few in number and are usually to be found operating at the mouth of the Han River.

The cargo-boat illustrated in Fig. 16-7 measures 74 feet and has a beam of 18 feet, a depth of 6 feet, and a capacity of 120 tons.

The Chinese shipwright is a master at the art of cargo-boat construction. As is natural, these vessels are

〔1〕 Long-distance travel by boat has another advantage in that the passengers may sleep therein, whereas those who proceed by all other means of transport must seek lodging for the night.

〔2〕 Vol. I, page 392-393, "The Fen-ch'uan, or Fu-fu Boat."

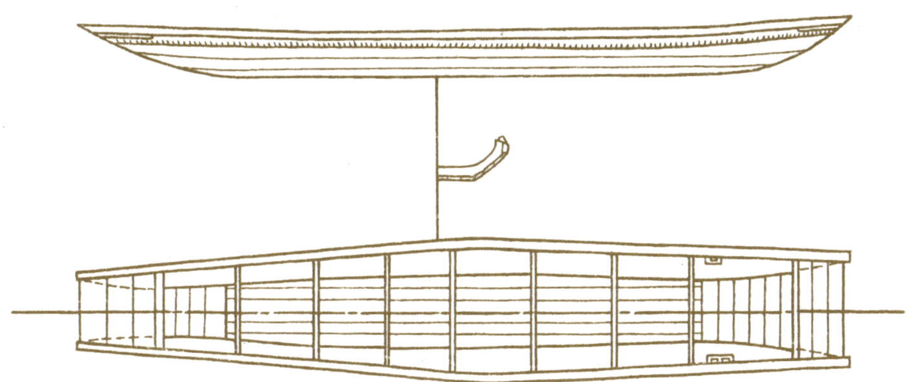

WUHU ORDURE-BOAT.

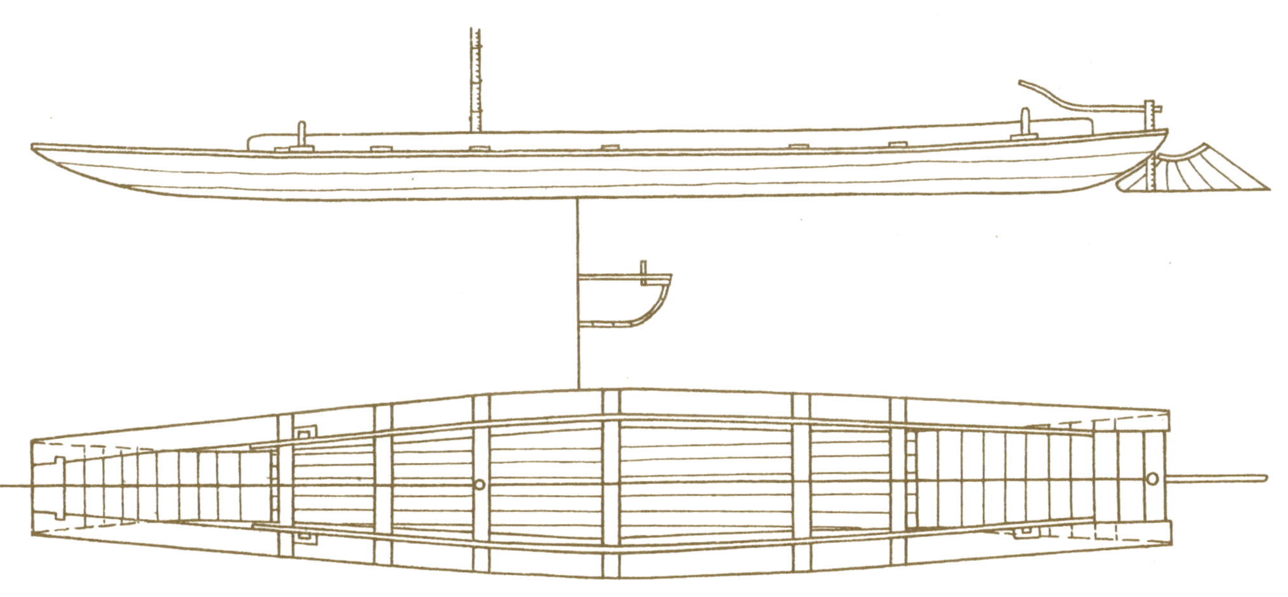

Fig. 16-6 WUHU COUNTRY-BOAT

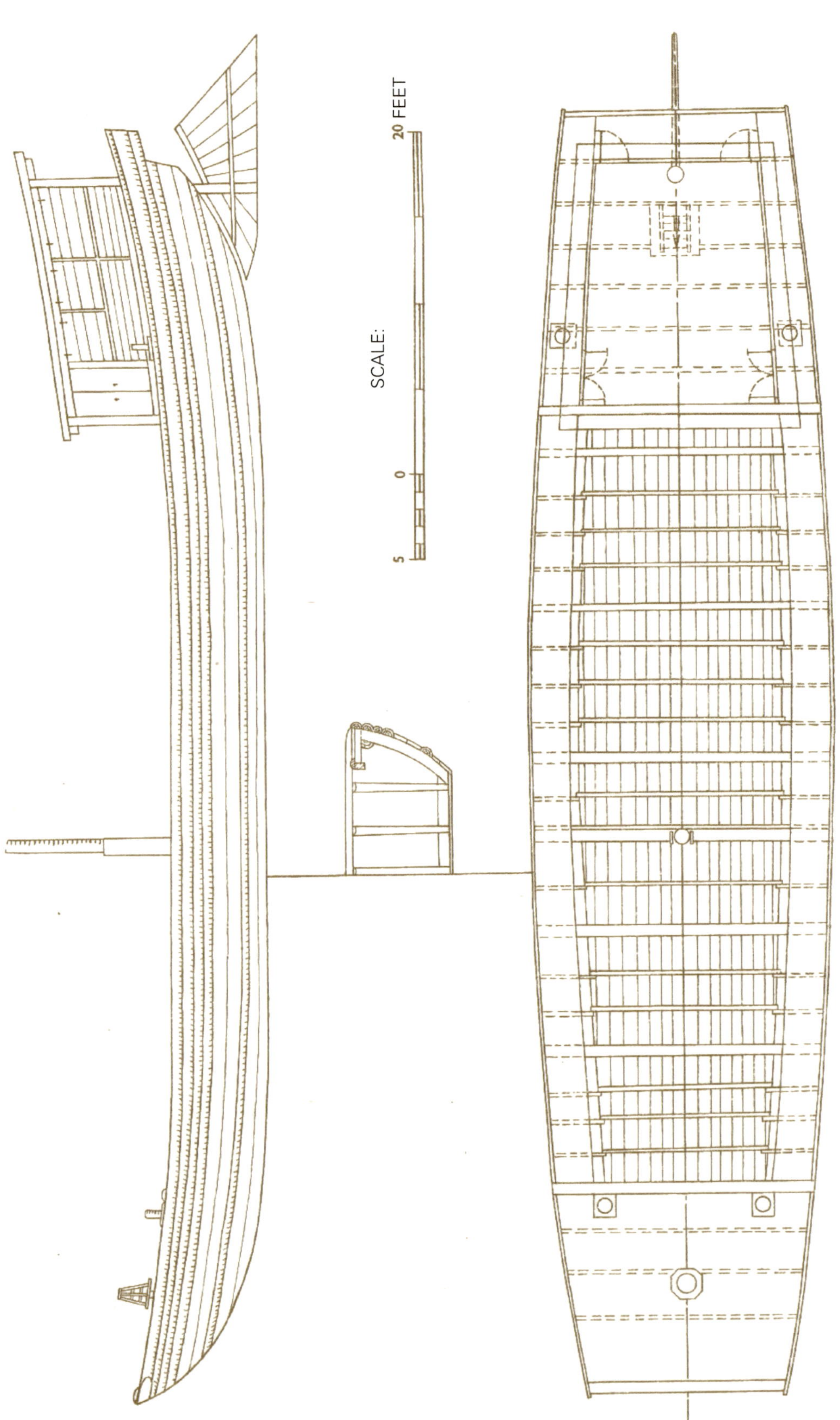

Fig. 16-7 HANKOW CARGO-BOAT

built on massive proportions, plenty of beam being a desideratum,In build and lines they are somewhat similar to other cargo-boats, notably those of Wuhu, which are also about four beams to length. The stem and arrangements generally are almost identical.

THE LORCHA

The term "lorcha", or "lorch", is from the Portuguese, but it is of obscure derivation. The Oxford Dictionary defines it as being "a fast sailing craft built in China with the hull after a European model, but rigged in Chinese fashion, usually carrying guns".

The bulwarks on the high forecastle, as on the poop, measure 1½ feet in height, but increase to 2½ feet on the main deck. The square overhanging stern measures 16 feet from the poop to the water-level when the vessel is light. The flat angular counter, as viewed broadside on, takes a semicircular aspect when seen from astern, while the bottom planks of the hull ascend in a gradual curve to meet it.

The small Chinese-type rudder measures 8 feet 2 inches by 5 feet. The tiller, consisting of three 5-foot 8 inch iron rods, is situated abaft the rudder-post. This position, of course, is unknown in the average junk. Steering is by means of wheel and chains, the standing parts of the chain being secured to the ship's side, while the bight, travelling first through blocks attached to the after-end of the tiller rods, returns to the ship's side, passing through more blocks for further purchase, and thence round the barrel of the steering wheel.

There are three masts stepped in the usual Chinese manner, and the cotton twill sails are of the ordinary balance-lug variety. Stay-sails, if such they can be called, for they are completely unconnected by stays, are sometimes set between the fore and main masts. The modern variety of this sail is jib-shaped, that is to say, triangular. There would therefore seem to be an historic interest in the fact that the stay-sails as used by lorchas were usually of the oblong shape common to old ships in the West. The odd appearance of this type of sail was enhanced by its being frequently roached at the foot. When so set the halyards travel through blocks at the fore and main trucks.

There is a foreign-type capstan on the forecastle and another on the break of the poop for hoisting sails. Below the forecastle is a windlass of the most primitive type for heaving up the anchors. The cable is brought directly to the barrel of the windlass, which is 4½ feet in circumference. The device is operated by pump handles situated on the forecastle. Two Admiralty-pattern anchors with wooden stocks are slung, one from each bow, from a cat-davit beam which runs from side to side across the forecastle.

The traditional picturesque manner of painting the lorchas has been preserved in this case, for the hull is a dark red-brown, the deck-house white, and the poop and forecastle a bright shade of yellow.

THE YA-SHAO

Probably the most common type of junk in Hupeh is the *ya-shao*, or "duck's tail", so called from its shape, which somewhat resembles a duck's tail. This generic name is qualified by the name of one of their

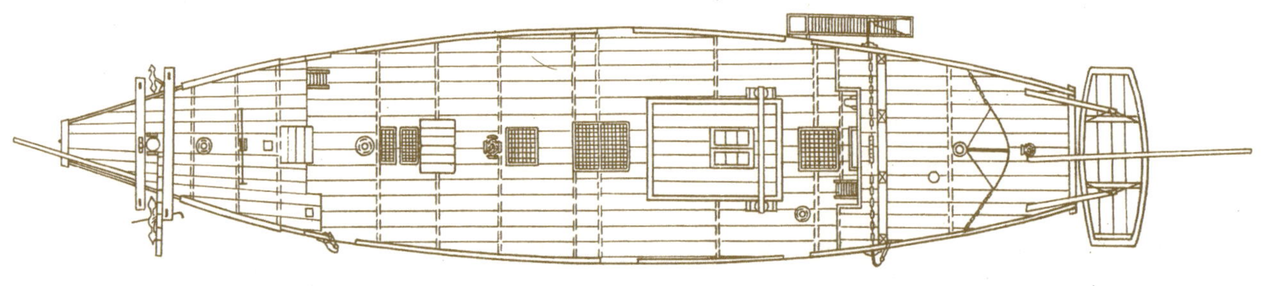

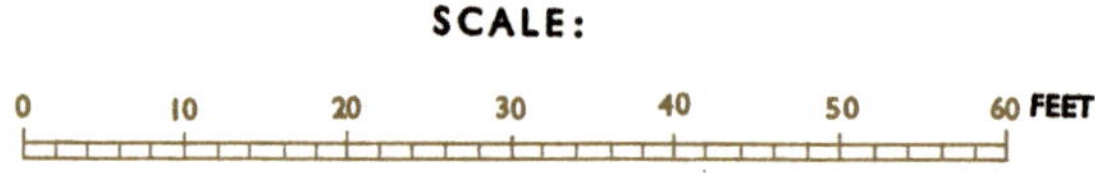

Fig. 16-8 THE LORCHA

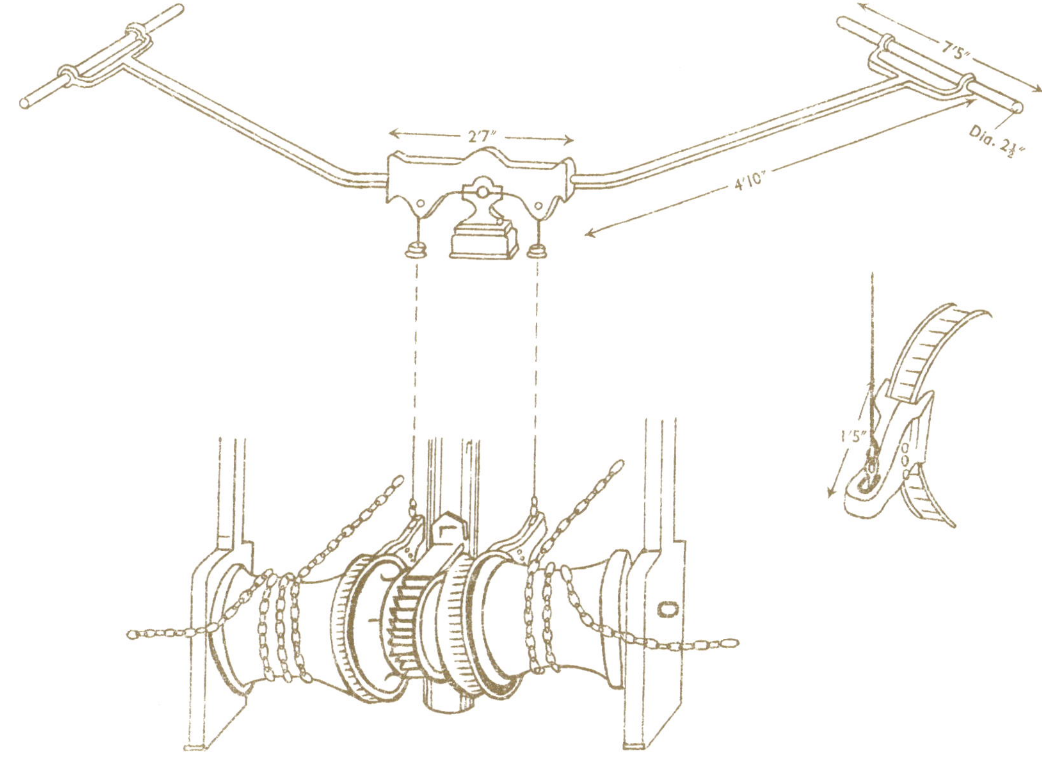

Fig. 16-9 ROUGH SKETCH OF WINDLASS

many home ports, for they hail from Hwangpei (黄陂), Siaokan (孝感), Wusüeh (武穴), Kichun(蕲春), Yangsin (阳新), Simakow (紫马口), Ocheng (鄂城), Tsaitien (蔡甸), Sinti (新隄), Hanyang (汉阳), and Hwangchow (黄州). The variations in the 11 different types are not very noticeable to the foreign eye, although easily recognized by every junkman.

These junks vary considerably in size. The largest variety, illustrated in Fig. 16-10, is 64 feet in length, 12 feet in beam, and 6 feet in depth, while the smallest type, illustrated in Fig. 16-11, measures 52 feet in length and has a beam of 9 feet and a depth of 4 feet. The former are, as a general rule, built with nine bulkheads and five frames, while the latter have 14 bulkheads and two frames. In some types a small open staging, which projects for 2 or 3 feet over the stern, is fitted.

The hull is usually built of Hunan softwood, while the frames, beams, knees, and the wales are made of hardwood, such as camphor-wood (樟木) or *ch'fun-mu*(桩木).

These junks are almost invariably two-masted. Both the foremast and mainmast are made of *sha-mu* and are stepped between two partners through a hole in the deck in the customary manner. The sails are of the usual balance-lug type, with straight luff, extended and stiffened by bamboo battens. The deck is flush throughout. A deck-house is usually built amidships with a bamboo mat or wooden roofing, the sides being

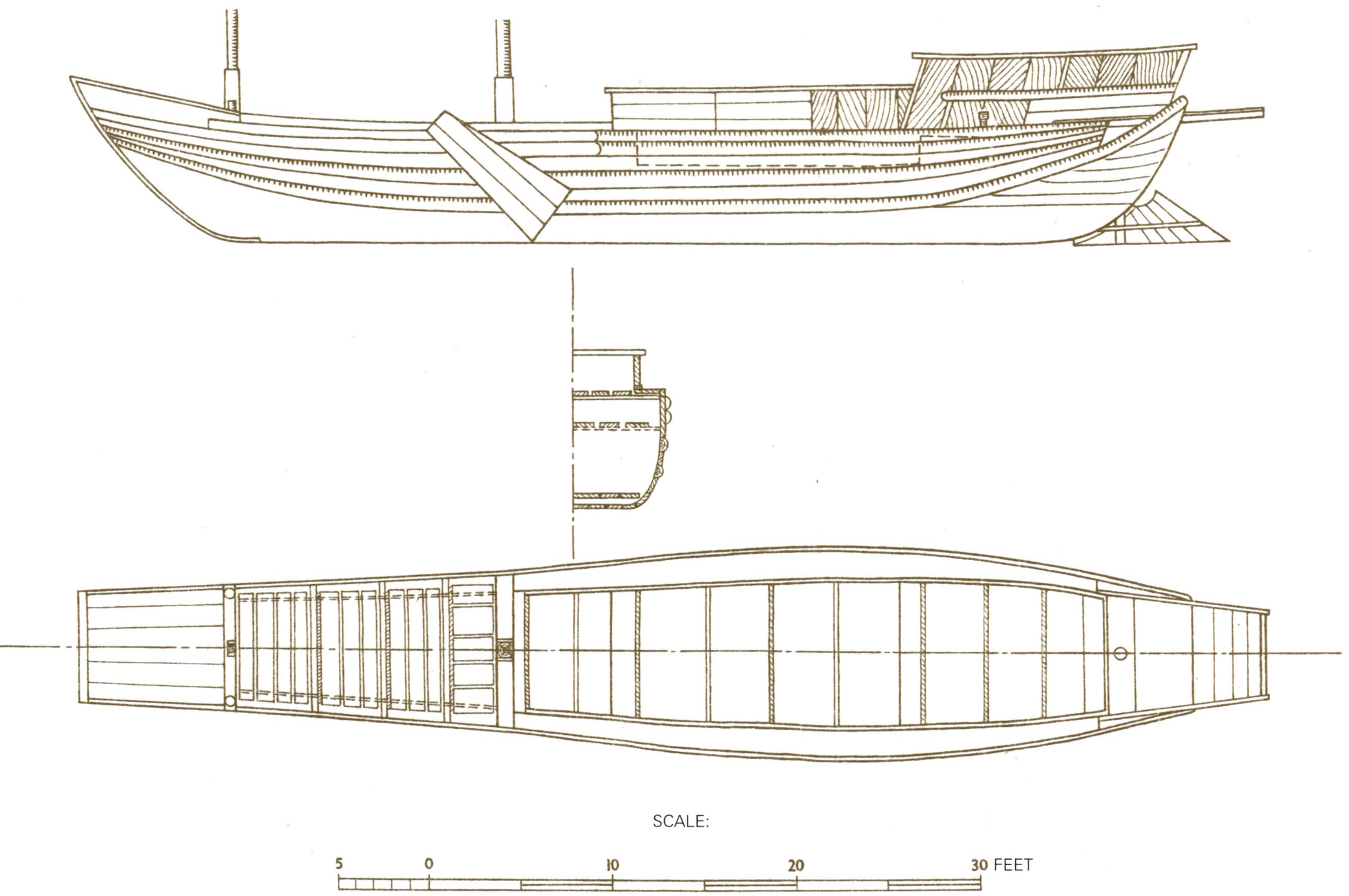

Fig. 16-10 YA-SHAO(LARGE TYPE)

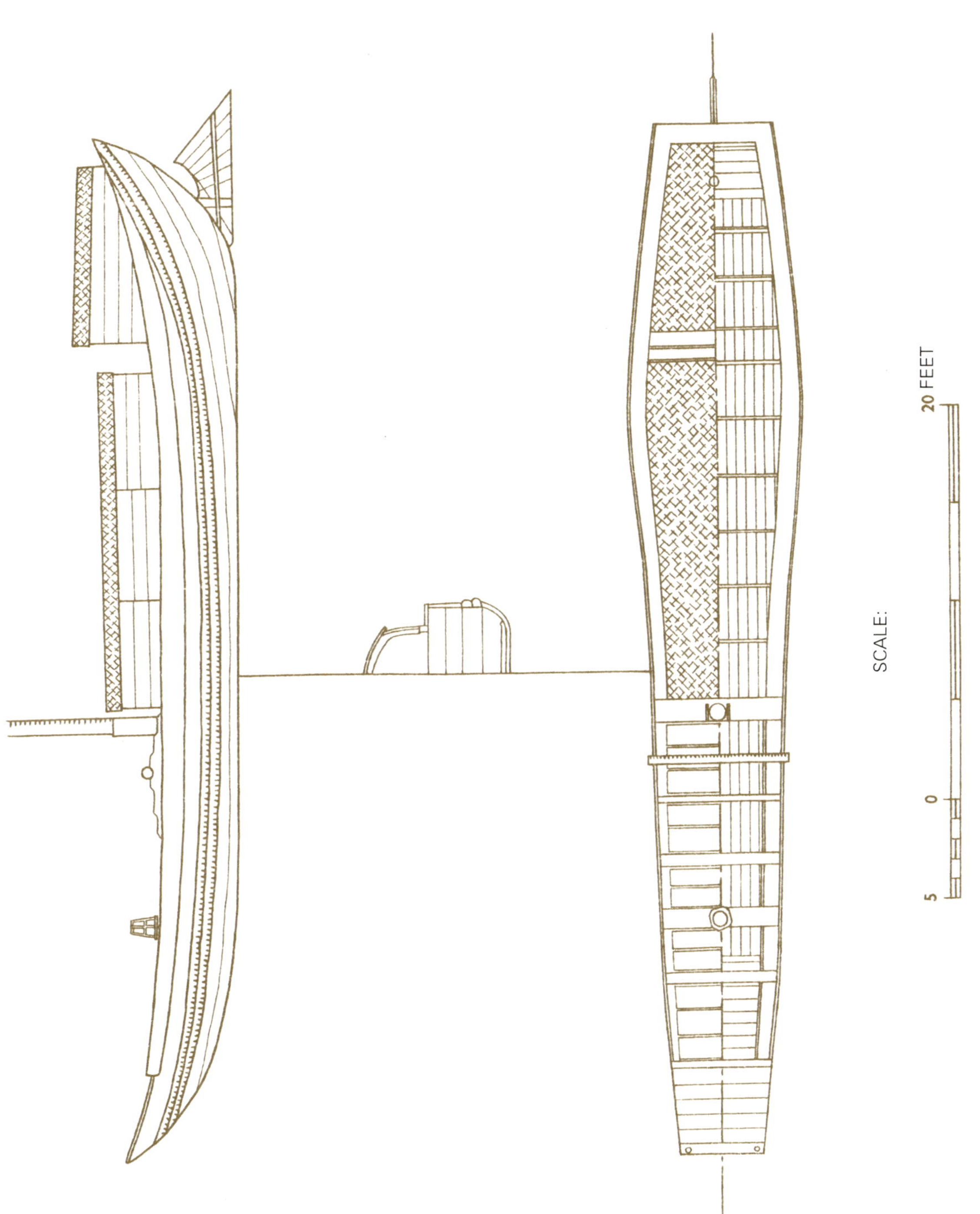

Fig. 16-11 YA-SHAO (SMALL TYPE)

built up of softwood planks. The after-deck is nearly all covered in the same way, but leaving a cockpit for the helmsman, which also serves as a galley, The anchors are of the usual four-fluke variety, made of cast iron, the ground tackle generally consisting of 1 fathom of chain and 3 to 4 fathoms of rope. A large, low cat-davit, between primitive knight-heads, is often used for working cables. The bitts are usually in line with the foremast, and the capstan, which is used for hoisting the sails and heaving up the anchor, is conveniently placed between the masts. The crew consists of six or seven men under a laodah.

These craft, which have a capacity ranging from 50 to 800 piculs, are chiefly engaged in bringing native produce to Hankow and returning with foreign imports, factory products, and so forth. The local produce brought to the Hankow market is as follows. The Hwangpei and Siaokan *ya-shao*, with a capacity of 80 to 800 piculs, usually carry beans, rice, and raw cotton. The Wusüeh *ya-shao* carries ramie, hemp, sesamum-seed oil, roots, and rice. The Kichun *ya-shao* brings softwood planks, roots, firewood, vegetable tallow, chestnuts, and sugar cane. The Yangsin *ya-shao* carries tea, corn, kaoliang, and paper, and usually proceeds through Fuchibkow (富池口), a small inlet of the Yangtze River, taking some three days to Hankow. The Shakow *ya-shao* carries cotton cloth, raw cotton, rape seed-cake, and cow hides to Hankow and also sundries to Tsanglzefow (仓子埠), a town in the interior of Hupeh Province. The Ocheng (鄂城) *ya-shao* carries raw silk, cow hides, and other native produce, while the Kotien(葛店) and the Sinchow (新洲) *ya-shuo* carry raw cotton, cotton cloth, groundnuts, roots, charcoal, and tobacco leaf.

The Puchi *ya-shao*, curiously enough, is not often found near its home port, but is mostly to be seen between Hwangshihkang (黄石港) and Hankow, bringing up lime and coal. The Sientaochen and the Tsaitien *ya-shao* are chiefly raw cotton carriers.

Generally speaking, the Chingshan and the Makow *ya-shao* are the largest among this type of junk; the former has a capacity of 400 to 800 piculs, while the latter runs from 300 to 700 piculs and formerly traded with ports beyond the borders of the province. This type is known for its good sailing qualities and can be counted upon to sail 40 miles a day up, and 70 to 80 miles down, river with a favourable breeze.

– CHAPTER 17 –

THE POYANG LAKE

The Poyang Lake is about 90 miles in length and almost 20 miles in breadth, but its condition, like that of the Tungting Lake, differs widely at various seasons of the year. Its waters are comparatively clear as contrasted with the Yangtze River.

There are several places of interest in the lake, among others, Nankang (南康), at the base of the lofty Lu Shan Range, celebrated as the resort of literary men. The town of Takutang lies 14 miles from Hukow, and as it is the last place affording a good anchorage that is reached on leaving the lake before arriving in Kiukiang, large numbers of junks are to be seen at anchor laden with produce from the interior, which includes tea, rice, cotton, silk, and, of course, porcelain from the kilns of Kingtehchen on the Ch'ang River.

The principal waterway feeding the Poyang Lake is the Kan River (赣江). It travels from south to north and cuts the province roughly in half. And down the river and its tributaries come junks carrying ramie, sesamum, rape, oranges, sugar cane, and cotton from the deep and fertile valleys of the province. Tributaries of the Kan are the Ch'ang (章江), draining the forest lands of South-western Kiangsi, the Jung (袁水); the Hsiu (修水), and thc Jui (瑞江), from whence come tobacco, coal, and paper. Another tributary is the Fu (抚水). The Loan (乐安江) and the Ch'ang unite just below the city of Jaochow (饶州), the latter river being famous for its connection with the renowned porcelain industry at Kingtehchen [1] (景德镇) and the no less celebrated Keemun tea.

In addition to the above rivers there are a great many small affluents, creeks, and canals which explain why the people of Kiangsi have never worried-until recently-about roads. This vast network of waterways served to bind the province together and make boat communication a matter of comparative ease. Indeed, this water-borne transport is not only confined to the province. So widely do these creeks and canals serve the country-side that junk transport obtains on the eastern border between Kiangsi and its neighbouring Province of Anhwei, while the land barriers that separate the water routes of Chekiang, Fukien, and Kwangtung Provinces from those of Kiangsi can be traversed on foot in a few hours.

[1] English readers will be interested to learn that President Chiang Kai-shek and Madame gave a dinner party especially made at Kingtehchen to Princess Elizabeth as wedding present.

The entire carrying trade of the Poyang Lake was, until comparatively recently, in the hands of the junks. There are several types specially constructed to negotiate the shallows and rapids. The *fu-shao-tzŭ* (富梢子), plying between Kingtehchen and Fowliang, is a long, lightly built vesel incapable of navigating the lake in bad weather. The Tuchang (都昌) junk, sailing between Tuchang and Kingtehchen, is engaged chiefly in importing foodstuffs and exporting porcelain on its return trip. The Hsikwang junk always carries coal and frewood to the Kingtehchen kiln burners.[1] The *shao-yah-tzŭ*, hailing from Jaochow, visits the town only in the high-water season, The *jao-hua-tzŭ*, a comparatively deep-draught junk, carries both goods and passengers between Kaoan and Kingtehchen.

The Poyang Lake is the home of craft that have elegant sterns. These junks vary greatly in size and type, their variety depending mainly on the depth of water and the nature of the waterway to be negotiated. Each type has some distinctive feature designed to suit some particular need.

The Poyang Lake was opened to steam navigation in 1896. At first the few invading launches contented themselves with the passenger trade and towing cargo-boats, while at the same time cargo continued to come in by junk. In 1911, however, the foreign-type wooden cargo-boat developed rapidly and later a dozen or more steel lighters began to make their appearance, and the number of launches rose from 11 in 1901 to 49 in 1917. The climax came with the appearance of motor-launches in considerable numbers and oil-tank lighters.

In addition, it is sad to relate, railway competition and the products of Mr. Dodge have had the effect of driving whole classes of junks out of existence, and others are fast following.

THE LO-LUNG-TZŬ, OR PORCELAIN-TRADER

Chinese porcelain and pottery, its history and all the wealth of information concerning it, is probably one of the most written-up topics. Here it is not proposed to treat with this huge and interesting subject in any save a very superficial way; but to appreciate the importance of the industry it is essential to outline the manner in which the porcelain is produced in Kingtehchen(景德镇), the great kilns of Kiangsi, and, above all, to describe how this fragile cargo is dealt with.

It is to China that the world owes the invention of porcelain. The date of its first appearance seems uncertain; but, according to Chinese tradition, pottery was being produced in the time of Huang Ti (黄帝), about 2800 B. C. There is evidence that porcelain was being manufactured in the T'ang Dynasty, A. D. 618–907.

The ancient porcelain factory of Kingtehchen, or Mart of Brilliant Virtue, which dates back to the Song Dynasty, derives its name from the Emperor Chên Tsung (真宗), 997–1022, who founded it in 1004. The best work produced was known as "tribute porcelain", which was baked in special furnaees called *yu-yao*, or *kuan-yao*, Imperial or official, as against *wai-yao* (外窑), or *min-yao*, "outside", or popular furnaces.

[1] Every year more than 4 million piculs of firewood and 1½ millon piculs of brushwood are required by the porcelain factories.

Only perfect pieces were sent to Kaifeng, the capital at that time.

Artists and artificers are rated low, almost as labourers, hence lack of development in the painting and decoration of this porcelain. One man painted fowers, another circles, and so forth, and so individuality was stifled.

One of the chief difficulties in connection with this industry has been the problem of water transport, involving to some extent the importation of the necessary clays, but concerned principally with the exportation of the finished wares to the outside world, *via* the port of Kiukiang. The most difficult part of the journey is at Hungkiang, about 60 *li* down-stream from Kingtchchen. Here there are numerous rapids, and on the other portions of the river the level of the bed has been raised by an accumulation of the debris of broken porcelain which, for hundreds of years, has been thrown into the river with the mistaken idea that it would be washed away in the flood season. In some places there are only a few inches of water, and junks are continually grounding. In such an event the crew jump into the water and lever the craft along with poles through the shoal water. When, as often happens, even this method fails, the cargo is removed, and the vessel is partly lifted and partly pulled along. The sound produced by the rubbing of the bottom of the boat over the broken porcelain underneath is quite loud. This section of the river, although only 60 *li* long, takes a junk two days to get over. In the low-water season only small craft can be used in these reaches.

Between 20 and 30 shipping agents are concerned in this trade. A consigner hands one of these agents his invoice, and the latter charters the junk and loads the cargo. All responsibility devolves on the laodah for accident or pilfering. The freight charges are based on the *tan* system, a flexible term which may apply to six, four, or even only two pieces of porcelain, according to size and value.

Fig. 17-1 shows a typical example of a shallow-draught porcelain-trader working the Poyang Lake. This type of craft is easily recognized by the high interrupted wing-stern[1].

The deck terminates in the bow in a heavy stem-timber[2], abaft of which is a raised platform[3] for the bow-man with his boat-hook. The fore-deck consists of outstandingly broad camphor-wood planks. The three masts[4] are made of *sha-mu*, and a wooden capstan[5], stepped in a strong beam[6], is used to hoist the three sails and to work the cables.

A deck-house[7] is situated at the after-end of the vessel and is used for stowing cargo as well as sleeping quarters for the crew. The after-end of the house is fitted up as a cabin[8] with two bunks[9]. The after-hold[10] is reached through a manhole.

The laodah stands on a raised plank[11], which is cut to receive the mizzen[12]. The conning position is fitted with a mat awning and in bad weather can be completely matted-in.

A projecting gangway[13] extends from the foremast to the conning position to facilitate the poling of the vessel in shoal water.

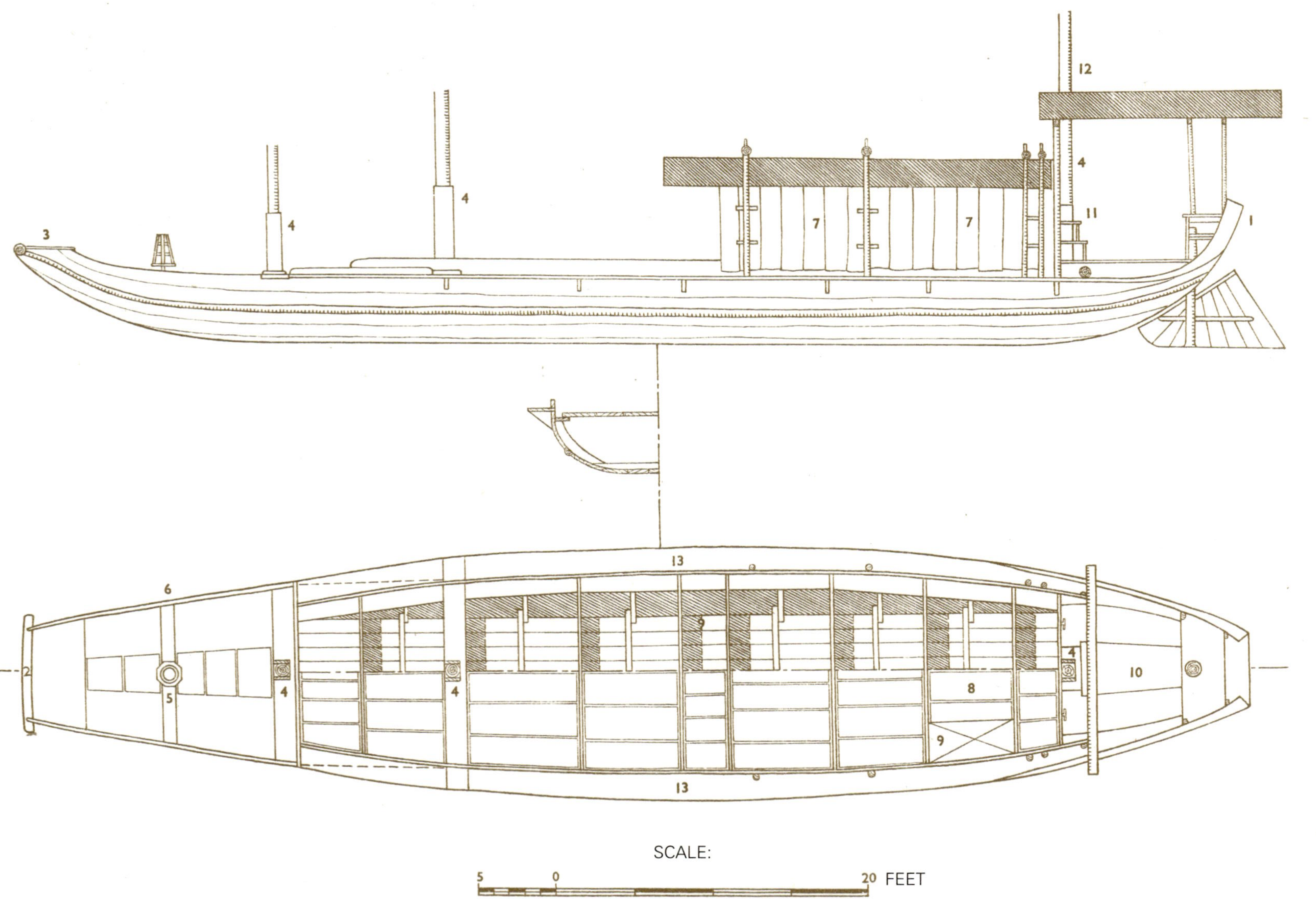

Fig. 17–1 LO-LUNG-TZU

THE FU-TIAO-TZǓ（府凋子）, OR RED SLIPPER JUNK

The *fu-tiao-tzŭ*, or, to give its more common name, the *hung-hsiu-hsieh*（红绣鞋）, meaning the "lady's red embroidered slipper", hails from the Poyang Lake and is usually a large and heavy craft. They are of uncommon build, being very broad amidships and tapering sharply at bow and stern. This makes them appear somewhat unwieldy.

These junks, which are the product of Kiangsi Province, are built at Kanchow（赣州）and Nanchang（南昌）, and serve the Lower Yangtze, its tributaries and lakes. Made of camphor-wood throughout, the types vary in size from 60 feet in length, with a beam of 14 feet and 3 feet depth, to the great dimensions of 100 feet, with a beam of 28 feet and 9 feet depth.

The craft illustrated in Fig. 17-2 is of medium size, measuring 84½ feet, 19 feet beam, and a depth of 7½ feet.

The number of masts varies according to the size. The smallest type sometimes has only one mast, while the largest can have as many as four. When three masts are fitted, the foremast is stepped between the windlasses, the mainmast forward of the centre deck-house, and the mizzen-mast abaft the house.

The carrying capacity ranges from 100 to 200 tons, and the cargo usually consists of salt, rice, paper, grain, and fruit. The smaller types trade through the provinces of Kiangsi, Hupeh, Anhwei, and Hunan, the larger ones voyaging from Shiherhwei（十二圩）to Yochow.

The sails are of the common balance-lug variety with a slightly curving leech. The fore-sail has 32 battens, the mainsail 24. This is an unusual number. The sail stows on lumber irons. The height of the foremast in the craft illustrated is 75 feet, while the mainmast is 50 feet. A roller fair-lead is fitted to the foremast.

The crew vary from 16 to 24 men, according to the size of the craft, and are accommodated in the after-house, which is entered through a door. The conning position is situated just abaft the mainmast, the tiller being low and controlled by fibre rope rove as illustrated in Fig. 17-3. A capstan is situated inside the house for hoisting the sails and weighing the anchors.

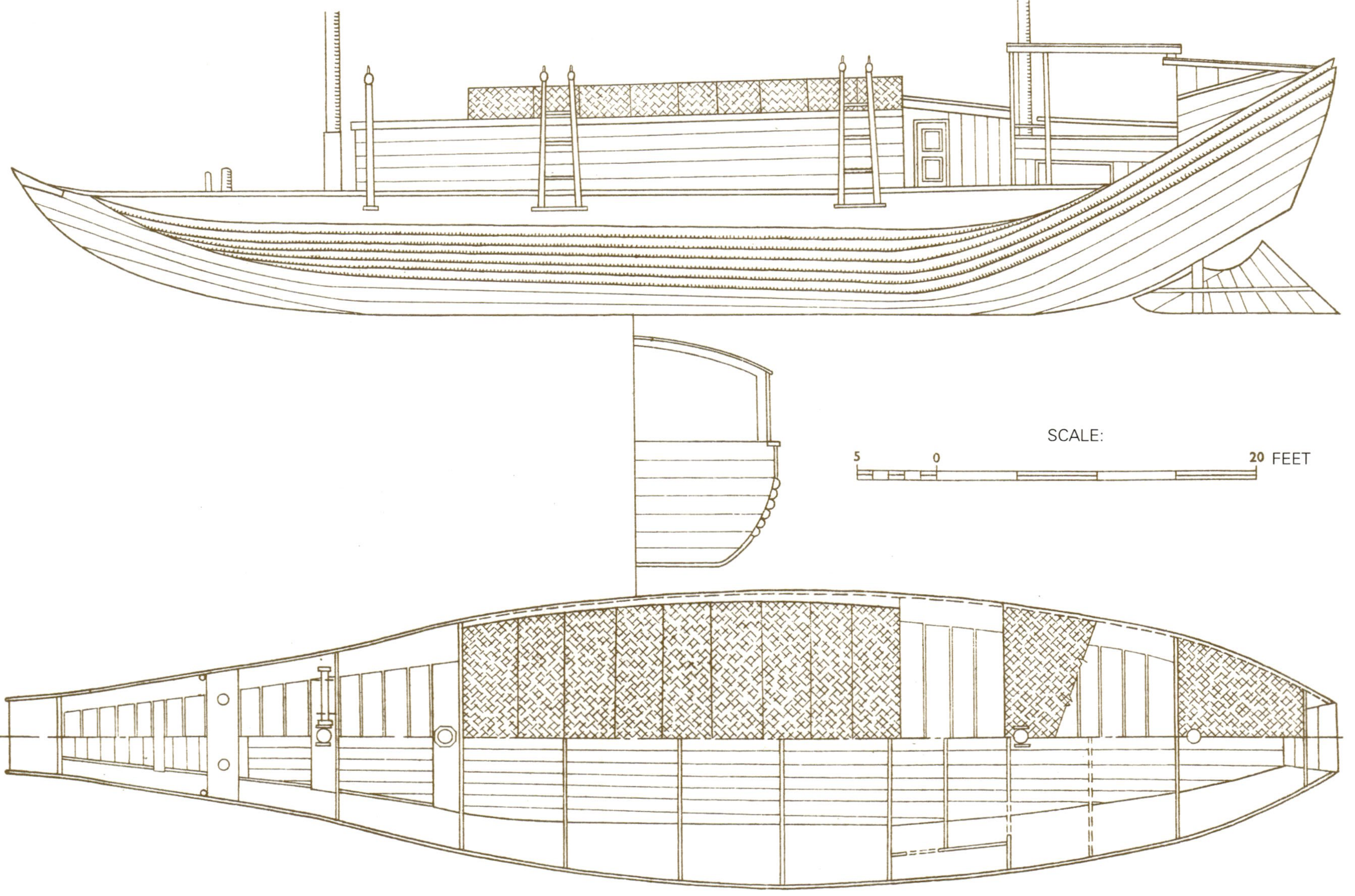

Fig. 17–2 FU-TIAO-TZŬ

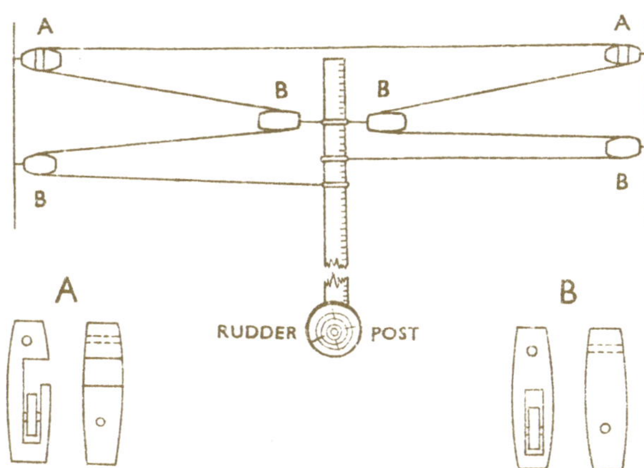

Fig. 17-3 RELIEVING TACKLE

THE T'O-KOU-TZŬ (拖钩子), OR LIGHT-DRAUGHT POYANG TRADER

The *t'o-kou-tzŭ* is a flat-bottomed, shallow-draught, mud-larking type of about 5½ beams to length. The craft illustrated in Fig. 17-4 has a length of 66 feet, a breadth of 12 feet, and a depth of 3 feet, with a carrying capacity of 120 piculs, about 7 tons.

Although light in construction, she is strongly built, having 12 bulkheads and three frames. On the ninth, tenth, and eleventh bulkheads partitions are built up to form two compartments. The foremost one serves as the galley, while the after compartment, which is fitted with a bunk, is the owner's cabin.

A "stick-in-the-mud" anchor is situated on the first bulkhead and a pair of small bollards on the second bulkhead. The usual lumber irons are secured to the house to accommodate the sail when not in use.

THE CH'A-CH'UAN (茶船), OR TEA-BOAT

On the Poyang Lake there is a class of boat to which the name *ch'a-ch'uan*, or tea-boat, is more especially applied. Junks of this class are about 79 feet in length, with a beam of 12 feet. Though called tea-boats, they are frequently engaged to carry all kinds of cargo. This craft is illustrated in Fig. 17-5.

The junk most in demand for carrying tea is the *shua-pa-ch'uan*, a handsome craft usually measuring 79 feet in length, with a beam of 12 feet and a depth of 3½ feet.

The deck-house is larger and considerably higher than in most junks, and it is here that most of the perishable cargo of tea is stowed. The house is covered with a mat roof. The short decks at either end are connected by quanting gangways on each side.

The sails used are the classic balance variety, the mainsail being particularly large. When not in use it stows on six lumber irons.

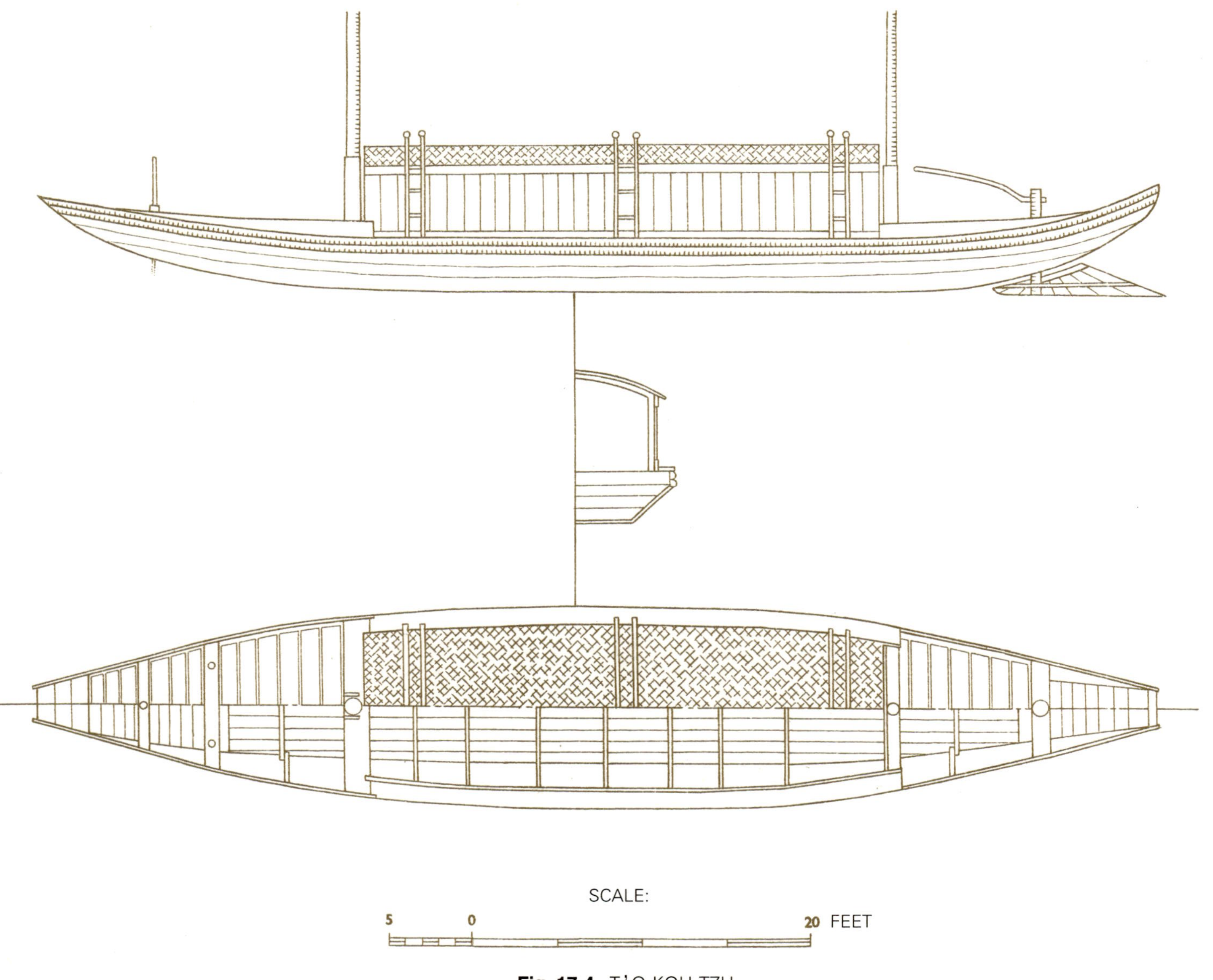

Fig. 17-4 T'O-KOU-TZU

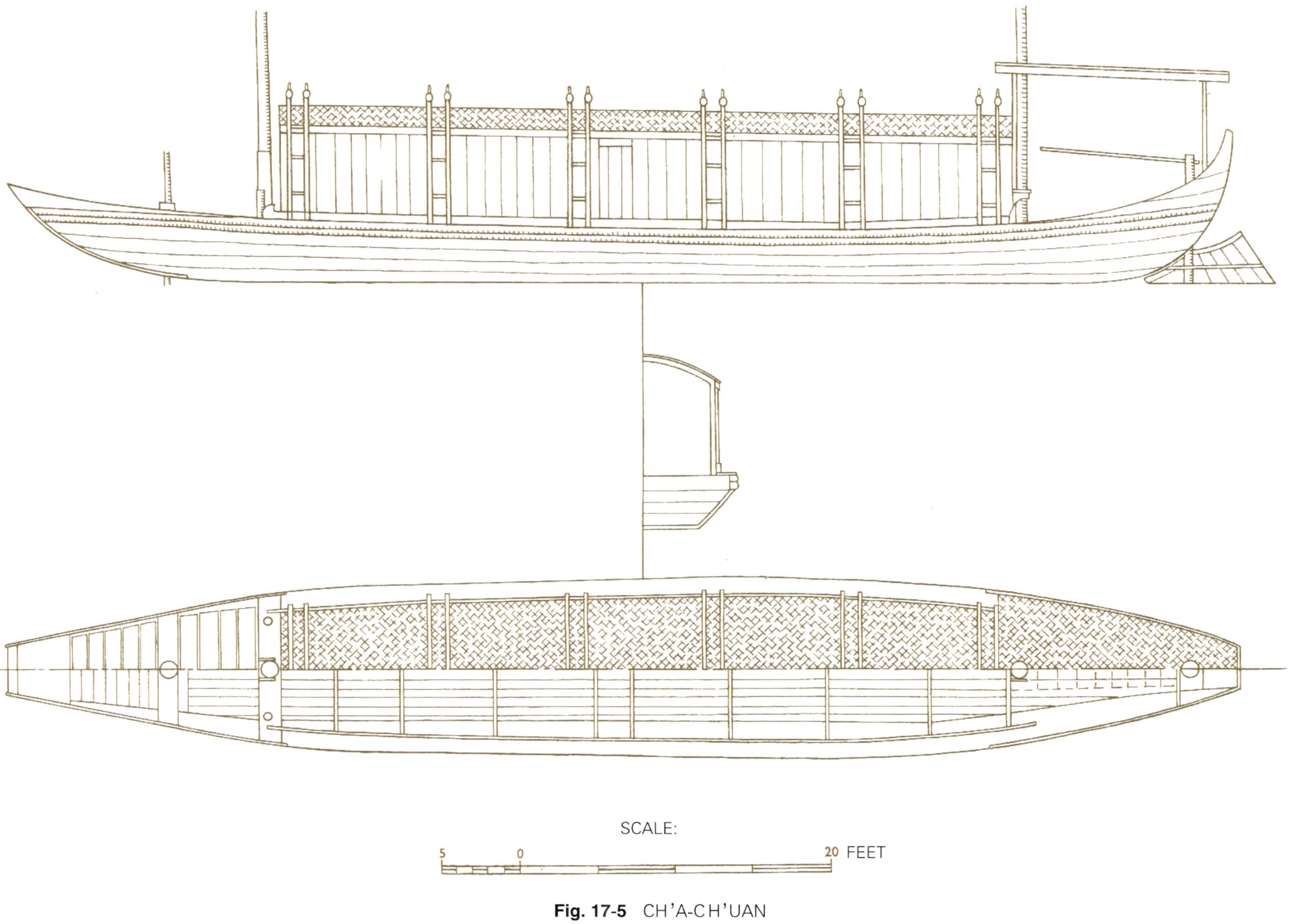

Fig. 17-5 CH'A-CH'UAN

THE TO-LUNG-FU-CH'UAN, OR GONDOLA-BOW JUNK

Tobacco leaf is abundantly produced in the Poyang Lake area, and the river and creek routes via the hinterland provide adequate facilities for transport. The craft most commonly used in the tobacco trade is the far-famed *to-lung-fu-ch'uan*, or gondola-bow junk.

This double-ended type of junk, which hails from the Poyang Lake, is one of the most easily recognized on the Lower Yangtze because of the characteristically tapered bow and stern, with a graceful sheer down low between them, suggestive of a Mediterranean influence. The sharp lift to the overhanging bow is also typical.

Although there is little to justify it, the junkmen claim that this type belongs to the *lo-lung-tzŭ* family, which is also of pure Poyang Lake descent. It is therefore known by the hybrid name of *ta-lung-fu-ch'uan* and is locally known as the *lo-yüan*, or "round basket", a very appropriate name.

This type of junk is one of the most curious and interesting to be seen on the Poyang Lake. The foremost compartment is free flooding from the "stick-in-the-mud" anchor hole[1] and also from the two apertures[2], one on each side of the bow. The latter holes are to take a bamboo, which is inserted right through the fore-part of the vessel when it is desired to lift the bow of the junk by man-power over boulders in shallow water. The crew, of course, when performing this operation, stand in the water and, with the aid of the bamboo, lift the bow of the junk supported on their shoulders.

The formation of the bow does not lend itself to ease in working cables, and for this reason a primitive form of cat-head[3] is fitted. This is permanently fixed on the starboard bow. Fig. 17-6 shows the simple but efficient arrangement of the releasing gear fitted to the cat-head.

The craft illustrated in Fig. 17-7 is 63½ feet long, with a beam of 15½ feet and a depth of 5 feet. It is surprising how uniform these craft are in size and type.

The athwartship strength is derived from the nine bulkheads and the seven half-bulkheads. As will be seen from the section, the half-frames are strengthened by two verticals secured to the after-part.

The rudder is of the non-hoisting balance type and is fitted with a forked rudder-post grown to shape.

No risks are too great for the Poyang Lake sailor. Their well-known habit of overloading is well illustrated in the *to-lung-fu-ch'uan*. Sometimes the freeboard is no more than an inch or so. The full load-line is marked A and B in Fig. 17-7.

The *to-lung-fu-ch'uan*, with their high flaring bows, are to be seen in considerable numbers in the Lungkaiho at Kiukiang, and it is pleasing to be able to record that these handsome and distinctive craft.

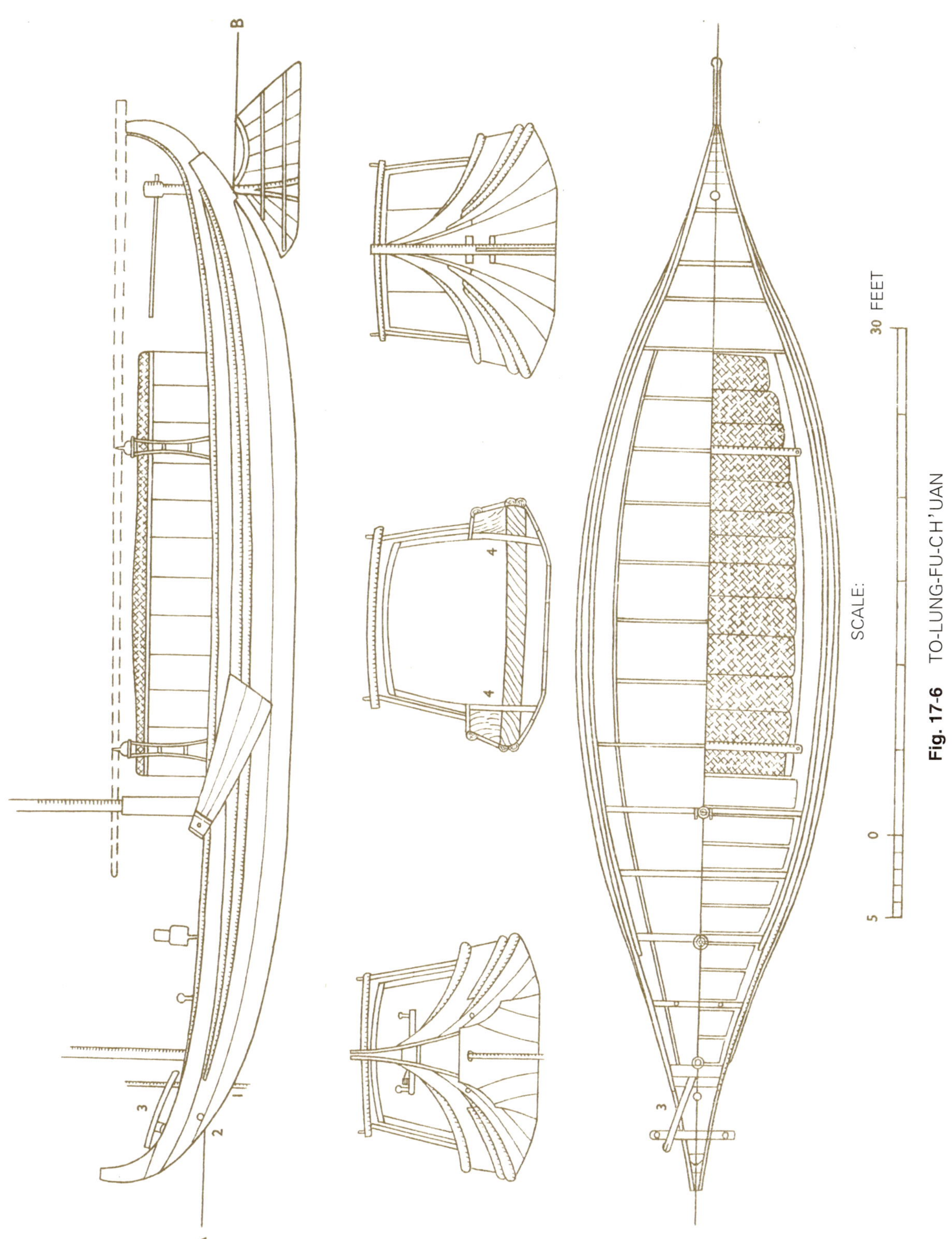

Fig. 17-6 TO-LUNG-FU-CH'UAN

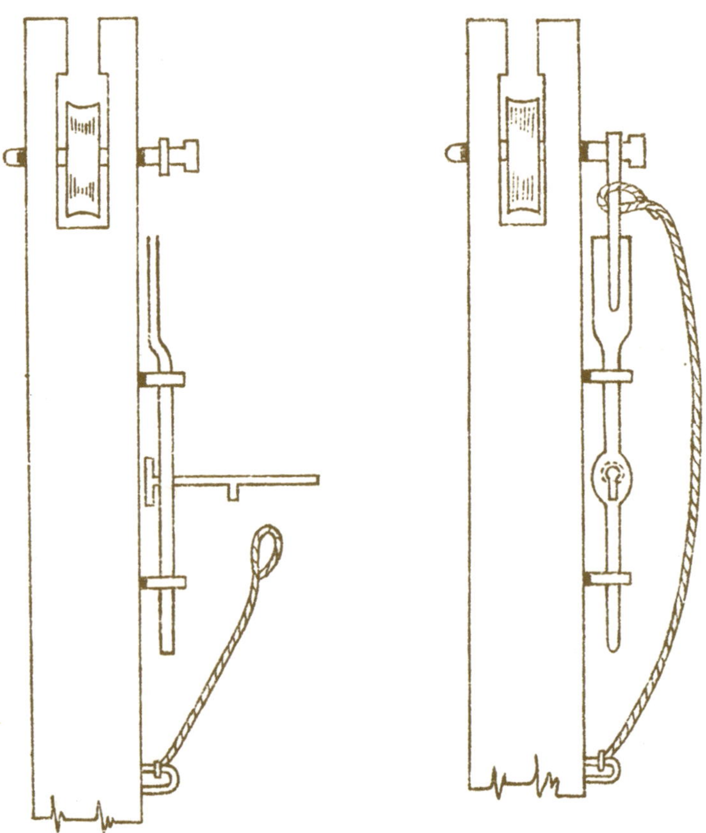

Fig. 17-7 RELEASING GEAR

– CHAPTER 18 –

THE HAN RIVER

The Han, which has some considerable value among the secondary waterways of China, rises in the mountains of Shensi, between the parallels of 33° and 34°N and the meridians of 106° and 107°E. It runs at first in an easterly direction parallel to, and not very far from, the borders of Szechwan. In this portion of its length it travels through rugged gorges, and its course is interrupted by rocks and rapids until it leaves Shensi. At Fancheng (樊城), after entering Hupeh, it takes a southerly turn and finally turns east again.

Just before reaching Laohokow[1] (老河口) the river leaves its rocky bed, taking a southerly turn and bending east to Siangyang. Thence the trend is in a southerly direction, and the river enters the southern half of Hupeh, consisting of a large alluvial plain which, in prehistoric times, was an inland sea and even now is largely made up of lakes and swamps and their connecting waterways. At Shayang (沙洋) the stream again turns east before emptying itself into the Yangtze at Hankow.

It is navigable by large junks, small steamers, and launches for a distance of 300 miles up to Siangyang and, during the high-water season, can be navigated by small junks and sampans for a farther 600 miles up to Hanchung (汉中) in Shensi, a trip requiring two or three months or more to go up and only two weeks to come down.

A curious feature of this river is that, for the latter part of its course, its bed is higher than the surrounding plain, and, were it not for the artificially constructed banks, the country would be flooded every year. This system of making dikes instead of digging out or dredging the bed has had the inevitable result of raising the river-bed still further. The elevation of the plain is only 1 foot above low-water level, and the summer rise presents an ever-present dange of inundation, and floods occur with uncomfortable frequency. As a protective dikes have been raised on both banks of the river but some 50 to 100 feet inland. This permits the intervening space to be flooded, and the yearly deposits of silt and sand serve to strengthen the existing earthworks. Neglect of these precautions has, of late years, led to disastrous flooding, the worst being in 1931. Another unusual feature of the Han is that it narrows abruptly at its mouth to a mere 200 feet.

The annual number of junks visiting the Han, or the mouth of the Han, according to Customs records

[1] Laohokow is the usual transhipment port where merchandise is transferred to Upper Han boats. The stream is here about 85 yards broad. Beyond this point rapids are numerous and navigation not unattended with danger.

was, in 1891, as already stated, estimated to be about 23, 000, with a total tonnage of about 1 million, and it was further estimated that they carried 165,000 men.

The craft vary from vessels of 7 feet beam, with a carrying capacity of 150 piculs and a crew of three men, to vessels of 15½ feet beam, with 1,100 piculs carrying capacity and a crew of 12 men. About 14 different types of junks are to be found navigating the Han, of which four types come from other sections of the Yangtze. These latter are the *ma-yang*(麻阳) from *Changteh*(常德), in Hunan carrying oil, paper, coal, rice, and grass cloth; the *ma-ch'iao-wei*(麻雀尾), which is seldom to be seen now; the *pai-mu*(柏木), a cotton-junk from Szechwan; and the *t'ien-mên*(天门) from Teian(德安), with tallow, gypsum, and sesamum-seed oil.

The junks on the lower part of the river are propelled by oars, using a sail when the wind is fair. On the upper section of the river tracking is the more usual mode of propulsion.

The navigation of the Upper Han is very difficult at all times of the year. This is due to rapids and races, shifting sandbanks, narrow and winding channels, and, between April and August, to freshets. The work of a laodah on the Han is a job for which only the courageous need apply.

There are two very important tributaries to the Han, the Tankiang(丹江), which, rising in Eastern Shensi, joins the parent stream above Laohokow, and the Paiho(白河), previously joined by the T'angho, the waters of both merging in the Han at Siangyang. All three are navigable, though the first is only so at high water.

In the fertile regions of the Han River Valley the farmers can get as much as two harvests a year. The land can not only be utilized for crop production but also for cattle-raising. The different crops grown are cotton, rice, beans, wheat, barley, millet, sesamum seed, peanuts, tea, tobacco, and *t'ung* oil.

Formerly, all this produce came to Hankow by junks, which enjoyed a very prosperous trade; but since the Hupeh motor roads have linked up Laohokow with Hankow this mechanized competition has caused a sad diminution in the Han River junk traffic.

THE SIANG-WO-TZŬ, OR SIANGYANG BOAT

The *siang-wo-tzŭ*, so named after the town of Siangyang, is the largest type of craft to be found operating on the Lower Han section.

Built on pleasing lines, and rising gently at bow and stern, the craft illustrated in Fig. 18-1 measures 76 feet, with a beam of 14½ feet and a depth of 5 feet. As may be seen on the plan, there are 10 full bulkheads and four frames[1]. The bottom planking[2] is of *sha-mu*, while the hull[3] and bulkheads[4] are of camphor-wood.

There are several unusual features about these craft. In the first place, the wales[5] are conterminus 9 feet from bow and stern[6]. The bottoin planking, too, is very narrow, with a very abrupt ascent[7]. The fore-part of the house has a square roof[8] with an attempt at ornamentation[9], while the after-part is rounded[10], The foremast rakes well forward, and the sail stows on lumber irons when not in use[11].

There are two small forward bollards[12] on the first bulkhead and two of similar size and design on the

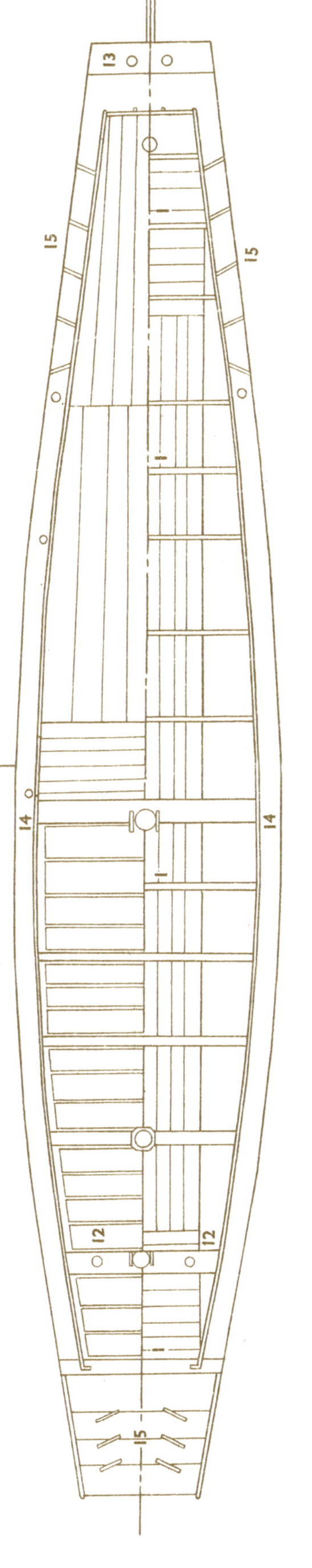

Fig. 18-1 SIANG-WO-TZU

transom[13], considerably farther aft than is usual.

The wider section of the gunwale forms a convenient gangway outside the house for quanting[14]. Wooden treads are placed on the rising deck at bow and stern[15] to prevent the quanters from slipping.

The high bow, so desirable for work in rapids, terminates in a transverse beam laid below the ascending gunwale[16].

THE WAI-CH'IU-TZŬ (歪邱子), OR CROOKED JUNK

These pleasing and interesting junks vary slightly in size. A typical example is illustrated in Fig. 18-2. and measures 73 feet in length, with a beam of 12 feet and a depth of 4 feet. They are, of course, designed for the shallow rapids of the Upper Han River, and are built at Sichwan, a town on the Tankiang, a tributary of the Upper Han.

As a general rule, the Chinese shipwrights, when building craft for use in deep rapids, favour a more or less rounded under-water line, as this makes for greater stability in broken water, whereas in shallow and narrow rapids they almost invariably build their vessels flat-bottomed, square in the bilge, and about 5½ to 6 beams to length. In this the *wai ch'iu-tzŭ* conforms to general practice, but what places her in a category by herself is the high and recurving bow and the raked, crooked, and elevated stern.

As will be seen in Fig. 18-2, there are 10 bulkheads, one half-bulkhcad[1], and no frames. There are two deck-beams. The foremost one[2] is pierced to take the stick-in-the-mud anchor[3] and that amidships[4] is used in conjunction with the tabernacles[5] to support the mast[6]. An coffer-dam[7] is situated abaft the second bulkhead. There are two small forward bollards[8] on the first bulkhead.

The mat house[9] begins at the fifth bulkhead and extends to the tenth. There is little comfort in the house. The crew of seven men live in any convenient space not occupied by the cargo.

All the compartments are decked-in with athwartship planking. The hull and bottom are made of *sha-mu* and the bulkheads of *pai-mu*.

The serious student of oriental naval architecture would do well to compare this craft with the "fan-tail" junks of the Tanningho and the crooked-bow junks of the Yentsingho.

The *wai-ch'iu-tzŭ* with her curiously shaped extremities may certainly claim precedence among the curious craft of the Han River and probably of the Yangtze.

THE SIANGYANG CH'IU-TZŬ, OR WOOD-ROOFED BOAT

The Siangyang *ch'iu-tzŭ* hails from a town of that name, 283 miles from the mouth of the Han River, and is to be found working that section between Laohokow (老河口) and Hankow as a deep-draught cargo-carrier.

The specimen illustrated in Fig. 18-3 is a typical double-ender, measuring 64 feet, with a beam of 14 feet, a depth of 4½ feet, and a capacity of 30 tons on a maximum draught of 3 feet.

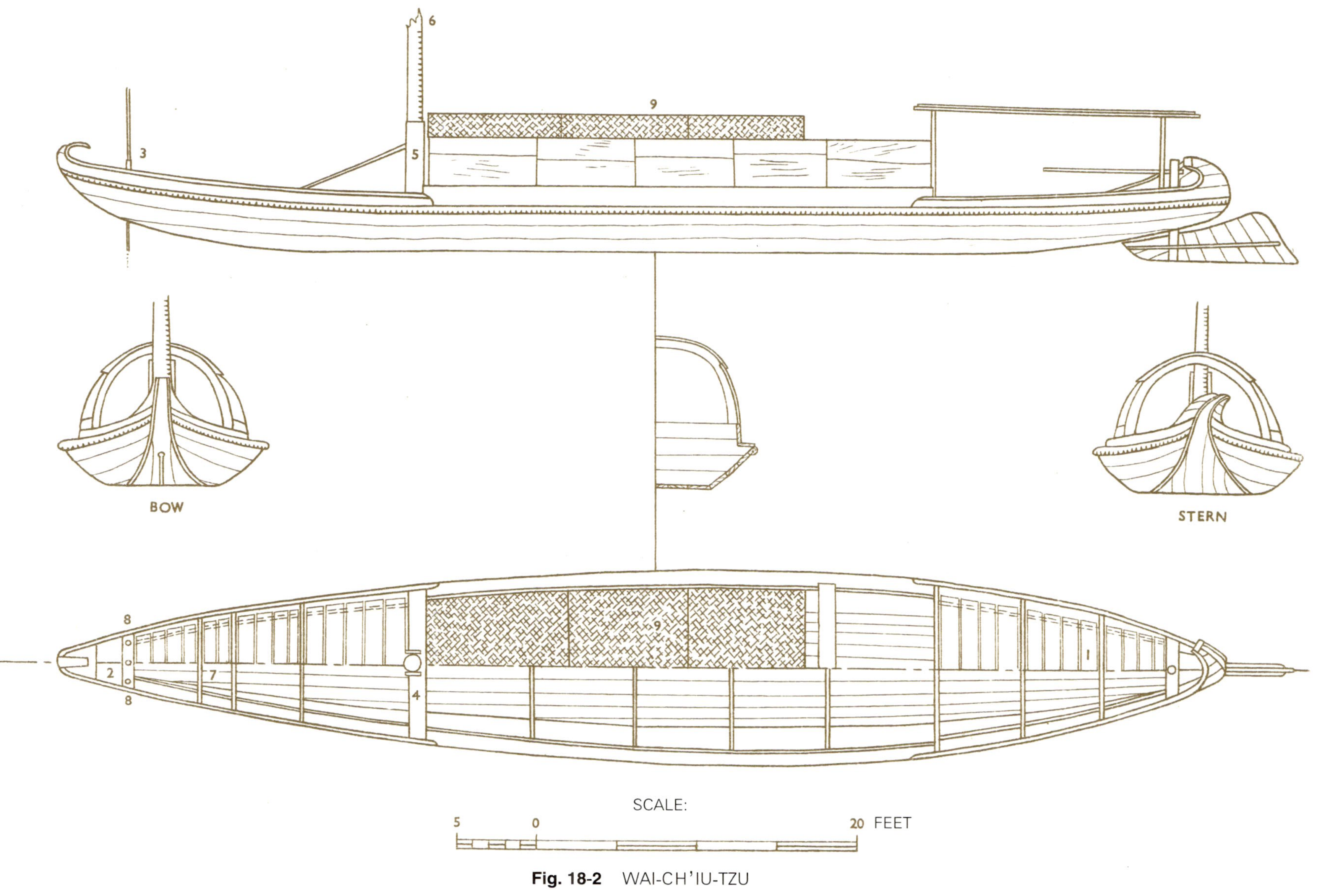

Fig. 18-2 WAI-CH'IU-TZU

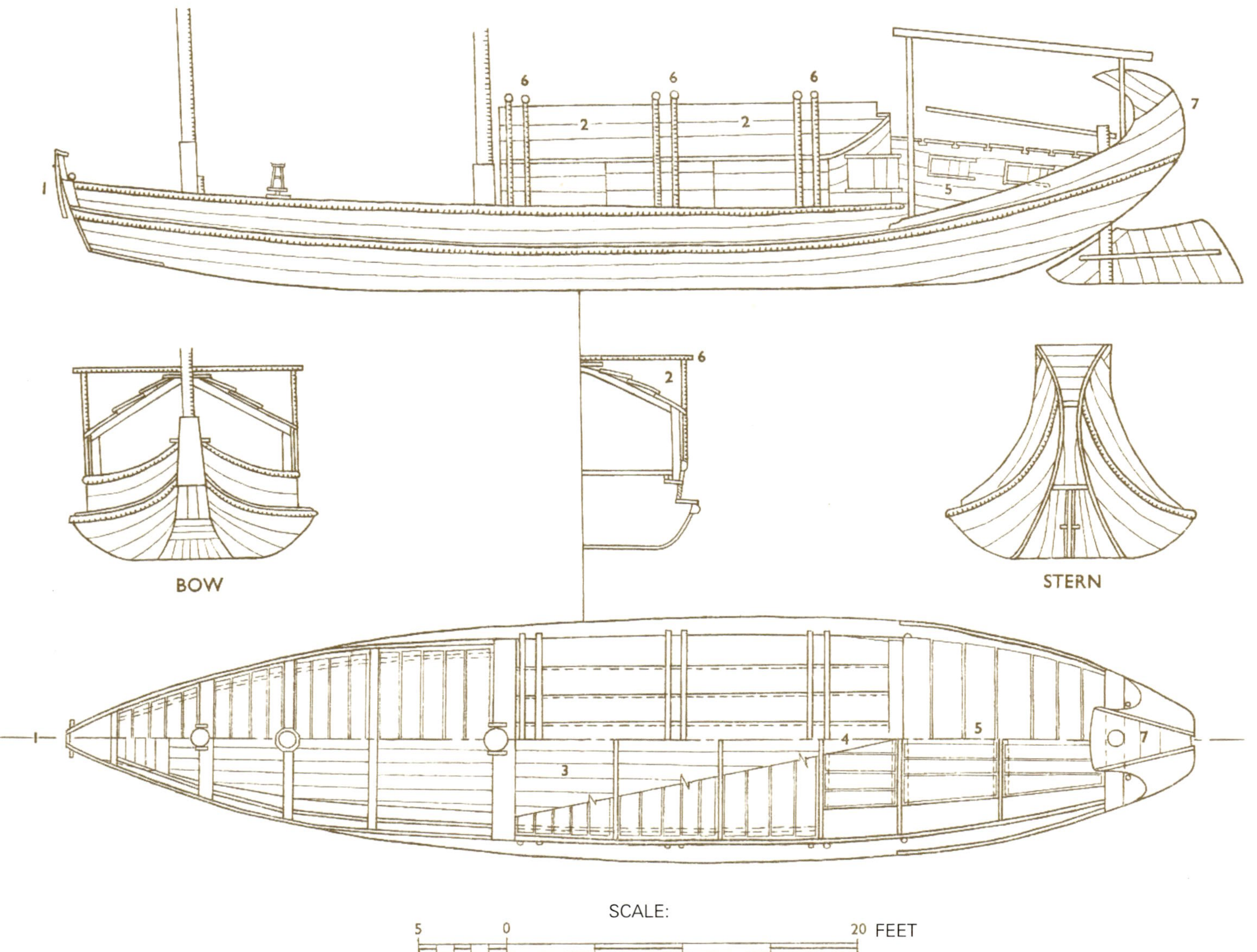

Fig. 18-3 SIANGYANG CH'IU-TZU

The stern is almost elliptical in shape. The hull is constructed of *sha-mu* and divided into 10 compartments by hardwood bulkheads.

These junks trade throughout the year with Hankow, carrying down sesamum-seed oil, groundnut oil, watermelon seeds, cow hides, animal bones, bristles, and other local produce, and returning to Siangyang or Laohokow with general cargo.

There are two masts carrying a classic low-peaked square-headed lug-sail. Iron anchors are used, and a capstan is mounted abaft the foremast.

These junks are often to be found navigating the tributaries which in parts are narrow with sharp turns. In certain reaches these waterways are very crowded, and so, in order to protect the bow from damage, "bumpers"[1] are fitted. This original contraption is also a protection against the iron-shod quant of a rival ahead.

The roof of the house[2] is clinker-built. Cargo is stowed in the fore-part[3], while the after-end is used as a galley[4]. The annex[5] is used for the accommodation of the crew and their wives and children, Lumber irons[6] are fitted to the house to take the sail when not in use.

The stern[7] is, as usual, very raked and, above the water-line, makes the curious, albeit pleasing, elbow which is so characteristic of craft navigating the shallow channels of the Yangtze and its tributaries.

THE P'AI-TZŬ, OR DUMB-BELL JUNK

Another junk very similar in most respects to the types just mentioned, except for the curious indentation amidships, may be referred to here as hailing from Laohokow.

This junk, the *p'ai-tzŭ*, is a medium. draught junk capable of working the lower and parts of the Upper Han River.

This type of craft is exceptionally strong in construction, especially in the bow. There are two double-wales[1], while above is a double gunwale[2] stronger and more substantial than the others. There is considerable rise forward, and the wales are connected across the bow by a strengthening piece[3] about 3 feet below the heavy projecting cross-beam.

The craft illustrated in Fig. 18-4 measures 64 feet, with a beam of 12 feet and a depth of 4 feet. There are 10 bulkheads and one frame.

The capacious house extends from the mainmast to the stern. The roof between the first[4] and second[5] lumber irons is clinker-built, and from there aft it is flat and can be used as a deck. The after-part of the house is also flat. The fore-part[6] is lused for the stowage of cargo, abaft the tenth bulkhead[7] is the galley, and the after-part, or tiller-room[8], is used as living quarters by the crew and their families. The balance rudder[9] can be operated from either inside or outside the house.

The flat-surfaced high stern widens as it rises to a gentle curve above the water. The planking of the stern facing is laid horizontally. A small square port with sliding door looks out over the stern.

The chief distinguishing characteristic of the *p'ai-tzŭ* is the curious indentation (marked on the plan by pecked lines) which is present always at the eighth bulkhead[10]. This peculiarity is rigidly adhered to. This

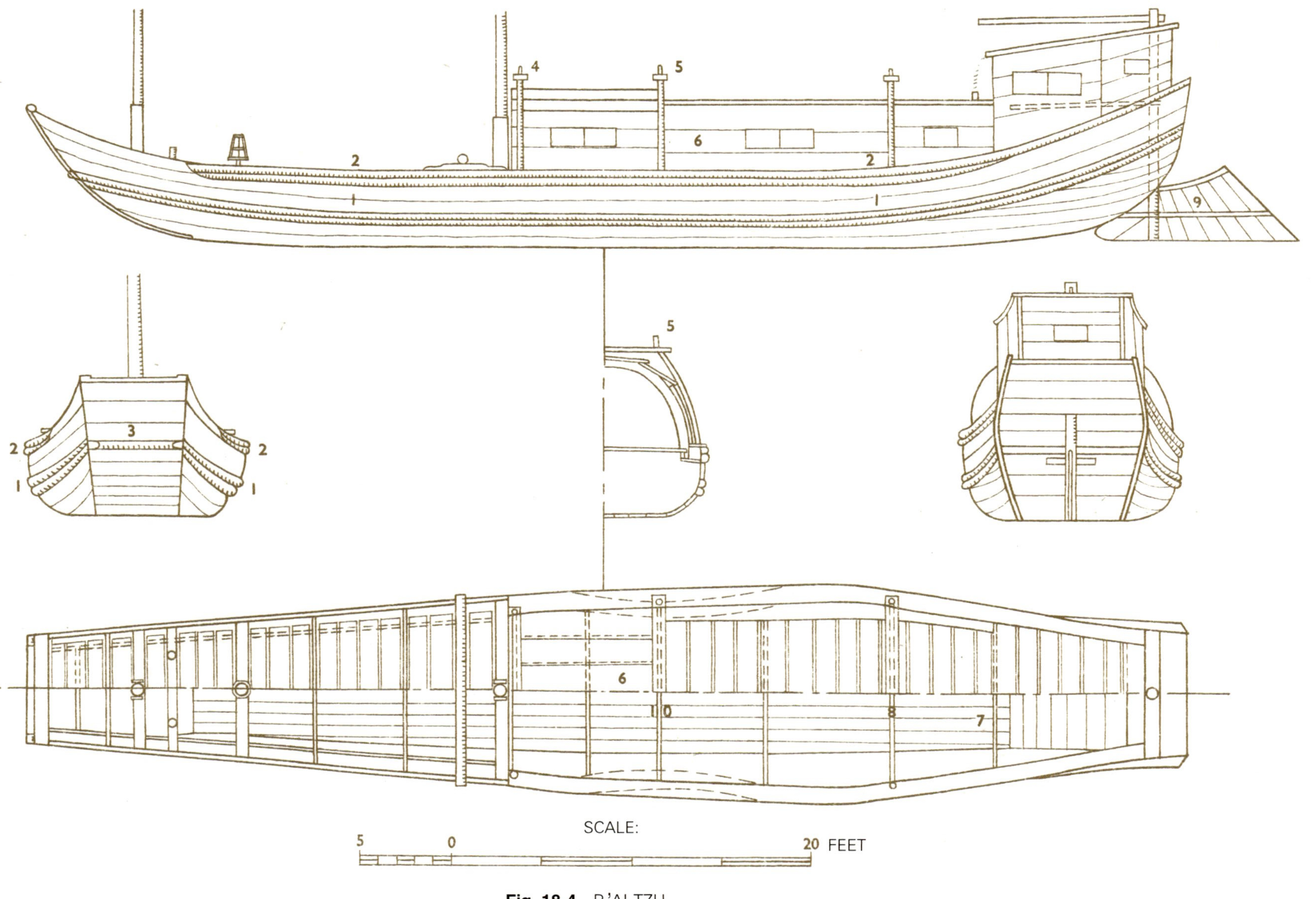

Fig. 18-4 P'AI-TZU

type of craft is quite common on the Han River and all have the same curious feature. Painstaking research has produced no reason; the only explanation offered by the junkmen is "这种船就是这样钉", which means "the junks of this type are always built like that".

THE T'AN-HO-CH'UAN, OR RAPID-BOAT

For creek work the Honan shipwrights have succeeded in developing a very strong type of craft, considering the draught and size to which they are limited by the restrictions imposed on them by the shallow rapids and the very narrow waterways of the Upper Han River.

The junk illustrated in Fig. 18-5 measures 65 feet in length, with a beam of 10½ feet and a depth of 3½ feet. She is fitted with 10 camphor-wood bullkheads, and one half-bulkhead which supports the mast and serves as an extra strengthening to the bulkhead.

The local name of this craft is the *t'an-ho-ch'uan*, or rapid creek boat, but is also known as the *nan-yang-ch'uan*, after a town of that name standing on a tributary of the Han River, which it joins at Fancheng.

The junk is flush throughout, with a low mat-covered house amidships[1] and a galley[2] in the stern. All the mats are removable. Cargo is stowed below decks and also in the fore-part of the house. The after-part of the house is used by the crew of three hands and their wives and families as living quarters.

The single sail is a balance lug of which little need be said, since it is only used as an auxiliary in fair winds. The sail, when not in use, lies on the lumber irons[3] resting against the house.

The bow, stern, rudder, and lines generally all indicate that the *t'an-ho-ch'uan* is primarily designed for use in swift waters, and it is useful to compare her with the *to-lung-tzŭ* (舵笼子), a more powerful cousin on the Upper Yangtze.〔1〕

〔1〕 See *Junks and Sampans of the Upper Yangtze*, Customs publication, III, No. 51.

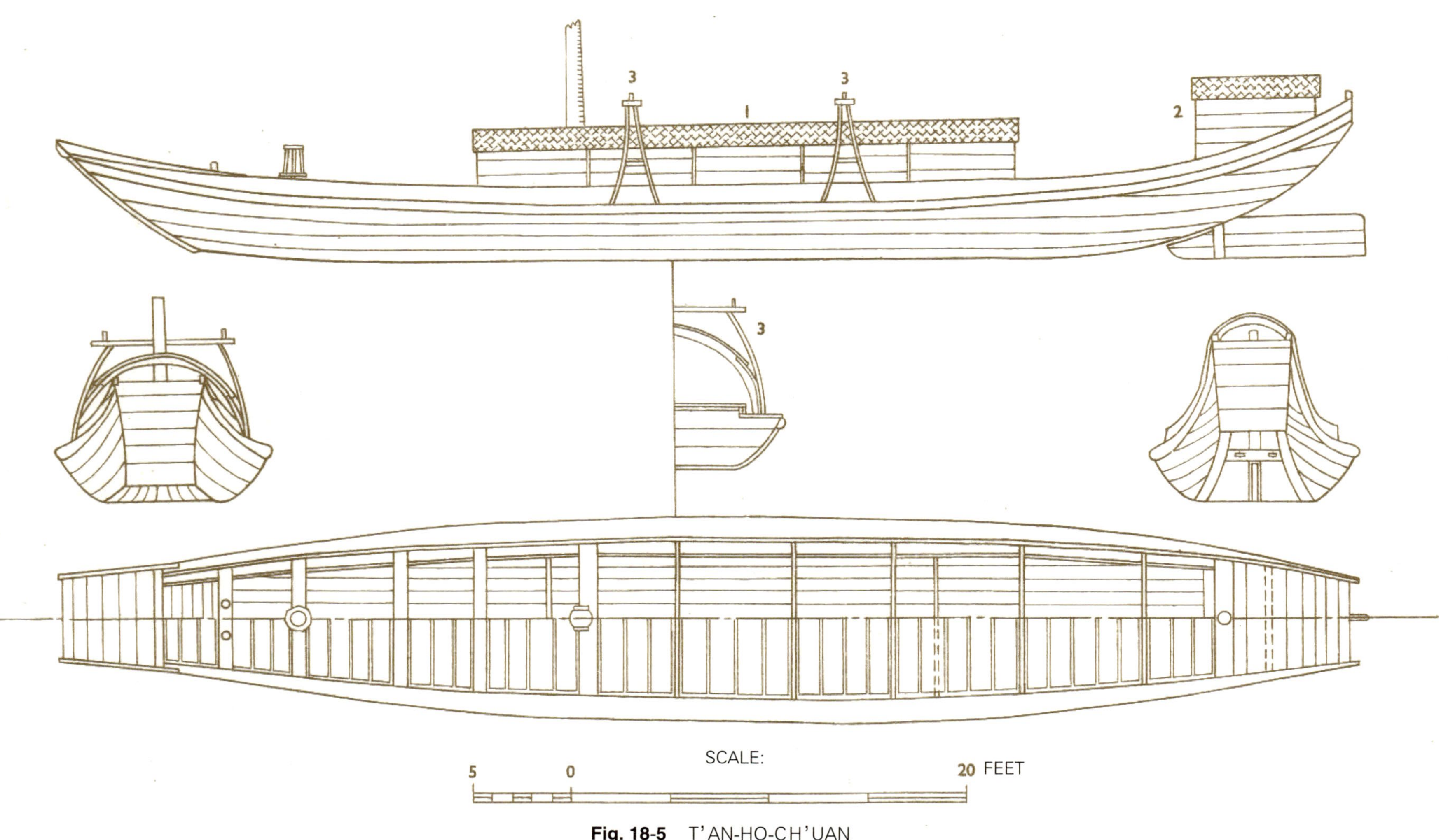

Fig. 18-5 T'AN-HO-CH'UAN

– CHAPTER 19 –

THE TUNGTING LAKE AND SIANG RIVER

Four rivers, the Siangkiang, the Yüuankiang, and the Tzükiang, and Liho run in a northerly direction through the Province of Hunan into a huge depression known as the Tungting Lake.

This lake, about 75 miles long by 60 miles broad, is the largest in China. In summer its area is cnormously extended, but in winter it empties until it is little more than a marsh, intersected by several streams and channels, and is the home of countless wildfowl.

The lake performs a very important function in that it is a reservoir for the drainage of the province. In the summer it receives the surplus waters of the Yangtze through the various channels and creeks above and below Shasi, as well as those of the rivers of Hunan, and its waters somctimes rise to as much as 40 feet above winter levels.

Junk traffic may be detained for weeks on either side of the lake awaiting a favourable wind, as a full day is needed to cross it, during which time a vessel is without benefit of good anchorages to shelter from the sudden squals and the nasty sea, which are such a feature of the lake at certain seasons of the year. The lake route, therefore, is never attempted except during fine weather, the junkmen preferring the safer, albeit longer, routes by the canals and creeks through the delta land south and west of the lake.

Ever since the time of the Emperor K'ang Hsi in the years 1662–1723, the lake inhabitants bave been reclaiming the lake and converting the fertile banks into farmland, and this has resulted in a gradual lessening of the lake's surface. The lake is connected with the Yangtze by a short waterway at Yochow and a number of other canals or creeks, and is the centre of a very active movement of junks. The city of Yochow is situated on high ground at the entrance to the Tungting Lake.

Just past Yochow and standing guard at the entrance to the lake is the island of Pien Shan (扁山). The god who is supposed to control the weather in the lake has his headquarters in the temple, which crowns the sumunit of the island. Many propitiatory models of junks are hung from the roof of this temple as evidence of the belief in his powers. At certain seasons of the year, when subscriptions are due, the accommodating priests, anxious to give the passing junkmen as little trouble as possible, collect tribute from them by means of nets suspended from long bamboos.

The Siang is the largest of the four rivers which empty themselves into the lake. It rises in the Nan Ling Mountains in Kwangsi, near the town of Hingan (兴安), from which a canal joins the waters of the Siang to the waters of the Kweikiang（桂江）, so that it is possible to travel by boat from Canton to Wuchow（梧州）, thence up the Kweikiang to this canal and then up the Siang River to the Yangtze.

The Siang is navigable for small junks to the southernmost part of the province. During the low-water season, however, large junks cannot get beyond Siangtan（湘潭）, although small junks drawing a foot or so can reach Yunghing（永兴）at all times of the year.

Here is to be seen the inland commerce of China at its best. Between the ports on the Yangtze, the Tungting Lake, and the Siang, trade employs thousands of small craft. The boats are among the smartest and cleanest in China, and this great waterway may well claim precedence as the junk-lover's paradise.

THE PIEN-TZǓ（扁子）, OR BAMBOO CARRYING-POLE JUNK

The *pien-tzǔ*, literally, "flat boat", is usually slightly larger than the usual run of Siang craft. It is comparatively narrow, shallow, long, and has a slight sheer, and for this reason, probably, it gets its name *pien-tan*（扁担）, or bamboo carrying-pole. The junk illustrated in Fig. 19-1 is a typical shallow-draught design and measures 65 feet, with a beam of 11 feet and a depth of 4½ feet.

The wood used in its construction is exactly the same as that for the *ya-shao*, already described; and the boat is also nearly always two-masted, the foremast having a slight forward rake.

The hull is usually divided into 13 watertight compartments; and, like the small *ya-shao*, the midship and after-deck is covered with a mat-roofed house. The capacity is about 150 piculs, and the crew numbers six men, including the laodah.

These junks, which are noted for their maneuve rability, hail from Hwangpei（黄陂）, Siaokan（孝感）, Yangsin（阳新）, Sinchow（新洲）, Tsungyang（崇阳）, Siangho（湘河）, and Fuho（府河）, and there are consequently seven slightly different varieties.

The cargo carried to Hankow usually consists of beans, rice, and raw cotton from Hwangpei and Siaokan; tea leaf, kaoliang, corn, ramie, hemp, and paper from Yangsin; raw cotton, native cloth, chinaroot, charcoal, and tobacco leaf from Sinchow. The junks return home with miscellaneous loads.

THE HSIAO-PO（小驳）, OR SMALL LIGHTER

The *hsiao-po* is known as the small lighter and is one of the commonest types working the Siang and Tungting Lake. It can be easily recognized by its characteristic and unusually tapering bow, terminating in an elongated upright[1] which sometimes stands as much as 2 feet above the deck. This unaccountable timber, which is not a stem-piece in the true sense of the word, is called the *ling-p'ai*（灵牌）and is reverenced in place of the junk god, hereabout known as the Tungting Wang Yeh（洞庭王爷）. It is therefore highly important that in the event of shipwreck every endeavour should be made to save this emblem, so that it may be set up in its proper position in a new junk.

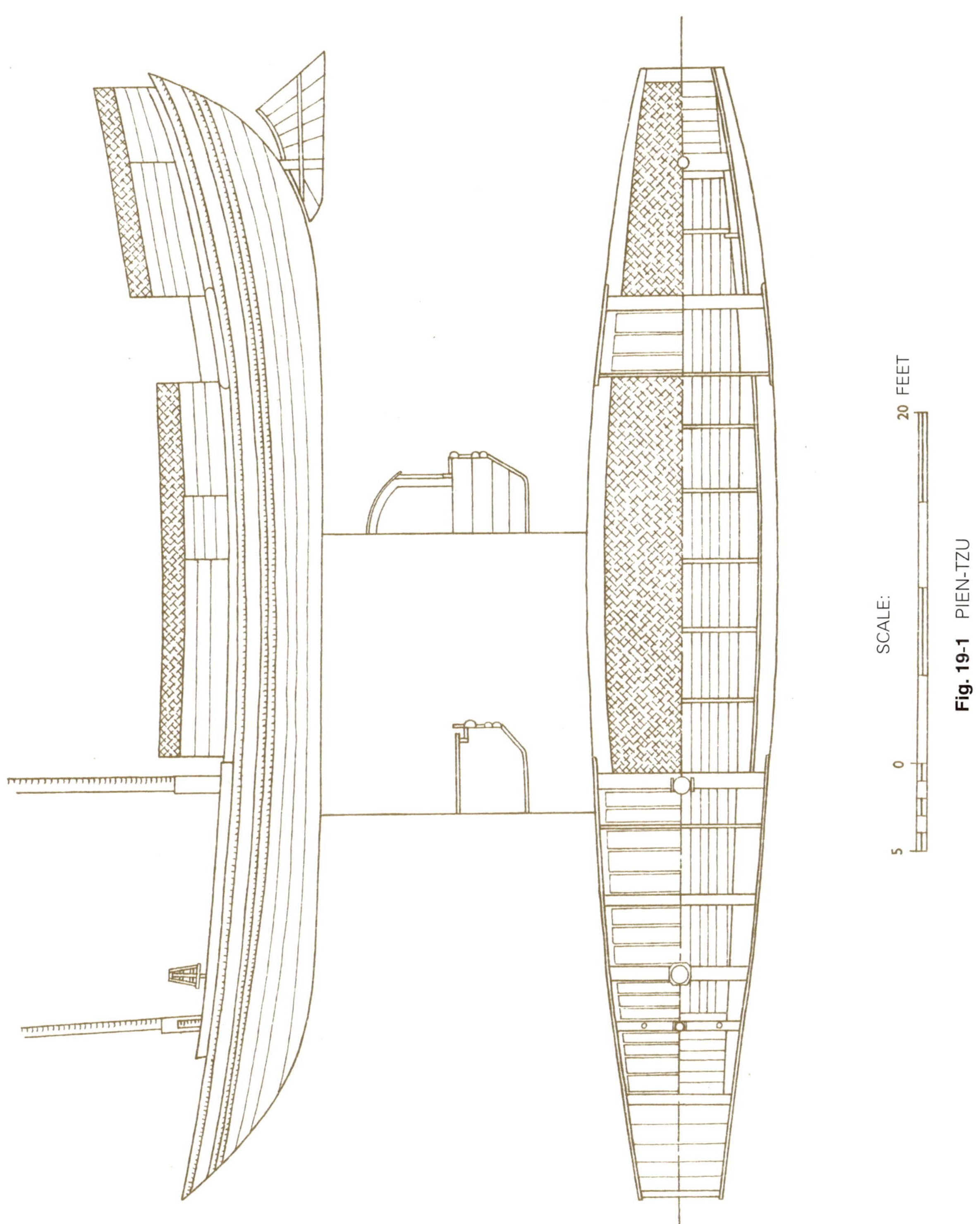

Fig. 19-1 PIEN-TZU

The stern of this craft is also characteristic. It is bluntly round from the water-line up and, rising somewhat, terminates in a narrow, forked timber, like a fish tail. Here is situated the owner's cabin, tiller-room, and galley[2]. It is fitted with a flap-window for air and light[3]. In the summer the galley stove is placed on deck[4].

The junks vary in size from about 60 feet,[1] with a beam of 7 feet, a draught of 2 feet, and a capacity of 20 tons, to 100 feet, with a beam of 18 feet and a draught of 3 feet. The largest types are said to have a capacity of 30 tons. The type illustrated in Fig. 19-2 is 68 feet in length, and has a beam of 10 feet and a depth of 4½ feet. They usually have a freeboard of 5 inches or less.

These roomy cargo-carriers have the typical deep-draught rudder with the triangular top which projects out of the water[5], not unlike a shark's fin. The hull is almost invariably built of hardwood, mostly of *pai-mu*, while the bottom is of *sha-mu*. There are 17 bulkheads.

Normally these junks have two masts, the mainmast being only a few feet shorter than the junk itself. The larger types may, however, have three masts, all being placed well forward and rising in steps from the foremast, which is markedly short, to the mizzen, which is the tallest. In exceptional cases there are four masts.

The upper deck, close to the ship's side, is free of all obstacles from bow to stern when poling in shoal water[6]. For instance, when carrying a cargo of stones, 1 inch of freeboard[7] is considered quite safe. Wash-boards[7] are often fitted.

These junks hail from the Siang River and the Tungting Lake, their home ports being Changning, Leiyang, Hengshan, Chuanhsien, Hengyang, Yuhsien, and Liuyang. Types built at these places all differ in non-essentials.

The large junks have as many as 20 men in the crew, and Carry salt up river, from as far afield as Kiangsu, and charcoal, plaster, and wood down river; while the smaller craft with four men carry imported foreign goods up river from Hupeh ports and bring down stones, coal, grain, and rice,

THE PAIHO-CH'UAN, OR PAIHO BOAT

The *paiho-ch'uan*, although a native of the Siang River, belongs to the *nanho-ch'uan* family, whose home port is on the Middle Yangtze.

So famous are the Hunan shipwrights that it is possible, as they claim, this is the parent craft. It is, however, more probable that this type of junk is not of ancient ancestry, for a comprehensive list of the names of Siang River craft was compiled by the Customs in 1901 and its name does not appear therein. It would seem, therefore, that its introduction can only date back to comparatively recent times. Be this as it may, the *paiho-ch'uan* is today one of the favourite types of craft to be seen on the Siang River.

Fig. 19-3 shows a typical example of the class, which measures 66 by 10 feet, with a depth of 4 feet and a carrying capacity of about 25 tons.

[1] Although they are not common, some types of *hsiao-po* are to be found as small as 30 feet overall.

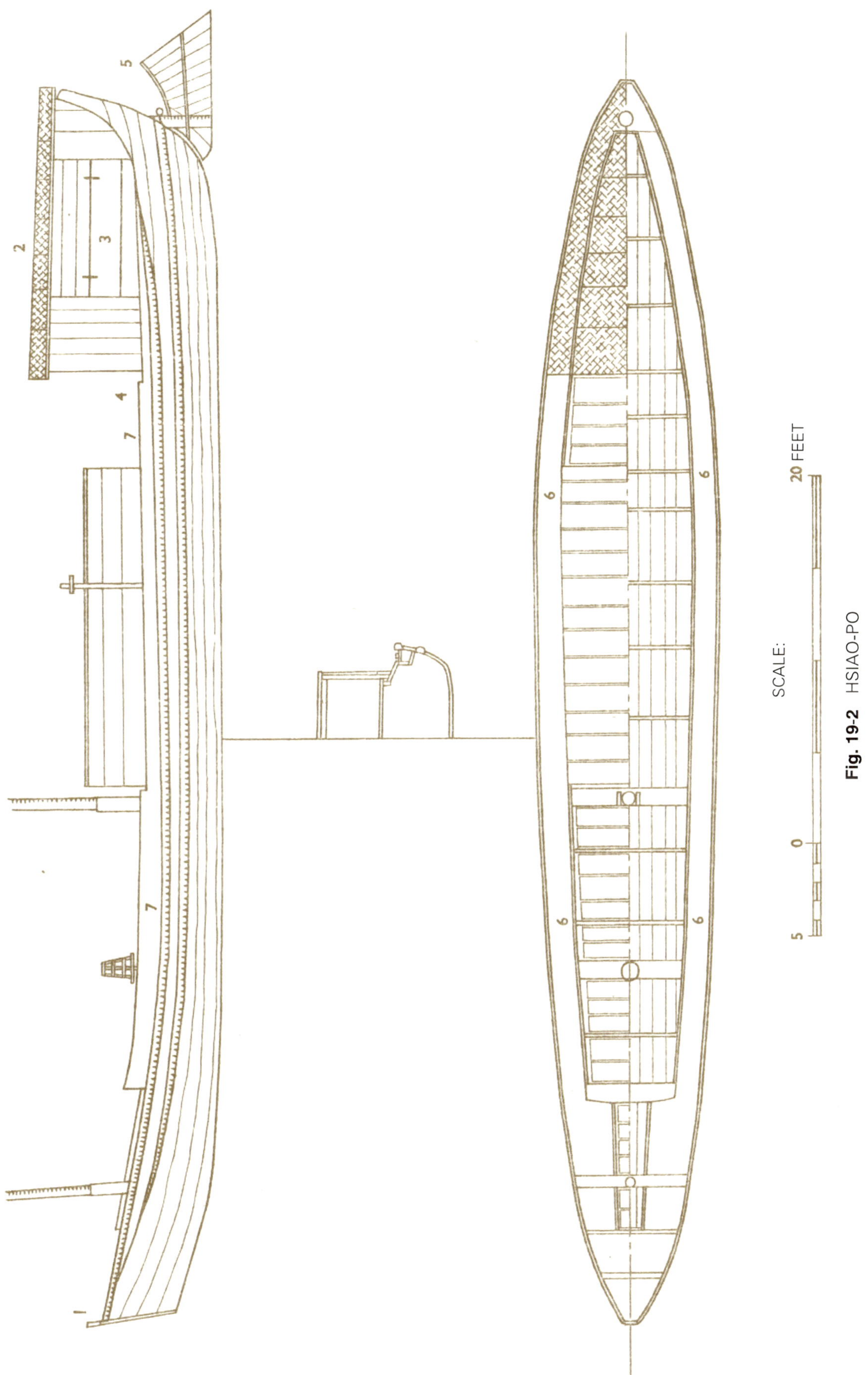

Fig. 19-2 HSIAO-PO

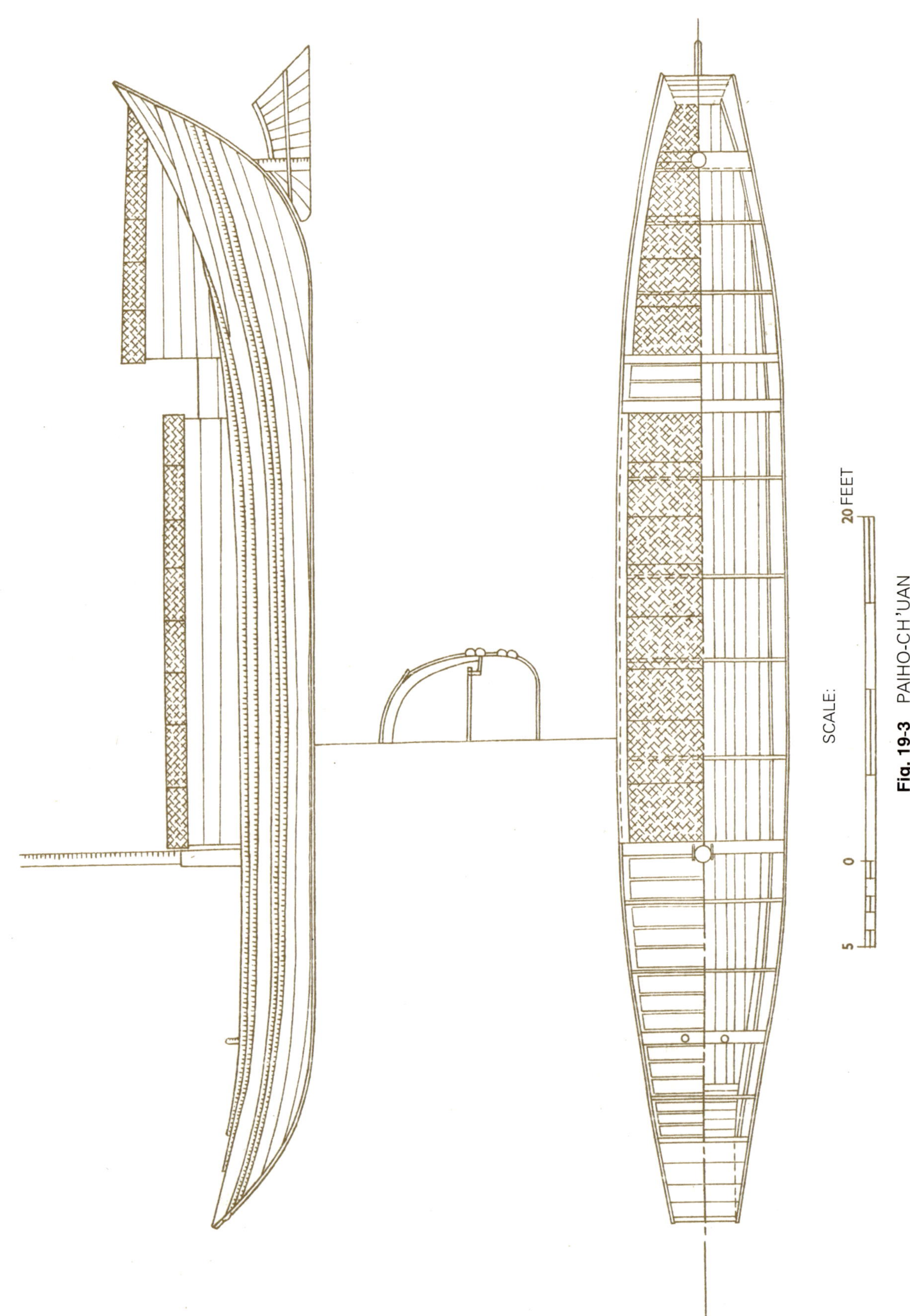

Fig. 19-3 PAIHO-CH'UAN

The house, which is of exceptionally large dimensions, is used as well as the holds for the stowage of cargo. The after-house provides accommodation for the laodah and his family. A removable washboard connects the two houses.

THE PAOKING CH'IU-TZŬ

Heavy, cumbrous, bluff of bow and stern, but perhaps one of the smartest and most luxurious craft on the river above Hankow, is the Paoking *ch'iu-tzŭ*, so named after a town on a tributary of the Siang River.

The type illustrated in Fig. 19-4 measures 73 feet in length, has a beam of 11½ feet and a depth of 4½ feet, and is fitted with 15 full bulkheads and one frame[1]. Longitudinal strength is provided by heavy wales built in as side planks[2].

The house, which occupies more than half of the upper deck, is divided into two parts. The fore-part from the mast aft to the twelfth bulkhead[3] is matted-in, and is used for cargo and living quarters for the crew. The after-part from the twelfth bulkhead[3] to the stern has a clinker-built plank roof [4] with a mat centre[5]. The sides of this part of the house are of wood and fitted with two doors[6]. The foremost one gives access to the owner's cabin, which is fitted with a bunk[7], and the after one to the galley. The usual lumber irons[8] are fitted to the house in the customary manner.

These junks belong to the official boat family.

THE TAO-PA-TZŬ, OR SCRATCH BACK BOAT

The *tao-pa*, meaning "to scratch back", that is to say, to get something back, embodies an omen of prosperity. They hail mostly from Siangyin (湘阴), Siangtan (湘潭), Changsha (长沙), Siangsiang (湘乡), Ningsiang (宁乡), and Hengshan (衡山), and are usually to be seen on the many small rivers and creeks of Hunan and Hupeh. These junks are built for the most part of *pai-mu*, *chang-mu*, *and sha-mu*, and vary in size from 70 feet in length, 12 feet beam, and 5 feet in depth in the largest types down to 60 feet in length, 8 feet beam, and 1½ feet in depth. This class of junk carries paper, wood oil, bambooware, coarse porcelain, rice, and beans to Hankow, returning with a general cargo.

The craft illustrated in Fig. 19-5 measures 70 feet, with a beam of 11 feet and a depth of 5½ feet, the capacity being about 60 tons. There are 14 bulkheads, mostly in the fore-part of the vessel, and five frames.

The amidship part of the house is roofed with wood, the foremost and after ends with matting.

The junk is by no means the most handsome on the Siang River.

THE YOCHOW CH'AN-TZŬ, OR YOCHOW SPADE

A very fine junk, which suggests its good qualities by its looks, is the Yochow ch'an-tzŭ, so called

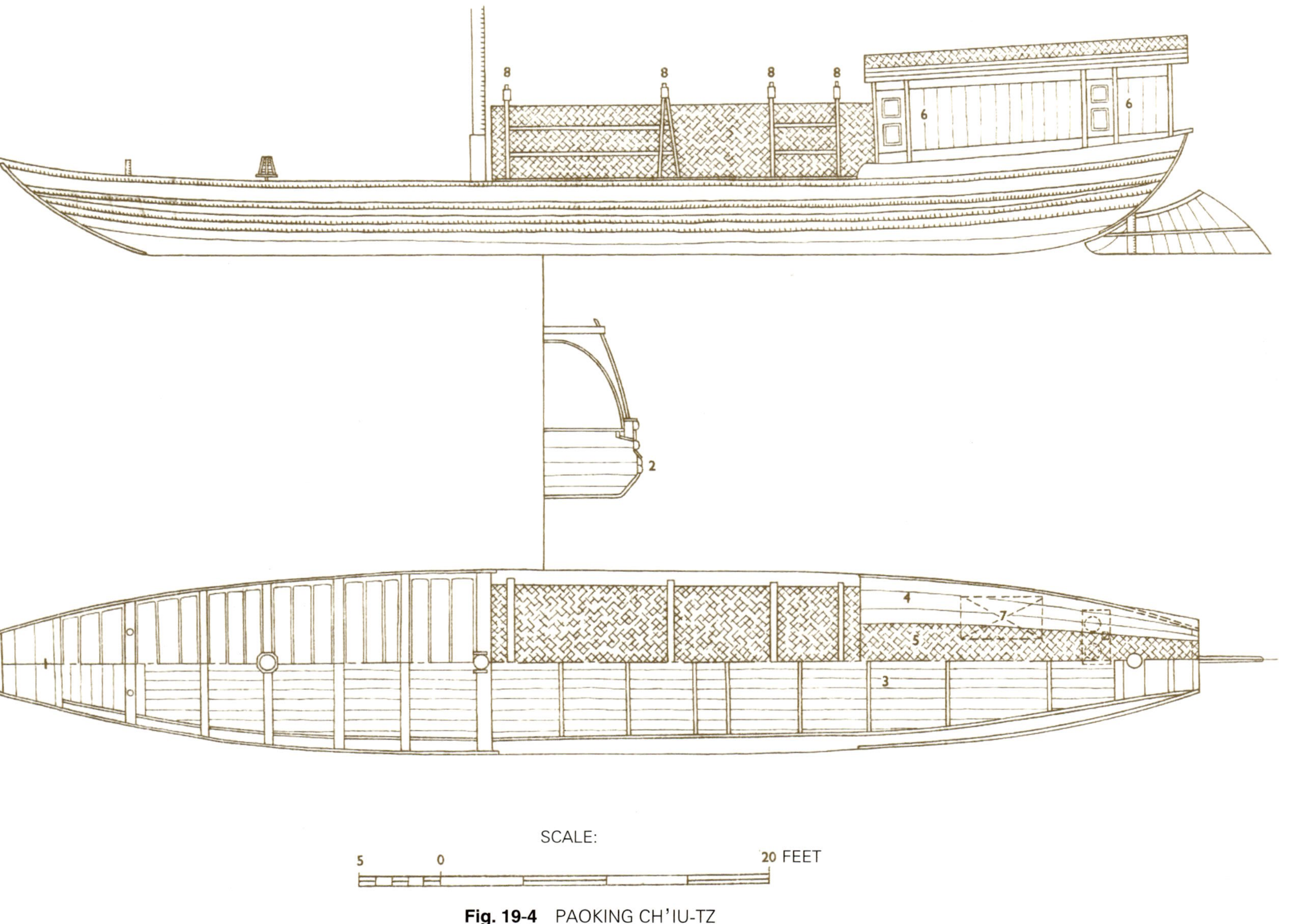

Fig. 19-4 PAOKING CH'IU-TZ

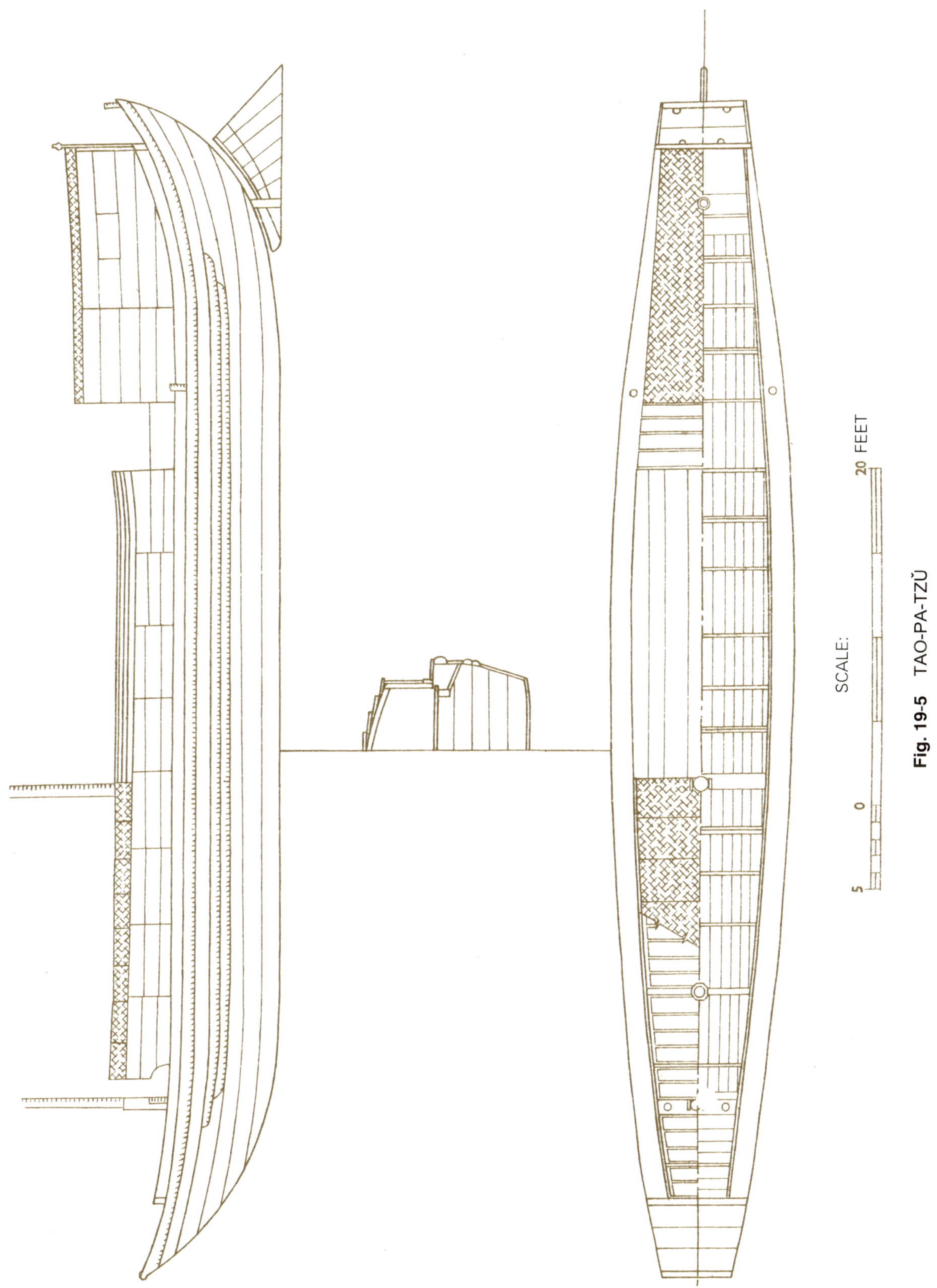

Fig. 19-5 TAO-PA-TZŬ

from the shape of the upper part of the stern[1], which has the appearance of a spade.

These junks are used almost exclusively in the pig-carrying trade between Hunan ports and Hankow. The number of pigs carried per trip varies from 20 animals in the smaller types to as many as 60 or more in the largest, which is illustrated in Fig. 19-6 This craft measures 61 feet in length, and has a beam of 10 feet and a depth of 4 feet 6 inches. It is fitted with 11 bulkheads and three half-bulkheads.

The roof of the house consists of a number of removable mats[2]. The fore-part of the house is also of mat and can be unshipped to give air to the pigs in the hold. The deck-house covers all the portion abaft the mast, being interrupted by an aperture to enable the helmsman to obtain a clear view from the conning position when the junk is under weigh.

The windlass[3], which is situated midway between the masts, is of the old-fashioned type, made of wood and worked by crude handspikes. It is used for hoisting the sails and weighing the anchor.

These junks are usually built in Yochow (岳州), Pingkiang (平江), and Paotsing (保靖), and are usually 60 feet or, so in length, the smaller types being 40 feet. The crew consists of not more than five men, including the swineherds. The Hunan pig trade may not be a very inspiring one, but its craft have great beauty of line.

THE T'UNG-TZǓ-K'O, OR HULL OF POLES

The *t'ung-tzǔ-k'o*, or hull of poles, derives its name from the fact that its hull above the water-line is nearly all made of split poles. It is usually to be found in two sizes. The largest, illustrated in Fig. 19-7, measures 80 to 90 feet, with a beam of 16½ feet and a depth of 7½ feet, while the srnaller size is usually about 60 feet, with a bearn of 10 feet and a depth of 3 feet. The largest types are credited with a capacity of 200 to 300 tons. They are built at Kiyang (祁阳), Paishui(白水), and Kweiyang(桂阳).

Normally these junks ply throughout the year between Hankow and their home ports. They load Hengchow (衡州) and Paoking (宝庆) coal, rice, paper, or other produce on the downward voyage, and raw cotton, hardware, and sundries on the upward trip. The downward voyage to Hankow usually takes about a week, but the return trip takes a month or more owing to the current.

They are of quite exceptionally strong construction, the craft under description having 15 bulkheads and 11 half-bulkheads. On the fore-deck is a heavy projecting cross-beam[1].

Two tall *sha-mu* pole-masts[2], setting high-peaked, cotton balance lug-sails laced to a boom at its foot, is the rig of these craft; sometimes as many as four masts are carried. The sails stow on lumber irons[3].

Eight compartments and the fore-part of the house are given up to cargo. The after deck-houses are larger and higher than the usual run of Siang craft. The owner'a cabin[4] is particularly spacious and is provided with two bunks. On deck abaft this cabin there is a living room, reached through a door[5]. A removable hatchway[6] gives access to the crews' quarters in the forecastle.

The usual method of navigation in very shoal waters is by poling, and so plenty of accommodation along the sides of the junk is provided for quanters.

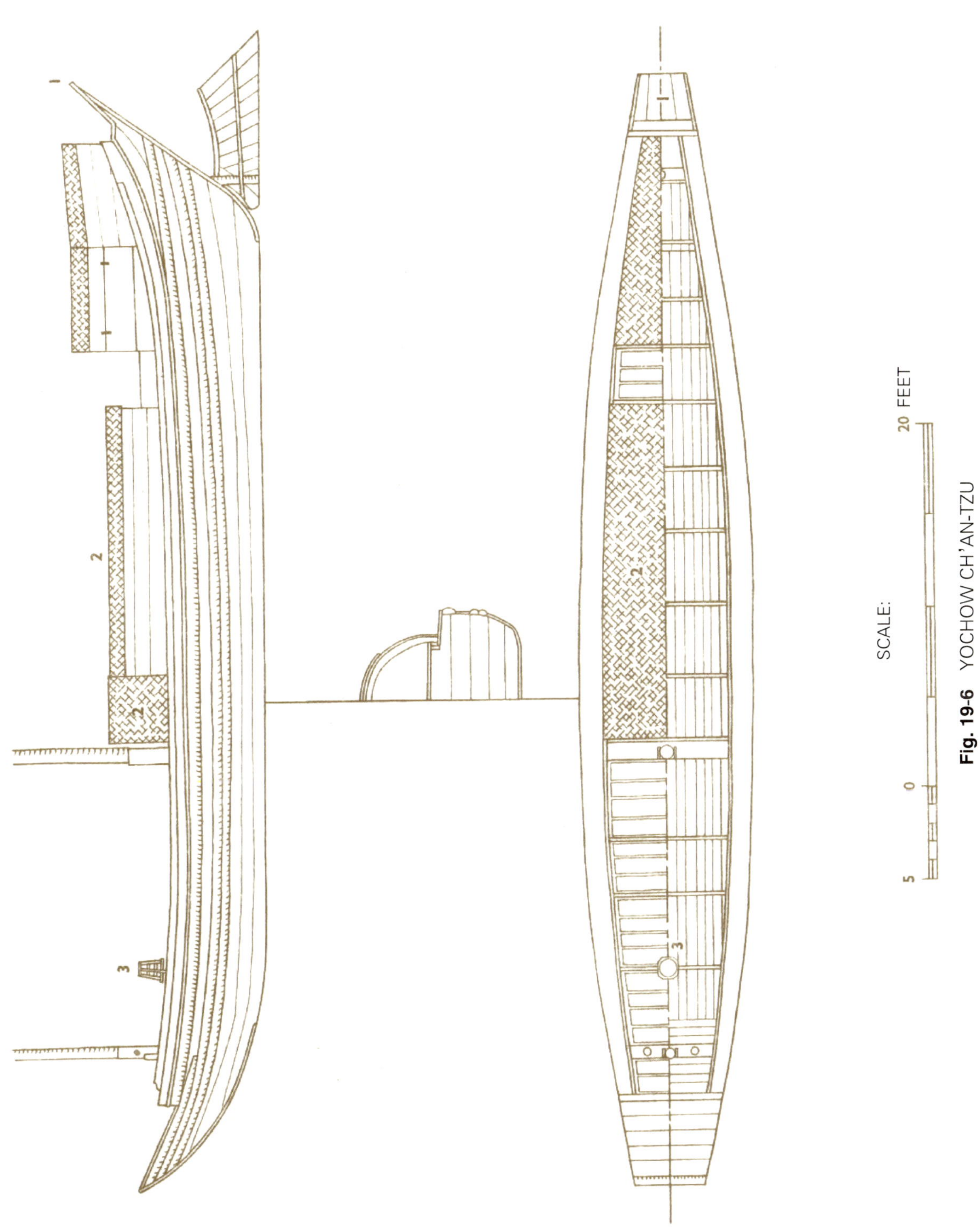

Fig. 19-6 YOCHOW CH'AN-TZU

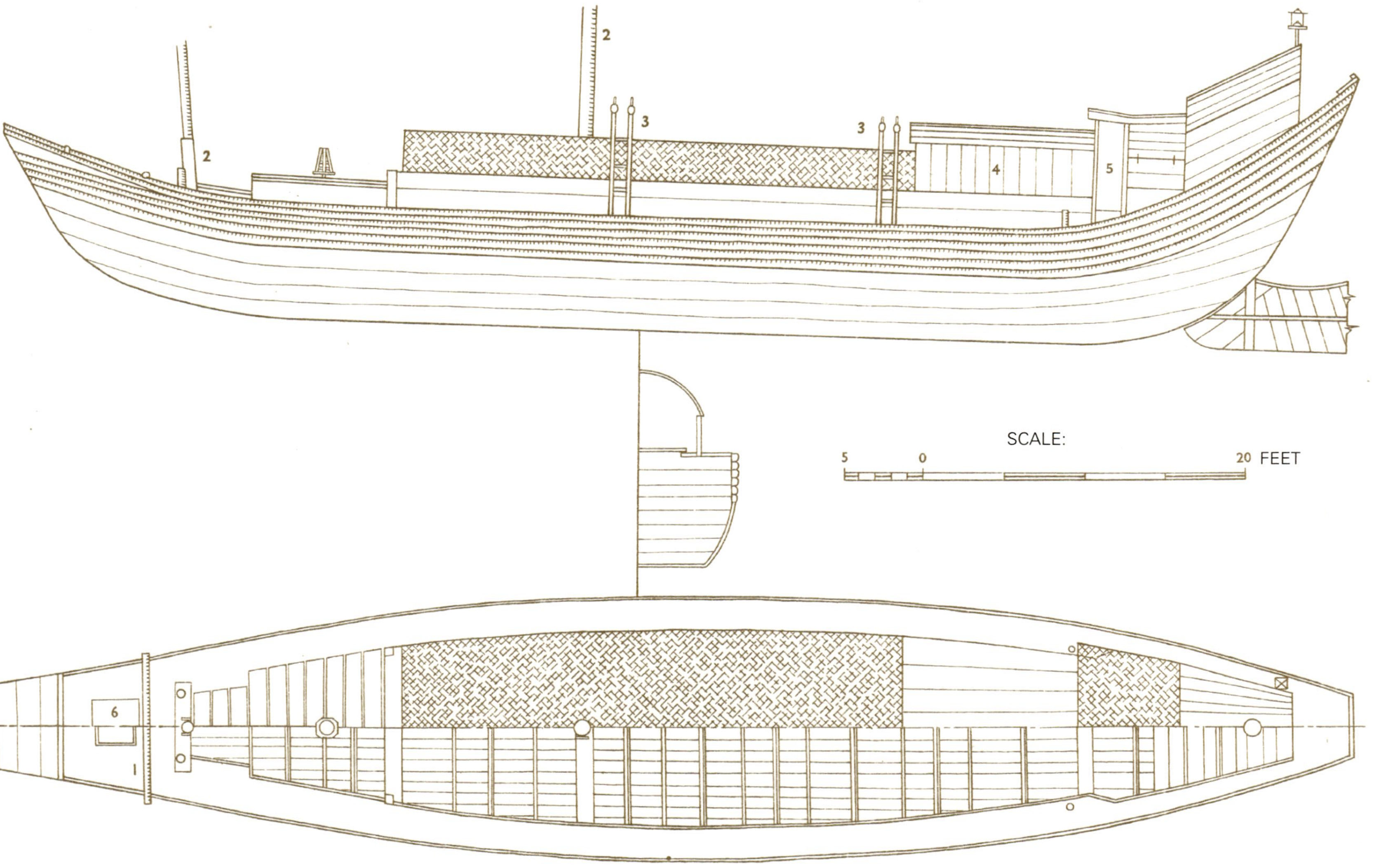

Fig. 19–7 T'NUG-TZU-K'O

THE LILING TAO-PA-TZŬ, OR LO RIVER JUNK

The Liling *tao-pa-tzŭ*, belonging to the *tao-pa-tzŭ* family, is a comparatively light-draught wide-beamed native of Kiangsi well designed for the requirements of the coal trade on the Lo River. Liling (醴陵) is a town on the left bank of the Lo River about 50 miles above Siangtan. Although normally these craft stay in their own district, they are often to be seen on the Tungting Lake, the Yangtze, and, indeed, as far abroad as Hankow during certain seasons of the year.

These junks carry the coal which comes from the mines at Pingsiang in Kiangsi across the Hunan border and pass down through this province *via* Liling (醴陵). Excellent coking coal is found here, and the Hangyang Iron Works are largely dependent upon coke from these mines, which are said to be capable of turning out 300,000 tons per year.

Fig. 19-8 shows a typical example of this class of vessel, measuring 61 feet, with a beam of 8 feet 4 inches, a depth of 3 feet 3 inches, and a carrying capacity of 200 piculs. The crew numbers four men.

THE SIANGSIANG TAO-PA-TZŬ(湘乡倒把子), OR LIEN RIVER COAL-BOAT

Another type of *tao-pa-tzŭ* is that hailing from the Lien River (涟水), an affluent of the Siang, which enters the river about 2 miles above Siangtan (湘潭). This is the antimony and zinc country.

Perhaps the most typical craft of this river is the Siangsiang *tao-pa-tzŭ*, or Lien River coal-boat, which hails from Siangsiang (湘乡).

This junk is an exceptionally graceful and sturdy long-distance trader. The type illustrated in Fig. 19-9 measures 80 feet in length, with a beam of 12 feet and a depth of 5½ feet. She is fitted with 11 full bulkheads and three frames. Junks of this type usually have a very large cargo capacity ranging from 800 to 1,500 piculs. Often they are to be found transporting coal and minerals from Siang River ports to Hankow, returning with a general cargo.

The main characteristics of this long and slimly built craft are the markedly square stern with practically no overhang, the large after-cabin, and the very distinctive wales which cease before reaching the bow and stern.

The crew consists of seven men.

THE CHANGSHA TAO-PA-TZŬ (长沙倒把子), OR HUMPBACK JUNK

The name of *tao-pa-tzŭ* is applied in Hunan to a vast family of junks which often have little in common. This family is divided into a number of types, which are again subdivided into various classes. So fine

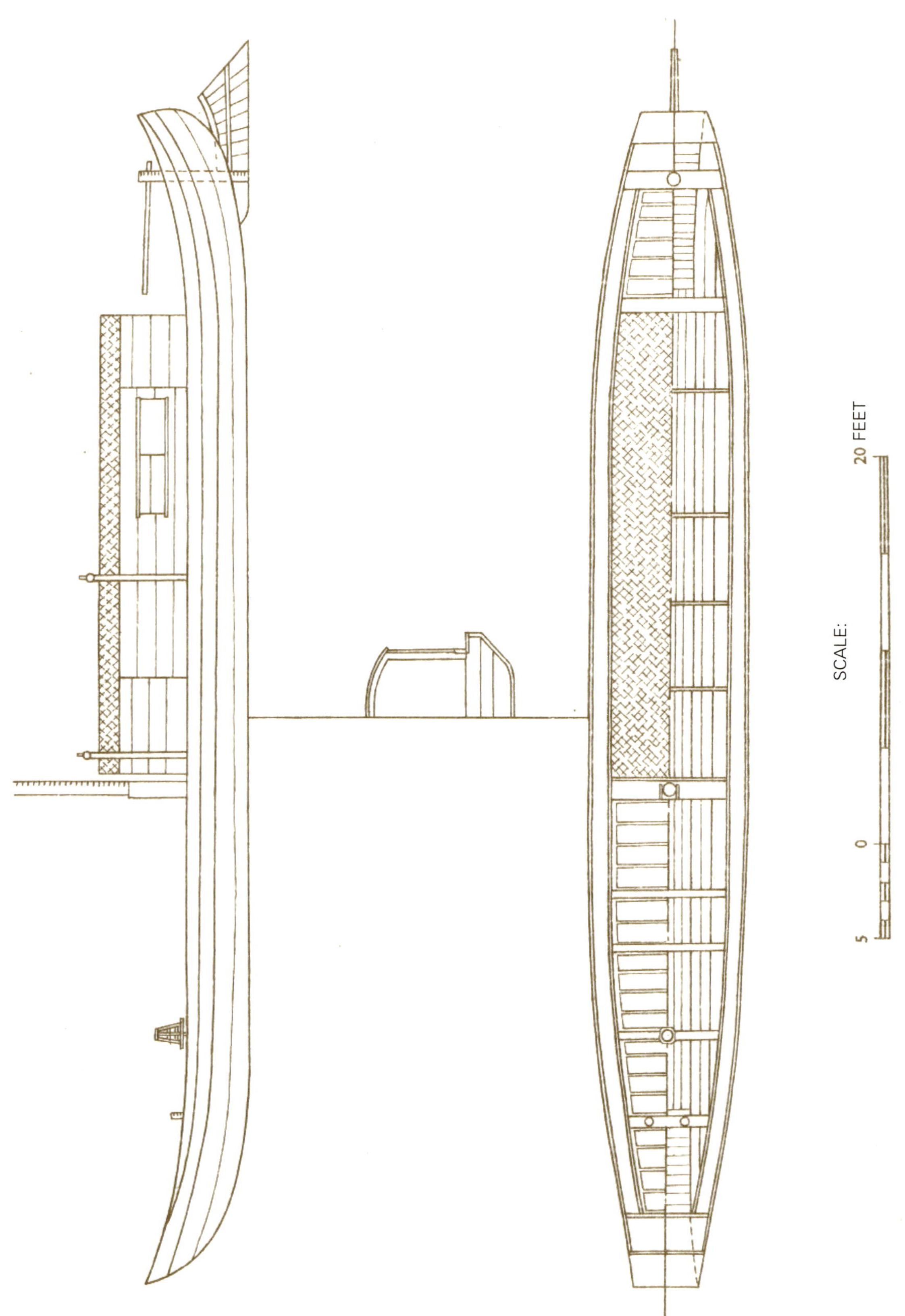

Fig. 19-8 LILING TAO-PA-TZŬ

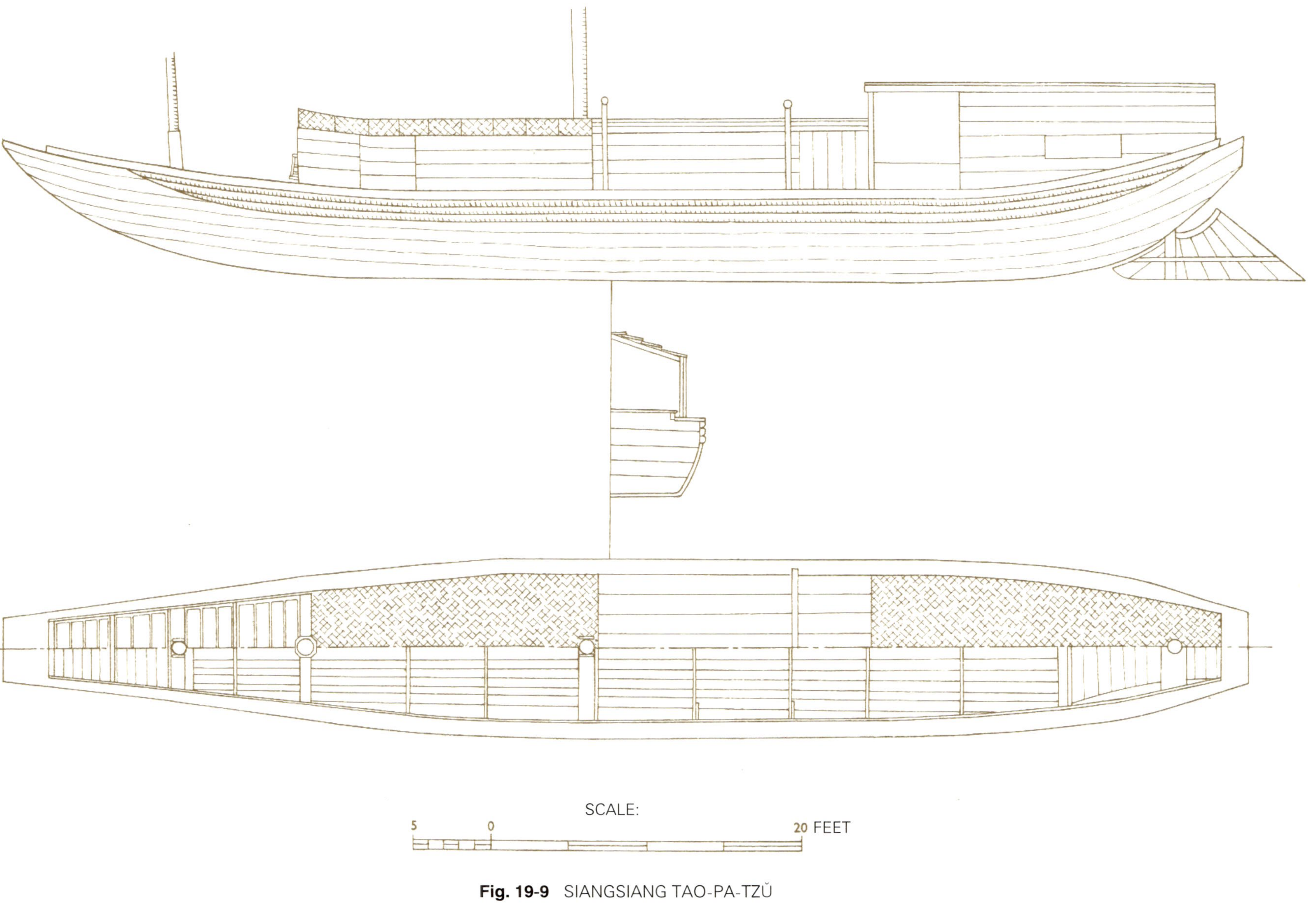

Fig. 19-9 SIANGSIANG TAO-PA-TZŬ

are the distinctions that at Changsha, for instance (the ancestral home of the *tao-pa-tzŭ*), the type is divided into "Changsha Upper" and "Changsha Lower".

Except to the Hunan junkmen, the classification of these junks is most confusing, for many of the types bear not the slightest family likeness.

The craft illustrated in Fig. 19-10 measures 45 feet, with a beam of 5½ feet and a depth of 2 feet, which is a fairly typical example of this particular type.

This class of vessel is designed as a high-speed, light-draught coal-carrier working the river between the coal ports on the Upper Siang and Changsha.

The *tao-pa-tzŭ* is lightly built with slender lines, and for speed she is second to none on the Siang River. The sails are of the Siang type, high-peaked, with 17 battens. The Changsha variety of *tao-pa-tzŭ* is remarkable for the marked hump amidships, which is designed to assist in keeping the water out when the junk is deeply laden and listing with perhaps only an inch or two of freeboard. As a further precaution against the wash of passing vessels, sectional washboards are also fitted (Fig. 19-11).

To the Western sailor the junkmen of the Siang seem to take great chances; but in most cases they reach their destination just the same.

THE KIYANG PA-KAN-TZŬ, OR POLE-BOAT

On the Siang, and as far down river as Hankow, a medium-sized light-draught junk is often to be met with which has a curious high stem and a rising pointed stern. This is the Kiynyang *pa-kan-tzŭ*, or pole-boat, so named from her long and narrow lines.

Her true home is Lingling(零陵), a small town on the Upper Siang River. This type is designed especially for work in narrow and very shallow rapids. A typical example, illustrated in Fig. 19-12, measures 64½ feet, with a beam of 7¾ feet and a depth of 4½ feet. Her cargo capacity is about 22 tons.

As will be seen from the plan, there are 11 full bulkheads. Additional strength is imparted to the first[1] and fifth[2] compartments by means of the mast-partners.

The low, rounded mat house, fitted with removable panels, begins at the third bulkhead and extends to the ninth. Abaft this is the owner's cabin[3], where there is ample headroom. The galley[4], which is fitted with a built-in stove, is right aft.

The most outstanding feature of these craft is the high tapering bow, so desirable for work in rapids.

A "parodos"[5], if such it may be called, or poling gangway, is built out on each side wide enough to leave a walk on either side of the vessel for the quanters.

THE TUNG-PO-TZŬ, OR HOLLOW BOAT

The *tung-po-tzŭ*, or hollow boat, is principally intended for work in shallow water and narrow rapids on the Upper Siang River.

This craft, which is illustrated in Fig. 19-13, is a very light-draught cargo-carrier, with an over-all

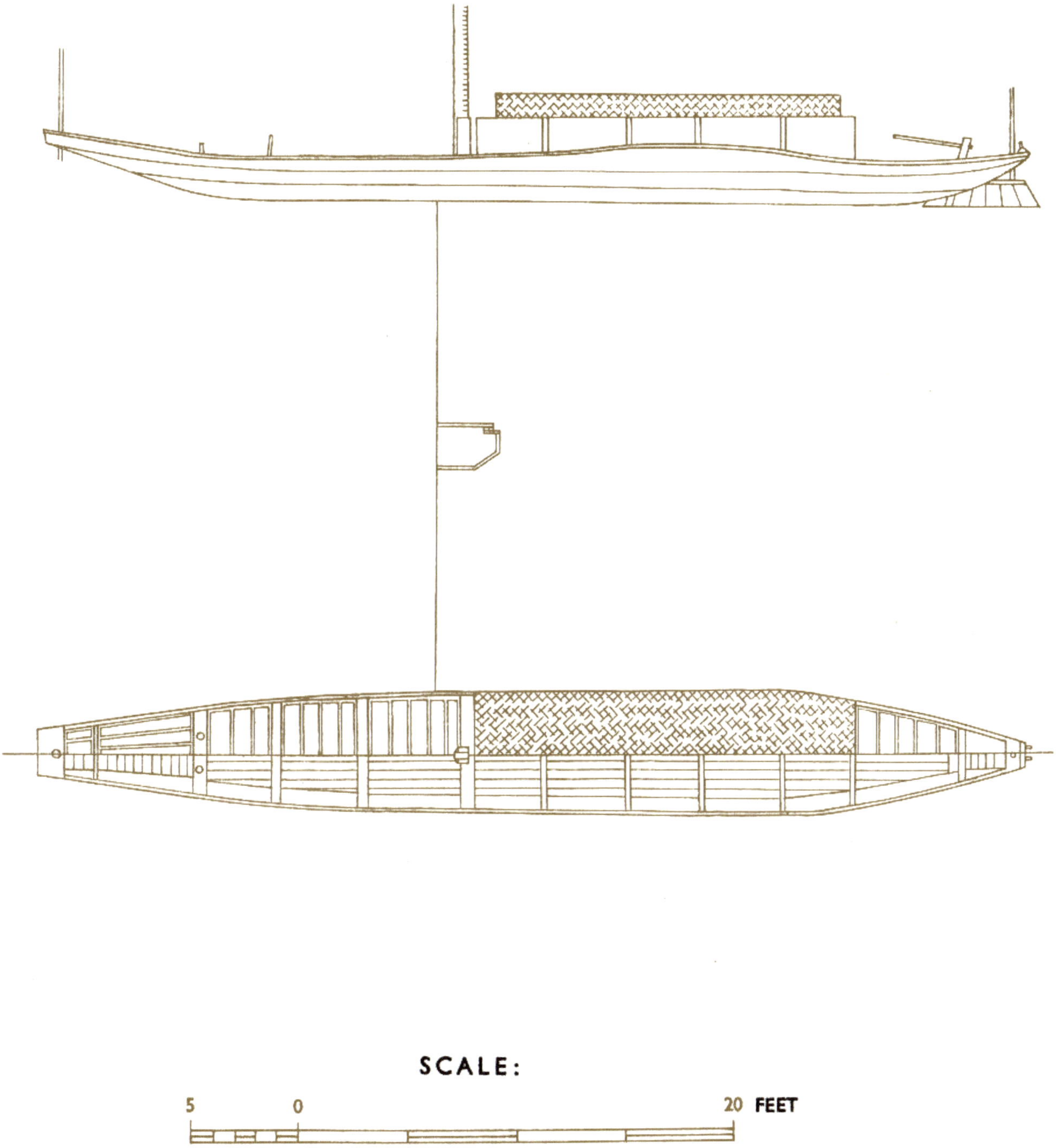

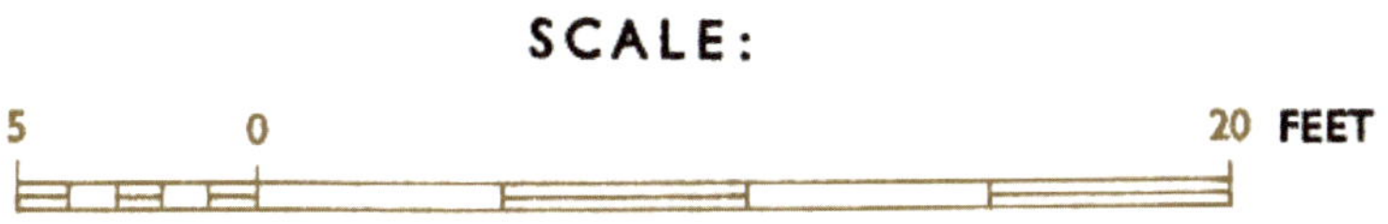

Fig. 19-10 CHANGSHA TAO-PA-TZŬ

Fig. 19-11 WASHBOARDS

length of 46 feet, a beam of 7 feet, and a depth of 3 feet. The *pai-mu* hull is divided by 10 bulkheads and has four frames. The boat has a carrying capacity of 5 tons.

They are sharp-sterned boats, double-ended, with a great fineness about the bow which is generally much curved. This is a peculiarity of many junks built for swift waters, but seldom is it more accentuated than in the *tung-po-tzŭ*. Both bow and stern are almost the same in breadth.

The shallow-draught type of rudder projects slightly beyond the overhang of the stern.

The crew consists of two men.

THE CHU-P'AI, OR BAMBOO RAFT

Much interest attaches to bamboo rafts in China, for here we probably have the Chinese ship in its most primitive form. From it, doubtless, evolved the various types of junks as we know them today.

The raft shown in Fig. 19-14 is to be found wherever a strong and inexpensive craft is required for work in very shallow rapids. These craft are also used as tenders to wood rafts or for ferrying passengers and cargo from place to place.

The raft illustrated is constructed of 24 bamboo poles, 6 inches in circumference at their thickest part, laid side by side and pinned together at the bow by a slat of wood[1] passing through a slot cut in each bamboo. In addition there are five frames[2] lashed across the raft by strips of bamboo. Along each side a bamboo strengthening piece[3] running fore and aft is fitted on top of the extremities of the frames to give further rigidity to the whole structure. This strengthening piece is lashed to the two outside bamboos on each side of the raft[4] by bamboo ropes[5]. Four crude, 15-foot oars[6], each in one piece, are used for normal propulsion, and

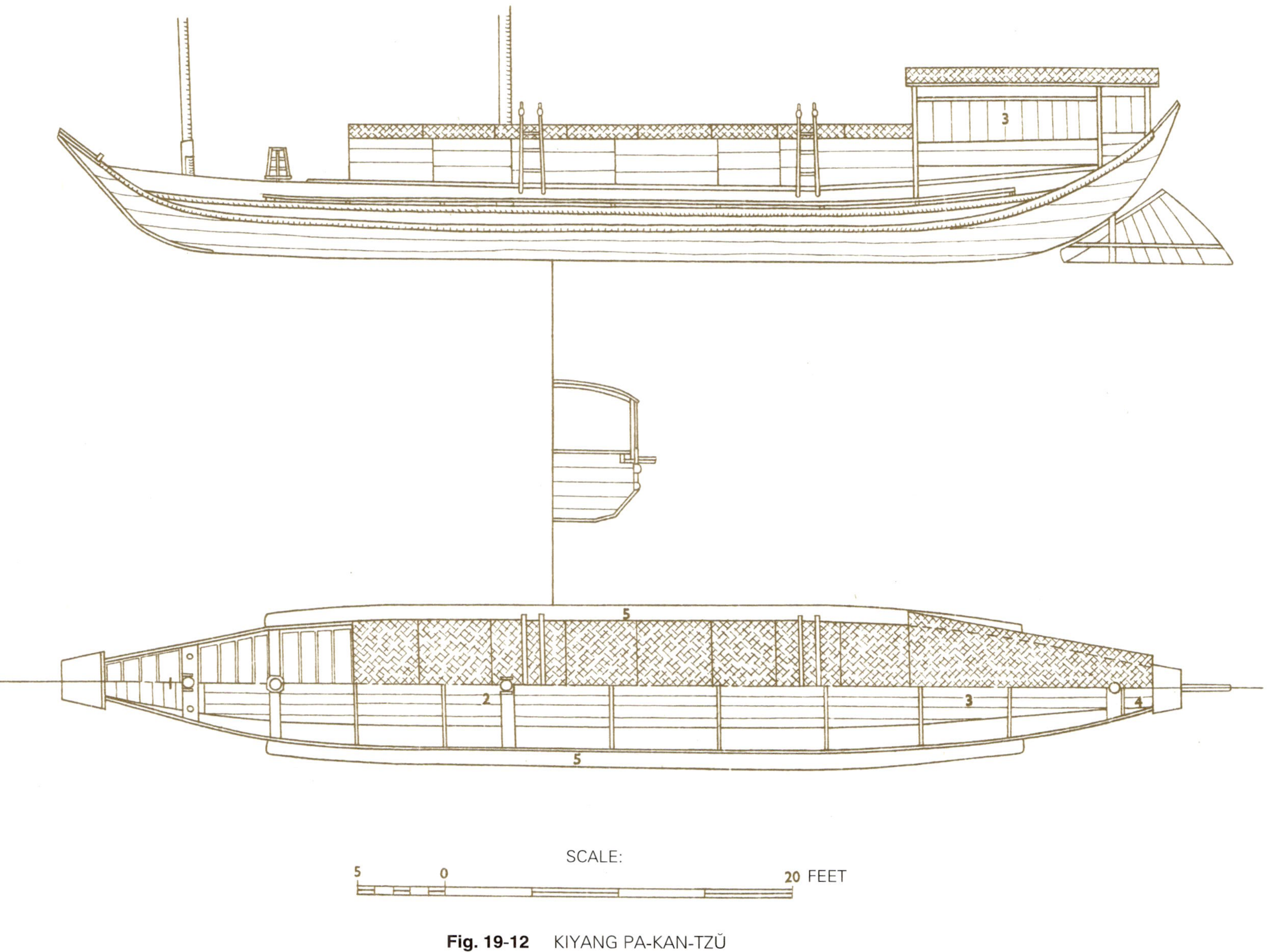

Fig. 19-12 KIYANG PA-KAN-TZŬ

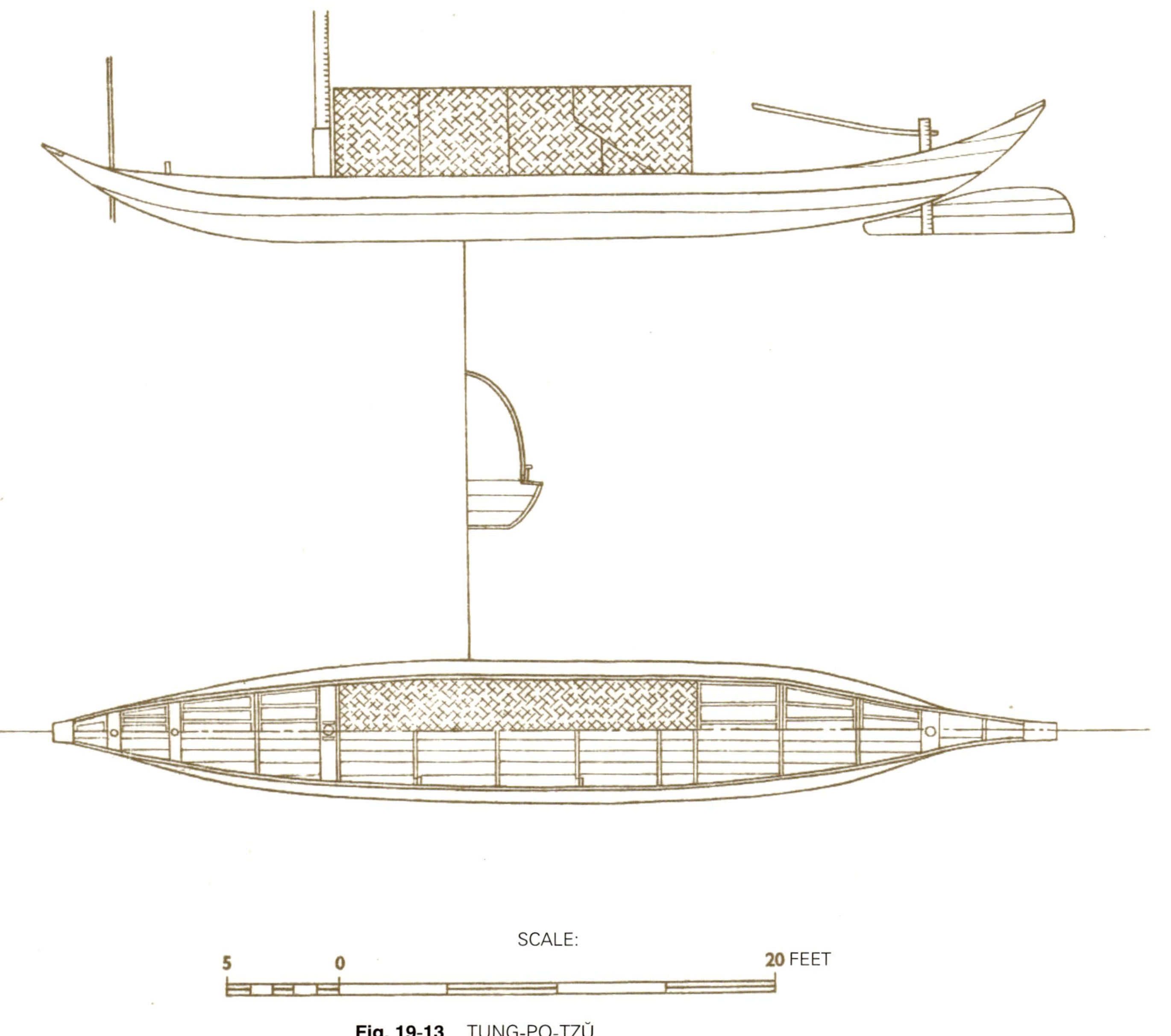

Fig. 19-13 TUNG-PO-TZŬ

thole-pins[7], 2 feet high, are placed as shown in Fig. 19-14. They are embedded in logs which are lashed to the strengthening piece on the raft itself.

This type of raft carries from two to four men.

THE TUNGTING LAKE FISHERMAN.

Although the rivers of Hunan, like the Yangtze, abound in fish, the industry is not of any great significance, the market being generally limited to local sales. The principal catches are carp (鲤), *lien-yü* (鲢鱼), and *pien-yü* (鳊鱼).

The boats used are all of the sampan variety, a typical example being illustrated in Fig. 19-15. This craft measures 35½ feet, and has a beam of 4 feet 8 inches and a depth of 1 foot 6 inches. These boats usually fish with a cast or dip net.

THE CHANGSHA SAMPAN.

The Changsha sampan differs little from other sampans found in the Middle Yangtze area.

The craft illustrated in Fig. 19-16 is sturdily built and measures 45 by 6½ feet, with a depth of 1½ feet, and is fitted with five bulkheads and seven frames. The bow and stern are slightly raked. A large rudder and tiller are fitted in the customary manner. This is a very common type which is used for many purposes, such as fishing, transport of light cargo and passengers. Its cargo-carrying capacity is small.

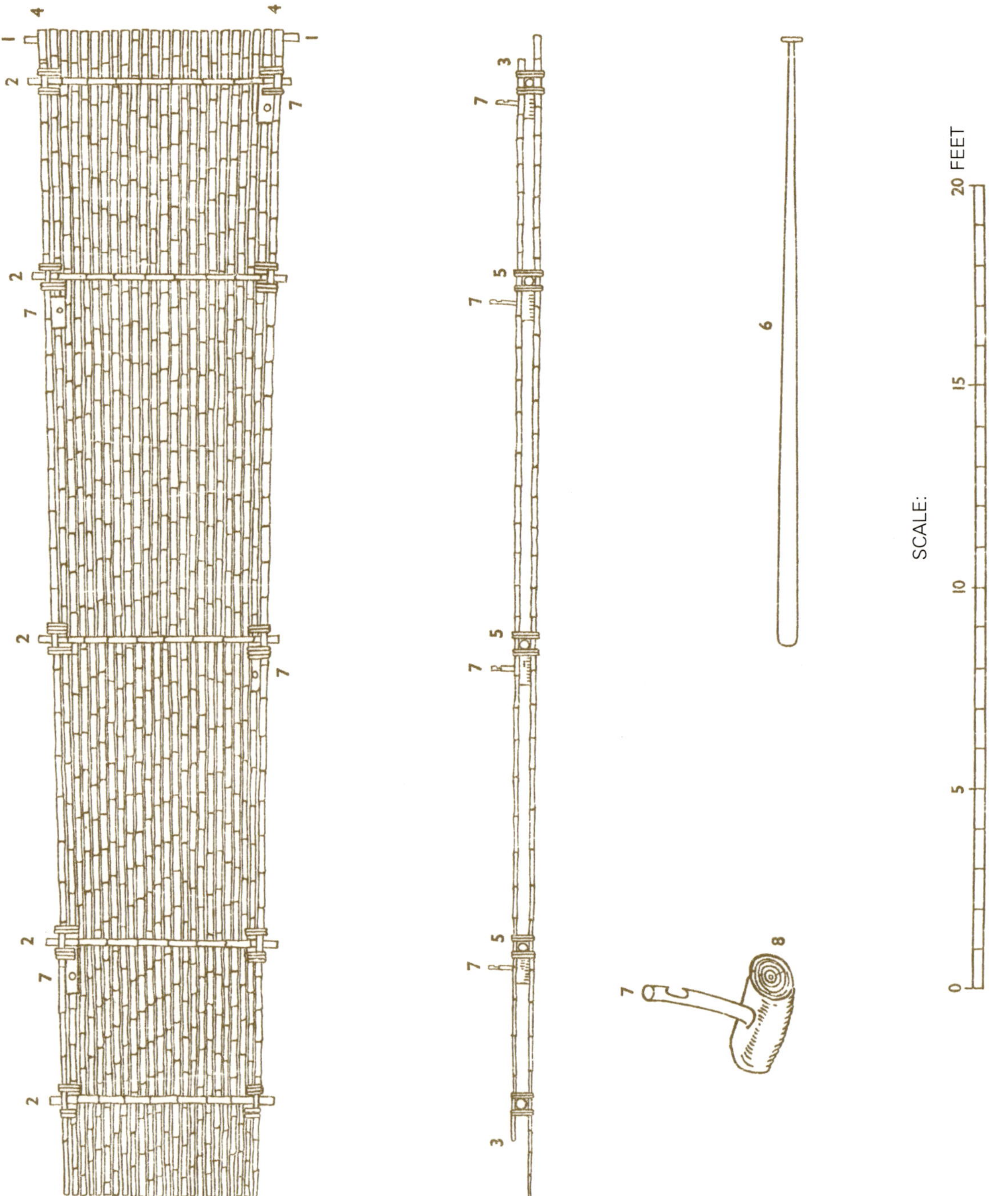

Fig. 19-14 CHU-P'AI

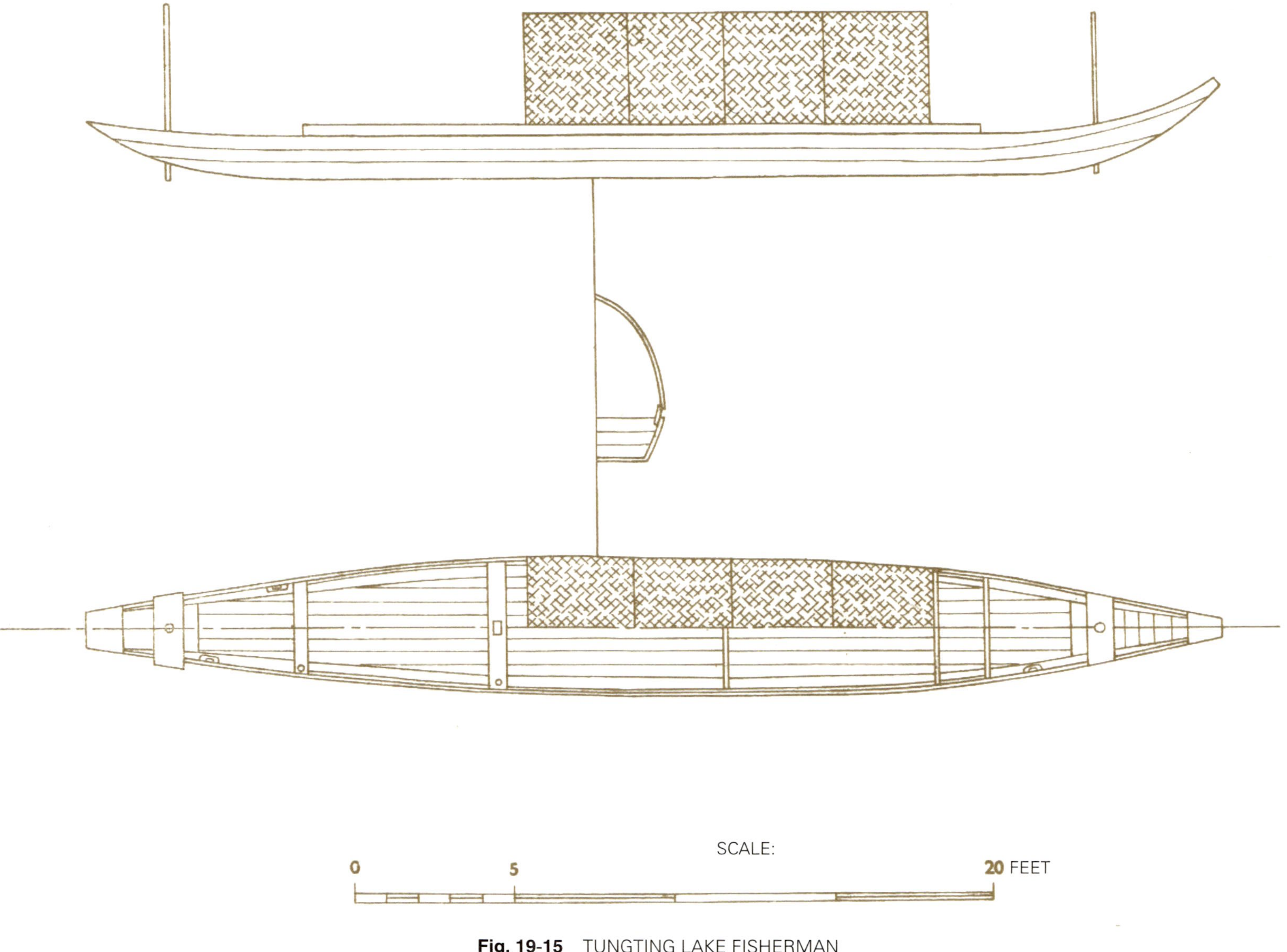

Fig. 19-15 TUNGTING LAKE FISHERMAN

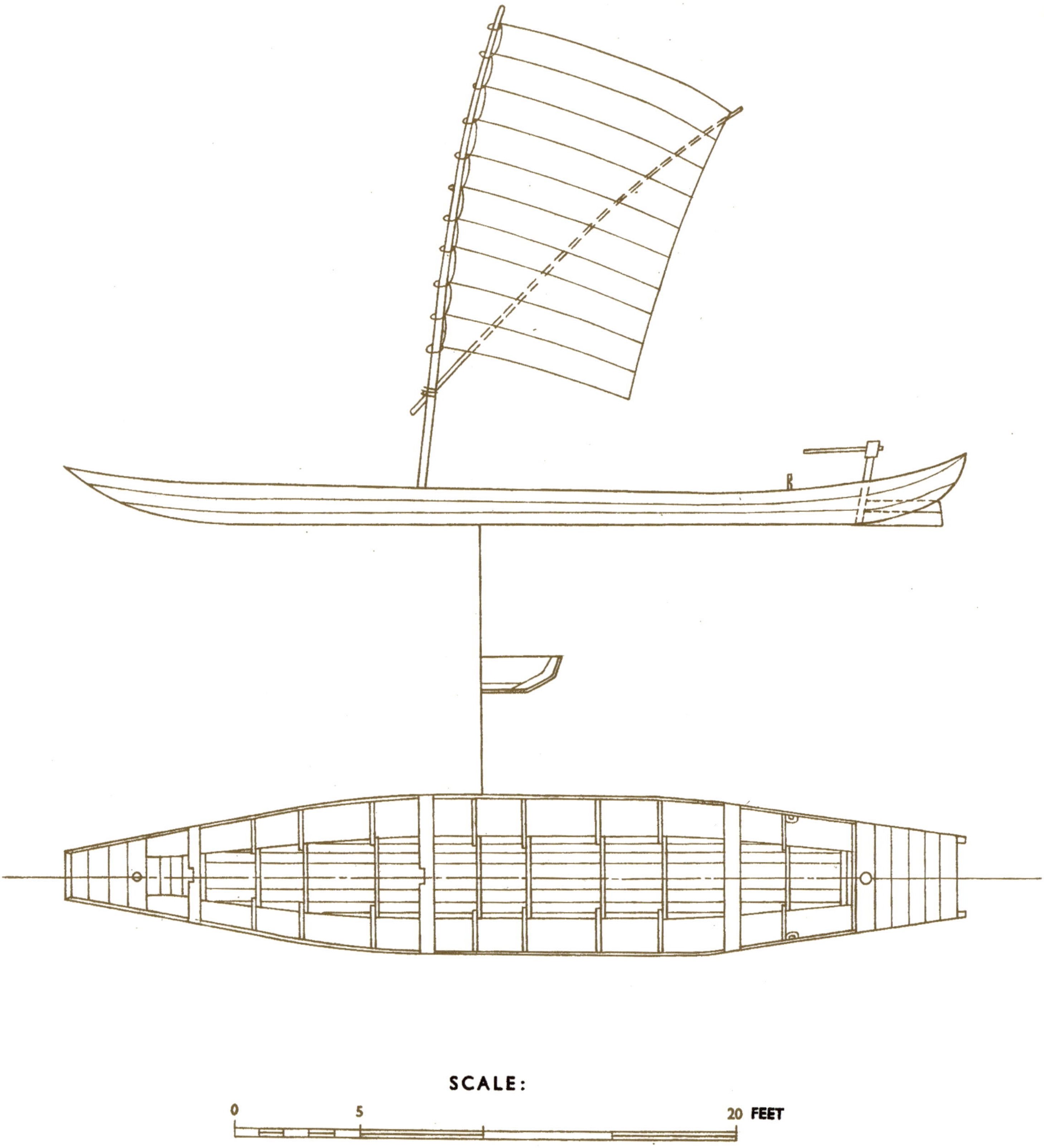

Fig. 19-16 CHANGSHA SAMPAN

– CHAPTER 20 –

THE TZŬKIANG

The Tzŭkiang(资江), or T'ankiang (滩江), River of Rapids, as it is sometimes called, has its source near the Kwangsi-Hunan borders.

It has two branches, the true Tzŭkiang and the Lokiang, which unite at Tangtukow (塘渡口). The river pursues a steep and tortuous course in a general north-westerly direction for the first part of its course to Mapeishih (马辔市), afterwards turning north-eastward and then eastward to Yiyang (益阳), which is situated on the left bank of the river, 94½ miles from Yochow. It is a large distributing centre for timber, which is rafted down from the upper reaches. It has also some considerable coal trade, the coal being loaded into especially built junks for transport to Hankow.

The river from Yiyang upwards is very narrow in parts and runs between steep hills. It is said to be one long succession of rapids, some of them being very difficult to navigate. Junks double their crews for the journey between Yiyang and Paoking, yet accidents are said to be frequent. Rain causes a sudden swelling of the river, for which the down-bound junks often wait, when they will shoot the rapids from Paoking to Yiyang, a distance of 500 *li*, in two days.

Yiankiang (沅江), an important town, is situated at the entrance of the river to the Tungting Lake. It is a large port of call for tugs and lighters and a stopping place for junks, which usually moor alongside the river-bank at the town.

The junks which ply on this river are unusually large for a small tributary, being on the average 66½ feet long, with a beam of 10 feet and a maximum draught of 2 feet. They are strongly built to withstand the series of difficult rapids which exist above Yiyang.

The method of propulsion is the usual laborious tracking on the up-bound journey, when the junks carry loads up to 15 tons. The sail is seldom used,even when down bound.

The Tzŭ, which is navigable by junks as far as Paoking (宝庆), is an important waterway, as it taps the rich hinterland of Central Hunan.

THE SHEN-CH'UAN (神船), OR COAL-BOAT

This type of junk is of very shallow draught and is especially built for the navigation of the dangerous rapids on the Tzǔ River, where she functions as a coal-carrier.

Unlike the square box-like shapes of the usual run of Hunan and Hupeh junks, the craft illustrated in Fig. 20-1 has a considerable sheer at both bow and stern, rising in a semicircle. Their main dimensions are 72 feet long, 9 feet beam, 3 feet 9 inches in depth, and a capacity of 30 tons.

The hull planking consists for the most part of long, heavy, unplaned, natural *pai-mu* poles, 2 inches thick, laid on edge and secured to the bulkheads, of which there are 13. At the turn of the bottom, *sha-mu* planks 1 to 1½ inches thick are used. These are continued up to form the bluff bow and broad stern to deck-level, where they are joined by the descending athwartship planking.

Their port of origin is Sinhwa (新化), about 150 miles above Yiyang. Generally speaking, these interesting craft are dilapidated and are wood-oiled once in a lifetime.

THE MAO-PAN-TZǓ, OR UNPLANED BOAT

On the route between the Tzǔ River ports and Hankow there exists the unusual case of a junk type which plies in only one direction-down river. This is the *mao-pan tzǔ*, or unplaned boat, so named from her rough construction, and is quite different from any other of the Hunan junks in that its short life consists of one trip only. Here, as in so many types of junks, the special circumstances have given rise to a peculiar type, and "nccessity has been the mother of invention". Hankow is a large market for coal, and Hunan can supply it. Wood is cheap, extremely cheap, on the Tungting I sake borders, but labour for handling junks, especially upwards against the current, is expensive.

Such a set of circumstances has produced the Tzǔ and the Siang River coal-junk, carryinlg 50 to 60 tons of coal from Anhwa (安化) and other ports in Central Hunan to Hankow.

The junks are made of *sung-mu* (松木), or pine, and, as the name suggests, are very roughly constructed of very thin planking, butted edge to edge with bamboo pegs but not caulked above the water-line. They are just sufficiently seaworthy to reach Hankow under favourable conditions. The strictest economy obtains throughout. They take perhaps a month for the journey, lying up for shelter at any sign of rough weather and bailing continuously to counteract the shortcomings of their very leaky seams.

The craft illustrated in Fig. 20-2 is 65 feet in length, and has a beam of 11 feet and a depth of 4 feet, although sometimes they are much larger. These junks are not strongly built, are not much to look at, and are of the roughest in material and appearance. The plan gives a far too flattering representation of what is in fact a sorry piece of naval architecture.

On arrival at Hankow, which, improbable as it may seem, the crews manage to achieve with a fair per centage of success, their cargo is discharged, and the hulls are sold on the spot. Certain planking can be

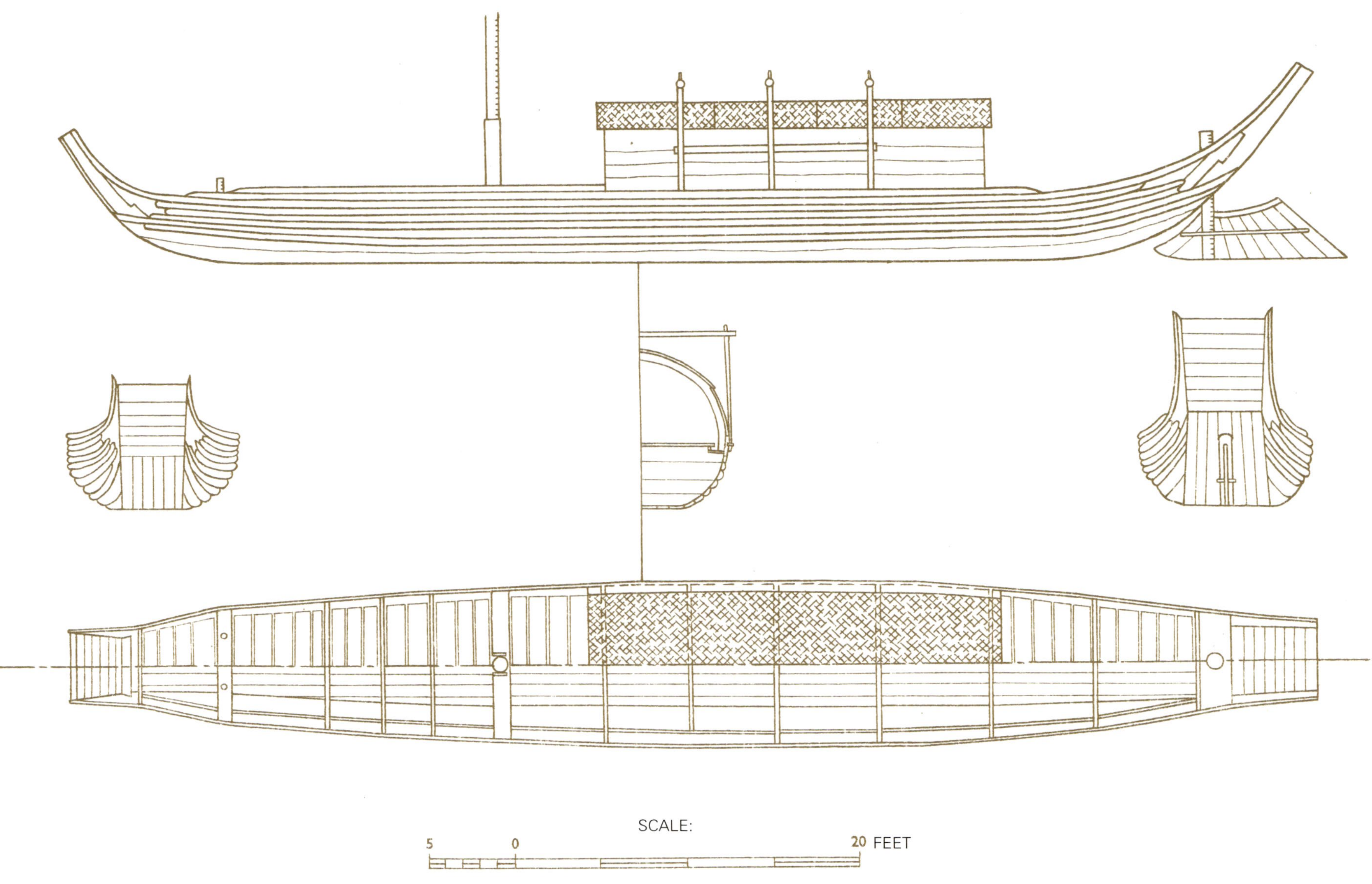

Fig. 20-1 SHEN-CH'UAN

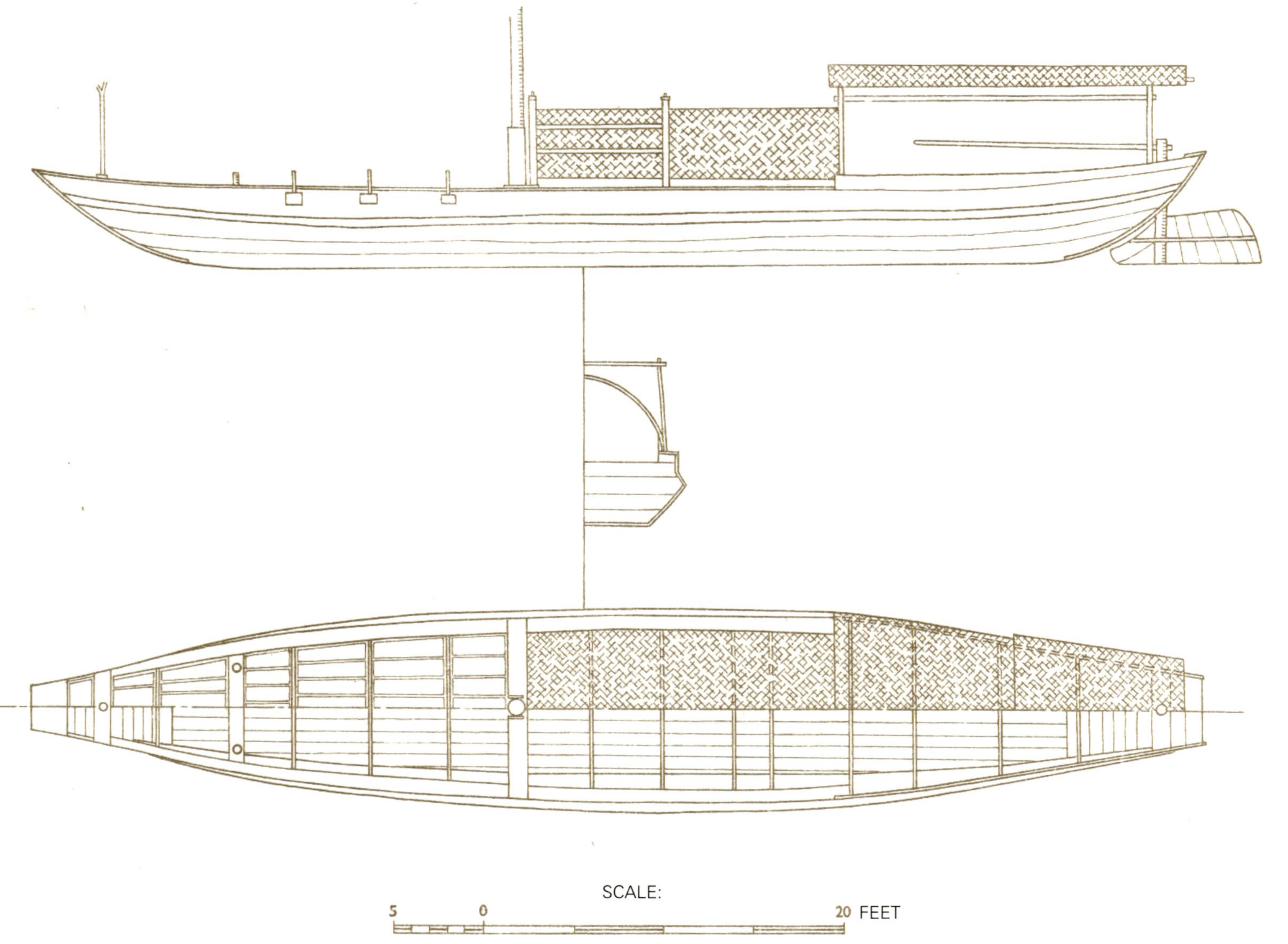

Fig. 20-2 MAO-PAN-TZU

used as such, and the more inferior is just broken up for firewood. The yulohs, sweeps, and sails are returned with the crew by other types of Siang coal-junks, but the masts seldom, on account of their bulk. In preference they are sold as masts or special poles to Hankow boat-builders. Sormetimes the sails are made of bamboo, being cheaper than cotton cloth in the interior, in which case, of course, they are not returned up river.

Propulsion is by oars or under sail according to the exigencies of the moment.

In the old days of likin tax the *mao pan-tzŭ* successfully claimed exemption from this levy because of the likelihood of the craft's being damaged and sunk in moving amidst the usual busy traffic at the stations. This must have been an enormous advantage.

As is only to be expected, these craft are very unsafe, and many are sunk; indeed, 20 per cent are said to be wrecked before reaching Yiyang. But it is said that the junkmen claim that if only one out of 10 junks reaches Hankow in safety the owners can still make a profit.

The crew consists of eight men, and all of them are, as they may well need to be, very strong swimmers.

The other types of Siang River coal-junks are usually smaller than the *mao-pan-tzŭ*: they are the *pao-ch'ing* (宝庆), the *shên-pao-tzŭ* (神保子), and the *hsiao-po* (小驳), There seems to be a mutual understanding that the crews of the *mao-pan-tzŭ*, having witnessed their own craft reduced to firewood-a sad moment for any sailor, are given a free return passage to the Tzŭ River by any of the three other permanent types; but it should be noted that this mutual understanding does not preclude the "passengers" being required to assist at the yulohs for some hundreds of weary miles up against the current.

The practice of breaking up boats after arrival at their destination is not uncommon and is of very ancicnt origin, for precisely the same thing was done on the Euphrates centuries before the Christian era. Armenian boats, constructed for the downward voyage only, after bringing down cargo to Babylon, were broken up and the materials disposed of while the merchants and the crew returned by land.[1]

THE YANG-CH'I-KU, OR SUN-LIT DRUM-BOAT

Few craft of the Tungting Lake area can equal in charm and gracefulness the *yang-ch'i-ku*, or sun-lit drum-boat.

By reason of its narrow bow and sharp stern this type of junk is one of the most distinctive classes to be found in Hunan. The sun-lit drum-boat is especially designed to carry coal from the mines on the Tzu River and usually returns light. These craft are often to be seen in considerable numbers as far afield as Hankow.

Buit long of bow, low in the waist, square in the bilge, and with a gradually ascending stern, they vary very lttle as a class. That illustrated in Fig. 20-3 has a length of 64 feet, a beam of 9 feet, a depth of 3¼ feet, and a capacity of 18 tons. The crew consists of four men.

[1] This is mentioned by Herodotus.

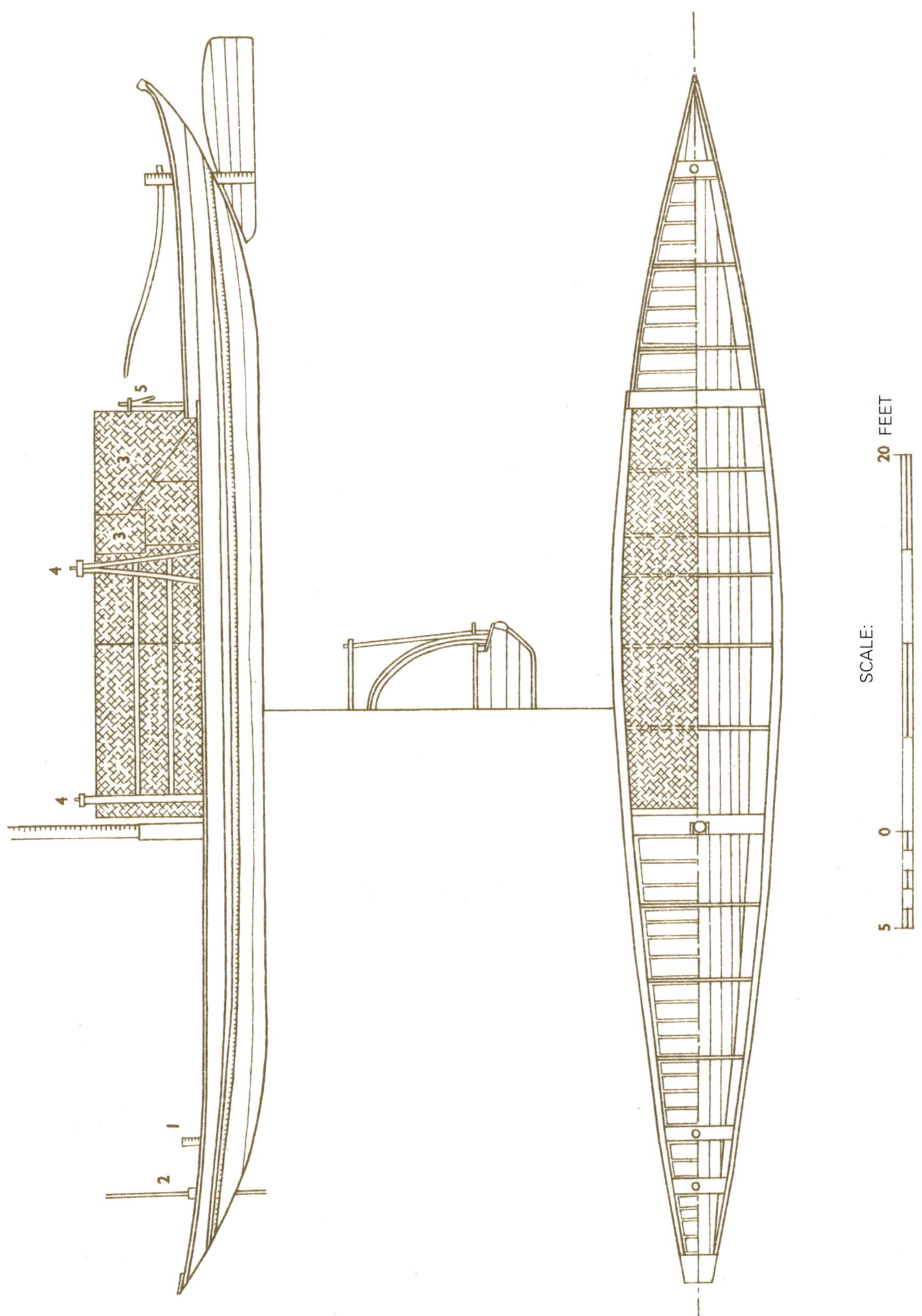

Fig. 20-3 YANG-CH'I-KU

The bottom is made of *sha-mu* and the sides and bulkheads of *pai-mu*. There are 15 bulkheads and no frames. The shallow-draught rudder projects beyond the stern and is 10 feet in length at its foot; it has a greatest depth of 21 feet and is of the balance variety. A single bollard[1] is placed just abaft the stick-in-the-mud anchor[2] on the first bulkhead.

The house, which starts abaft the mast, is made entirely of matting. The irregular-shaped sections[3] are used to mat-in the after-part of the junk. When not in use they are stowed in piles on the after-end of the house. Lurber irons are situated on the fore-end of the house[4]. Abaft the house is a light pin-rail[5] carrying one or more belaying pins for the use of the sheet of the sail.

It is quite a noticeable and curious fact that nearly all junks on the middle river carrying coal, or some equally uninspiring cargo, have graceful lines or some artistic feature of interest.

THE ANHWA CH'IU-TZŬ, OR ANHWA BOAT

Another craft well known on the Tzŭ River is the less graceful Anhwa *ch'iu-tzŭ*, a light-draught cargo-carrier designed for the shoal-water reaches of the Ishui (伊水), a tributary of the Tzŭ.

Flat-bottomed and about seven beams to length, she has the same general features of build as the *yang-ch'i-ku*, just described, notably the slightly raised deck abaft the house.

The craft illustrated in Fig. 20-4 is a double-ender, and measures about 61 feet, with a beam of 8½ feet and a depth of 3½ feet. This type of craft is strongly, if lightly, built and, for its size, is admirably adapted to carry a maximum load on a minimum draught in a locality where deep channels are few and far between.

THE P'ING-T'IAO-TZŬ (平条子), OR LONG AND NARROW BOAT

The craft as illustrated in Fig. 20-5 is an altogether different example of coal-carrier on the Tzŭ River. It is called the *p'ing-t'iao-tzŭ*, a free translation of which is "something long and narrow". Unlike the sun-lit drum-boat just described, she is not exclusively engaged in the coal trade.

The most distinguishing feature of this type of junk is that the greatest beam measurement is aft-actually as far aft as the thirteenth bulkhead. Another unusual feature is that the deck of this portion is raised 1 foot higher than the rest of the vessel.

They are stout boats and, with a length of 71 feet, a beam of 11 feet, and a depth of 4 feet, are the largest type of craft to be found navigating the Tzŭ River. Great strength is provided by the long and comparatively heavy wales running the whole length of the vessel.

There are 17 bulkheads forming 18 compartments and no frames. The bulkheads and sides are of *pai-mu*, while the bottom is of *sha-mu*. The house is entirely of matting. Inside is to be found a fixed table-cum-stove. A high coaming extends from the mast to the break of the poop.

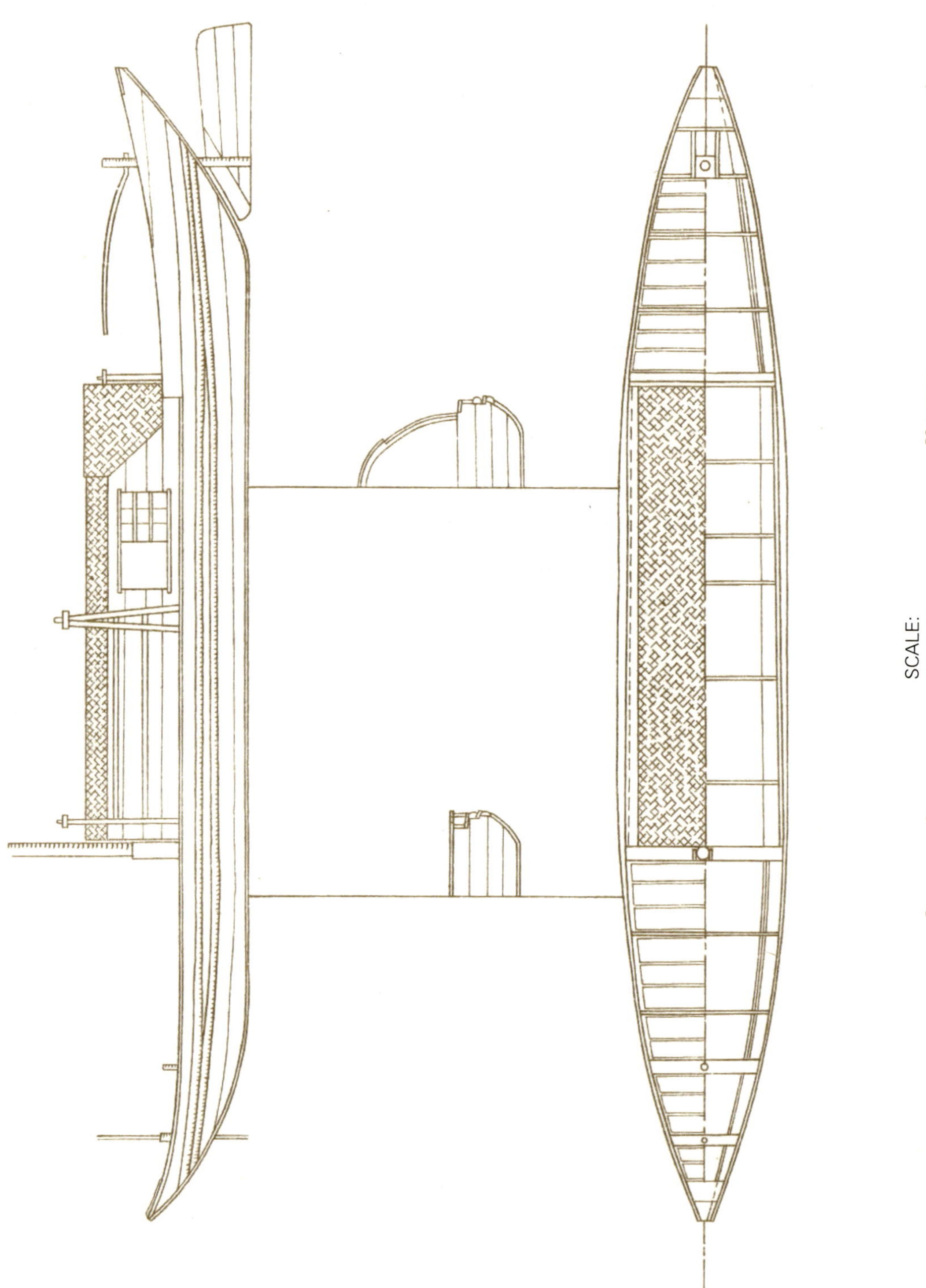

Fig. 20-4 ANHWA CH'IU-TZU

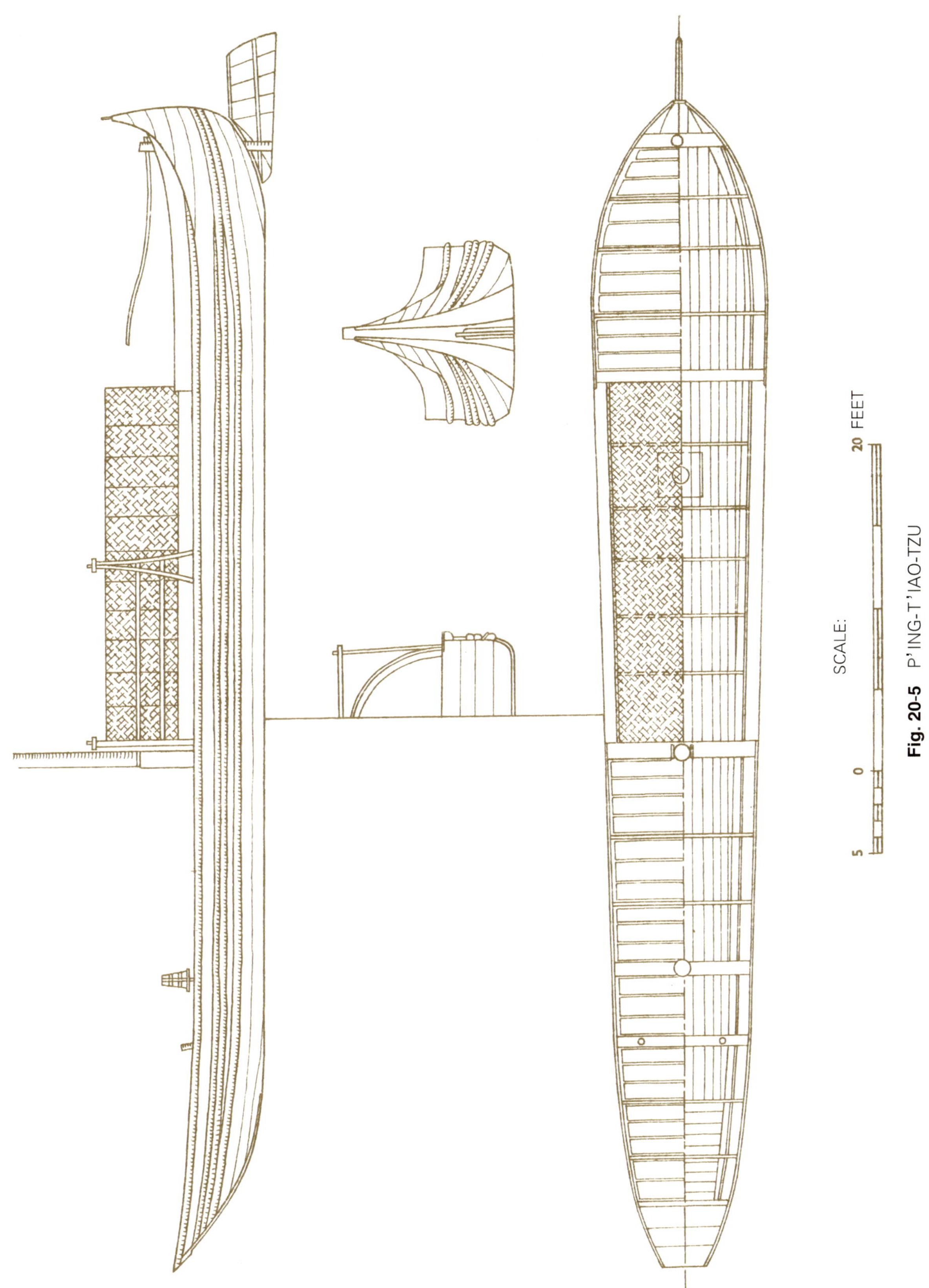

Fig. 20-5 P'ING-T'IAO-TZU

The craft of the Tzŭ River have a strange combination of awkwardness and beauty, and in simplicity and efficiency they are not excelled.

THE YIYANG SAMPAN (益阳划子)

The Yiyang sampan is one of the most distinctive types of craft to be found on the Tzŭ River.

These open and curiously shaped boats do not vary much in size. That illustrated in Fig. 20-6 measures 37 feet in length, with a beam of 5 feet and a depth of 2 feet.

They are chiefly used for transporting passengers across the river.

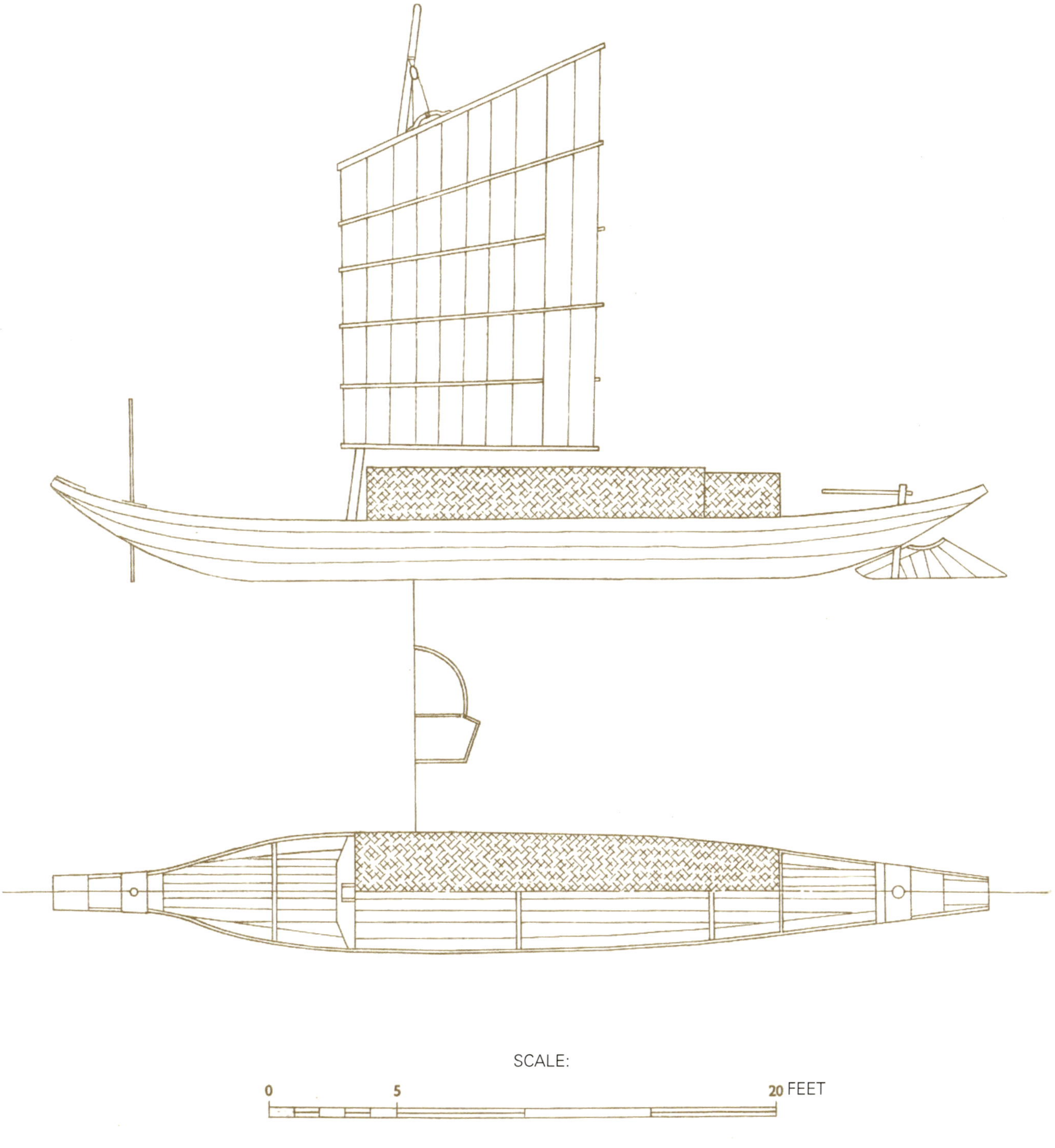

SCALE:

Fig. 20-6 YIYANG SAMPAN

– CHAPTER 21 –

THE YÜAN RIVER

From ancient times the Province of Hunan has been one of the chief sources of the timber supply of China. The logical outcome of this profusion of wood is that there has always been a traditional high standard of boat-building in the types peculiar to this region.

The Yüan River has its source in Kweichow Province, and passes the ports of Yüanchow (沅州) and Shenchow (辰州) before it reaches the important town of Changteh, on its northern bank, and finally joins the Tungting Lake.

Changteh, the port for transhipment for traffic with Western Hunan and Kweichow, is reached mainly by creeks through the delta land south of the lake and by the Taipingho (太平河) joining the Yangtze above Shasi or the Owchihho (藕池河) below Shasi and near Sunday Island. The latter is the best in winter. These all form a huge network of waterways, natural and artificial, intersecting the country between the Yangtze and the lake and also west and south of the lake. The creeks are intricate and bewildering. The direction of flow changes in sympathy with water-levels in the Yangtze and the lake. None, however, flows with great velocity.

As a means of communication between the Yangtze and the Provinces of Kweichow and Yunnan, the Yuan River offers a short cut and is therefore of very great value. The junk traffic on it is very large.

Unfortunately, however, it suffers from two very grave navigational difficulties: firstly, a number of large and formidable rapids; and secondly, numerous shoal-water channels situated at the entrance to the river and on the West Tungting Lake Crossing. These obstacles necessarily restrict navigation for the most part to the high-water season, although some junks drawing 2 feet of water ply between Changteh and Hungkiang (洪江) during the major portion of the year.

The river is navigable during the summer for small sampans as far as Hwangping, while navigation for junks of 150 piculs capacity ceases at Chenyüan (镇远), from which town cargo is carried by coolies into the interior.

In 1908 the number of junks coming to Changteh from Hankow, Changsha, and other down-river ports was estimated at 5,000 to 6,000 per annum and those trading farther up river at 4,000 per annum.[1]

[1] *Customs Trade Reports.*

The cargo usually consists of wood oil, tea oil, tea, varnish, indigo, hemp, china grass, gypsum, vegetable dyes, timber, and various metal ores, such as antimony, iron, and copper.

There are seven tributaries of the Yüan-all navigable by junks-which give access to a wide tract of country. Produce from Yunnan, Kweichow, and the borders of Kwangsi and Szechwan find a market in Changteh, which owes its importance to the necessity for transhipment at that point from deep to shallow draught junks at certain times of the year. Junks require to renew their bamboo tracking-ropes each trip; and so Changteh is also a great centre for the making of bamboo cable.

Freight charges from Hankow vary according to the season of the year. During the low-water period, when lightening is necessary, they are considerably higher than during the high-water season. Junks usually take 15 to 20 days to reach Hankow and usually 7 to 10 days to reach Yochow from Changteh.

The Yüan River is famous not only for its value as a means of communication between the Yangtze and the Provinces of Kweichow and Yunnan, but also for being the scene of some of the exploits of that famous statesman and warrior Chu-ko Liang in his operations against the Mantzŭ. In the eyes of the junk-lover, however, it is scarcely less renowned for the admirable quality of the work turned out by the shipwrights of Hunan, who supply distant ports with some of their finest craft.

The narrow creeks and tributaries of the rivers of Hunan form a vital link in the system of inland communications. The boatmen of the Yüan take kindly to navigation of all sorts; they can negotiate the smallest stream in which a bamboo can float; and on the lower reaches these simple, hospitable sailors have for centuries been bold and skilled navigators in swilt waters.

THE YIYANG CH'AN-TZÜ, OR YIYANG SPADE

The main distinguishing characteristic of the *ch'an-tzŭ* and that which has earned for them the name of spade-boats is the formation of the raised stern. They belong to a large family of junks; indeed, there are few riverside towns of any importance in Hunan which have no *ch'an-tzŭ* of their own (Fig. 21-1).

The hull, which is strengthened by 10 bulkheads, five half-bulkheads, and onc frame, is very sturdily built. There are also three wales running from bow to stern.

The deck-house is larger than normal and extends from 5 feet before the mast to the stern, that part forward of the after-house being remnovable. The after-part, as usual, provides accommodation for the owner and his family, The crew of five men sleep in any space not auccupied by cargo.

This type of junk is perhaps one of the most standardized of all types plying on the river above Hankow. Making allowances for different builders, they are surprisingly uniform in design, though not always in size.

THE YUANCHOW MA-YANG-TZŬ

Of all the junks that sail the Hunan waterways, few are more handsome than the Yuanchow *ma-yang-*

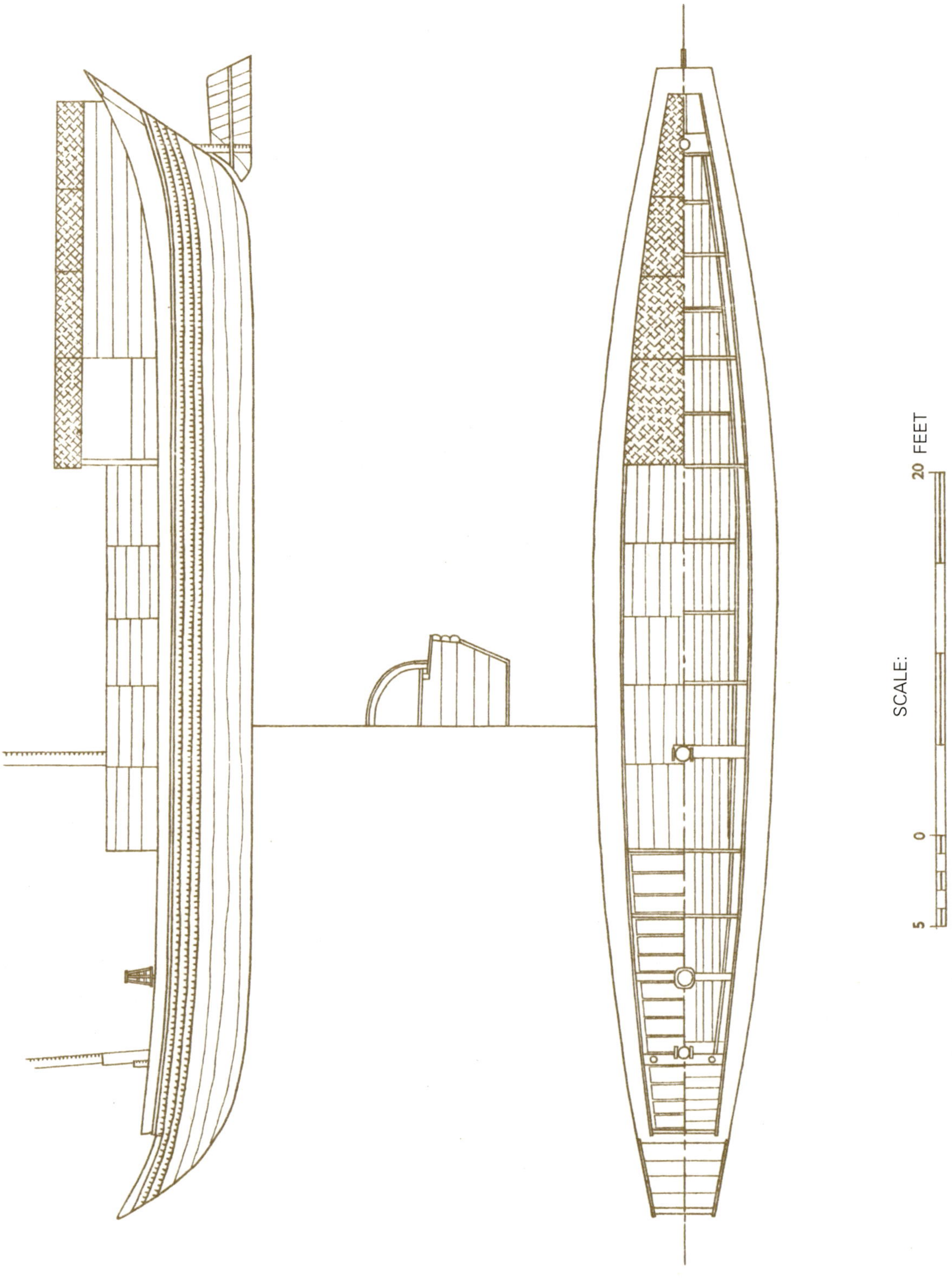

Fig. 21-1 YIYANG CH'AN-TZU

tzŭ. She has much in common with several types to be found on the Upper Yangtze, notably the *pa-wan-ch'uan*. [1]

The craft illustrated in Fig. 21-2 is a medium-sized cargo-carrier designed for the upper reaches of the Yüan River, where narrow and swiftly running streams abound. Her over-all measurements are 61 feet in length, with a beam of 7½ feet, a depth of 3½ feet, and a capacity of 15 tons. This type of junk is lightly built, there being nine full bulkheads and seven frames.

The bottom[1] is made of *sha-mu*; the hull and bulkheads of *pai-mu*. Between the stick-in-the-mud anchor and the mast, and between the after-part of the house and the after-bulkhead, interrupted longitudinals[2] are built in below the deck-beams to provide extra strength.

The after-part of the junk can be matted-in. For this purpose additional mats[3] are provided, and when not in use are stowed in piles on the after-end of the house.

THE CHANG K'OU MA-YANG-TZŬ

Mayang (麻阳), a town in Hunan, situated on a small tributary of the Yüankiang (沅江), has given its name to the large and important family of *ma-yang-tzŭ* junks, which were first designed to navigate the quite formidable rapids of the Yüan River. Several varieties of this junk have evolved, but the *chang-k'ou* (张口), or "open mouth", *ma-yang-tzŭ* is said by the junkmen to be the prototype from which they all have sprung and is therefore a highly important link in the history of junk-building on the Upper and Middle Yangtze and has probably changed little in appearance aund construction throughout the centuries.

The only known alteration that can be traced with any certainty is the addition some hundreds of years ago of a house to the original type, which at first had no superstructure above the deck.

All the *ma-yang-tzŭ* types are heavy, cumbersome, deep-draught cargo-carriers, strongly built to negotiate the long-distance voyages required of them, The size varies greatly in range from a length of 110 feet down to only 38 feet, but invariably the main characteristics are faithfully adhered to.

The junk illustrated in Fig. 21-3 is 91 feet long, with a beam of 18½ feet and a depth of 7 feet. She is divided into 13 compartments, which include two coffer-dams.

The foremast, which is stepped in the usual manner, rests against the afterend of the second bulkhead, while the mainmast rests between the seventh and eighth frames in the after coffer-dam.

Typical of some *ma-yang-tzŭ* types are the heavy beams, of which there are, in this case, five, built into the structure of the vessel. Longitudinal strength is provided by two heavy wales or strakes, which run side by side throughout the length of the junk just below the sheer line, rising in a definite curve towards the blunt bow and a still sharper lift to the characeristically high stern. The deck is flush from the bow to the tenth frame, where a 1-foot step leads up to the stern, indicated on the plan by the dotted line. The deck-house covers all of the junk abaft the mainmast. She is fitted with the true balance ruder so typical of Upper Yangtze craft. The reason for this is, of course, to be found in the fact that she is designed to negotiate

[1] *Cf. Junks and Sampans of the Upper Yangtze*, Customs publication, III, No. 51.

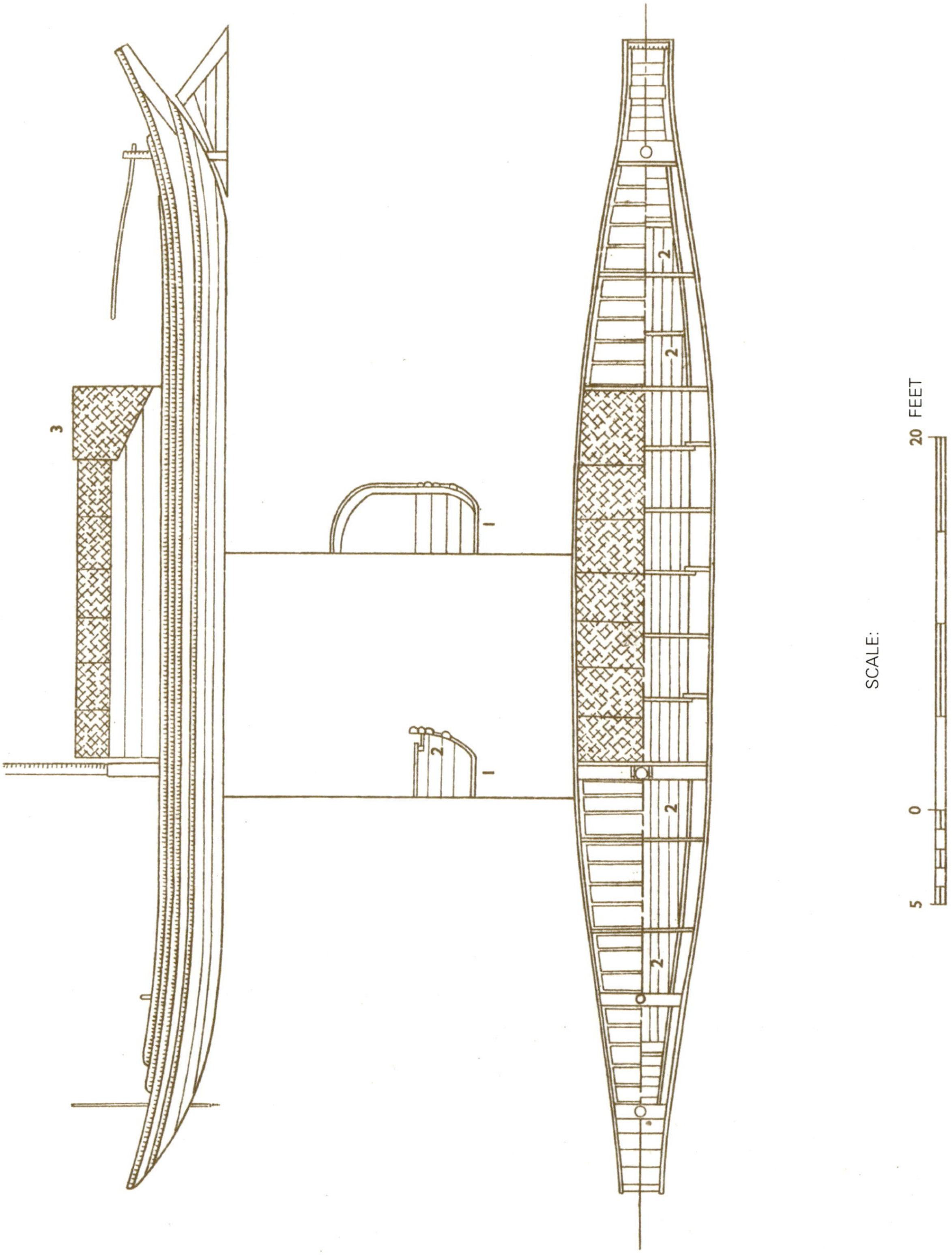

Fig. 21-2 YUANCHOW MA-YANG-TZŬ

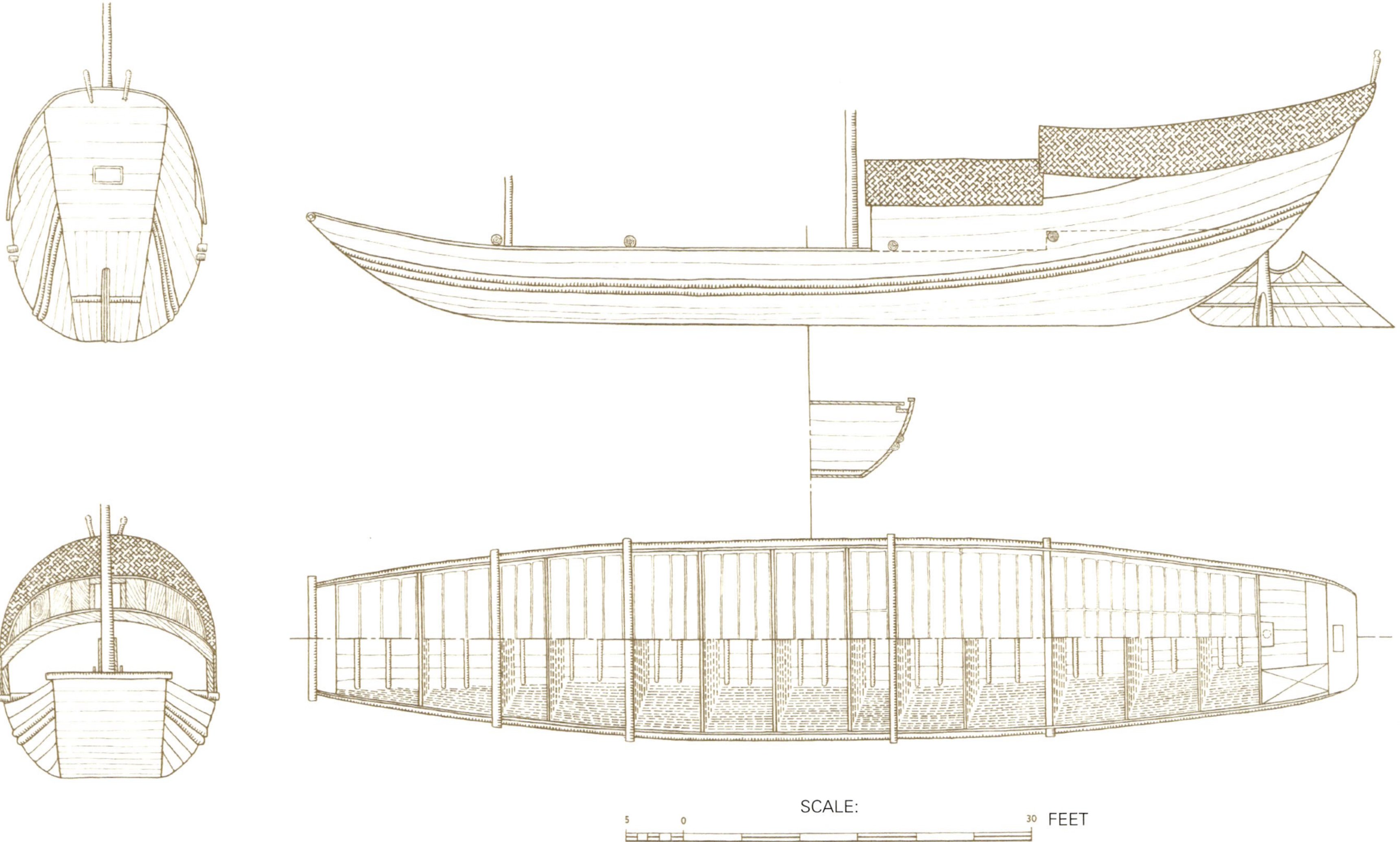

Fig. 21-3 THE CHANG K'OU MA-YANG-TZŬ

rapids. Yulohs of over 35 feet in length are used to propel the vessel during calms. When negotiating a rapid a bow sweep is employed to assist the steering.

These junks mostly ply from Hunan ports to Hankow and are also largely used to transport wood oil transhipped from Ichang down river in large oil-proof baskets.

This most serviceable type of junk very soon proved its worth and became deservedly popular beyond the confines of the Yüanho, its river of origin.

Its fame spread to the Middle Yangtze, when is not known, on which section of the river it became the recognized cargo-carrier. Later it found its way into Szechwan, in which province the first of its type to be built was constructed by a Hunan merchant who took up business in Chungking. It soon demonstrated its superiority over other craft as the basic type best suited to the navigation of the rapids above Ichang, though retaining the old generic name of *ma-yang-tzŭ*, which explains why the Hunanese name is still in general use in Szechwan for the most representative craft of the gorges, which is a modified and adapted form〔1〕of the old prototype. This also accounts for the popular saying that none but a Hunan carpenter can build a true *ma-yang-tzŭ*.

It is interesting that these wonderful Yüan River craft so favourably impress the people of the ports they visit that there are few places to which they have found their way between Chungking and Hankow which do not now own some *ma-yang* boats of their own.

THE SHENCHOW MA-YANG-TZŬ

A type which worthily upholds the traditions of the famous ma-yang-tzŭ family is illustrated in Fig. 21-4.

The Shenchow *ma-yang-tzŭ* measures 98 feet in length, has a beam of 16 feet and a depth of 6½ feet, and is therefore the largest type to be seen on the Yüan River.

These very strong craft are one of the most standard of all types. to be found in the Middle Yangtze area. The bulkheads and the hull are built of *pai-mu*, while the bottom is made of *sha-mu*. The hull is strengthened by 16 full bulkheads and is very sturdily built, there being no less than six wales built into the hull of the vessel.

These craft are normally employed on the lower reaches of the Yüan River and are said to carry as much as 110 tons of cargo. The square bow rises hardly at all and is fitted with removable cat-heads[1] for the heavy grapnel-type anchors.

On the fore-deck a pair of bollards[2] are situated on the first bulkhead and a capstan on the third bulkhead[3]. The storeroom[4] is entered through a hatch just forward of the mast.

The mat-roofed house is typical of the class. The deck inside the owner's cabin is 2 feet higher than the main deck and this permits the helmsman to see out of the aperture[5] on the fore-part of the house. Abaft the deck-house is the galley fitted with a square port[6]. Access to the deck-house is obtained through a door[7], while light and ventilation are provided by means of two flaps[8]. The crew of nine men are accommodated in the fore-part of the house.

〔1〕 This modifed form in use on the Upper Yangtze is the turret-built shou-k'ou ma-yang-tzŭ.

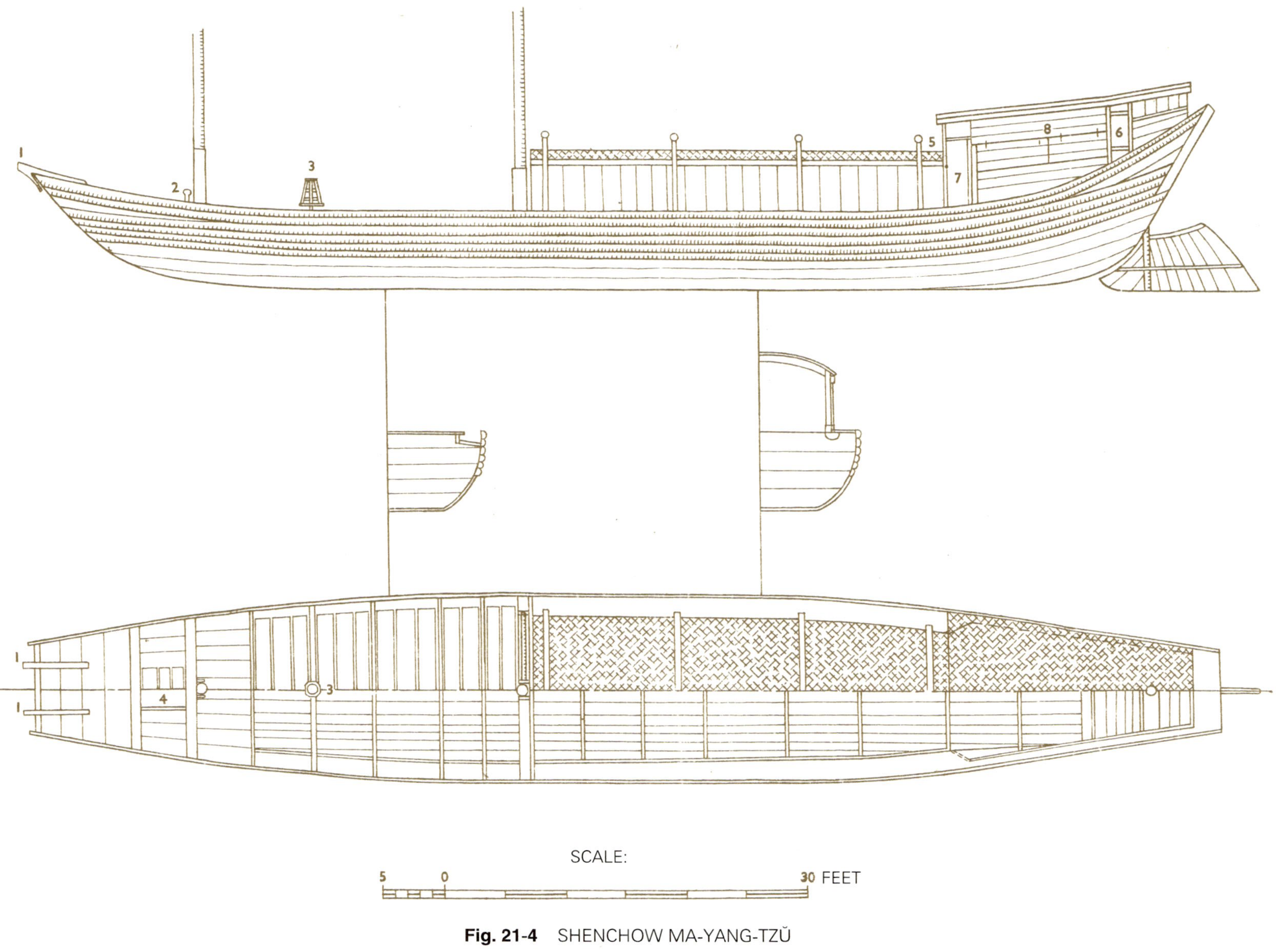

Fig. 21-4 SHENCHOW MA-YANG-TZŬ

THE CHENKI SAMPAN

The sampan illustrated in Fig. 21-5 is designed for use in ferrying passengers and their effects across the Yüan at Chenki, where the river is about half a mile broad in summer and runs very swiftly.

This little craft is a strongly built open boat of simple construction. The floor boards are removable and serve as seats for the passengers when required.

The crew consists of three men, who row or pole according to circumstances.

THE YÜANLING SAMPAN (沅陵划子)

The Yüanling sampan is in universal use on the lower and middle section of the Yüan River.

The craft illustrated in Fig. 21-6 measures 36 feet in length, has a beam of 5 feet 3 inches and a depth of 1 foot 8 inches, and is constructed on the same sort of general lines as other Hunan sampans.

Propulsion is by oars, two being in the bow and one aft, which is used by the laodah.

The house and mat roof are removable, the latter markedly so, for a section of it is often to be seen hoisted as a sail on a light bamboo mast or boat-hook.

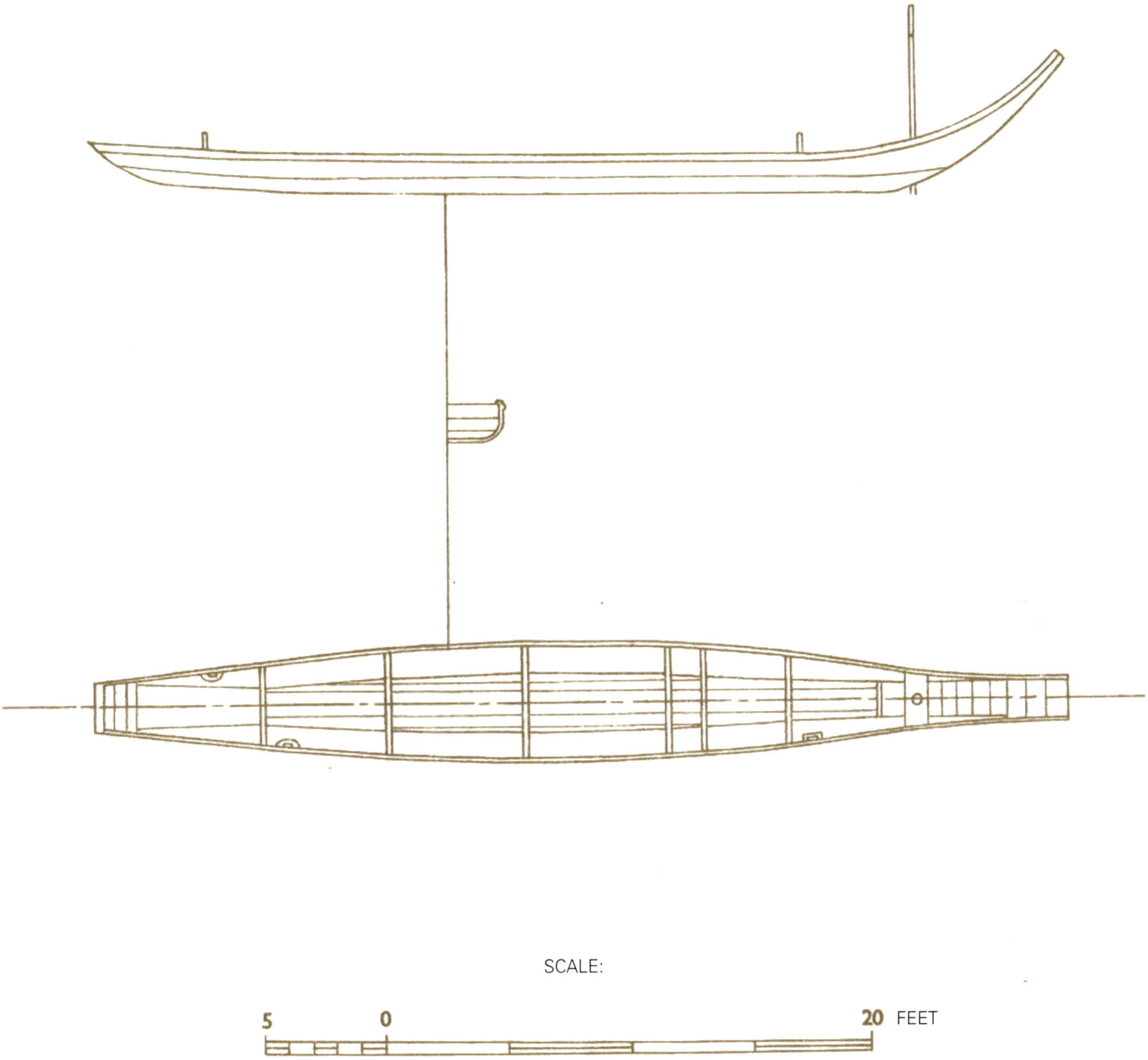

SCALE:

Fig. 21-5 CHENKI SAMPAN

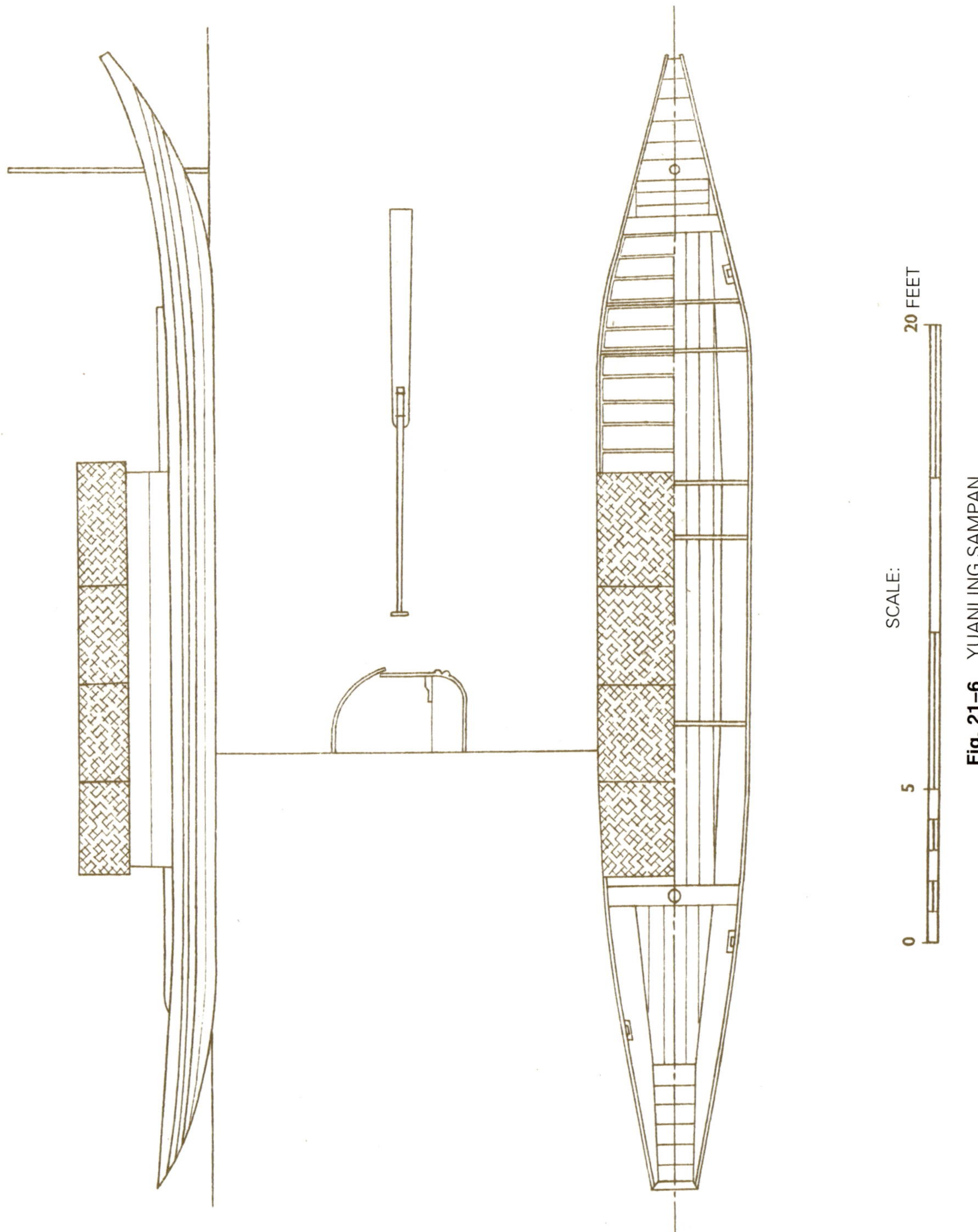

Fig. 21–6 YUANLING SAMPAN

– CHAPTER 22 –

THE KWEICHUW-CHUAN AND CRAFT OF THE MIAO TRIBESMEN

THE KWEICHOW-CH'UAN, OR KWEICHOW BOAT

The *kweichow-ch'uan* is of Miao descent and consequently its origin is lost in the mists of time. It is not, however, exclusively used by the tribesmen today.

Its main interest lies in the fact that it is the only type of boat used on the upper reaches of the Yüan River. Here a craft of strong build and very light draught is absolutely essential.

The junk illustrated in Fig. 22-1 is 36 feet in length and has a beam of 6 feet 7 inches and a depth of 2 feet 5 inches.

A light tracking-mast is fitted against the third bulkhead, the inboard end of the tracking-line being made fast to a removable horse in the stern-sheets.

This interesting craft preserves the main characteristics of Yüan River design in that it has the distinctive bow and stern for work in swift waters.

THE WOOD RAFTS OF THE MIAO

Timber plays an important part in the lives of the Miao tribesmen; indeed, formerly timber-cutting was their exclusive occupation, as they were most familiar with the mountainous regions. In recent years, however, the Chinese have penetrated these parts and the wooded areas of the mountains now form part of their lumber estates.

Timber is to be found in almost every district; indeed, the Province of Hunan, traversed by many mountain ranges and served by many large streams, is one of China's principal lumber regions.

Trees are usually felled in the autumn. The buyers, after examining the forests and bargaining with the owner, send lumbermen to cut down all the trees over a certain size in a definite area. The branches are next lopped off and the poles slid down the mountain-side into the streams below, where they are made into log rafts by the Miao raftsmen and floated down with the swift current to Hungkiang, which is the main transhipment port for the timber coming from West Hunan and North Kweichow.

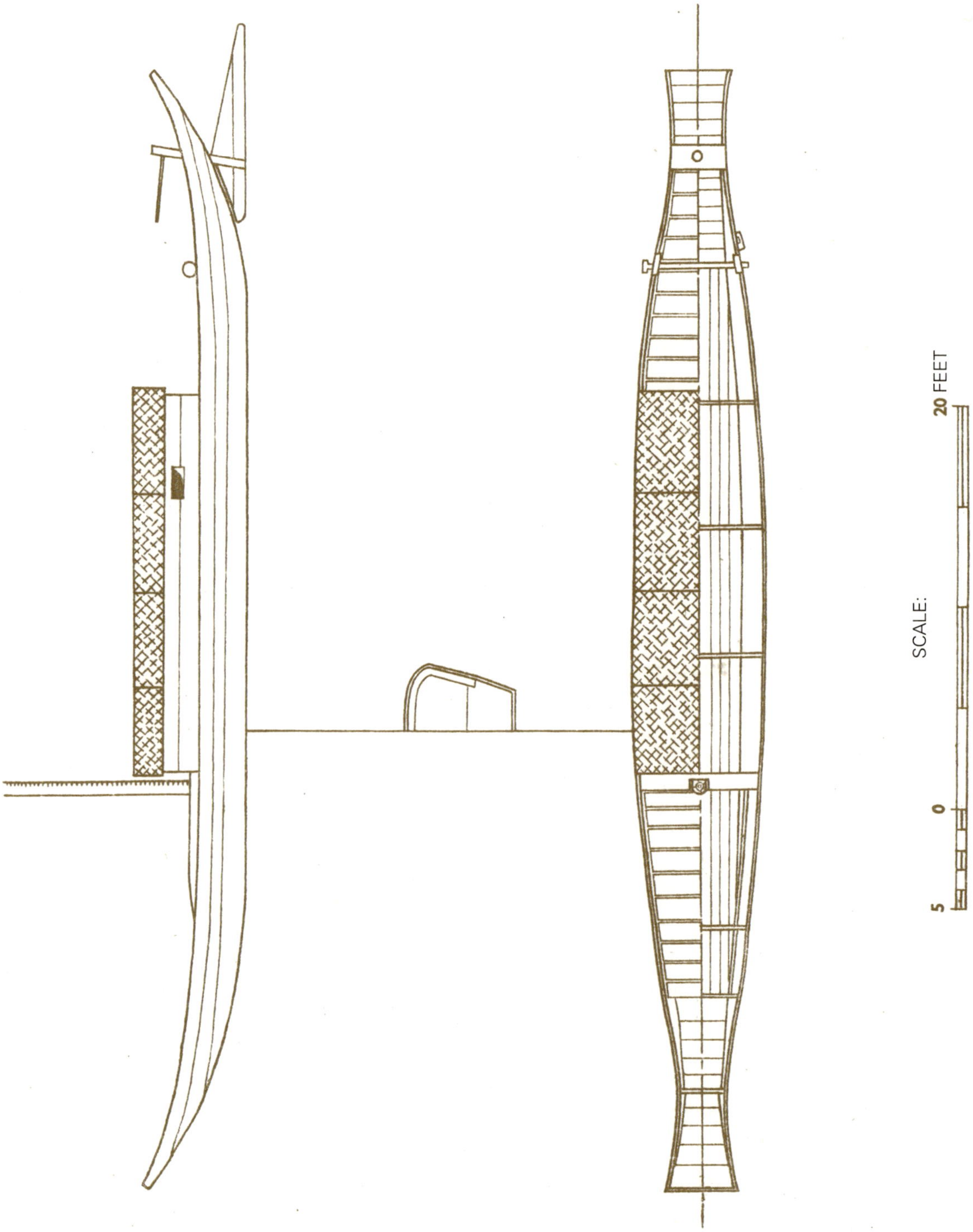

Fig. 22-1 KWEICHOW-CH'UAN

The method of assessing the value of the timber is exceedingly complicated. That most commonly used in Hunan, which has been in use for hundreds of years, is known locally as *lung-ch'üan-ma-tzŭ*（龙泉码子）, or "dragon spring measurement". The lumbermen cut a *pi*（鼻）, or "nose", through each pole at a point 5 inches from the heel. The uppermost side of this hole is the datum from which measurements for the circumference are taken to deternine the tael worth in *hung-ch'üan-ma-tzŭ*. There are many different systems of measuring the poles, which vary according to local conditions in each district. For instance, at Kinping（锦屏）, in the Miao region, where timber is cheap, the measurement of the circumference is taken 8 feet from the heel. When the wood reaches Hankow, however, the price has gone up and so the measurement for circumference is taken 5 feet 5 inches from the heel. At Nanking, where the price has again risen, the measurement is taken at a point 5 feet from the upper part of the *pi*（鼻）.

Transportation of the timber is entirely by waterways, the raftsmen being for the most part Miaos. Their rafts are to be seen in great numbers making their way down the swiftly descending mountain streams, which empty themselves into the various tributaries.

The raft illustrated in Fig. 22-2 consists of 10 small or seven large *sha-mu* poles held together by a thin lath[1] passing through the *pi* and pinned by a wooden peg. Further rigidity is secured by means of a cross-piece of wood[2] lashed athwart the other end of the raft by strands of bamboo rope.

The poles composing the raft vary in age, from the smnaller ones, which are about 15 years old with a circumference of about 1 foot, to the larger variety, which have a circumference of about 2 feet with an age of over 20 years. In both cases the length is about the same, the average being about 40 feet. The greatest length handled is about 80 feet.

A pole usually takes about a year to travel from its mountain home to Hankow, where it is marketed and sold in the lower Yangtze Valley for use in making coffins, building houses, and for junk construction, in that order of importance.

The raft travels down stream stern first[3], that is to say, with the broadest part leading. The lumbermen say that although it takes more force to start it, yet it requires less to maintain it in motion than with the small end foremost, and it is steered by means of a long sweep[4] mounted on a wooden bearing-pin[5] which is set into a short length of wood[8] secured to the raft on short legs[9]. This sweep is a medium-sized *sha-mu* pole about 35 feet or more in length, curved at the heel. The blade is formed by trimming this heel[8] with an axe. The loom is formed by trimming the narrow end[9]. When not in use the sweep is kept out of the water by a becket[10] on the loom, which is slipped over a short forked branch[11] of a tree driven into one of the logs.

When negotiating a rapid the helmsman has a good deal to do, for he also operates a quant, which he uses with great dexterity to assist the steering. Work of this nature is a speciality, and the Miao boatmen are experts. In smooth waters between rapids, however, he usually sits down on an improvised seat, smokes a long bamboo pipe, and allows the swiftly moving current to provide the necessary locomotion.

The Miao handle their rafts with great skill, and it is an interesting lesson in the art of poling to watch several rafts jockeying for position while attempting to overtake each other in a narrow rapid with an abrupt drop of 2 to 3 feet.

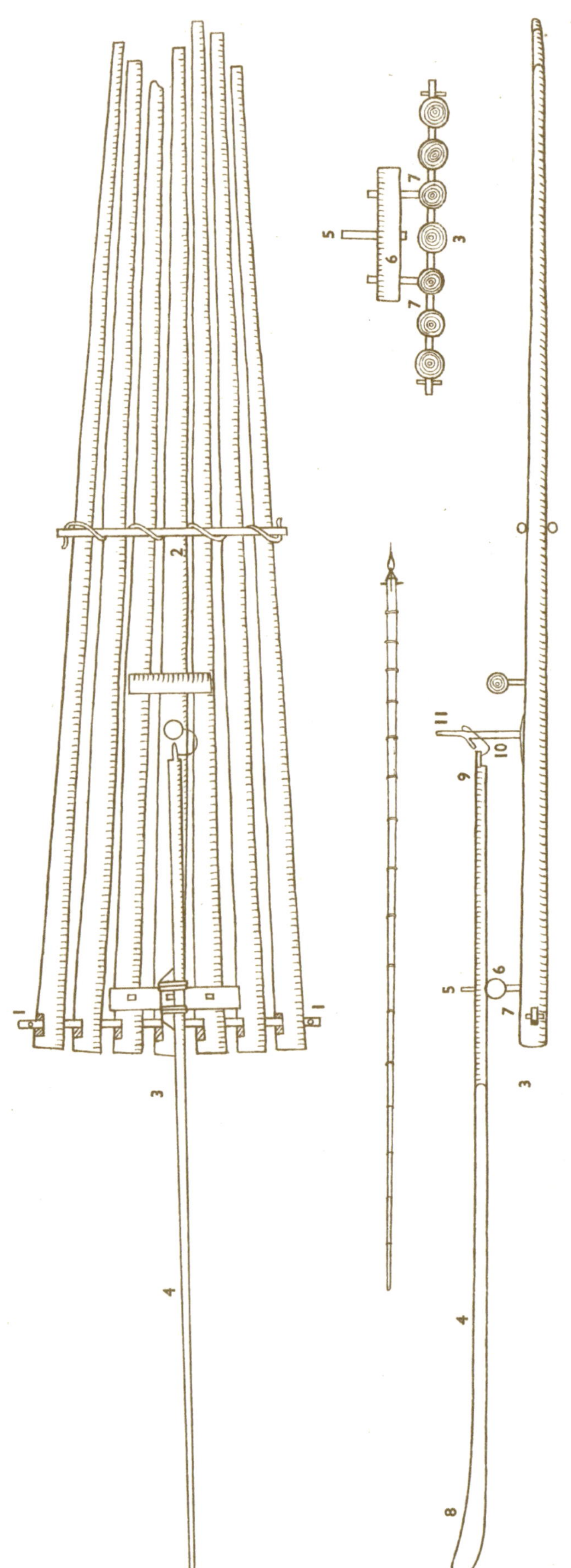

Fig. 22-2 WOOD RAFT OF THE MIAO

THE MIAO-CH'UAN (苗船), OR MIAO BOAT

Mnch interest attaches ta the *miao-ch'uan*, for it is probably the same today as it was centuries ago. These junks hail from Chungankiang (重安江) in Kweichow. The craft illustrated in Fig. 22-3 is a typical one of the class and measures 47 feet in length, with a beam of 5 feet and a depth of 2 feet, the standard size of these craft, which are to be found in great numbers on the lovely but dangerous stretch of river between Kienyang (黔阳) and Hungkiang (洪江). Occasionally they are to be seen at Changteh.

These boats of the Miao are built on slender and graceful lines, tapering gently to bow and stern. They are, however, strongly built, for in the rapids and races in which they operate the boatmen need to have strong craft under them.

As will be seen in Fig. 22-3, there are eight bulkheads, which divide the boat into seven compartments. The foremost compartment is not decked-in and forms a convenient well for working the bow sweep when down bound and for the bow-oarsman or polers when ascending the river. The next cormpartment, that between the first and second bulkheads, is given up to the galley. The rounded mat house begins at the third bulkhead and is in three sections. The central part[1] is fixed and rigid, while the foremost[2] and the after[3] ones are free to travel in the fore and aft line as required.

The tracking-mast[4] is a light spar stepped well forward of the midship section. The inboard end of the tracking-line, which is always made of 1½-inch bamboo rope, is made fast to a ring-bolt in the after-end of the boat[5]. Thence the tracking-line travels to the mast, where it passes through a dumb-block[6] which is hoisted on halyards[7] to suit the conditions obtaining and the height of the tracking-path. The halyards are kept to the mast by a bamboo grummet[8].

There are no bitts, but a ring-bolt[9], situated some 6 feet from the bow, serves the purpose equally well. The bow sweep[10], which is appropriately known as the *chao* (爪), or claw, measures about 22 feet over-all and consists of a medium-sized crooked-grown *sha-mu* pole trimmed to form a blade with an upturned bend at the thick and crooked end and to form a loom at the thin and straight end. At the centre of balance a cheek-piece[11] is securely lashed with bamboo rope and set up with wooden wedges. There is an aperture[12] in the chek-piece to take the wooden bearing-pin[13], which is carried by a baulk of timber[14], 3 feet 7 inches over-all, which is grooved[15] and fits snugly over the bow, where it is lashed by bamboo rope.

The compartments from the second to the fifth bulkheads are devoted to the cargo, which is stowed below deck and usually consists of beans, cotton, cotton yarn, and gypsum.

The crew, consisting of from three to five men, live inside the house. At night the whole junk can be matted-in.

The sail is seldom used on the Yüan River, but for occasional use the Miao boatman hoists a section of its awning or mat roof, which is fitted with the necessary beckets for this economical purpose.

When descending the river the junk relies on the swift current to carry her down. For ascending the river tracking is the most general method of progress. Poling is also very extensively employed. The Miao boatmen are probably the most skilled quanters in the whole of China.

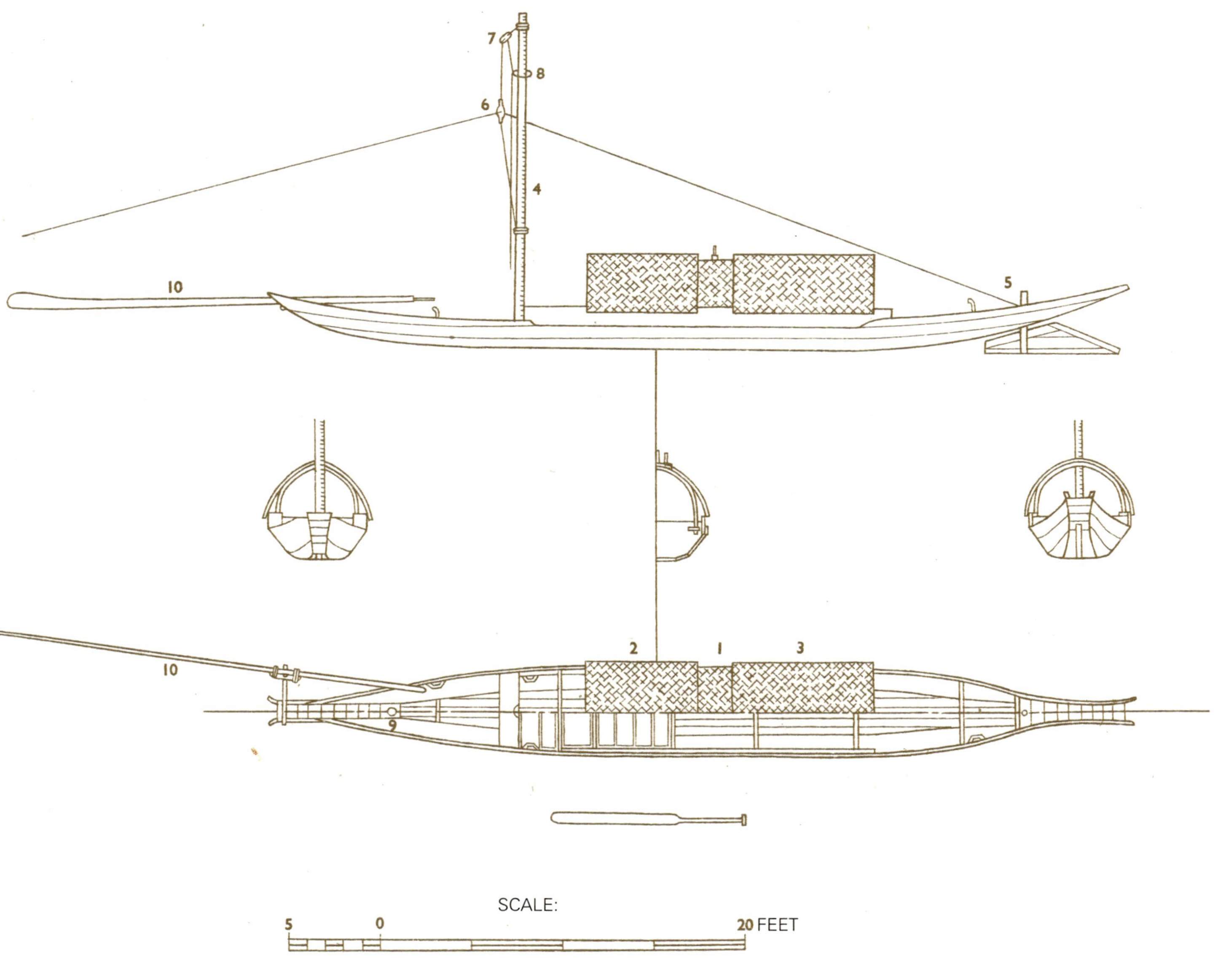

Fig. 22-3 MIAO-CH'UAN

Although a rudder is carried and sometimes fitted, it is seldom used. The junks are steered by the after-oar, which also does duty as a sweep, according to circumstances. At times when all the men are required to pole or track and the after-oar has to be left unattended a dumb-rudder is shipped, usually on the port side. This is nothing more than a narrow plank rmleasuring about 3 feet by 6 inches, which is supported on the gunwale.

The interest of these strange craft and the beauty of the Yüan River exercise a peculiar fascination, no less than the kindly ways of the hardy people who live upon its shores and navigate its dangerous and turbulent waters.

THE MA-CH'IAO-WEI, OR SPARROW TAIL

Another of the Miao craft somewhat similar in general design to the type just mentioned, except that she is much larger, may be referred to here as hailing from Hungkiang (洪江), at one time the chief trading city of these aboriginal people.

This junk is the far-famed *ma-ch'iao-wei*, or "sparrow tail" so called from the similarity of its stern to that part of a sparrow.

Although they are no longer built by the tribesmen, these craft are unmistakably Miao in appearance. Because of their very fine qualities in rapids, the design has been copied by the Chinese, and these junks are now being built in large numbers by the Hunan shipwrights. Indeed, it is hardly too much to say that they are probably the most popular and certainly the most typical junks on the Yüian River today.

The *ma-ch'ian-wei*, as illustrated in Fig. 22-4, is quite typical of the class and measures 91 feet in length, with a beam of 12 feet and a depth of 4 feet. They are built on fine and pleasing lines, being about 7½ beams to length and are fitted with 15 full bulkheads and one half-bulkhead. The three bulkheads forward of the mast are cut so as to enable the heel to come up when the mast is being sent down.

The boldness of the curves of the sterns of these junks forms one of their most handsome features and gives them an easily recognized appearance. The high stern formation probably serves as some protection against being "pooped" in a rapid. In some junks the stern is very exaggerated. Indeed, it is not unusual to find the top of the transom as much as 15 feet above the water.

These boats have, no doubt, a long and interesting history behind them, and the early Miao shipwrights are certainly to be congratulated on producing a craft possessing beauty of form as well as efficiency of design.

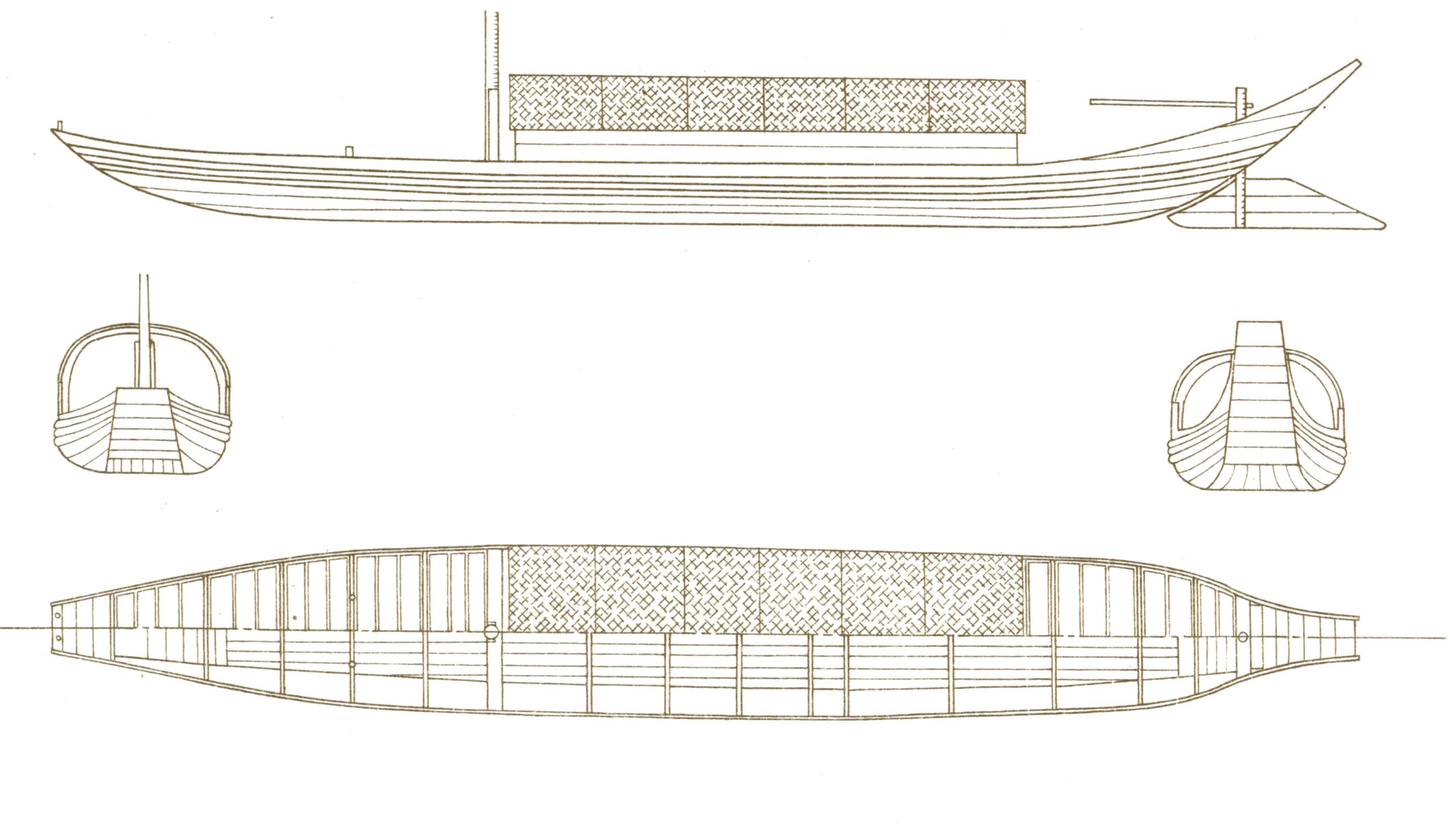

Fig. 22-4 MA-CH'IAO-WEI

- CHAPTER 23 -

THE MIDDLE YANGTZE

That portion of the river called the Middle Yangtze begins, for all practical purposes, just above Hankow and extends up the Yangtze for nearly 400 miles to the port of Ichang.

Above Hankow the river takes a south-westerly trend for the 119 miles to Yochow, running fairly straight for the most part. The scenery is still typical of the Lower Yangtze, with flat country on the north or left bank and low hills on the right bank. The great dike, the Wancheng Ti, designed to control the country, and especially. Hankow, when the river floods its normal banks, begins in the shape of small earthworks, advancing to, and retreating from, the river according to the nature of the intervening ground.

About 17 miles above Hankow is the town of Kinkow at the mouth of the Kin River, on the right bank. About 10 miles farther up at Meitanchui is the one great exception to the river's direct course, the huge loop known as Farmer's Bend, where the stream makes an enormous detour of about 26 miles round a pear-shaped peningula, doubling back to a point only 2 miles from where it started. If the river could therefore break through this narrow neck, a saving of about 25 miles could be effected on the whole journey.

In summer, when the river rises above the level of its banks, the junks make a short cut across the flooded isthmus. About half-way round Farmer's Bend is an inland waterway known as the Pienho, a canal which, avoiding the snake-like windings of the Yangtze above Yochow, as well as its strong down-current, affords a shorter passage to the town of Shasi.

After Farmer's Bend a straight reach runs for 17 miles past rising hills to the village of Kiayü (嘉鱼), which stands on a red earth bluff on the right bank. Some say it was here, in the days of the romantic Three Kingdoms, that the naval action of the Crimson Cliff took place.

One hundred and one miles above Hankow is the rather important trade centre of Sinti, on the left bank. On the opposite bank is a stream linking up with the Hwangkai Lake, a few miles inland.

Except for onc or two bluffs there is little worthy of note until, at Yanglingtsi, the river narrows to half a mile and runs between red sandstone cliffs, which follow the river for about 1½ miles on the right bank, which now shows broken ground all the way to Yochow.

From the entrance to the Tungting Lake at Yochow the Yangtze curves round to the north, past the sandy point called Kwanyinchow, which marks the elbow of the junction, and narrows to less than half a mile in width. The great Hupeh 200-mile plain through which the river lows extends from Hankow nearly up to Ichang. This plain is alluvial, except where in the south it touches on the Province of Hunan and the Tungting Lake, when it is edged by mountains. The country bordering the banks of the Middle Yangtze is dead flat and so low-lying that an extensive dike system is necessary to keep the water within bounds. As is only to be expected, it is poorly drained, and there are great expanses of standing water. These large shallow lakes play a useful part, however, for they act as reservoirs, absorbing much of the embarrassing summer overflow and serving in winter to feed the river and to help it to maintain a more even level. To the existence of these safety valves may be attributed the fact that the Yangtze floods are on the whole less sudden and disastrous than those of the Yellow River, which has no such similar adjacent reservoirs.

From the Tungting Lake entrance up to Sunday Island the Yangtze enters a new phase and winds a tortuous course covering 19 miles between these two points, although the direct distance is no more than 48 miles. Formerly these loops and curls measured 130 miles, but the navigable route appears to be shortening. The effect of this random circuitous progress is bewildering, for a landmark such as Temple Hill, appearing on the port bow for an hour or so, will suddenly shift to starbourd, then abeam, and finally move astern, only, after some hours, to reappear ahead in its old position.

The alluvial banks show strata mixed with sand. They are about 20 feet above the water in the spring. It is noticeable that they are always steep-to on the concave side of the river, while on the other bank they shelve gradually to the muddy foreshore, the outline of which is here and there broken by long sandy spits. There is little of outstanding interest in the monotonous flat country dotted with farms and clumps of trees.

As on the Lower Yangtze, much of the land is under rice and illustrates the farmers' ingenuity in irrigation. Cotton-growing is also very largely carried on, being one of the main industries of the Middle Yangtze.

A horseshoe-shaped bend leads to Temple Hill Bend, so named from a conspicuous hill 400 feet high, crowned with a temple. Near-by is the small walled town of Shihshow (石首) lying between two other hills; at the foot of this, the only rising ground for miles around and the first place since the Tungting Lake where hills touch the river-bank, the Yangtze has broken through the right bank and flooded the land beyond.

Here the character of the river changes; it loses its serpentine nature. The width averages about half a mile, though now and then it opens out to nearly a mile across. Flat islands rise in the stream, and shoal water is found in places. In the high-water season the scenery is even more monotonous, for with the summer floods, which happen inevitably each year, the general view is of a great inland sea, the only available landmarks for the navigators being the roofs of the inundated hamlets or unusually shaped tree tops.

At the large village of Hosüeh (郝穴) the river narrows to only 700 yards in width. In this region it is said that the river-banks are receding at the rate of 30 yards a year. The great dike here approaches near to the river and follows its banks more or less closely as far as Shasi.

As Shasi is neared, the country appears flatter and more low-lying than ever, some portions being under water or more or less swampy during most seasons of the year. In and around the town all the built-up area not on raised ground lies below the summer level of the river. In order to safeguard the town as far as possible from inundation a strong limestone faced bunding has been built. A fine seven-storied pagoda stands at the western end of the point where it projects into the river, which here narrows somewhat.

Shasi, meaning in Chinese "sand market", probably derived its name from the fact that it may first have functioned as a matshed colony or mart, established on the sandbanks.

Situated on tlhe left bank, where it straggles along for some 4 miles or so, this unwalled and uninspiring-looking town is nevertheless highly important, not only as a cotton-growing district and transhipment port, but because of its strategic position at the centre of a network of canals and waterways and at the crossing point of the two most important commercial water routes of central China running from east to west and from north to south.

The Han River approaches to within 30 miles of the Yangtze near Shasi, though the latter town lies 273 miles from Hankow, where the two rivers eventually join. The distance to Hankow by road is, however, much less, and the inland water routes are also considerably shorter, although they carry considerably less water and are therefore suitable only for small craft.

There are two main canals affording comunication with Hankow. One runs towards Kingchow, through a lake, Changhu (长湖), north of Shasi, and thence to Shayang (沙洋) on the Han River, a distance of 160 miles or so. The second route is by the Pienho, which, running east and west through several small lakes, enters the Yangtze at the points Tsintungkow, already mentioned, south of Ashby Island (a low-water route), and Kwankow, only 7 miles above Hankow. This latter waterway is said to carry insufficient depths at winter levels.

A few miles above Shasi the cross country water-borne traffic from Hankow can proceed through the Taipingho to the western portion of the Tungting Lake and thence in almost any direction. Intercommunication with the Province of Kweichow and thence with the south is provided by the Yüan River. There were originally three great trade routes linking Hupeh with Szechwan: firstly, the northern, now fallen into disuse, which followed the Chuho (渠河) to Suiting (绥定), meeting the Han River at Sinyang; secondly, the central route, overland to Itu (宜都), and thence to Shasi by water; and, finally, the southern route, mainly water-borne, *via* the Fowling River (涪陵河) at Fowchow (涪州) (about 60 miles below Chungking) across the divide and down the Yüan River to Changteh and the Tungting Lake. This was once the main route to the south until the advent of steam navigation gave the lead to the central route.

These routes, however, old as they may be, are not so very ancicnt from the Chinese historical viewpoint. The Rev. Warren of Changsha notes how, in the *Tribute of Yü*, written about 600 B. C., which deals with al1 the then known waterways of China, there are no descriptions of any river or tributary south of the Yangtze, and the whole water system of Hunan is ignored, which would seem to indicate that that province was as yet unknown territory.

Although Shasi, from the Chinese historical point of view, is of little interest, it is quite otherwise with its sister city of Kiangling (江陵), or Kingchow, a large walled town, half Chinese, half Tartar, situated 3 or 4 miles to the north-west, with its south wall running parallel to, but 1½ miles in from, the river's edge. It has three times figured as a capital: once of the Kingdom of Ch'u (楚), 722-481 B. C., once of the Kingdorn of Liang (后梁) in A. D. 552, and again it was proclaimed the capital by the rebel General Kao Chi-hsing (高季兴) at the beginning of the tenth century. In this neighbourhood innumerable battles have raged between war lords struggling for supremacy. In A. D. 201, before he conquered Szechwan, the famous Liu Pei annexed it from the Kingdom of Wu, and both kingdoms warred and negotiated ceaselessly for its possession. The Chinese military hero, Kuan Yü, later promoted to be the God of War, was the garrison commander in the great war zone, a triangular area comprising the country within the points Siangyang (襄阳), Fancheng (樊城), Tanyang (丹阳), Ichang (宜昌), Kiangling (江陵), and Shasi (沙市). He won his greatest victory by drowning seven attacking armies of the Wei Kingdom in the waters of the Han at Fancheng. When armed war-junks were fighting along the Yangtze or up the Han River, troops including cavalry would march through, bound up or down, according to whichever side had the attacking advantage, on the Tangyang-Kingmen line, the overland gateway to Ichang.

Shasi, as has been indicated, lies in a great plain which stretches without any kind of eminence or hill for 50 miles to the south and west and 100 miles to the east, after which, for as far again, the plain still extends, broken only here and there by an occasional hill. Such being the nature of the country, it is not surprising that the inhabitants are sadly accustomed to flood conditions during the summer, when the river level frequently tops the embankment. One of the most extensive inundations was in 1909, when it was attacked on both sides, for the Han as well as the Yangtze broke its banks, the one at Shayang and the other at Shasi. The water rose to the eaves of the houses, and destitution and misery were widespread.

North of Shasi the plain extends for about 15 miles only. On proceeding up river there is a bend to the west into Kingchow Reach, in the south-east of which the mouth of the Taipingho forms a sort of delta. The next town is Kiangkow (江口); about 20 miles beyond Shasi, and next is the large village of Tungshit (董市), on the left bank of the river west of a creek, marked by a conspicuous temple. At Spring Reach, above here, the first change in the alluvial plain occurs. Shingle beaches and rising ground demonstrate the new character of the river basin, the bed of which is now stony in parts, while the soil of the adjacent country is clay or gravel. The first hills appear; and farther on, above Grant Point, the right bank is steep, rising in places to a height of 200 feet. At the village of Yangki, or Yangchi (洋溪), on the same side, lime is quarried, and red brick tiles and bricks are made. About 3 miles above Yangki is the attractive-looking walled city of Chibkiang (枝江) with a pagoda on a hill to the south-east.

A pinkish limestone can now be seen in the low bluffs on the east side. From here onwards the Yangtze skirts the edge of mountainous country, passing at times through vertical walls of very coarse conglomerate containing quartz and limestone. To the west the country is of much the same character, split into gorges and chasms and very much broken up. A tributary called the Ch'ingkiang (清江), or Clear River, breaks through this west chain and joins the Yangtze at the walled town of Itu (宜都). The southern trade route from Szechwan Province here strikes the Yangtze. Down this ancient road used to come the salt, sugar and tobacco, hemp, spices and opium, drugs, silk, wax, wood oil, and gold which represent but a portion of the great and unlimited wealth of that rich province. The junction of the Ch'ingkiang with the Yangtze, meeting as they do at right angles, has caused unusual disturbance of the river-bed, and a bar has formed consisting of a shingle bank covered with mud deposit. The bar, which lies in mid-stream, has shallow water on either side between it and the river-banks.

Ten miles above Itu and the same distance below Ichang is the first gorge of the Yangtze, known as the

Tiger's Teeth Gorge (虎牙峡). It is about 2 miles long and 800 to 900 yards wide and lined with sheer walls of coarse conglomerate. As there is no tow-path, tracking for junks is impossible, and they are obliged to sail or row their way through. Fortunately for them the wind is nearly always blowing from the south-east.

The gorge gets its name from a rock said to be shaped like a tiger's tooth. It used to be said that foreigners would never be able to pass that point, for they would be eaten like sheep by the tiger. This is a play on words such as the Chinese delight in, for the sound *yang* applies to the character "羊" for "sheep" as well as that "洋" for "foreign".

Above this gorge the river runs through the Ichang Reach and Ichang Gorge, the right bank being lined with hills the whole way.

Ichang, the gateway between the vast Hupeh plain and the rich and rugged grandeur of Szechwan, is 363 miles above Hankow and some 1,000 miles from the sea. It lies on the left bank of the river, and the slender pagoda helow the town and the wreaths of smoke from the harbour shipping are in view for some time whilst ascending the last straight reach of 17 odd miles. The banks rise higher and show a porous blend of coarse conglomerate with sandstone. On the right bank there is mountainous country right to the river's edge. The climate here is one of the most equable on the Yangtze, being dry and pleasantly warmer than in most other ports in winter, and favoured in summer by welcome breezes. The vegetation is temperate and sub-tropical and shows a wide range, from cotton, winter wheat, barley, peas and beans, to rice, poppies, and *t'ung* oil nuts. The fruit supply is good, particularly of oranges. Nevertheless, there is no local trade or noteworthy production, and the place derives its undoubted importance solely from its geographical position as an ideal junction for transhipment of cargo from junks or steamers built for the leisurely navigation of the lower or middle River into other craft specially constructed to negotiate the perils and currents of the Upper River.

The harbour accommodation is good, and the proximity of an island, known as Hsiapa (下坝), near the left bank and just above the former walled part of the city serves for eight months of the year to protect it from the force of the current, which runs strong and deep past the other bank. For most of the year this island is connected with the shore by a narrow isthmus.

Ichang, which occupies a blunt point of the Yangtze, is built on a more or less level site, but it lies in a basin, surrounded by hills rising in all directions. immediately behind the town these are low and consist of red clay. An enormous area of these rolling hills is covered by grave mounds. Every road and path leading from the city skirts or passes through this vast necropolis, and the living are ever ringed by a quiet army of the dead.

The hills on the opposite or right bank take the form of a series of pyramids varying from 500 to 600 feet in height, rising sheer from the water's edge and connected by ridges and ravines emerging finally into the extensive ranges that lie behind. The triangular-shaped hill exactly facing Ichang, which rises to a height of 572 feet, is called by the Chinese Mo Chi Shan, the Mountain of Lonely Evening, or sometimes less poetically as Kotaochow, Mount of the Taoist. A small temple built at its base used to house an ingenious pariest who acquired alms with the minimum trouble to all concerned by extending a long bamboo with a small basket hanging from its tip to passing junks. The peculiar position and form of this hill were believed by the local geomancers to have such a malevolent effect on that great guiding principle of China, the *fêng-shui*, as to react unfavourably on the prosperity of the town of Ichang, and to these evil influences was attributed the ill success of the Ichang candidates at the triennial examinations. The local trading community likewise suffered from a tendency to threw the profits of their business into the hands of strangers.

A subscription of 10,000 dollars was accordingly raised to build a Buddhist temple and monastery on the 1,200-foot high hill behind the town, to be equal in height to the pyramid across the river and thus oppose its baneful influences. Even so, there were those who maintained that the site was on the wrong hill or that the spacious three-storied pavilion was still not high enough to achieve the best results.

War-junks and armies have passed and repassed and fought over and around the vicinity. The greatest battle in ancient days was in A. D. 222, when King Liu Pei of the Kingdom of Shu, or Szechwan, was defeated in a fruitless attempt to avenge the death of his brother in arms and sworn friend, Kuan Yü, who was killed by the army of the Wu Kingdom.

Liu Pei's men, numbering about a million, were stationed along the Yangtze for some considerable distance; but by a clever flanking movement and an attack by fire-ships, the men of Wu burned his camps and routed his armies. Liu Pei died soon afterwards at Paiticheng (白帝城), the White King City, by the Yangtze, on the borders of Szechwan and Hupeh.

Except for its striking position and the attractive irregular line of its roofs crowded together by the waterside, there is little that remains of interest in Ichang, now that the crenellated wall with its six or seven picturesque gates has been pulled down. There are a few local craftsmen who produce articles that have a great appeal to the tourist, notably the farnous Ichang model junks, the equally well-known Ichang thorn walking-sticks, and the filigree silverware, which also shows delicate and intricate craftsmanship.

As has been pointed out, Ichang is the transhipment centre for the journey through the Upper Yangtze. The river here has narrowed to only a quarter of a mile. In the shallow arnd cornparatively slack water the river steamers lie at anchor, and the Upper Yangtze junks tie up to the shore and prepare at their leisure for their long and perilous voyage to Chungking.

THE CHING-PANG-HUA-TZŬ, OR SHASI TRADER

The *ching-pang-hua-tzŭ*, or Shasi trader, is, according to the junkmen, the offspring of the pien-tzŭ and the *ma-yang-tzŭ*, both of which hail from the Siang River area. It has also very much in common with the *ching-pang-ch'uan*, described later.

The Shasi trader has high sides, about five beams to length, bluff bows with considerable overhang, and a transom stern. There is plenty of room along the sides of the vessel for poling, which is often resorted to when navigating the shallow inland waters between Hankow and Shasi.

The vessels are often single-masted and appear to obtain the balance of sail by placing the mast almost amidships.

The craft illustrated in Fig. 23-1 measures 55 feet and has a beam of 11 feet, a depth of 4½ feet, and a capacity of about 20 tons.

The hull is strengthened by 10 bulkheads and four half-bulkheads, and is very sturdily built throughout. The foremost compartment between the bow and the first half-bulkhead is used as a chain-locker.

THE SHAO-MA-YANG

The *shao-ma-yang* (梢麻阳), a mediun-draught cargo-carrier, while normally trading between Ichang an Shasi, is to be found as far down river as Hankow and even up river at Chungking.

The very representative type illustrated in Fig. 23-2 measures 85 by 16 feet. When viewed broadside on, it may easily be mistaken for the *nei-ho-ch'uan* (内河船) of Changsha; and it also bears a very strong resemblance to an Upper Yangtze craft, the *nan-ho-ch'uan* (南河船), the difference being in the shape of the whale-back, which in the *shao-ma-yang* is rounded instead of angular and provides a clear gangway from bow to stern, so as to facilitate poling in the shoal waters of the Middle Yangtze.

This is an interesting type in that it is a compromise as regards its build. The general arrangements and medium draught are designed not only to operate in the shallow-water channels between Ichang and Shasi, where light draught is desirable, but also sometimes to navigate the swirls and rapids of the Upper Yangtze, where deep draught is often an advantage.

THE CHING-PANG-CH'UAN

The Yangtze between Ichang and Kwayinchow is known by the junkmen as the Kingho (荆河), so named from the important town of Kingchow, near Shasi, and famous in the time of the Three Kingdoms; hence the name *ching-pang-ch'uan*, which may be translated as Kingchow River group junk.

It belongs to the *ma-yang-tzŭ* family; and, as it is often to be seen working the same areas, that is, from Shasi, or even Hankow, to Ichang and sometimes beyond to Chungking, it is not surprising that they have several features common to the Middle Yangtze as well as the Upper Yangtze, notably the broad high bow, with its heavy transverse stem-beam, and, among other arrangements for work in the rapids of the Upper Yangtze, the poling gangway, which is essentially a Middle Yangtze characteristic.

These junks are usually built in Itu. The bottom is made of *sha-mu* and the hull of cypress. A very usual size is 63 feet, with a beam of 11 feet, as illustrated in Fig. 23-3 which gives a carrying capacity of about 500 piculs. The junk is shown with the cross-beans laid over the deck-beams, to which they are lashed, They are removable and are in position only when the junk is operating in the rapids of the Upper Yangtze.

The galley is situated on the port side, sunk 9 inches in a well over the coffer-dam, and is fitted with a waste chute. A small bin, extending athwartships across the junk and 1½ feet high, is situated as to enable the laodah at the conning position to use it as a bridge. With these small exceptions the junk is flush throughout, and the deck-line rises in a gentle curve from 4 feet at the bow to the considerable height of 8 feet at the stern.

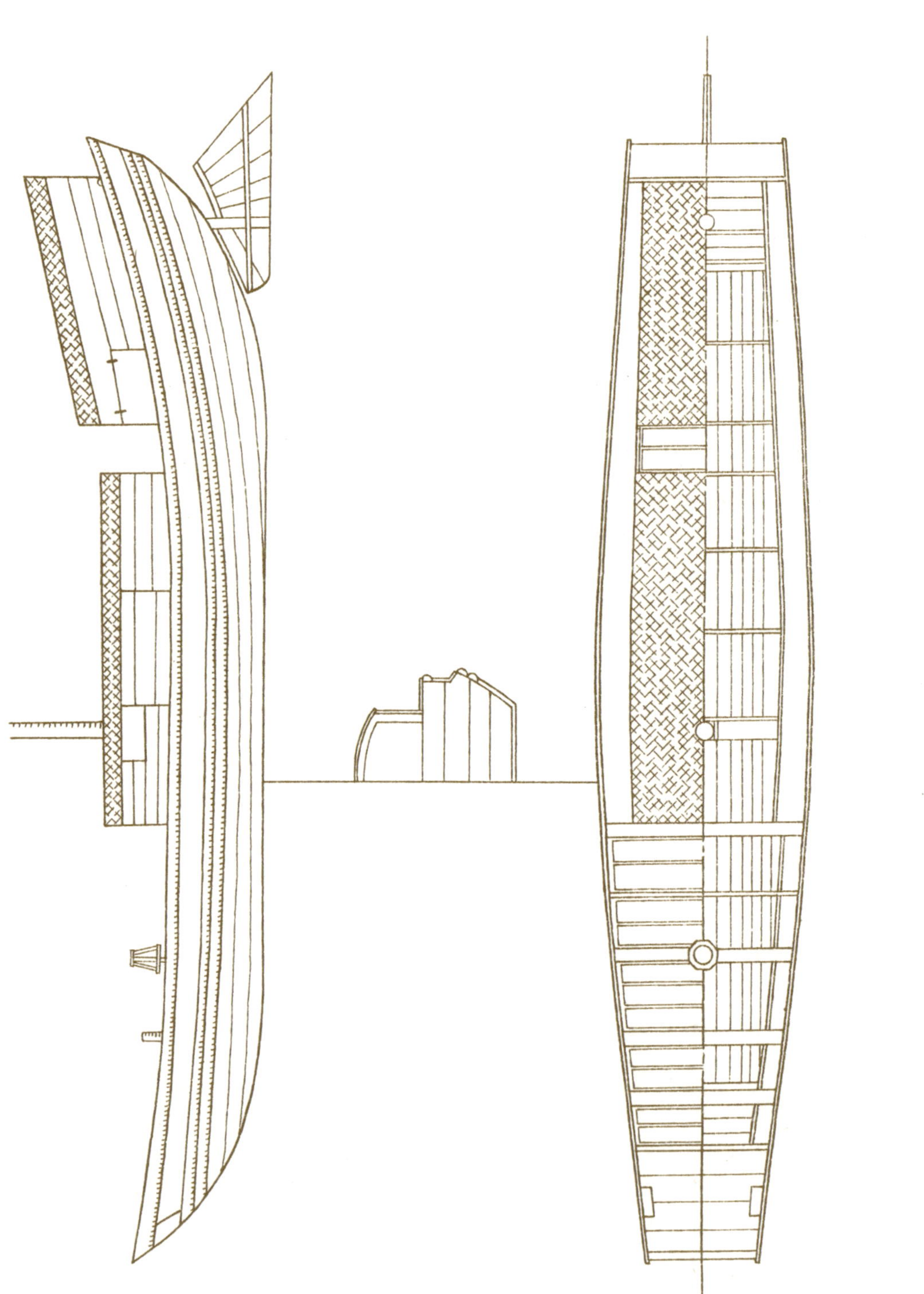

Fig. 23-1 CHING-PANG-HUA-TZU

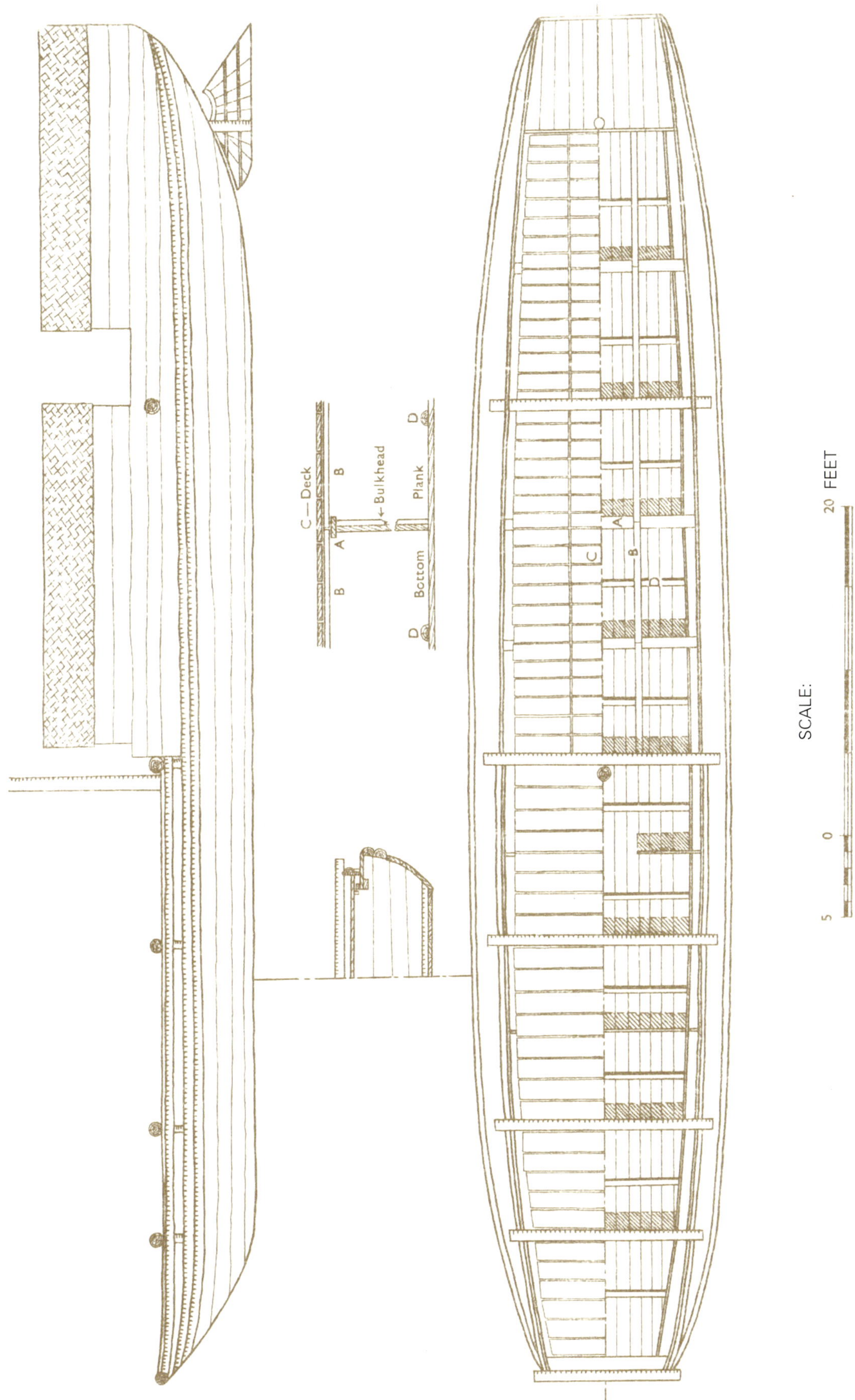

Fig. 23-2 SHAO-MA-YANG

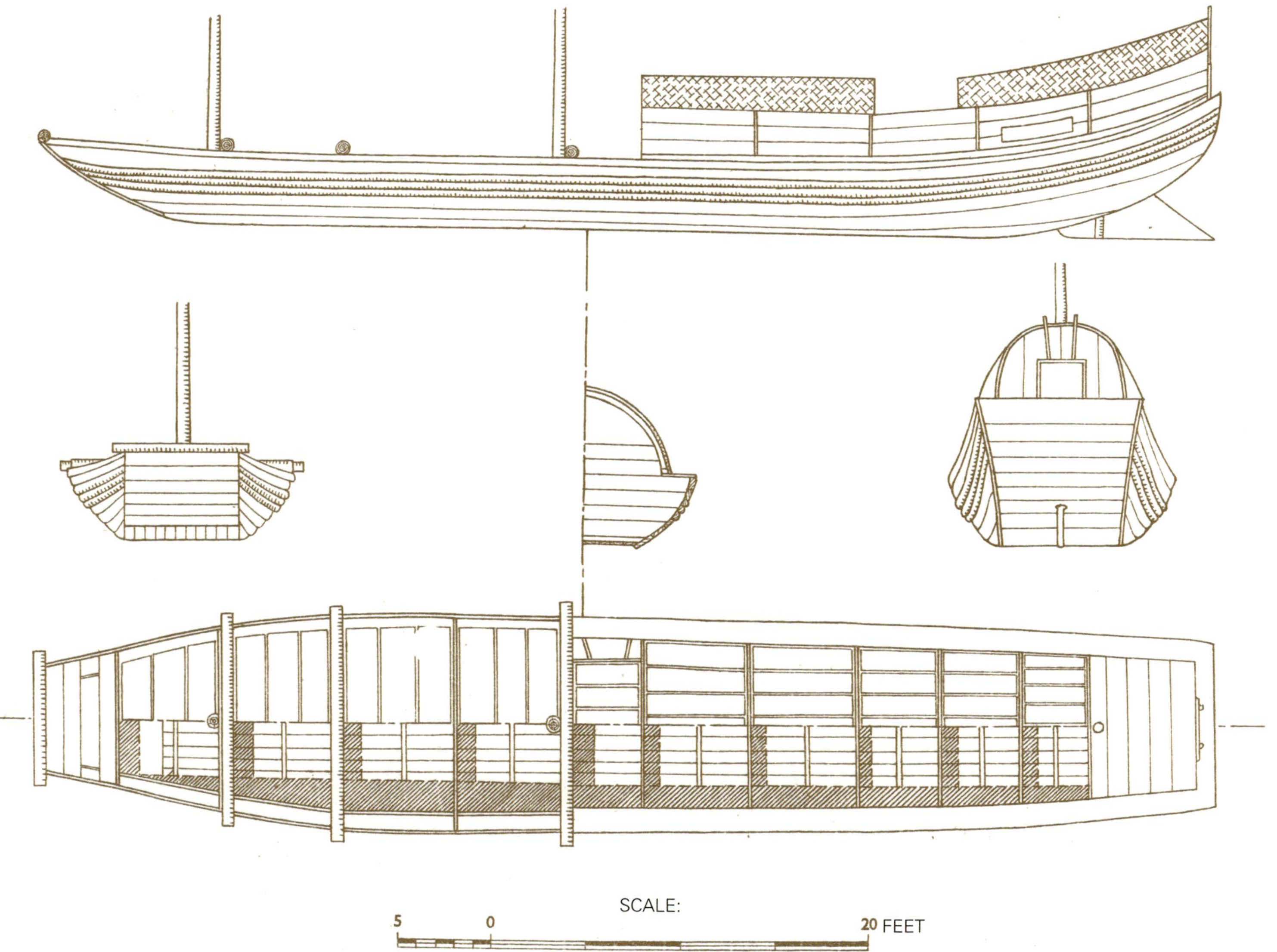

Fig. 23-3 CHING-PANG-CH'UAN

The deck-house is light in construction and consists of a roof of matting and sloping sides of thin wood, carried on ribs fitted to the deck cross-beams, giving a headroom of 4½ feet. Down each side of the house and across the transom is a wide gangway.

This class of craft is very popular with the junkmen, who assert that her ability to operate in rapids is quite remarkable for so small a junk, while her shallow draught and handiness make her an ideal type for use in the creek waterways.

In construction the *ching-pang-ch'uan* conbines strength with simplicity.

THE NEI-HO-CH'UAN (内河船)

Broadside on, in outward appearance the *nei-ho-ch'uan* is very like the *shao-ma-yang* and the Upper Yangtze *nan-ho-ch'uan* (南河船). Closer inspection, however, reveals a most characteristic bow and stern.

The *nei-ho-ch'uan* is a beamy, cumbrous vessel designed to carry a maximum load on a minimum draught. The junk illustrated in Fig. 23-4 measures 80 feet, with a beam of 14 feet. Two large holds are divided by a coffer-dam. In the waist, access to the holds is provided by two central hatches, edged with a low coaming. The hatch covers are removable in sections.

The solidly-built hull of *pai-mu* is decked-in and strengthened by a keelson and by two side-keelsons at the turn of the bilge, which makes four bulkheads, sufficient for the strength required. From this flat bottom the bilges curve up traversely and longitudinally.

Additional strength is provided by the two heavy strakes. The lower garboard strake is considerably curved and sweeps up to meet the bluff box-like bow at one extremity and the exceptionally wide stern at the other.

The bow terminates in a heavy transverse stem-beam built into the structure of the junk. Below is an apron or doubling planks affixed over the upper portion of the rising bottom planks. Two ring-bolts are fitted to carry grass-line pennants for use in conjunction with a boat-hook to assist in snubbing-to. There is a "stick-in-the-mud" anchor situated between the two bitts.

The stern is comparatively wide and has only a slight rise. An unusual feature is its termination in horizontal planking. The after-house is decked-in at the sides and is fitted with mats at its after-end. The *nei-ho-ch'uan* is a very good example of a strongly built shoal-water cargo-carrier.

THE ICHANG CARCO-BOAT

There is little of interest and nothing original in the cargo-boats of Ichang. They are usually employed to transport cargo from the steamers anchored in the stream to the shore. That illustrated in Fig. 23-5 shows a towed cargo-boat. These uninspiring craft are used to carry cargo from Ichang down to Itu and thence down the creek routes; they are usually towed by an old and decrepit launch.

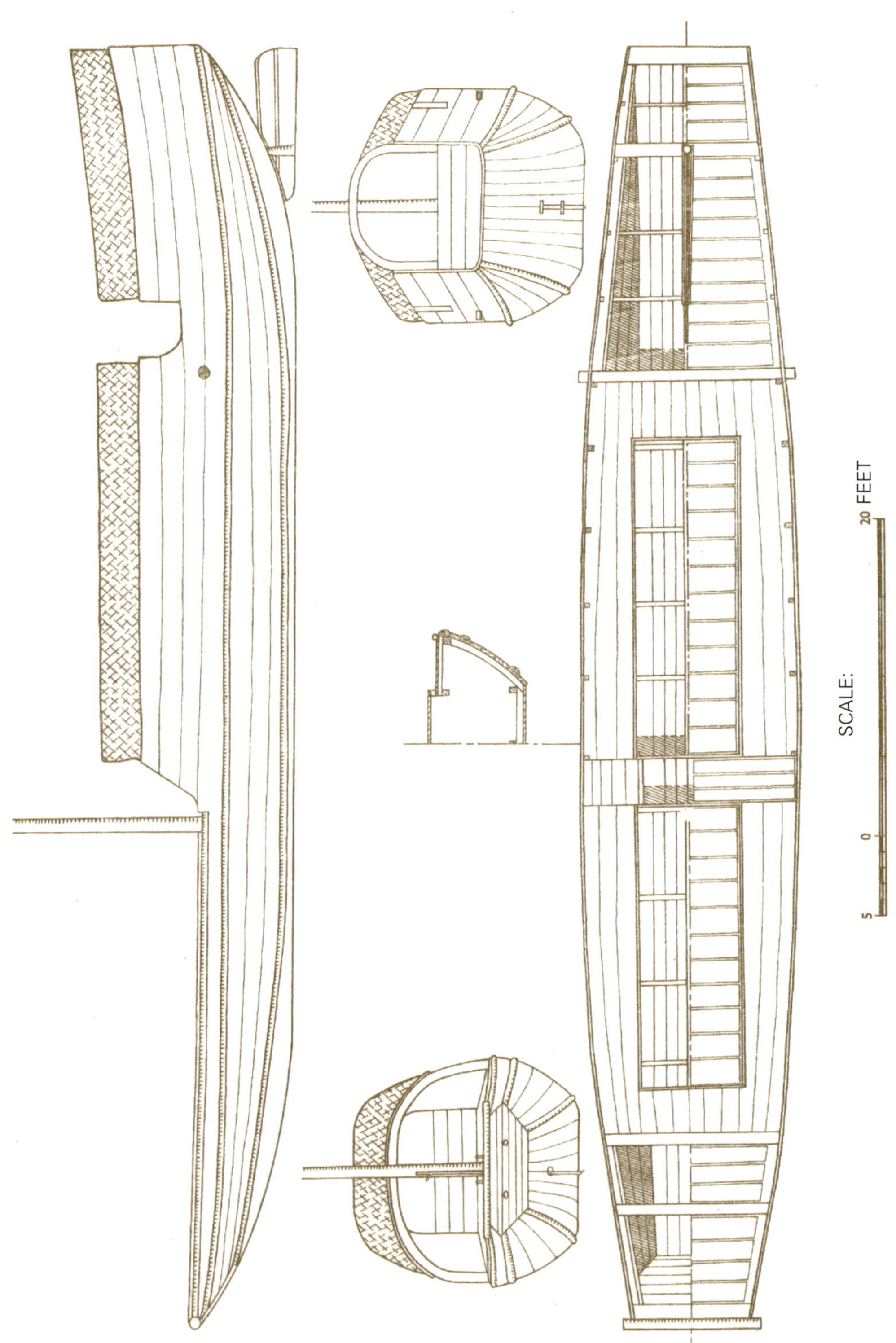

Fig. 23-4 NEI-HO-CH'UAN

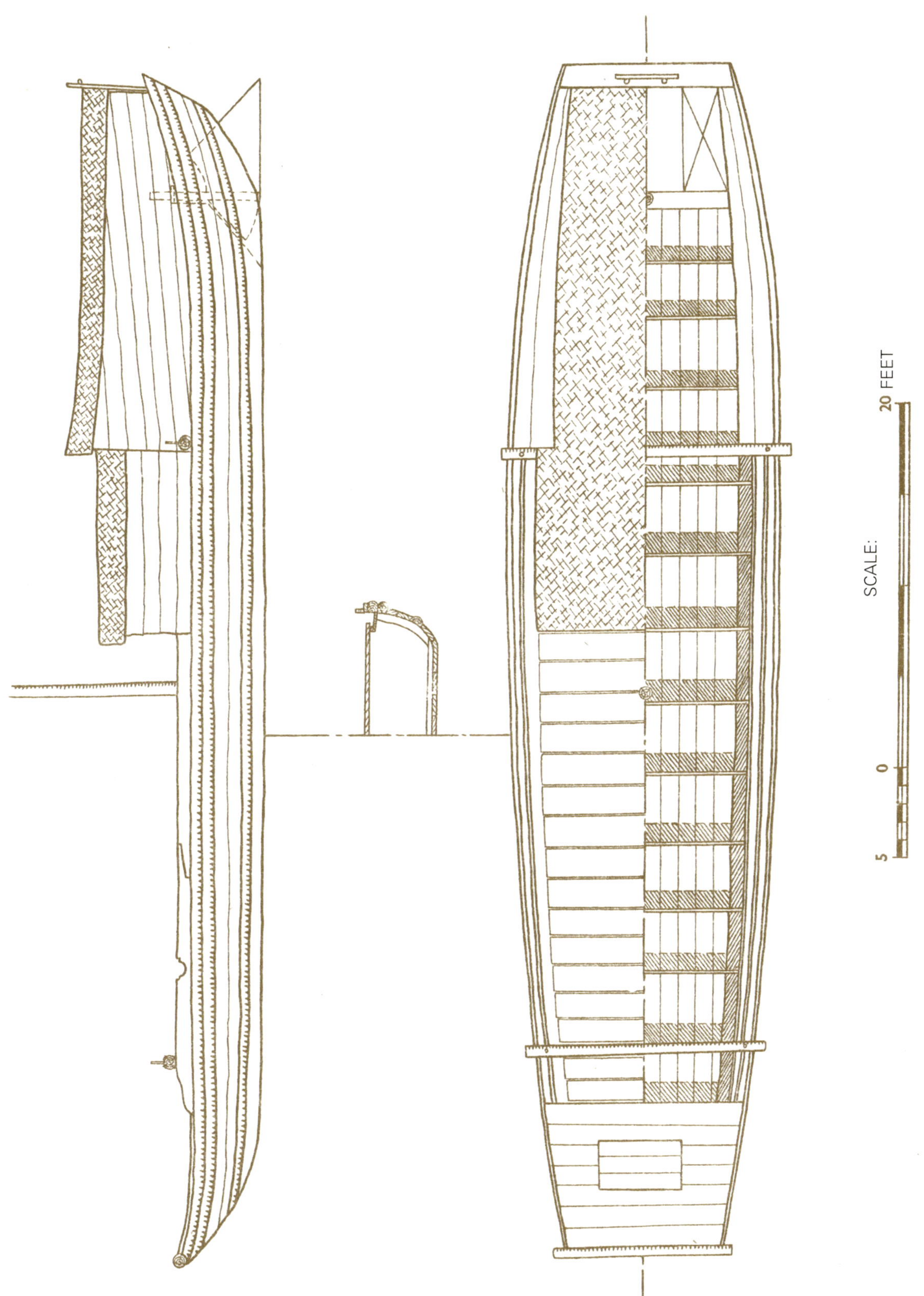

Fig. 23-5 ICHANG CARGO-BOAT

A mast carries a sail, which is used with a fair wind, and the junk is fitted with yulohs to propel her for short distances.

The crew live in a small deck-house, the laodah being supplied with a bunk.

The junk depicted is fitted with 15 bulkheads and is of great strength, as indeed all cargo-boats have to be. Additional strength is provided by three heavy wales.

THE ICHANG "DRAGON" BOAT

The Milo River runs into the Tungting Lake in the vicinity of Lei Shih Shan. It was here in the fourth century B. C. that Ch'ü Yüan, a political critic, poet, and official of the Kingdom of Ch'u, committed suicide by drowning himself. He was not the first historical person to do so, for the Tungting Lake has always been popular with historical and legendary personages as a desirable site at which to end their lives. Nevertheless, Ch'ü Yüan is by far the most famous, and the Tungting Lake is always associated with him.

According to the legend, Ch'ü Yüan was an official under the ruler Huai in the Kingdom of Ch'u in the period of the warring Kingdoms, about 22 centuries ago. Through the slander of a treacherous official, Ch'ü Yüan was dismissed. He then lived a solitary and disgruntled life, during which he composed the famous *Li Sao*, an elegy on "encountering sorrow". This famous poem, which has been translated into English, best represents the austere and ascetic purity of its author, who stood out as a beacon in the darkness of political corruption at the time.

Ch'ü Yüan was readmitted into the court by Siang, successor to Huai, only to be again slandered, persecuted, and disappointed. He then wrote *Chiu Ko*, the *Nine Songs*, after which he jumped into the Milo River in Hunan Province and was drowned.

Although his worth was not realized at the time, Ch'ü Yüan was later remembered by every Chinese as a lofty, faithful, righteous, and talented man. Thereafter, in honour of his death, the people on that day threw offerings of pyramid-shaped rice dumplings into the water until the tradition bccame universal, and the 5th and 15th days of the 5th moon are always observed by racing boats in mimic attempts to recover the poet's body.

These boats vary considerably in the different widely separated riverine ports of China. At Ichang they take the form of long, slender racing boats. Although the "dragon" boat may be said to have originated in the Tungting Lake, the lakeside people are not particularly interested in "dragon" boat races. The type, therefore, taken as representative of the Middle Yangtze is the Ichang "dragon" boat.

This boat, illustrated in Fig. 23-6, is interesting in that it represents the smallest type of "dragon" boat used in Chinese long boat racing. It measures 4 *chang* 4 *ch'ih*, that is to say; 44 Chinese feet. The largest-sized boats used are of 10 *chang* 10 *ch'ih.* It is a convention that all "dragon" boats, which may be of any intermediate size, must contain the same number of chang as of *ch'ih.*

Most of the usual conventions with respect to "dragon" boats obtain at Ichang, such as naming them after the colours of the dragons of the four winds: red, black, yellow, and white. The crew, stripped to the waist, all wear gaily coloured short trousers to match. A distinctive feature of the Ichang ceremonies is that

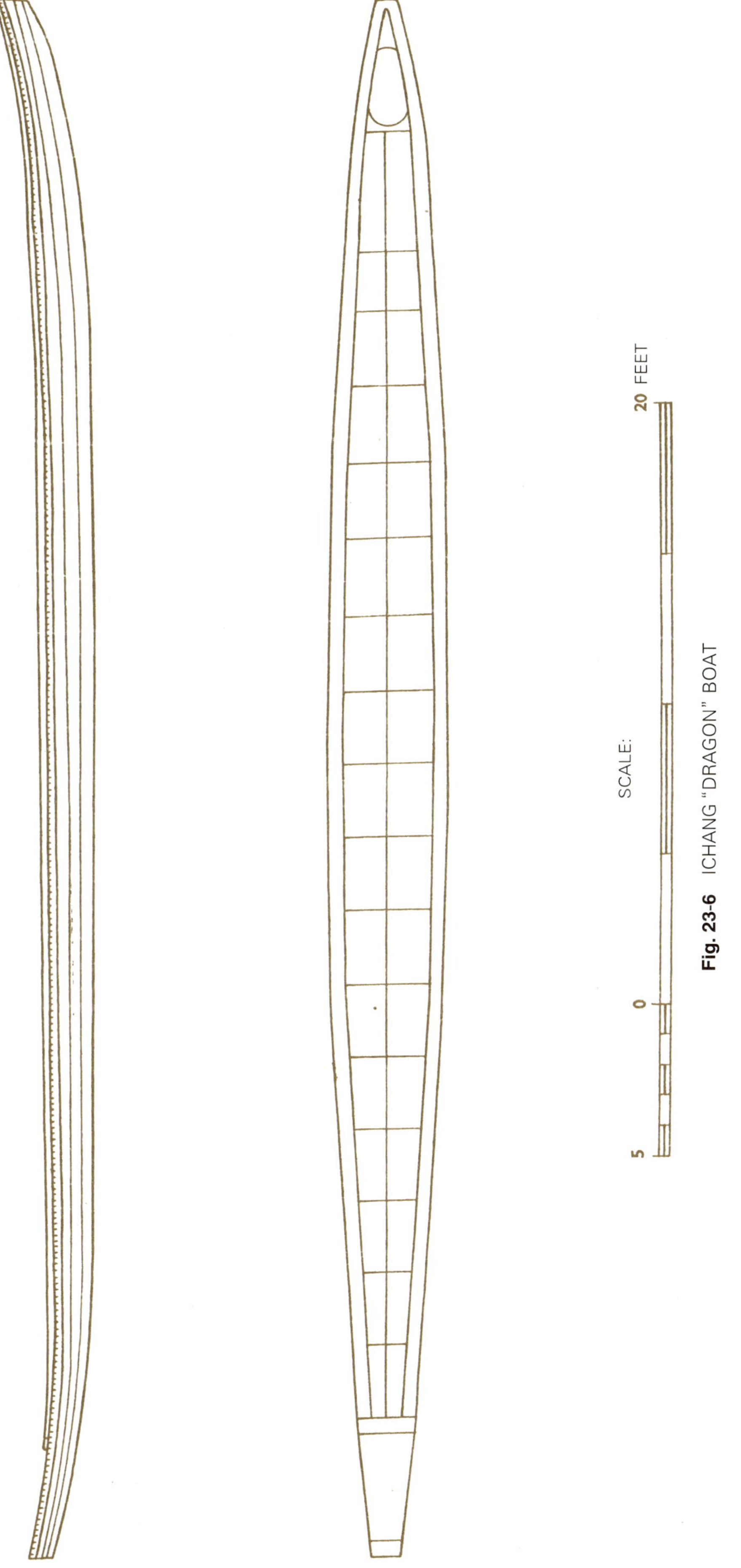

Fig. 23-6 ICHANG "DRAGON" BOAT

before the race the crews parade through the streets with broad, red sashes across their bodies and a black handkerchief tied round their heads, with a large bow in front, and carrying the head and tail of a dragon, which are subsequently fixed to the bow and stern of the boat.

The man who beats the gong usually stands in the bow. The local custom is that, if there is any official or prominent person whom it is wished to honour, he is invited to take a place in the boat during a practice trip. For this he is expected to "pay his footing", however small the sum.

The boats hailing from the vicinity of the north gate, or from small villages near-by, are red or yellow in colour, while those from the districts of the other city gates are black or white, The popularity of the event is shown by the fact that the "dragon" boat from the little town of Tzekwei, 46 miles above Ichang, travels yearly down to Ichang to participate in the race.

The boat shown in Fig. 23-6 is the Ichang Customs "dragon" boat, called the black boat. Contrary to the usual procedure, this craft is not broken up after use, but is kept for service year after year, this particular boat being 25 years old. It is maintained and kept in repair by the sampanmen and the boatmen of the Customs, who seldom fail to enter for the race.

At Ichang the Dragon Boat Festival comes during a period of usually good weather and is one of the most universally popular of the year. It arouses widespread interest on the part of the supporters of the various competing crews, who watch with practised and critical eye the racing of the boats in their mad search for the body of Ch'ü Yüian.

THE ICHANG WATER-SHOES

This peculiar form of craft is the smallest sampan, or rather pair of sampans, in use in China.

It has been devised for dip-net fishing in very shallow ponds of flooded tracts of land and also in any other still water where the depth is not too great for convenient poling, which is the only form of propulsion.

This craft is largely in use in and around Ichang on the lakes and ponds. It may be likened to a pair of snow-shoes, for it consists of twin miniature sampans of the conventional double-ended square-bowed type which measure only about 5½ feet in length, with a beam of 9 inches and a depth of about 7 inches. They are placed about 5 or 6 inches apart and are joined together by two connecting pieces of wood (Fig. 23-7).

The operator standing on these cross-pieces, by exercising a highly developed sense of balance only to be compared with that of a tight-rope walker, contrives not only to keep in an upright position, but to punt himself about in search of the fish he so deftly manages to collect in his hand-net. When his fishing is over he can carry the water-shoes home across his shoulder.

On the Wei River (渭水), in Shensi, where this type of craft is also widely used, the fisherman stands on a single board joining the two sampans and in place of a net employs cormorants to do his fishing for him.

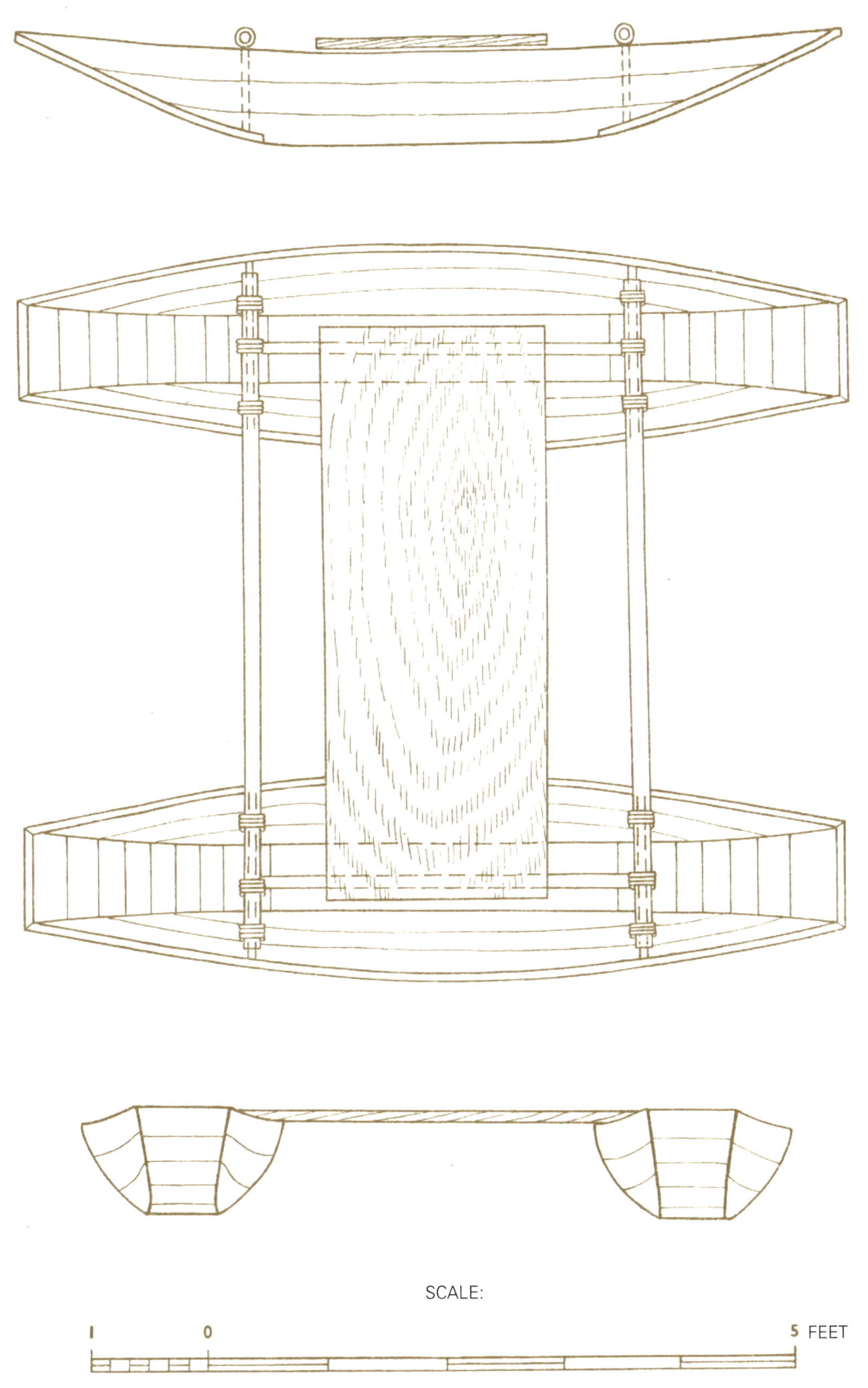

Fig. 23-7 ICHANG WATER-SHOES

THE FLOATING DWELLING AND TEA-HOUSES OF ICHANG

Ichang stands on a conglomerate rise which is only just above the average high level of the river. In winter the long, low sandspit disclosed below by the receding waters occupies nearly one-third of the river's breadth in summer.

Colonies of matshed huts spring up on this extensive sandbank when it appears; and rows of house-boats of all sizes and shapes tie up to the mudbanks during the winter months, forming a migratory suburb of floating villas. In common with those of the Upper Yangtze, which they closely resemble, these consist of any condemned junk or sampan built up with every sort, size, and description of wood in every sort of condition. As only the comparatively rich can afford bits of packing cases, timber no longer serviceable for junks is generally used. The wood is sometimes bought, though much is often acquired. A neighbour's house may have caught fire and may yield a plank or two. Floating wood from accidents to craft forms a welcome windfall, for it is the unwritten law of the Yangtze that floating wood is never returned to the owner if it can be avoided.

A favourite type of house-boat is a sampan with a patchwork dwelling superimposed upon it, and in countless of these craft live many thousands of Ichang residents who know no other home. Ducks, chickens, cats, dogs, and pigs often live on board on terms of equality with the owners.

Actually this floating population is rather to he envied than pitied. Instead of being condemned to the narrow restrictions of drab streets and mean houses, they enjoy moving life in the open air with constant variations of scene. The question of water supply need present no problem, neither nccd floods nor civil disasters concern them, for they may profit from the former by collecting flotsam and can always remove themselves and their property bodily from the vicinity of the latter.

Among the clusters of these humble homes, larger craft may be seen towering above the others. These are the tea-house boats—the aristocrats of the floating uburbia of Middle Yangtze River ports. On the arrival of a river steamer these unwieldy craft make their way out from the shore under crude oars, aided by poling, when shoal water permits, or even tracking up the bank far ahead of all shipping in port. Then, leaving the shelter of the river-bank, they sheer out into the swift current and progress with it crab-wise down stream until, by a miracle of fine judgment and to the accompaniment of a pandemonium of shouting and noise, they manage to secure a hold to the steamer's stern. The tea-house bow being then almost alongside the ship's fender, an easy access is assured to thirsty passengers when the whole doorway across the bows is thrown open.

The floating tea-house selected for description here is known as the Tea House of the Welcome Dragon Fig. 23-8. It is built up on a condemncd Upper Yangtze junk of the *pao-wan-ch'uan* type, which, for whatever reason, is much in favour for the purpose. This specimen had, no doubt, served for many years among the rapids and races of the gorges, but, despite this, was in very fair condition.

It measures 52 feet, with a beam of 15 feet, and, as regards the hull, presents no variation from the

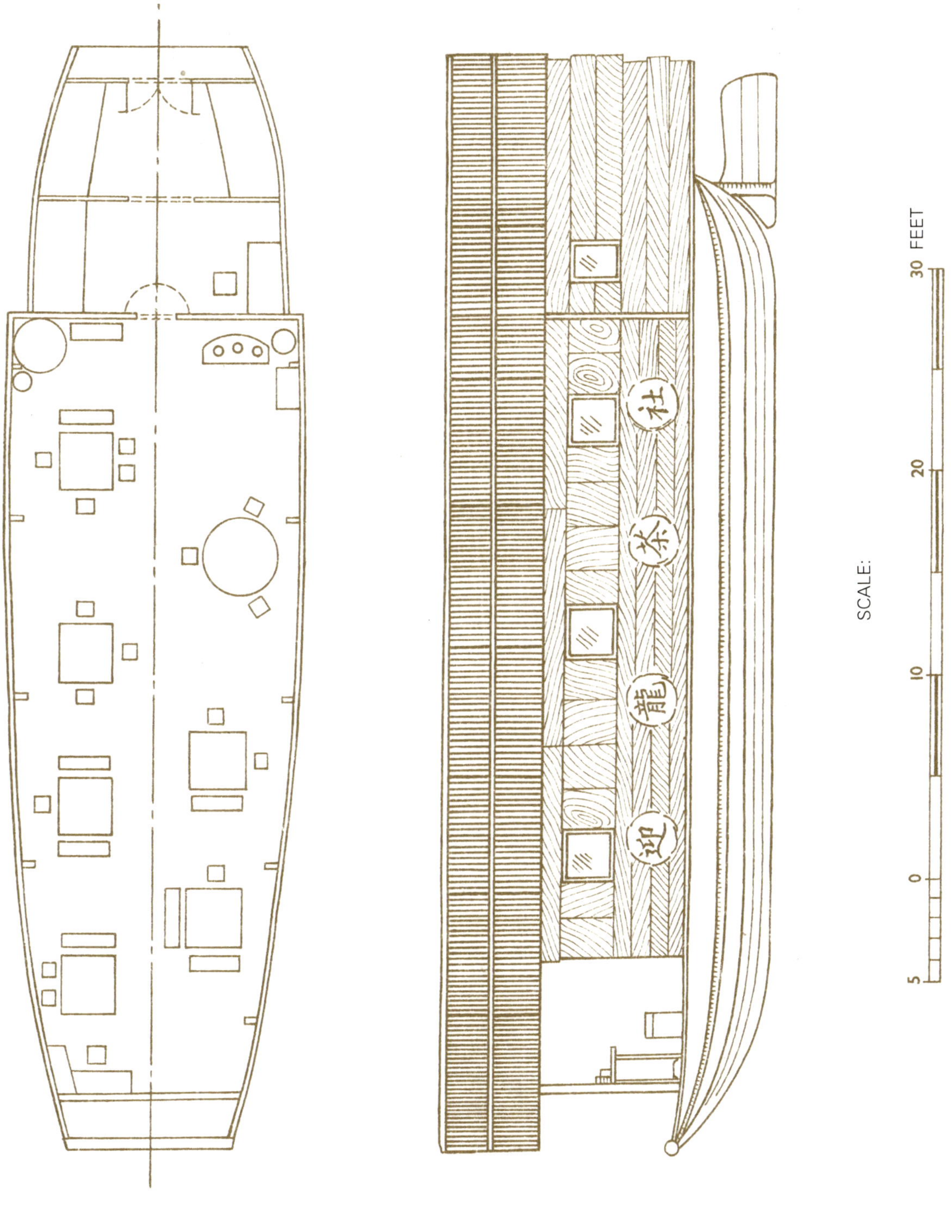

Fig. 23-8 TEA-HOUSE OF ICHANG

pao-wan-ch'uan in construction. The superstructure, which projects laterally for 6 inches on either side over the junk deck, is supported by cross-beams. About one-third of the after-portion is completely built up to form a space for two quite roomy and comfortable cabins for the owner and his large family.

The remaining part of the craft has breast-high bulwarks of irregular planking along both sides terminating in a large entrance door right across the bow. The whole junk is covered by a mat roof. In this semi open café are distributed seven small tables, while close to the entrance on the starboard side is a counter where the owner's wife sells cigarettes, sweets, peanuts, and sunflower seed.

Behind the tea tables are a serving table, a stove, and a water *kang*. Before each customer is placed a covered bowl without handles, a few tea leaves being sprinkled in the bottom. A servant then moves, swiftly and inquisitively, from table to table, filling these bowls from a tin kettle of boiling water with a spout over 2 feet long. From an elevation of about a foot and at a distance of nearly a yard, he fills each bowl to the brin with the greatest dexterity and without a drop going astray, and passes on to the next table, moving nonchalantly among the crowded clients, who have such faith in his skill that no one flinches when the formidable kettle is balanced within a few inches of his shoulder.

The tea-bowls are filled and refilled. A very modest sum entitles a man to stay all day if he should so desire. Deck-chairs are often provided as an extra lure, and it sometimes happens that a floating-kitchen junk will tie up alongside and serve ready cooked meals to hand up to the tea-drinking clients in the tea-house.

In the winter the sides of the boat are closed in with bamboo matting to keep out the cold wind and the rain.

An additional source of income is provided by allowing passengers from the over-crowded decks of the adjacent river steamer to lay out their rolls of bedding on the floor of the floating tea-house and spend the night there after the tea-drinking clients have gone.

However old and however rickety the craft may be, the visitor may always count on his money's worth in welcome, warm weak tea, and the amusement to be gained by watching unaffected human nature in the raw taking its ease.

THE SHOU-K'OU MA-YANG-TZǓ

Most of the variations of the *ma-yang-tzǔ* have unfortunately become obsolete, leaving no authentic records behind them, but from the *chang-k'ou ma-yang-tzǔ* already described evolved a very distinctive type known as the *shou-k'ou* (收口), or "closed mouth," *ma-yang-tzǔ*, being modified to carry specified heavy cargoes through the strong currents and dangerous rapids of the Upper Yangtze, for these craft are more often to be seen in those waters than in or around their true place of origin.

Like the great proportion of the deviations from the main type, the *shou-k'ou* is turret-built. The structural alteration was made so as to render the deck more watertight for the cargoes of grain and wood oil. This form of construction, for which the junkmen offer many fallacious reasons, also gives extra strength aind protection in the rapids of the Upper Yangtze on the principle that a barrel is stronger than a box.

The *shou-k'ou ma-yang-tzŭ* has, therefore, strictly speaking, become an Upper Yungtze craft, but as they aire so often to be seen proceeding down as far as Shasi to collect cargoes of cotton for Szcchwan, a short description is justified in the pages of this section.

Briefly, the *shou-k'ou ma-yang-tzŭ*, which hails from Wanhsien, is a turret-built variation of the *chang-k'ou ma-yang-tzŭ* and is built on similar lines to the *ma-yang-tzŭ* proper of the Upper Yangtze.

Before the coming of steamers to the Upper Yangtze these junks were the chief cargo-carriers and reached considerable size, sulle being, it is said, as long as 150 feet. The usual lengths at the present time vary from as small as 36 feet to as long as 110 feet. It is interesting that even the miniature types follow the same lines and characteristics of the larger varictics.

The specimen selected for representation in Fig. 23-9 measures 102 feet in length, with a beam of 19 feet and a depth of 8½ feet. Made of cypress, he is pre-eminently designed for hard service. There are 28 half-frames of exceptional strength and seven of the massive cross-heams which constitute so marked a characteristic of the *ma-yang-tzŭ* craft as a whole. These cross-beans come into use when the junk is navigating the rapids, for the tracking-lines are secured to them. The heaviest and strongest is in the bow. It is built into the structure, firstly, by having the skirting board let into it, secondly, by being secured by three iron clamps or dogs, and lastly, it is iron-bound on either side from well behind the bow at deck-level, over the bow and cross-beam, and then under the bow to below the water-line. On Fig. 23-10 will be seen details of mast fittings, capstan, and other appurtenances of this type of craft. Such fittings are typical of most classes of Middle Yangtze craft.

This class and others, such as the *ma-yang-tzŭ*, which are so closely akin to be indistinguishable save to the eye of a junkman, are probably the best known of all the many Yangtze types. More models are made of this kind of junk than of any other, and curiously enough, difficult as they must be to make, they are nearly always as completely accurate as any model not made to scale can be, that is to say, if they originate from the Ichang model-makers.

THE HALF-BOAT

Quite one of the most interesting types of floating dwelling is the half-boat, illustrated in Fig. 23-11 This consist of a junk cut in two athwartships, thus forming foundations for two separate dwellings. The trim of the boat is adjusted by a careful distribution of the furniture, such as *kangs* of water or large stones used in the usual hammering process so indispensable in the washing of clothes.

In the smaller types such as this, it is astonishing how restricted an amount of space is allowed for sleeping and living as compared with the area devoted to the kitchen and its utensils; and, as may be expected, the larger the floating dwelling, the more tubs, baskets, puts, and pans are in use, out of all proportion to the needs of the family and its live stock.

The "house" selected for description here is about 21 feet long and is more spacious and more luxurious than usual. The after-end conitains two bunks with a partition between (a privacy undreamt of in other dwellings), and accommodates two families with their children.

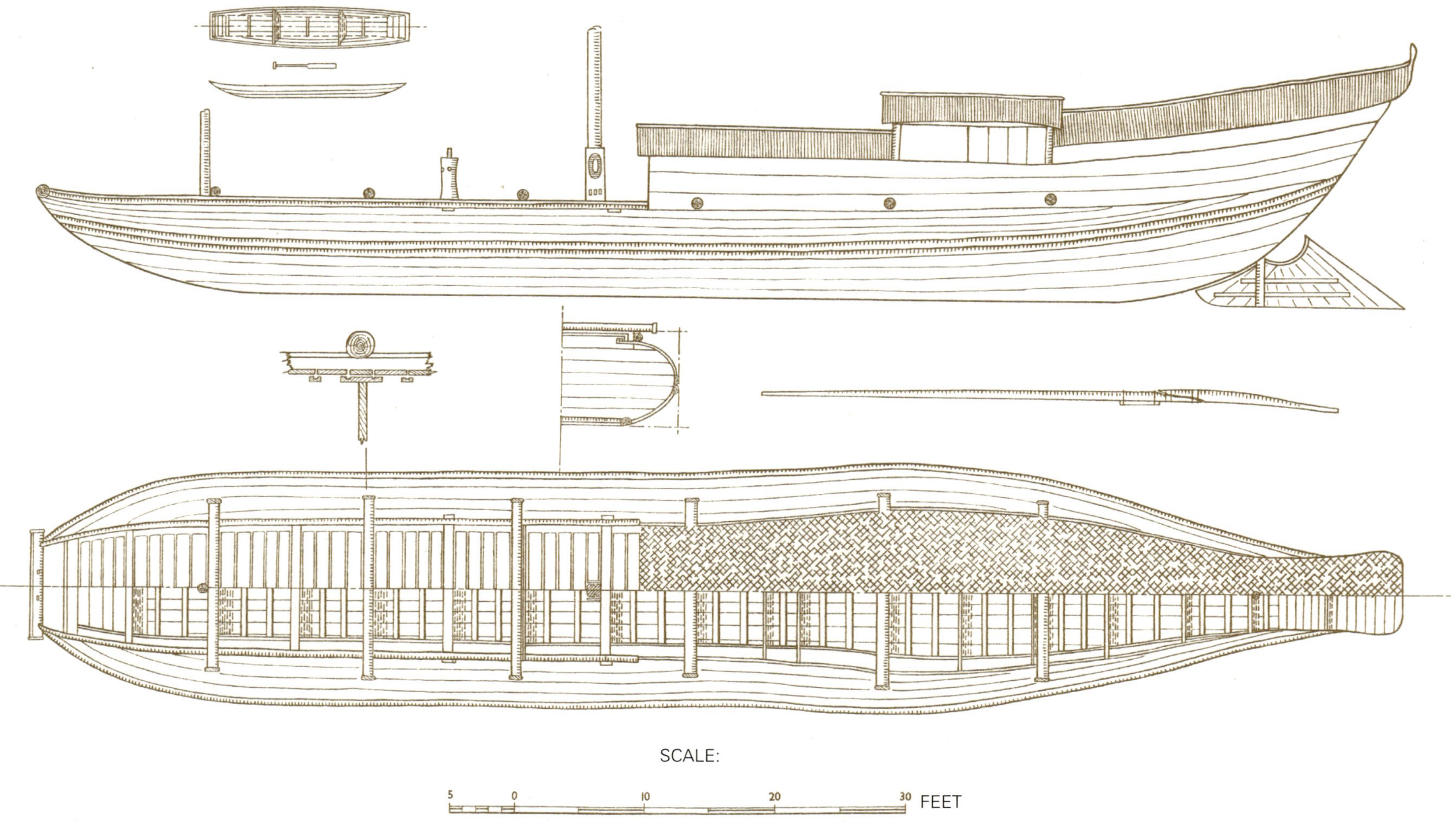

Fig. 23-9 SHOU-K'OU MA-YANG-TZŬ

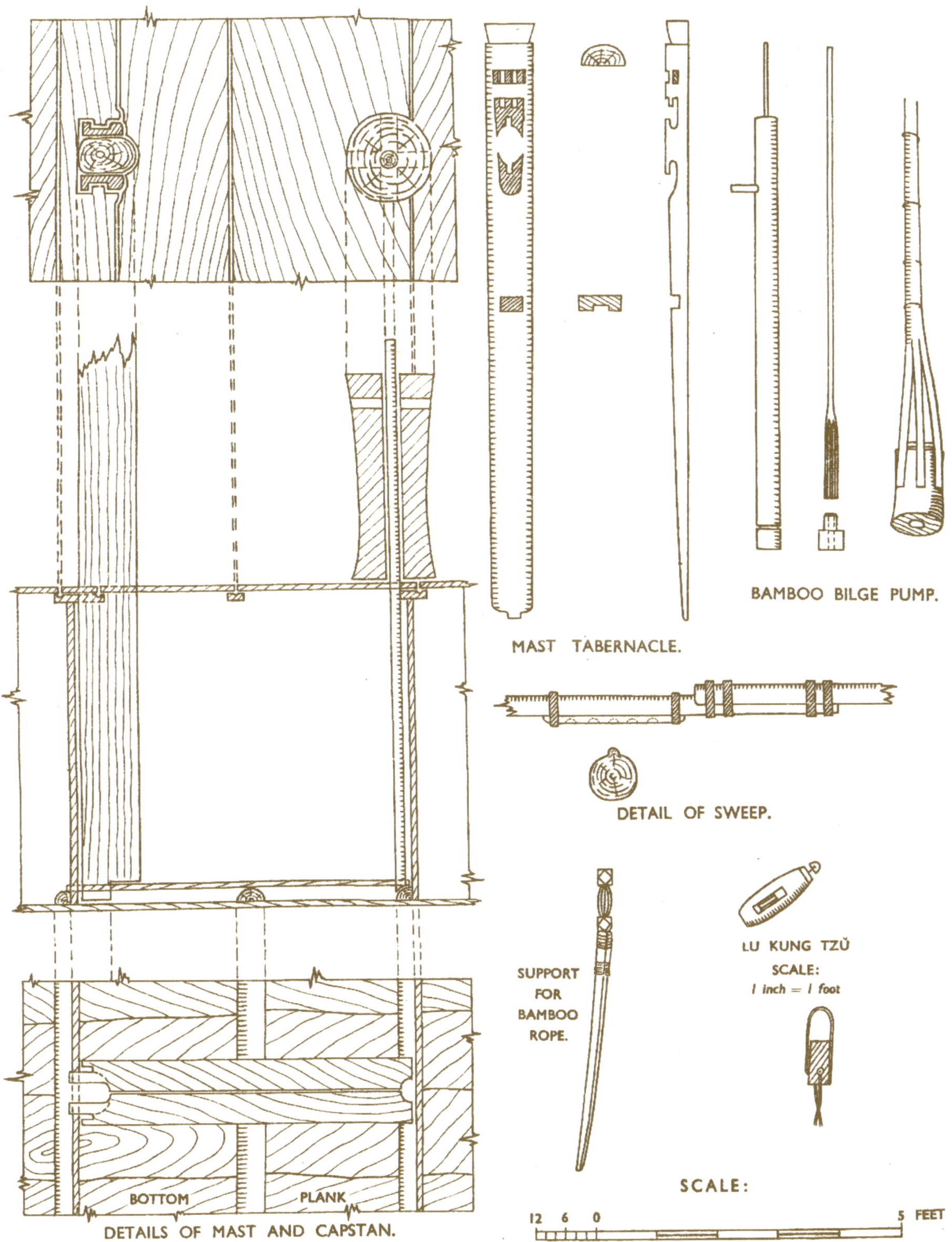

Fig. 23-10 VARIOUS FITTIGNS IN MA-YANG-TZŬ

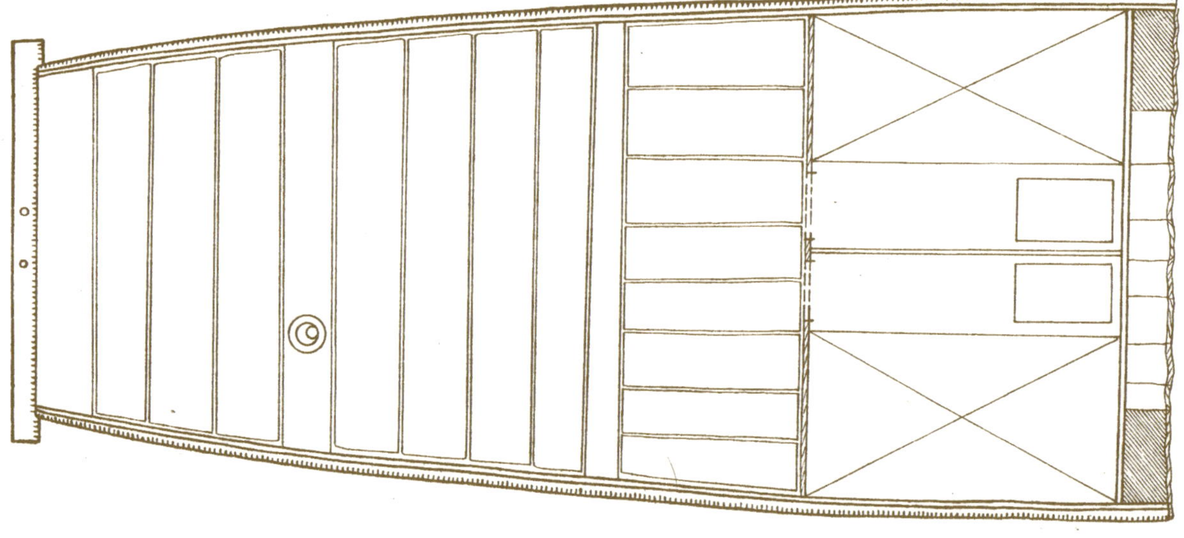

Fig. 23-11 HALF-BOAT

When more children arrive, and/or poor relations have to be supported, the floating dwelling can be extended by planking in the sides until the whole boat is finally covered in. Alternatively, a flimsy stern gallery extension may be built on to provide the extra space required.

The fore-deck is given up to cooking and living quarters for the live stock. A hole is cut in one side of the house, and a straw hat tied at the top with string may often act as a shutter to this improvised window.

Land taxes, high rents, and key money are evaded, and a scarcity of dwellings is felt not at all.

There is one more type of half-boat which serves as a moral remninder to those junkmen who have strayed from paths of rectitude. When a junk has been caught by the Yangtze Water Police in illegal practices, such as slipping past tax stations, smuggling, or other offences, it sometimes suffers the extreme penalty, which is to be sawn in half and exposed, erected on end, on the river-bank, where it serves as a mournful object lesson to others.